KB070573

한국 현대문화의 형성

나남
nanam

주창윤

한양대학교 및 동대학원 신문방송학과를 졸업했고, 영국 글래스고대학교 Film & TV학과에서 박사학위를 받았다. 현재 서울여자대학교 언론영상학부 교수로 있다. 1986년 〈세계의 문학〉 봄호로 시단에 나와 시집 《물 위를 걷는 자 물 밑을 걷는 자》, 《옷걸이에 걸린 羊》을 냈다. 전문 연구영역은 근대성, 세대, 테크놀로지 관점에서 논의하는 대중문화사, 문화트렌드 연구, 영상이론이다. 관련 저서로는 《허기사회》, 《대한민국 컬처코드》, 《영상 이미지의 구조》, 《텔레비전 드라마: 장르 미학 해독》 등이 있다. 한국방송영상산업진흥원(현 한국문화콘텐츠 진흥원) 책임연구원, SBS 시청자위원, 〈한국언론학보〉 편집위원장 등을 역임했다.

나남신서 1804

한국 현대문화의 형성

2015년 7월 20일 발행
2015년 7월 20일 1쇄

지은이 • 주창윤
발행자 • 趙相浩
발행처 • (주) 나남
주소 • 413-120 경기도 파주시 회동길 193
전화 • (031) 955-4601(代)
FAX • (031) 955-4555
등록 • 제 1-71호(1979.5.12)
홈페이지 • http://www.nanam.net
전자우편 • post@nanam.net

ISBN 978-89-300-8804-6
ISBN 978-89-300-8001-9(세트)

책값은 뒤표지에 있습니다.

이 저술은 2014학년도 서울여자대학교 연구년 연구비의 지원을 받았음.

나남신서 · 1804

한국 현대문화의 형성

주창윤 지음

나남
nanam

Contemporary Cultural History of Korea

by

Chang Yun Joo

nanam

아버님께 바칩니다.

머리말

1997년 영국에서 박사학위논문 심사를 앞두고 있었을 때, 구독하던 한국 문예지에 실려 있는 하버마스의 기사를 읽었다.

"한국사회에는 불교가 갖는 도덕적 순수성과 유교가 지닌 공동체 지향적 윤리의 전통이 있습니다. 이것을 결합시킨다면 한국사회는 새로운 문화적 정체성을 확보할 수 있을 것 같습니다. 그런데 왜 하버마스를 연구하려고 하는지 모르겠습니다."

정확히 기억나지는 않지만, 하버마스가 한국 방문을 마치고 떠나면서 한 말이다.

하버마스는 한국 지식인 사회에 비수를 던지고 간 것이었다. 자존심은 상하지만 그렇다고 틀린 말도 아니었다. 당시에는 포스트모더니즘과 전지구화에 대한 관심이 고조되었다. 우리가 살고 있는 '지금 이곳'은 이방인처럼 서 있었다. 곧바로 IMF 금융위기가 터졌고, 우리 사회는 아직도 그 여파에서 벗어나지 못하고 있었다.

하버마스가 제안한 것처럼, 불교의 도덕성과 유교의 공동체 윤리를 통합해서 한국문화의 정체성을 구성할 수 있을까? 비록 불교와 유교의 전통이 한국문화의 토대를 이루고 있는 것은 사실이라고 하더라도, 그것만으로 한국문화의 정체성을 해명할 수 있는 것은 아니다. 한국사회는 근대 이후 서구의 어느 사회보다도 급격한 유동성을 겪어 왔다. 단단한 모든 것들은 녹이 대리 속으로 사라졌으며, 동시에 형성된 새로운 견고함도 액체처럼 형태를 바꾸면서 변화해 왔다. 나는 이 책에서 한국문화의 변화과정을 역사적으로 그려 내고 싶었다.

지난 10여 년 전부터 나는 현대문화의 형성과정을 파악하기 위해서 논문작업을 진행해 왔다. 근대문화 형성의 중요한 기점인 1920년대부터 현재에 이르기까지 나는 세대, 젠더, 전통 그리고 테크놀로지 등을 중심으로 특정 시기마다 이것들이 어떻게 복합적으로 관련되어 있는가에 관심이 있었다.

어느 시대, 어느 사회에서나 역동적으로 변화하는 삶의 방식들은 사회구성원들의 경험과 정서 속에 내재되어 언어, 담론, 의례 등을 통해서 표출된다. 계급, 세대, 젠더, 테크놀로지 같은 요인들은 서로 결합되어 당대문화를 만들어 낸다. 문화를 분석한다는 것은 이 요소들의 역동적 관계 속에서 '매개된(mediated) 경험'들을 밝히는 것이다. 이렇게 문화현상을 분석하고 해석하며 역사적 형성과정을 탐구하는 일은 언제나 나에게 흥미로운 일이었다.

1920~1930년대 모던세대, 1970년대 청년문화세대, 1980년대 민중문화(이데올로기) 세대, 1990년대 신세대, 1950년대 전후파 여성과 2000년대 여성 호명, 1950년대 도의운동, 1970년대 중반 민족과 전통의 재창조, 1980년대 창의적인 민중문화의 형식들, 1960년대 통합매체

로서 라디오, 그리고 인터넷 문화 등은 흥밋거리였다.

1920년대에서부터 현재에 이르기까지 한국 현대문화사는 3·1운동, 해방, 한국전쟁, 1960년대 근대화 프로젝트, 10월 유신, 5·18민주화운동, 1987년 6월 항쟁, IMF 금융위기, 2002년 월드컵 등이 역사적 계기가 되어 변화해 왔다. 이와 같은 역사적 국면들은 문화형성에 직접적으로 영향을 미치기도 했지만, 유예기간을 거치면서 서서히 문화에 반영되기도 했다. 나는 우리 사회의 역사적 변동 속에서 각각의 시대를 살아가는 문화주체들이 어떻게 스스로 문화를 형성해 나갔는지를 밝히고 싶었다.

제1장에서는 근대 소비문화 형성과정에서 중요한 시기였던 1920년대~1930년대 소비주체로서 '모던세대'를 재평가했다.

'모던세대'는 식민지 근대문화에 가장 빠르게 편입한 세대였다. 이들에게 3·1운동은 10년도 채 되지 않았지만 머나먼 이야기였다. 이 시기를 다루는 기존의 문화 연구들은 '신여성', '여학생', '모던걸' 등 여성문제에 초점을 맞추는 경향이 있었다. 근대 소비문화는 세대의 관점에서 바라볼 필요가 있지만, 모던세대는 식민지 조선에서 보편적 현상이 아니라 특수한 현상이었다는 점을 인식해야 한다. 따라서 모던세대에 대한 과장된 평가는 보류해야 한다.

제2장에서는 한국사회에서 역사적 전환점을 형성한 해방공간의 문화적 의미를 추적했다.

해방공간은 첨예한 이데올로기 대립, 심각한 경제난, 남북 단독정부의 형성, 미국의 영향력 확대 등 오늘날 한국사회의 정치, 경제, 문화의 틀을 형성한 시기였다. 극단적 배타주의 정서가 해방공간을 지배했고,

이것은 빨갱이, 냉소주의, 배타적 지역정서, 양키이즘으로 표현되었다.

제3장에서는 1950년대 중반 댄스열풍과 관련된 젠더문제와 전통의 재구성을 다루었다.

댄스열풍이 불어 닥치자 지배담론은 여성의 정조, 성윤리, 가정의 유지라는 시각에서 여성만을 비판의 대상으로 삼았다. 전후파 여성으로 불린 자유부인, 양공주, 일부 여대생 등은 전통과 윤리를 파괴하는 대표적인 집단으로 규정되었고, 이것은 전통의 소환과 도의운동을 불러일으켰다. 댄스열풍은 단순한 춤바람이 아니었고, 가부장제와 국가 정체성의 위기와 관련되었다.

제4장에서는 1960년대 라디오가 통합문화매체로서 어떻게 대중문화를 주도했는가를 분석했다.

문학, 연극, 영화, 창극 등과 결합된 프로그램 형식은 경쟁과정에서 점차 사라지게 되었고, 불완전한 드라마 서사형식들은 우세종으로 부상한 시리즈와 시리얼 형식의 드라마로 대체되었다. 1960년대 초반 라디오가 전달한 것은 국가공동체와 사사화된 경험이었다. 라디오는 산업 현장, 역사기억 현장, 군사적 현장, 공적 광장으로서 현장 등을 매개하면서 국가공동체를 만들었지만, 대중은 시대적 비극이나 고통 속에서 다른 사람들의 경험과 고백을 사사화하면서 즐거움을 얻었다.

제5장에서는 한국 세대문화에서 사회적 영향력이 컸던 1970년대 청년문화의 정치적 지형을 살펴보았다.

1960년대 후반부터 부상하기 시작했던 청년문화는 1970년대 중반 지배적 위치를 차지했다. 청년문화주체, 지식인 집단, 대학언론, 정치권력은 청년문화를 각각 반문화, 부분문화, 도깨비문화, 퇴폐문화로 규정했다. 청년문화주체들은 세대표현과 기성세대를 거부하는 것으로 청년문화를 정의했지만, 지식인들은 서구문화의 모방으로, 대학언론은 무분별한 외래문화로, 정치권력은 향락적이고 사회 윤리를 무너뜨리는 타락문화로 바라보았다. 청년문화세대 담론은 세대의식이 아니라 소비 행태에 국한되었다는 점에서 왜곡된 담론 지형 속에 놓여 있었다.

제6장에서는 1975년 전후 한국 대중문화의 지형에 대한 국면분석을 시도했다.

1975년 전후에는 정치권력의 억압적 통제하에서도 새로운 세대의 정체성을 보여 주는 대중문화가 부상했고, 역사와 전통의 재인식을 놓고 정치권력과 젊은 세대 사이의 갈등이 본격화했다. 정치권력의 이중적 잣대는 대중음악의 지형을 트로트에서 포크로, 다시 포크에서 트로트로 변화시켰다. 청년문화영화의 몰락은 합작영화, 하이틴영화, 호스티스 멜로드라마의 부상으로 이어졌다. 정치권력은 민족 프로젝트를 통해서 역사를 이용한 반면, 대학가는 민족문화운동을 통해서 권력에 저항했다.

제7장에서는 1980년대 민중문화운동 중에서 가장 창의적이면서 독특한 위치를 차지했던 대학 연행예술운동(마당극과 대동제)을 새롭게 바라보았다.

1980년대 대학 연행예술운동은 전통탈춤 복원에서 창작탈춤으로, 마당극과 마당굿으로 이어졌다. 1980년대 중반에는 연행예술이 대동제(제의, 놀이, 집회)라는 통합된 의례로 발전했다. 1980년대 민중문화운동은 죽은 시간과 공간에 위치했던 과거 연행과 전통놀이를 살아 있는 시간과 장소로 불러냈다. 민중문화는 대동세라는 상상공동체를 제시했다. 대학 연행예술운동은 근대화 과정에서 소멸해 가던 전통의 창조적 변형을 통해서 저항과 대중성을 확보했다.

제8장에서는 1990년대 신세대 문화의 이중성을 논의했다.

서태지의 등장으로 상징화된 1990년대 신세대 문화는 소비, 육체성, 탈중심성, 스타일에 초점을 맞추었다. 신세대 문화는 탈권위주의와 자유주의 경향을 띠며 자기표현의 수단으로 멋과 개성을 강조했다. 그러나 신세대 문화에서 나타나는 소비를 통한 저항은 시장질서에 편입되는 과정이었다.

제9장에서는 2000년대 인터넷 문화를 놀이공간의 관점에서 살폈다.

2002년 월드컵, 노무현의 등장, 촛불집회 등을 기점으로 인터넷은 문화형성과정의 중심이 되었다. 놀이주체는 하나의 가상공동체 속에 고정되어 있는 것이 아니라 유목민적 특성을 지닌다. 유랑하는 주체들은 2002년 월드컵 이후 사이버 공간을 넘어서 광장이라는 새로운 놀이 장소를 만들었다. 이들은 새로운 놀이형식, 놀이터로서 광장과 사이버 공간, 놀이를 통해서 새로운 저항의 코드를 개발했다.

제10장은 한국 젠더문화 내에서 '호명'의 문제를 다루었다.

2000년 이후 여성은 4가지 — 여성에 대한 관음주의와 성적 매력과 관련된 호명(베이글녀, 월드컵녀 등), 사회규범 위반과 관련된 호명(개똥녀, 패륜녀, 반말녀 등), 남성들의 정서를 위반했을 때의 호명(루저녀, 군삼녀 등), 여성의 소비행태를 비판하는 호명(된장녀, 명품녀 등) — 담론유형 속에서 호명되었다. 과거처럼 국가가 젠더 호명에 직접 개입하는 경우는 사라지고, 집단으로서 여성을 호명하기보다는 특정 여성 개인을 집단화하는 경향이 두드러진다. 젠더소통의 문제는 20대를 중심으로 세대 내 젠더갈등으로 표출되고 있다.

제 11장은 2011년 전후 문화현상을 분석했다.

우리 사회에서 불안과 좌절의 정서가 부상하는 현상을 '정서적 허기'로 정의했다. 정서적 허기는 다양한 텍스트, 담론, 의례 등을 통해서 위로, 분노, 정의감, 공감 등의 형태로 표현되며, 세대와 계급이 수렴되는 장(field) 속에서 구성된다. 20대에서 60대에 이르기까지 세대경험의 양분화와 계급의 양극화 현상이 두드러지면서 우리 사회에서 정서적 허기는 확대되고 있다.

이 책에서 다루는 연구대상은 나의 주관적 관심사에 따라 취해진 것들이다. 따라서 한국 현대문화사에서 중요하게 다루어야 할 영역의 상당 부분이 빠져 있다. 식민지 근대와 관련된 국가 주도의 축제, 유행과 소비형태의 변화, 텔레비전과 일상생활, 지배와 저항의 문화형식, 경제적 근대화와 문화의 변화과정 등 채워야 할 부분이 너무 많다. 한국 현대문화사의 빈 공간을 메우는 작업은 앞으로 내가 해야 할 과제일 것이다.

대학시절 이강수 교수님으로부터 대중문화 이론을 배웠고, 대학원 때 강명구 교수님을 만나면서 문화연구자의 길을 선택했다. 두 분 선생님의 가르침이 없었다면, 나는 문화연구자가 아니라 다른 길을 갔을 것이다. 중요한 사진을 선뜻 주신 이장춘 선생과 이영미 교수에게도 감사드린다. 서울여대 언론영상학부 동료 교수님들에게 또한 고마움을 전한다. 사랑하는 아내에게는 어떤 말로도 감사함을 표현할 수 없다.

2015년 6월
주 창 윤

나남신서·1804

한국 현대문화의 형성

차 례

1920~1930년대 '모던세대'의 형성과정   01 _____

1. '단단한 근대'에서 '부드러운 근대'로

한국사회는 19세기 말 개항 이후부터 근대를 경험하기 시작했다. 근대경험은 사회적 맥락에 따라 변화되었다. 근대 초기는 동도서기(東道西器)에서 보듯이, 서구문물을 어떻게 수용할 것인가가 관심사였다. 1910년대 식민 초기에는 서구에 대한 선망과 동경 속에서 서구문물을 받아들이는 데 급급했다. 1920년대에는 식민지 근대의 경험이 도시를 중심으로 일상문화의 영역으로 자리 잡기 시작했다. 1920~1930년대는 새로운 미디어 소비문화가 확산되면서 근대문화 형성의 토대를 마련한 시기였다.

최근 1920~1930년대 문화 근대성 연구가 급속히 증가하고 있다. 이시기는 한국사회가 일본, 서구와 외형적으로 등가를 이루면서 일상과 대중문화의 변화가 급격히 나타난 시기라는 점에서 관심의 대상이 되기 때문이다. 문화 근대성 연구자들은 일상적인 삶 속에서 구성되는 문화적 근대의 경험에 주목하며, 경제제도와 같은 '단단한 근대'(*hard modern*)에서 벗어나서 일상문화라는 '부드러운 근대'(*soft modern*)를 탐구하기 시작했다.

문화 근대성 연구들은 '아래로부터의 역사문화'를 기술하는 데 몇 가지 경향을 보였다.

첫째, 일본과 서구(미국)의 대중문화 영향이 두드러진 1920~1930년대 소비문화의 형성과정에 주목했다(김명환·김중식, 2006; 김영근, 1999; 김진송, 1999; 김호연, 2000; 노형석, 2004; 신명직, 2003).

둘째, 1910~1930년대에 이르기까지 신여성과 근대성 사이의 관계를 다루었다(권희영, 1998; 김경일, 2004; 문경연, 2004; 박숙자, 2006; 신남주, 2003; 윤영옥, 2005).

셋째, 소비문화 영역으로 취미독물(趣味讀物)(김진량, 2005; 이강돈, 2004), 대중음악의 수용(장유정, 2004), 유성기의 사적 활용(이상길, 2001), 영화의 수용(김소희, 1994; 유선영, 2005) 등이 탐구되기도 했다.

이와 같은 연구들은 1920년대부터 형성된 근대적 분위기나 시대정신을 밝혀내며, 그 변화를 정치사가 아니라 일상사나 문화사적 시각에서 접근했다. 그러나 여기서 제기할 수 있는 문제는 당시 소비대중문화를 수용했던 주체들은 누구였는가 하는 점이다. 대부분의 연구는 '신여성', '여학생', '모던걸' 등으로 불리는 여성에 집중한다. 그러나 근대 소비대중문화의 담지자가 '모던걸', '모던보이'로 불리는 일군의 집단이었다면, 그것은 '세대의 문제'였다고 볼 수 있다. 젊은 세대가 시대에서

새롭게 부상하는 문화의 주요 소비계층이었다는 점을 고려하면, 1920
~1930년대 대중문화의 주요 소비자는 특정한 여성집단만이 아니라 젊
은 세대였다는 평가가 더 타당할 것이다.

　제1장에서는 1920~1930년대 '모던걸', '모던보이'로 불리는 일군의
세대문화를 탐구할 것이다. [1] 1920~1930년대 모던세대는 한국사회 전
반에 나타난 젊은 '세대 일반'(*generation in general*) 은 아니었다. 모던세
대는 경성의 남촌(충무로와 명동 일대) 을 중심으로 모여든 일군의 젊은
세대로 '세대 특수'(*generation specific*) 에 가깝다. [2]

　이들은 1920년대 중후반에서 1930년대 중반의 특정 세대에 속하면서
근대 소비문화를 주도적으로 이끈 하위집단이었다. 모던세대는 한국사
회 전반에 나타난 시대정신을 공유한 세대 일반은 아니었을지라도 근대
경험과 소비문화의 주체였다.

---

1) 이 연구는 〈별건곤〉(1926. 11~1934. 8)과 〈신여성〉(1923. 9~1934. 4)을 중
　심으로 논의할 것이다. 1920년대 이전 계몽주의 개화담론을 전개했던 문예잡지
　들과 달리, 〈별건곤〉과 〈신여성〉은 '취미독물'이라는 새로운 편집 방향을 제시
　했다. 여기서 '취미'는 당대 대중문화현상을 압축하는 용어다. 이 잡지들은 새로
　운 글쓰기 방식(수기, 정탐기, 실화, 고백 등)으로 대중의 정서를 표현했다. 이
　잡지들은 모던세대가 등장하기 시작하는 시점에 출간되었기 때문에 당시 세대
　문화를 읽어 낼 수 있는 단초를 제공한다.
2) 만하임(Mannheim, 1957/1992)은 세대가 단일한 범주지만 동시에 구별적 집
　단이라고 지적한다. 세대단위(*generation units*)는 세대 내 존재하는 차별적 분
　파를 지칭한다. 1920~1930년대 모던세대는 당시 세대 전체를 의미하기보다 어
　느 정도 교육을 받은 특정 직업군(예술가, 기생, 기타 서비스업) 종사자나 룸
　펜 부르주아 중에서 젊은 세대 일부를 의미한다.

2. 모던세대 형성의 맥락

김경일(2004)은 근대를 개항기부터 1919년, 1920년부터 1930년대 중반, 전시체제로 이행하는 1930년대 후반에서 해방에 이르는 시기로 나눈다. 손정목(1996)은 도시사회사적 시각에서 일제강점기를 1910~1919년, 1920년~1935년, 1936년~1945년까지로 구분한다. 일제강점기는 보통 무단통치시기 1910~1919년, 문화정치시기 1920~1930년, 전쟁기 1931~1945년으로 구분되지만, 이것은 총독부의 통치체제에 의한 단순한 구분일 뿐이다. 문화사, 도시사회학, 경제사적 관점에서 공유되는 시기는 1920년 초반부터 1930년대 중반까지다. 3)

한국 근대문화의 형성시기와 관련해서 1920년대 중후반은 논의의 핵심에 위치한다. 손정목(1996)은 1920년~1930년대 중반까지를 그 전후의 시기와 구별하는 특징으로 자아의 각성, 대중의 빈곤, 그리고 도시화를 꼽는다. 손정목이 말하는 자아의 각성은 문화의식과 정치의식의 변화를 의미한다. 1920년 〈조선일보〉, 〈동아일보〉, 〈시사신문〉의 창간, 월간 종합잡지 〈개벽〉 창간 등이 대중의 문화와 정치의식을 변화시키는 데 기여했고, 조선교육회(朝鮮敎育會, 1920), 조선물산장려

---

3) 이 시기는 경제사적 측면에서도 유사하게 구분된다. 하시야 히로시(橋谷弘, 1995)는 조선의 자본주의 형성과정과 관련해서 1920년 초반부터 1930년대 중반까지 식민지 공업화 시기와 1930년대 중반 이후 전시공업화체제 시기로 나눈다. 식민지 조선은 1920년대 초부터 경공업 중심으로 산업화가 시작되어 1930년대 중반부터는 전시공업화체제로 바뀌었다.

회(朝鮮物産奬勵會, 1920)부터 시작해서 1920년대 중반 각종 청년단체들이 결성되었으며, 신간회(新幹會, 1927)와 근우회(槿友會, 1927)에 이르기까지 대중운동이 확산됨으로써 민족, 계급, 문화에 대한 자각이 나타났다.

모던세대 형성을 규정하는 역사적 맥락은 1919년 3·1운동부터 만주사변 이후 1930년대 후반까지다. 3·1운동 이후 한국사회는 사회주의 경향, 민족주의 경향, 낭만주의 경향 등 이념적으로 분리되기 시작했다. 그러나 모던세대는 이와 같은 이념적 경향으로부터 떨어져 있었으며, 1920년대 중후반을 거치면서 식민지 소비문화로 편입되었다. 이들은 이념적 무방향성을 보여 주었는데, 이것은 1920년대 이후 일제 문화정치로의 '동화'를 의미한다.

모던세대가 하나의 세대로서 공론화된 것은 1927년 즈음이다. 1926년 윤심덕, 김우진의 정사사건, 1920년대 후반 영화와 대중음악의 확산, 1929년 일제가 '시정(施政) 20주년 기념'으로 개최한 조선박람회 등은 모던세대가 형성되는 계기를 제공한 것으로 보인다.

이루어질 수 없는 사랑으로 괴로워하다가 현해탄에 함께 몸을 던진 윤심덕과과 김우진은 모던세대는 아니지만 신여성, 신청년으로 자유연애와 개인주의적 가치를 극단으로 보여 주었다. 〈조선일보〉와 〈동아일보〉(1926년 8월 5일)는 이 사건을 1면에 실었다. 〈동아일보〉는 9개나 되는 기사를 썼을 정도로 이 사건은 사회적 관심거리였으며, 젊은 세대로 하여금 정사와 자유연애의 가치를 확고하게 하는 상징적 사건이 되었다.

한편, 1929년 조선박람회는 150만 명 이상이 참여할 정도로 서구문물과 소비주의를 받아들이는 스펙터클의 장(field)으로 기능했다.

인구학적 변화, 세대가 문화를 만드는 특정한 장소, 세대문화 스타일 등을 고려할 때, 모던세대는 1920년대 중반 이후부터 등장했다고 볼 수 있다. 1920년대 중반에서 1930년대 중반 사이 대중문화와 소비문화 영역에서는 상당한 변화가 나타났다. 이와 같은 변화는 3·1운동의 좌절, 문화정치로 이어지는 일제의 식민화된 문화정책 등과 밀접히 관련되어 있지만, 그와 더불어 근대문화를 소비할 수 있는 새로운 계층의 성립을 무시할 수 없다. 이 새로운 계층이 바로 모던세대였다.

1920년대 중반 미디어문화와 유행의 측면에서 주목할 만한 변화가 나타났다(〈표 1-1〉 참고). 최초의 무성영화 〈월하(月下)의 맹세〉, 할리우드 수입 외화의 급증과 대중화, 〈아리랑〉 개봉 및 무성영화 〈낙화유수〉의 인기 등 대중 미디어문화가 확대되었다. 〈동아일보〉는 1925년 영화계 모습을 다음과 같이 보도한다.

조선의 영화계에는 적지 안은 변함이 있었다. 외국영화의 자유배급제도(自由配給制度)의 류행과 됴선영화 제작자의 속출과 흥행계층업자 친목기관인 영화삼우회의 출현과 삼관협됴(三館協調)의 실현과 언론기관과 흥행자와의 제휴 등 이것만으로도 1925년도의 조선영화계는 얼마나 분주하엿던 것을 알 수 잇슬 것이다. … 수입별(輸入別)로 보면 미국영화가 9파센트로 구주(歐洲)영화 1할에 비교해 보면 18배가 좀 넘친다. 4)

---

4) "미국영화가 구 파센트"이고 "구주영화 일 할"인데 비교하면 "십팔 배"가 넘는다는 부분은 오자인 듯하다. 수치가 맞지 않기 때문이다. 이후 기사 내용을 보면, 구주영화가 5% 내외, 미국영화가 95% 정도 되는 것으로 보인다.

<표 1-1> 1920년대 세대문화 형성의 맥락*

	미디어문화	유행과 스타일	사회적 맥락 (교육, 장소, 문화정치 등)
1920		자유연애 등장	서울인구 대비 여학생 = 100명당 0.80
1921			소비와 세대문화의 장소로서 남촌의 형성 (을지로, 종로 4~본정 4, 종로 3~본정 4~대화정), 조지아(丁字屋) 백화점 등장
1922		《인형의 집》 인기	기생 강향란 단발
1923	무성영화 〈월하의 맹세〉	연애소설 인기	다방(카페) 명치정(명동)에 생김
1924	외화수입 급증 (할리우드 영화 시장지배)		경성제국대학 개교
1925	경성 극장 수 12개 일동축음기회사 음반제작	단발, 트레머리 유행 붉은 목도리, 장신구 유행	서울인구 대비 여학생 = 100명당 1.88 경성역사(京城驛舍) (현 서울역) 건립
1926	〈사의 찬미〉 인기 〈아리랑〉 개봉 취미독물로 대중잡지 등장 (〈별건곤〉 등)	우산, 하이힐 유행 서구 브랜드(시계 등) 유행 경성공회당 공연 (서양음악, 무용 등) 활발	윤심덕·김우진 현해탄 자살 조선박람회 개최 조선총독부 경복궁 이전
1927	무성영화 〈낙화유수〉 인기	모던걸, 모던보이 유행어	조선산업박람회 경성 방송국 개국
1928	근대가요 〈황성옛터〉 인기 콜롬비아, 일본 빅타 양립체제로 음반제작		
1929	〈타향살이〉 인기	재즈 인기	시정 20주년기념 조선박람회 상품진열관 총독부 상공장려관
1930	〈목포의 눈물〉 인기	혼부라 당 유행어 카스텔라, 슈크림, 비스킷 등장, 카페와 재즈 인기	서울인구 대비 여학생 = 100명당 3.70 미쓰코시(三越) 백화점
1931			만주사변

* 미디어문화는 김소희(1994), 정종화(1997), 장유정(2004), 유행과 스타일은 김경일(2004), 신영직(2003), 사회적 맥락은 손정목(1996b), 윤인식(2003) 김영근(1999) 등의 글에서 요약정리.

미국영화 봉절 권수는 2,110여 권, 구주영화는 124권으로 미국영화의 세력은 어느 때던지 변함이 업다"(〈동아일보〉, 1926년 1월 2일).

유선영(2003)은 1923년부터 장편영화가 흥행하기 시작해서 1925년경 조선의 영화시장이 할리우드 서사영화의 시장으로 재편되었다고 지적한다. 이것은 미국영화 수입이 금지되는 1930년대 후반까지 이어졌다.

대중음악의 경우에도 전통가요나 신민요가 인기를 끌기 시작했다. 일동축음기회사는 1925년 처음으로 국내 전통가요 음반을 제작하기 시작했다. 1926년 윤심덕의 〈사의 찬미〉는 대중의 관심을 사로잡았다. 〈사의 찬미〉가 성공하면서부터 대중음악시장은 급속히 성장했다.

일동축음기회사는 1928년 문을 닫고, 콜롬비아와 빅타 두 회사의 양립체제로 대중음악시장이 재편되었다. 1930년대 초반은 레코드의 홍수, 유성기의 천하로 불릴 만큼 음악시장이 확대되었다. 대중가요는 전통가요, 신민요에서 재즈에 이르기까지 다양했다(장유정, 2004).

미디어문화의 수용자가 모던세대뿐이었다고 말하기는 어렵지만, 자유연애, 단발, 트레머리, 하이힐, 재즈, 서구 브랜드 상품의 주요한 소비자는 젊은 세대였다. 모던세대는 미디어문화의 소비와 그에 따른 세대문화의 스타일을 구성해 갔다.

연애는 젊은 세대에게 단지 남녀의 사랑만을 의미하는 것이 아니라 기성 결혼제도까지 포함한다. "연애라는 말은 근년에 비로소 쓰게 된 말"(김기진, 1926, 13쪽)이라는 기술을 보면, 자유연애라는 용어는 1910년대 말이나 1920년에 등장했으리라 판단할 수 있다.

1925년 〈개벽〉 "최근조선(最近朝鮮)에 유행하는 신조어"라는 제목

┃ 월간 취미잡지 〈별건곤〉 창간호 표지

의 기사는 '민중', '푸로레타리아', '연애자유' 등을 기록했다. 자유연애
가 단순히 연애만을 의미하는 것이 아니라 남녀 사랑관, 결혼관, 성적
욕망 등을 포함한다면, 1920년대 중반 젊은 세대의 연애 가치관은 이전
세대와는 달랐다고 볼 수 있다.

　연애에 대한 관심으로 《사랑의 불꽃》, 《청탑의 사랑》 등과 같은 연
애소설들이 1923년부터 여학생을 중심으로 인기를 끌었고,5) '취미독
물'이라고 불리는 대중잡지인 〈별건곤〉,6) 〈신여성〉 등도 등장했다.
이것은 잡지의 역할이 1920년대 이전 계몽의 영역에서 취미의 영역으
로 변화되었다는 것을 의미한다. 여기서 말하는 '취미'는 대중의 관심거

---

5) 권보드래(2004)는 노자영이 지은 《사랑의 불꽃》이 1920년대 최대의 베스트셀
　러였다고 주장한다.
6) 〈별건곤〉 창간사에는 "무산계급의 취미 증진"을 위해서 '취미독물'을 발간한다
　고 쓰여 있는데, 여기서 무산계급은 대중의 다른 말이다.

리로 오늘날 '대중문화'와 유사한 의미를 지닌다(이강돈, 2004). 취미독물은 유행, 영화, 스포츠, 음악, 여성, 세대 등을 수기, 실화, 정탐기, 만담 등 다양한 양식으로 표현했다. 취미독물은 새로운 감수성과 정서를 담아내면서 양적으로 확대되었다.

1920년대 중반 모던세대가 주로 활동한 장소는 '남촌'이었다. 이 시기에 남촌[을지로, 종로 4∼본정(충무로) 4, 종로 3∼본정 4, 대화정]을 가로지르는 도로가 만들어졌고, 경성제국대학이 설립되었으며, 경성전차 노선이 완성되었다. 1921년 조지아 백화점, 1922년 미나카이 백화점, 1926년 히라다 백화점 등이 남촌에 세워지고, 카페와 잡화점(시계점, 화장품, 양복점 등)이 1925년 전후로 급속히 증가했다. 경성 남촌은 식민화된 근대 소비문화의 장이었다.

1920년대 중반부터 형성된 모던세대 문화는 기성문화와는 다른 문화사적 의미를 지닌다.

첫째, 모던세대 문화는 '계몽', '민족', '계급' 등에 대한 관심에서 벗어나 있었다. 모던세대는 취미독물로서 대중잡지, 연애, 미디어 문화의 소비, 새로운 패션 스타일 등에 관심을 기울이면서 개인주의를 추구했다.

둘째, 모던세대 문화는 1920년대 서구, 특히 미국의 대중문화와 밀접한 관계를 맺었다. 미국의 경우 1920년대는 '재즈의 시대'로, 신세대는 '플래퍼'(*flapper*)나 '시크'(*sheik*) 세대[7]로 불렸는데, 플래퍼나 시크의

---

7) 플래퍼(*flapper*)는 말괄량이를 의미하는데, 단발머리(*bobbed hair*), 짧은 치마, 몸에 달라붙는 옷, 긴 목걸이, 재즈 바에서 춤추기를 즐기는 여성 신세대를, 시

유행 스타일은 1920년대 중후반 모던세대에도 유사하게 나타났다. 1920년대 후반 시크나 플래퍼와 같은 용어는 〈별건곤〉이나 〈신여성〉에서 자주 등장했다.

모던세대는 한국 현대문화사에서 서구문화를 동시적으로 경험한 첫 세대였다. 다만, 미국에서 '재즈의 시대'는 1918~1929년 사이(Hanson, 1999)였지만, 한국에서 재즈의 유행은 좀 늦었다. 음반 산업 전반과 카페 등 재즈를 들을 수 있는 사회적 기반이 1920년대 후반 이후에야 어느 정도 형성되었기 때문이다.

셋째, 모던세대 문화는 서구(특히 미국) 대중문화세대와 공시적 경험을 공유했지만, 서구 대중문화의 외양만을 경험했다. 1920년대 미국에서 도시화 비율은 이미 50%를 넘고, 가정의 85%에 전기가 보급되었으며, 다양한 상품(자동차, 가정용 전기기구, 스쿠터 등)의 소비가 사회 전반에 걸쳐 확대되었다. 미디어를 통한 광고 산업도 급속히 성장했고, 1929년 실업률은 2%에 지나지 않았다(Hanson, 1999). 미국사회의 경우 새로운 세대문화가 계층과 관계없이 등장했지만, 한국사회의 경우 젊은 세대 전반에 걸쳐 모던세대 문화가 나타난 것이 아니었다.

1920년대 중반에서 1930년대 중반에 이르기까지 근대 대중문화나 소비문화는 한국사회 전역에 걸쳐 나타났다기보다는 서울의 특정 지역에 국한되어 있었다. 당시 "한국사회에서 농민의 40% 이상, 도시주민의

크(sheik)는 플래퍼와 함께 어울리는 젊은 남성으로, 챙 있는 모자, 무릎까지 오는 바지, 마름모무늬 색깔 양말 등을 착용하는 꽃미남 신세대를 의미한다(Drowne, K. & Huber, P., 2004, 29~30쪽).

60% 이상이 빈곤층"(손정목, 1996b, 106쪽)이었다는 사실을 고려하면, 대중이 근대를 경험하고, 영화나 대중음악을 즐겼다고 하더라도 그 수는 여전히 제한적이었을 것이다. 특정 계층의 소비주체가 경성의 남촌을 중심으로 식민화된 근대 소비문화를 경험했을 가능성이 높았다.

3. 모던세대의 주체

1920년대 중반 '모던걸', '모던보이'가 유행했다. 신여성 혹은 신여자라는 말은 1910년대부터 쓰이기 시작하여 1920년대에는 도시의 지식인 사이에서 대중적인 용어가 되었다. 대중은 여성을 모성이나 가족이 아니라 새로운 개념으로 바라보았다.

모던걸, 모던보이라는 용어가 본격적으로 등장한 것은 1927년이다. 모던걸, 모던보이의 등장은 퇴폐적인 개인들의 출현이 아니라, 하나의 사회적 현상이자 새로운 세대의 등장이었다. 일군의 젊은 세대가 새로운 스타일(의상, 두발, 장식, 언어, 의식 등)을 통해서 자신의 정체성을 드러내기 시작했다.

요사이, 요사이라고 해도 내게 있어서는 거진 반개년(半個年) 남짓한데, 그때부터 조선에서도 제일도시인 서울서 '모던걸'! '모던걸'! 하는 소리를 듯게 된다. 그것은 물론 근본 말이 영어지만 일본을 거쳐서 조선에온 말일 것이다. 언젠가 일본의 신문지와 혹은 '윅크리'에 사진판(寫眞版)으로 소위 '모던걸' '모던보이'를 진열해 논 것을 무심히 본 기억이 남아 잇다〔박영희, 1927, 114쪽〕.

모던걸, 모던보이는 일본에서 유행했던 말이다. 모던걸이라는 용어는 기타자와 히데카즈(北澤秀一)가 일본의 〈여성〉지 1924년 8월호에 처음으로 언급한 것으로 1926년부터 널리 사용되었다〔다카하시 야스오

(高橋康雄), 1999; 김경일, 2004, 24쪽 재인용).

박영희가 〈별건곤〉 12월호에서 모던걸, 모던보이라는 용어를 들은 것이 반 년 남짓하다고 말한 것을 보면, 모던걸, 모던보이는 일본에서 1926년 대중적으로 사용되다가 1927년 중반 즈음 조선에 들어와서 유행어가 되었음을 알 수 있다. 또한 "조선에서도 제일도시인 서울서 '모던걸'! '모던걸'! 하는 소리를 듣는다"는 문구에 드러나듯이 모던세대는 전국적 현상이 아니라 서울의 특정 지역에서 두드러진 현상이었다.

당시에는 신여성, 모던걸, 단발랑, 여학생 등의 용어가 함께 사용되었다. 신여성은 이미 1910년대부터 사용되었는데, 부르주아 지식 계층 또는 여학교를 졸업한 지식인 여성을 의미하기도 했고, "지식 여성 중에서도 전통적인 사고·제도나 인습에서 벗어난 사고를 가지고 행동하는 여성"(오숙희, 1988, 129쪽)으로 이해되었다. '단발랑'은 1920년대 중반 여학생(고등보통학교)을 지칭하는 용어였다. 모던걸이 1927년부터 사용된 것으로 보면, 신여성과는 다른 집단임을 알 수 있다.

1920년대 후반에서 1930년대 초반에 들어오면서, 신여성과 모던걸은 명확히 구분되었다. 신여성은 1910년대 지식층의 일부로서 자유주의와 여권신장론 등을 제기한 여성들이었으며, 1920년대 '교육받은' 일부 대중으로 확대되었다.

1910년대 이후부터 당시까지 신여성을 대표하는 인물들은 김일엽(1896~1971), 김명순(1896~1951), 나혜석(1896~1948), 윤심덕(1897~1926) 등이었다. 이들은 부르주아 계층으로 전통적 사고나 인습에서 벗어날 것을 주장했다. 1920년대 후반 이후 이 신여성들을 모던걸로 부르는 경우는 전혀 없었다. 1926년 윤심덕이 김우진과 현해탄에서 동반 자살한 이후 보도된 신문기사나 잡지 특집호 어디에서도 윤심덕을 모던 걸로 부르지 않았다.

대표적인 신여성들은 1920년대 말 모두 30대 초반이었다. 모던걸은 1920년대 중후반 10대 말에서 20대 초중반에 속한 부르주아 출신 여학생, 예술가, 대중문화 종사자(배우, 가수 등), 카페 여급, 숍 걸(백화점 여점원) 등이면서 모던 스타일의 패션을 주도했던 집단이었다. 이들은 계몽사상을 갖기보다는 특정 직업군이나 고등보통학교 이상 여학생들에게 유행했던 소비문화 스타일에 집착했다. 신여성과 대립되었던 구여성은 근대적 교육, 근대사상, 스타일에서 차이를 보이고 있다는 점에서 같은 세대 내 다른 집단이지만, 신여성과 모던걸은 같은 세대가 아니라, 10년 정도 차이가 나는 다른 세대였다.

남성의 경우, 신남성과 구남성의 대립적 구도나 신남성과 모던보이 사이를 구분해 주는 특별한 담론을 찾기는 어렵다. 신남성, 구남성과 같은 용어조차 없었다. 신청년이라는 용어8) 가 등장하기는 하지만 신여

---

8) '신청년'이라는 용어는 1919년 1월 문예지 〈신청년〉에서 공식적으로 등장한다. 1923년 염상섭의 소설 〈너희들은 무엇을 어덧느냐〉는 신청년들의 사랑을 다룬다. 정혜영(2004, 65쪽) 은 "신청년을 1919년을 전후해서 출현한 세대로 열아홉에서 스물여섯 일곱에 분포되어 있는 연령대, 적어도 1906년 보통학교령 및 고등학교령의 공포 이후 체계적으로 근대교육을 습득한 세대"로 정의한다. 신청년은 반드시 남성을 의미하는 것이 아니라 남성과 여성을 함께 포함한 용어이다. 이들이 1906년 보통학교령 혹은 1911년 조선교육령 아래서 근대교육을 체계적으로 받은 세대라면 신여성과 가까운 개념으로 볼 수 있다. 다만 신여성이 여성에만 국한해 사용되었기 때문에 남녀를 총칭하는 신청년이라는 용어가 사용되었고, 신여성과 마찬가지로 모던세대보다 10년가량 앞선 세대로 볼 수 있다.

성처럼 대중적으로 쓰이지 않았고, 교육받은 부르주아 청년(남성과 여성을 모두 포함)들만을 의미했다.

1919년 최초의 문예지 〈신청년〉(新靑年)의 주도 인물은 방정환(1899~1931), 유광렬(1898~1981), 이중각(1895~1923), 박영희(1901~?) 등이었는데(한기형, 2002), 이들은 신여성으로 불리었던 김일엽, 김명순, 나혜석, 윤심덕과 같은 세대였다. 박영희의 경우도 자신을 모던세대와 다른 세대로 규정하는 것을 보면, 신청년은 신여성과 동일한 세대로 모던세대 이전 세대라고 볼 수 있다.

기성세대는 모던보이를 강력하게 비판했다. 기성세대는 젊은 세대의 스타일과 의식을 불량한 것으로 파악했다. 이 당시 대표적인 모던보이로 불렸던 사람은 시인 이상(李箱, 1910~1937)이었다. 스스로 모던보이를 자칭했던 박팔양(1927)은 기성세대의 비판에 대해서 다음과 같이 반론을 제기한다.

세상에는 'Modern boy'(모-던 보이)라는 일흠으로 지칭되는 청년의 일군(一郡)이 잇다. 그들은 가장 근대색채(近代色彩)가 농후해서 그들의 의복 언어 동작은 물론이요 그들의 사고방식까지도, 근대화하지 못한 사람들의 그것과는 몹시 거리가 멀다 … 그들은 실로 "아름다운 근대의 무지개"다. 그런데 일부 사회에서는 그들을 보고 무엇이라 하는가. 경박지배(輕薄之輩)라는 일흠으로 비난을 하지 안는가(박팔양, 1927, 116쪽).

박팔양은 〈모던보이 촌감(寸感)〉에서 자신이 모던세대임을 자랑스럽게 주장한다. 이것은 기성세대가 모던세대를 경박한 무리(경박지배)

┃ "'모던' 남녀"(〈동아일보〉 1929년 1월 20일 칼럼)

요즘에 와서 어디를 가든지 '모던걸'이나 '모던보이'니 하는 말들을 자주 듣게 된다. 머리만 좀 괴상하게 해도 '모던걸'이오, 구두축만 좀 유별나도 '모던걸'이오, 바지통만 넓어도 '모던보이'라고 한다. 외래어인 '모던'이라는 말은 어떤 의미로 보아 경조부박(輕佻浮薄 : 말하고 행동하는 것이 신중하지 못하고 가벼움)한 것을 가장 좋은 뜻으로 해석해서 사용되는 듯하지만, 사실은 그 가운데에는 비웃음이 들어 있는 것이 분명하다. 현대 사람으로 현대적이라는 말을 듣는 것이 당연한 일이지만 하찮게 여기는 뜻이 있는 것 같이 들리는 것은 사람이란 어느 때든지 보수적 사상이 마음에 뿌리를 깊이 박고 있는 것도 이유의 하나일 것이다. 소위 '모던걸'이나 '모던보이'란 남녀 자신이 너무나 행동을 신중하지 못하고 가볍게 하고 다니면서 '모던'이란 말에 만족하면서 자랑하는 것도 세상 사람들이 '모던'에 대해서 좋은 인상은 갖지 못하게 된 원인이다. '모던'의 형용사를 머리 위에 이고 있는 청춘남녀들은 결코 그것이 영광이 될 것이 없다. 이러한 이들은 대개 그 정신은 봉건적이면서도 외양만 현대적으로 꾸미려는 데에 그들의 모순과 착각이 있는 것이다. 그러므로 '모던'이란 새로 수입된 말이 철저하게 본래 가지고 있는 그 말 자체의 뜻을 발휘하려면 먼저 봉건적이라는 생각부터 버려야 할 것이다. 다시 말하면 '모던' 사상가가 아니고는 철저한 '모던' 남녀가 될 수 없다고 생각한다. 나쁜 의미로 사용되는 이 '모던'이 우리 조선에서는 좋은 의미로 사용될 때에 '모던'이 갖고 있는 본래의 의미가 살아날 것이다. '모던' 남녀여! 진정한 '모던' 남녀가 되라.

라고 부르는 것에 대한 비판이다. 세대갈등이 심각했음을 상징적으로 보여 준다. 1930년에 들어오면, '혼부라 당'이라는 용어마저 등장한다.

소위 '혼부라' 당의 음모가 1930년 여름에는 더욱 노골화하야 진고개 차집, 빙수집, 우동집, 카페 — 의 파루수름한 전등 아래서 백의껄이 사나희와 사나희의 날개에 가리워 전긔류성기 소리에 맞추어 눈썹을 치올렷다 내렷다 하며 …(〈조선일보〉, 1930년 7월 16일).

'혼부라'는 혼마치(本町-충무로) 지역에서 방황한다는 뜻으로 사용되었는데, '혼부라 당은 모던세대를 비하한 표현이었다.

"모던껄 아가씨들 둥근 종다리/ 데파트(백화점) 출입에 굵어만 가고/ 저 모던뽀이들에 굵은 팔뚝은/ 네온의 밤거리에 야위어 가네/ 뚱딴지 서울 꼴볼견 만타/ 뚱딴지 뚱딴지 뚱딴지 서울 …."

1938년 발표된 대중가요 〈뚱딴지 서울〉(고마부 작사, 정진규 작곡, 유종섭 노래) 가사에서 보듯이, 모던걸과 모던보이라는 용어는 1930년대 후반까지 대중적으로 사용되었다. 그러나 1940년대에 들어서면서 모던걸이나 모던보이라는 용어는 거의 쓰이지 않았다.

결과적으로 모던세대는 1920년대 중후반에서 1930년대 후반까지 나타난 새로운 세대였다. 9) 이들은 1910년 초반에서 1920년 사이에 태어

---

9) 신여성과 관련된 기존 연구들은 1920년대 신여성은 '찬미의 대상'이었으나 1930

나서 1920년대 후반에서 1930년대 중후반까지 식민지 교육을 받고 소비문화와 유행을 이끌었다. 이 세대는 민족이나 사회주의와 같은 이념적 문제에 대해서 별다른 관심을 보이지 않았으며, 식민지 근대에 가장 먼저 편입되었다.

년대에는 '비판의 대상'이 되었다고 지적한다(권희영, 1998; 김경일, 2004). 그러나 세대적 시각에서 보면, 1920년대 초반 신여성과 1930년대 초반 신여성은 동일한 수준에서 논의되기 어렵다. 후자는 경우, 신여성은 모던걸을 지칭하는 것으로 1920년대 신여성과 다른 새로운 세대이기 때문이다.

4. 모던세대의 구성

모던세대의 형성과정에서 단초를 제공한 것은 여학생이다. 개화기 이후부터 여성교육담론이 꾸준히 등장했지만, 거리에서 학교를 다니는 여학생들을 쉽게 보게 된 것은 1920년대 초반 이후이다. 연구공간 '수유+너머' 근대매체연구팀(2005)은 1923년 개벽사에서 1년간 발행하던 〈부인〉을 〈신여성〉으로 제호를 바꾸어 출간한 것도 여학생의 증가와 무관하지 않다고 지적한다. 〈신여성〉은 1920년대 주로 '여학생'을 겨냥해 기획되었고, '신여성'이라는 개념 역시 '여학생'과 대체로 겹치는 것으로 보아도 무방하다는 것이다.

여학생의 수가 급속히 증가한 시점은 1925년에서 1930년 사이다. 〈표 1-2〉에서 보듯, 전체 여성인구에서 여학생이 차지하는 비율은 1925년 인구 1만 명당 2. 17명에서 1930년 4. 70명으로, 서울의 경우 100명당 1. 84명에서 3. 70명으로 증가했다. 1930년을 기준으로 설정할 때, 여학생의 비율은 전체 여성인구의 0. 046%, 서울 여성인구의 3. 7%에 불과했다. 그럼에도 불구하고, 여학생은 1920년대 중후반에 집단적 정체성을 부여받았다. 여학생은 전체 여성인구에서 차지하는 비율은 낮았지만 사회적 관심대상이었다. 10)

---

10) 〈신여성〉과 〈별건곤〉은 매년 여학생에 관한 기사를 실었다. 〈신여성〉의 경우, "여학생계 잡유행가 시비"(1924년 6월), "잘못, 죄과, 희망, 충고, 남녀공개장"(24년 11월), "여학생계 신유행 혁대 시비"(1924년 11월), "여학생과 동성애 문제"(24년 12월), "여자의 단발! 일천만 여성의 심기일전을 고함"(1925년 8

<표 1-2> 공립·사립 여자고등보통학교 재학생 수의 비율[11]

연도	여학생 수(A)	전체여성 인구(B)	서울여성 인구(C)	비율 (A/B×10,000)	비율 (A/C×100)
1920	621	8,214,090	89,041	0.76	0.70
1925	1,972	9,076,332	107,399	2.17	1.84
1930	4,554	9,682,545	123,041	4.70	3.70
1935	6,047	10,478,948	145,942	5.77	4.14

* 조선총독부(1925/1935), 《조선총독부통계연보》 재구성.
** 1920년과 1925년 여학생은 조선·일본여학생 수이고, 1930년과 1935년은 조선여학생 수임.

1920년대 중반까지 신여성과 여학생은 '교육받은 집단'이라는 공통점이 있었다. 그러나 1920년대 후반에서 1930년대 초반 사이, 여학생은

월), 〈별건곤〉의 경우, "단발랑미행기"(1926년 11월), "전율할 대악마굴 여학생유인단 탐사기"(27년 3월), "여학생 시대에 눈꼴틀니든 일"(1927년 4월) 등 여학생은 대중잡지의 관심사였다. 〈신여성〉은 교육적 차원에서, 〈별건곤〉은 관음적 시선에서 여학생을 다루는 등 관점은 달랐지만, 여학생들의 행동과 양식이 사회적으로 높은 관심의 대상이었음은 분명하다. 이 점은 나도향의 〈환의〉(1922), 염상섭의 〈너희들은 무엇을 어덧느냐〉(1923), 이광수의 〈재생〉(再生, 1925) 등 당시 대표적인 지식인이었던 소설가들이 여학생을 작품의 대상으로 삼은 점을 통해서도 드러난다. 여학생과 관련된 소설에 대해서는 안미영(2003), 정혜영(2004)의 글을 참고할 것.

11) 〈신여성〉(1925년 12월, 24~25쪽)은 1925년 보통고등여학생의 수를 2,795명이라고 밝히고 있어서 총독부 자료와 차이가 있다. 이것은 총독부 공식통계는 정식으로 인가를 받은 2개의 공립과 7개의 사립학교만을 통계처리한 데 비해, 〈신여성〉은 인가되지 않는 사립학교들도 포함시켰기 때문으로 추측된다. 〈신여성〉 자료는 좀더 구체적인데 경기(서울지역) 985명, 평남 428명, 황해 306명, 평북 202명, 경북 175명 등이다. 경기지역의 여학생 수는 전체의 35.2%를 차지한다.

'단순히 학교를 다니는 여자'에서 새로운 취미와 스타일을 갖는 집단으로 규정되었다. 이때 여학생은 신여성으로 불리기보다 모던걸로 인식되기 시작했다. 신명직도 "1927년 당시 모던걸과 '녀학생' 혹은 모던보이와 지식청년 사이의 구분은 애매하였으며, 당시 모던걸의 패션과 흐름을 주도하였던 것은 여학생들이었다"(2003, 75쪽)고 지적한다.

육체미(肉體美)를 발휘하자! 이것은 현대의 부르지즘이라면 만약 "여성 프로파간다-시대"가 오면 모던-걸들의 옷이 몹시 간략해지겟다. 볼상에는 해괴망측하나 경제상 매우 이로울 것이니, 실 한 꾸레미와 인조견 한 필이면 3대가 물릴 수도 잇겟슴으로 이것이 간리한 생활방식에 하나-. 카페웨트레스, 어떤 여학생, 긔생, 모던-걸(〈조선일보〉, 1930년 1월 14일).

1930년대에 들어오면 여학생은 단순히 고등보통학교 이상을 다니는 교육받는 학생의 의미를 넘어선다. 1920년대 말에 '불량 여학생'에 대한 비판들이 나오는데, 〈조선일보〉에 등장하는 '어떤 여학생'은 여학생 전체가 아니라 일부이다. 기성세대의 시각에서 보면, '어떤 여학생'은 불량 여학생이고 모던걸을 의미한다. 특히 주목할 것은 '어떤 여학생', '카페 웨트레스', '긔생'이 동일한 위치에서 기술되고 모던걸로 불린다는 점이다.

카페 웨이트리스(여급), 기생, 카페 걸들이 본격적으로 나타나는 시기는 1920년대 후반이다. 신명직(2003)은 "죽겟네, 살겟네, 못 살겟네 해도 소위 대경성 넓은 바닥에 늘어 가는 것이라고는 음식, 요리점, '카페'뿐이다"라는 안석영의 만문만화를 토대로 1925년에 카페가 경성에

서 성행했다고 밝힌다. 그러나 안석영의 만문만화는 좀 과장된 것으로
보인다.

전우용(2003)이 《경성상공회의소 월보》(각년판) 자료에서 제시한 것
을 보면, 1926년 본정(本町-충무로)과 명치정(明治町-명동)에 카페는
4개, 1931년 8개, 1937년 20개였다. 이 수치는 영업세 연액 15원 이상
납부업소를 대상으로 한 것이어서 음성적 카페나 소규모 카페는 이보다
많았으리라 추측된다.

'남촌의 카페, 북촌의 빙수(氷水) 집'이라더니 요즘에는 북촌에도 어느 틈
엔지 카페가 늘어 간다. 불경기니 뭐니 하야도 카페만은 풍성한 품이 딴
세상이다(〈혜성〉, 1931, 11월호, 126쪽).

카페나 요리점(여기서도 여급을 두었다) 등이 성행하기 시작한 것은
1920년대 말에서 1930년대 초반이다. 전우용은 1930년대 본정을 중심
으로 남촌에는 카페가 적어도 60곳 이상 존재했고, 1930년대 중반 이후
에는 북촌(현재 인사동, 관철동, 종로 부근)으로까지 확대되었다고 말한
다(2003, 260쪽).

얼마 전까지는 말도 듣기 어렵든 '카페'라니 '빠'라니 하는 것은 이제 도회
인(都會人)으로서 가장 만이 오르나리게 된 말씨가 되었다 … 작년 말 현
재로도 그 수는 250개소에 달하엿으며 여급 수는 2,489명에 달하여 이제
는 조선의 도시는 카페의 분위기에 싸엿다 할 만큼 놀랄 만한 '템포'로 늘
어 오게 되엇다(〈동아일보〉 1934년 9월 16일).

<표 1-3> 1930년 경성 직업별(소분류) 인구수*

직업	총수		비율	조선인	일본인	중국인	구미인
	남	여					
여관, 음식점, 요리점 등 종사자	2,251		1.6	1,075	1,035	141	–
	599	1,652					
음식점, 요리점, 기생집 등 업주	2,031		1.2	1,279	574	179	–
	1,111	920					
예기(藝妓), 기생	1,052		0.77	689	363	–	–
	–	1,052					
기자, 저술가, 문필가	550		0.40	322	225	1	2
	536	14					
기타 상업적 직업(문화예술 종사)	532		0.39	231	302	2	4
	522	17					
소계	6,416		4.36	3,596	2,499	323	6

* 모던걸, 모던보이 논의에서 주로 언급된 직업군을 중심으로 정리.
** 조선총독부(1930), 《조선국세조사보고》(214~220쪽) 재구성.

1930년 조선총독부에서 실시한 국세조사는 직업을 구체적으로 제시했는데, 당시 전체 경성인구는 39만 4,240명이었다. 직업을 가진 인구는 13만 6,728명(34.7%), 무직자는 25만 7,512명(65.3%)으로 집계되었다. 그만큼 경제적으로 어려웠다는 것을 알 수 있다.

대체로 모던걸, 모던보이를 말할 때 포함되는 직업군은 전체의 4.36%를 차지한다(<표 1-3> 참고). 그러나 여기에는 업주들과 30대 중반 이후 세대도 포함된다는 점을 고려하면, 직업별로 보았을 때 모던세대로 범주화할 수 있는 인구의 비율은 1.5%를 넘지 않았을 것으로 추측된다.

한편, <신여성>에 의하면, 1925년 경성에 있는 학교에 재학 중인 여학생 수는 985명이었다. 1930년 경성에서 고등보통학교와 전문학교에 다니는 남녀학생 수는 4천~5천 명 내외로 추산된다. 모던세대의 스타일을 보여 주었던 학생집단은 이 중에서도 일부였다. 이를 통해 볼 때, 1920년대 후반에서 1930년대 중후반에 이르는 시기 동안 경성에서 모던스타일을 보여 주었던 집단은 경성인구의 2~3% 정도에 불과했으리라 판단된다. 12)

---

12) 이와 같은 추론은 모호할 수밖에 없다. 모던세대가 단지 직업군으로만 설명될 수 있는 것이 아니기 때문이다. 당시 직업이 없었던 지식층 룸펜들도 모던세대의 스타일과 세계관을 지녔으리라 예측된다. 그러나 모던걸, 모던보이에 대한 기존의 논의들이 마치 식민지 조선사회가 근대문화를 소비하는 것처럼 기술하고, 대부분 젊은 세대가 모던걸, 모던보이인 듯 논의하는 것은 지나치게 과장된 것이다.

5. 모던세대의 문화양식

1) 모던세대의 장소

세대문화의 형성과정에서 중요한 요소 중 하나는 '상징적 장소'다. 세대
문화가 사회 내에 편재하는 것이 아니라 특정 지역을 중심으로 형성되
기 때문이다. 와이엇(Wyatt, 1993, 4쪽)은 세대의식이나 세대문화의
형성과정에서 특정한 장소의 중요성을 강조한다. 예를 들어, 미국의
청년문화에서는 1969년 우드스탁(Woodstock)이 상징적 장소의 역할
을 했다. 특정한 장소는 세대문화가 경험을 공유하고, 집단기억을 발
현한다는 점에서 중요한 의미를 지닌다.

일제강점기 서울의 중심은 한국인 위주의 '종로'와 일본인 위주의 근대
상가가 운집한 '본정'으로 이원화되었다. 주거지역은 '북촌'(北村)의 한
국인 지역, '정동'(貞洞) 주변의 서구인 지역, '을지로' 주변의 중국인 지
역, 남산 주변의 일본인 지역 등으로 나뉘어 문화와 건축양식이 상이하
고 다원화된 도시경관을 형성했다.

모던세대들이 집단적으로 모였던 장소가 남촌이라는 점에는 별다른
이의가 없다(김영근, 1999; 김진송, 1999; 김한배, 2003; 노영석, 2004;
목수현, 2003; 신명직, 2003).

남촌은 본정과 명치정을 중심으로 형성된 상가지역이며, 일본인 거
주지다. 1930년대 4개의 일본 백화점 중에서 3개가 본정에 있었고, 다
방이나 다양한 상가들이 명치정에 집중되어 있었다. 본정과 명치정에

<표 1-4> 본정 1정목 상가 현황

	1910	1926	1931	1937	계
잡화(시계, 화장품, 양복점 등)	5	14	24	17	60
음식(음식점, 제과점, 정육점 등)	4	5	16	22	47
문구(서점 미술재료, 문구 등)	2	6	6	13	27
의복(양복, 신발, 모자 등)	3	4	3	7	17
백화점(오복점, 백화점)		2	4	4	10
금융	2		4	2	8
의약	1	3		2	6
기타		10	2	4	16
계	17	44	59	71	191

* 전우용(2003) 재구성.

는 양복점, 양장점, 양화점 등의 의류상점과 식료품점, 빵집, 과자점, 그리고 카페나 요리점, 음식점 등이 밀집해 있었다.

남촌의 대표적 지역 중에서 하나의 사례로써 본정 1정목을 보면 〈표 1-4〉와 같다. 본정은 1정목에서 5정목까지 있었는데, 1정목에는 1번지부터 53번지까지 있었다.

1926년에서 1931년까지 5년 사이 상가가 15개나 증가했는데 이것은 1910년 17개에서 16년 동안 27개가 늘어난 것에 비하면 빠른 변화이다. 1926년~1931년 사이 두드러지는 변화는 시계점, 화장품, 양복점, 구두점 등과 같은 소비상품을 파는 상점과 음식점, 요리점, 카페, 제과점 등 음식 관련 상점이 급속히 늘어났다는 점이다.

이와 같은 추세는 본정 2~5정목이나 명치정의 경우도 마찬가지다. 1920년대 말~1930년 초반 본정과 명치정 거리는 모던세대가 즐길 수

▌1920년대 모던세대의 장소인 남촌(현 충무로)

있는 다양한 먹거리, 카페, 소비상품으로 가득했다고 볼 수 있다.

남촌의 대표적 장소인 본정은 모던세대가 즐길 수 있는 소비의 거리였다. 1926년 경성부청(현 서울시 구청사)이 태평로로 이전하면서 행정 중심지의 기능은 약화되었지만, 그 자리에 미쓰코시 백화점, 미나카이(三中井) 백화점, 히로다(平田) 백화점이 잇따라 신축되었고, 남대문로에도 조지아(丁字屋) 백화점이 건축되어 본정 1정목은 남촌의 대표적인 백화점 거리가 되었다.

본정 1정목에만 경성의 대표적인 3개 백화점, 백화점과 유사한 연합상점 건물 내에 문방구상, 완구상, 서적상 등 독립적 점포가 있었고, 나머지 잡화상은 고층건물에 입주하여 백화점과 유사한 구조를 갖추고 있었다(전우용, 2003, 200쪽).

〈표 1-5〉 1930년대 중반 남촌의 극장들

극장명	위치	상연 내용
경성극장	본정 3-94	연극, 무대극, 마술공연 등
황금좌	황금정 4-310	연쇄활동사진 최초 공연, 워너브라더스 영화 개봉
중앙관	영락정 1정목	미키노계 영화 상설관
희락관	본정 1-38	일활계 일본직영 영화 상설관
대정관	누정동 1정목	제국키네마계 영화 상설관
조일좌	본정 5-36	무대극 극장
낭화관	명치정 1-65	송죽 영화 개봉
약초영화극장	약초정 41	대도 영화 및 파라마운트를 비롯한 서양영화 상영
덕영활동사진상회	황금정 4-14	영화 상설관
명치좌	명치정	연극상영 극장

   1929년 남촌 지역의 일본인 인구비율은 전체의 60% 정도가 되었다. 남촌 중에서도 다양한 상점이 집결되었던 본정, 명치정, 퇴계로와 남산 지역의 일인 비율은 80% 이상 되었다. 남촌의 중심지였던 본정의일인 비율은 83.3%였으며, 명치정도 비슷한 수준으로 82.3%나 되었다. 퇴계로와 남산 일대 일인 비율은 88.2%였다. 퇴계로와 남산 일대는 일본인 거주지였기 때문이다(김기호, 2003). 일제강점기 본정과 명치정의 상점주인은 대부분 일본인이었다. 〈표 1-4〉에 제시된 상점의 주인은 모두 일본인이었다.

   〈표 1-5〉는 1930년대 중반까지 남촌에 있던 영화, 공연 극장을 나열한 것이다. 1920년대 이후 일본에서 영화 제작이 활성화되고, 영화를 상설로 상영하는 전문극장이 점차 많아지면서 영화는 대중오락이 되었다. 일본인 극장은 일본의 영화사가 직영하는 것이 대부분이어서 송죽

계는 황금좌, 낭화관, 일활계는 희락관, 제국키네마계는 대정관을 운영했다. 영화관은 일본에 지점을 둔 서구영화 배급회사와 계약을 맺고 양화(洋畵)를 수입해 상영하였다(목수현, 2003, 252~253쪽).

1920년대 중후반에서 1930년대 중반까지 본정 1정목을 중심으로 남촌은 모던세대가 즐길 수 있는 다양한 상점들로 가득 차 있었다. 영화, 공연, 백화점, 잡화점, 오복점(소규모 백화점) 등이 남촌에 밀집함으로써 모던세대는 본정과 명치정으로 몰려들 수밖에 없었다.

모던세대가 집단경험을 향유했던 본정과 명치정은 경성에 있는 일본 거리였다고 해도 무리가 없다. 상점주인은 대부분 일본인이었고, 일본인이 전체 인구에서 차지하는 비율이 80%를 넘었기 때문이다. 남촌 본정과 명치정을 오갔던 모던세대가 모두 조선인이었다고 말하기는 어렵다. 본정과 명치정은 조선과 일본의 젊은 세대가 공유했던 장소였다고 말하는 것이 타당하다.

본정과 명치정은 조선의 모던세대가 '소비로 편입'되면서 식민화된 근대를 경험한 장소였다. 모던세대는 이 장소에서 근대 일본과 근대 서구를 동시에 경험했으나, 민족, 전통, 식민 등과 같은 자각은 그만큼 낮을 수밖에 없었다.

2) 모던세대의 스타일

하위문화로서 세대문화에서 나타나는 공통의 경험은 '스타일'이다. 세대문화는 스타일의 상징적 이용에서 기성세대의 문화와 두드러지게 차이가 나타난다. 스타일은 세대가 경험하는 공통분모이다. 세대문화의 스타일은 지배(기성) 문화를 공격하지만 동시에 지배문화로부터 공격을 받기도 한다. 브레이크(Brake, 1987, 12쪽)는 하위문화의 스타일이 " ① 이미지 : 의상, 액세서리, 헤어스타일, 보석 등으로 형성되는 외양, ② 행동양식 : 표현, 말투, 몸짓 등, ③ 언어사용 : 은어나 말투" 등으로 나타난다고 지적한다. 1920~1930년대 모던세대에서 두드러지게 나타 난 특징은 의상, 헤어스타일 등과 관련된 외양이다.

　1920년대 중반 단발로 대표되는 신여성 스타일은 사회적 관심사가 되었다. 1922년 기생 강향란이 단발을 시도함으로써 사회적 파문을 불 러일으켰다.13) 단발은 초기 여학생이 아니라 선구적인 신여성이 주도 해서 1920년대 중반 사회적 쟁점이 되었다.

　〈신여성〉 3권 8호(1925년 8월)는 "단발문제의 시비(是非)?!"라는 특 집을 게재했다. 기사에서 인터뷰한 교육 관계자들은 "단발한다면 반대 는 안켔습니다"(동덕여학교장 조동식), "개인에 취미에 막깁니다. 의복 이 개량되고 관습이 변한 때에는"〔숙명여고 교무주임 야마노우에 초지로 (山野上長次郞)〕, "단발은 머리 해방을 엇는 것입니다"(김미리사) 등 여 학생의 단발과 관련해서 대체로 찬성했다. 그러나 학교 밖의 시각은 여 학생의 단발을 성적 대상이나 놀림의 대상으로 삼았다.

---

13) 강향란의 단발이 모던세대의 의식을 보여 주는 것은 아니다. 강향란은 1922년 6 월 정측강습소에 단발과 남장을 하고 나타나 남학생들과 함께 수학하겠다고 선 언했는데, 이것은 여성(기생)과 여성(여학생), 여성(기생)과 신여성의 구분, 여성과 남성의 구분(여성의 차별)에 대한 상징적 저항이었다. 강향란이 남장을 했다는 것은 교육 관련 성차별에 대한 저항이었다. 강향란은 분명한 정치적 의 식을 표출한 반면, 모던세대는 외양을 넘어서 정치의식을 표현하지는 않았다.

우리 뒤에 오든 사람들도 언제 보앗든지 발서 "단발양(斷髮孃)! 단발미인(斷髮美人)!" 하고 서로 주고밧고 떠든다. 압흐로 오는 사람들도 "꽁지 빠진 병아리갓다"느니 "송락 쓴 여승갓다"느니 별별 회괴 수작이 다 들니인다. 길거리에서 "오리야 이리야" 작난치는 아동배(兒童輩)들도 "야! 단발미인 간다. 이거 봐라!" 하고 드러내고 …. (〈별건곤〉, 1926년 1~2월호, 70쪽).

1920~1930년대 유행을 선도했던 집단이 여학생이었다는 점에 대해서는 별다른 이의가 없다. 그러나 1920년대 중반과 1920년대 후반~1930년대 초반까지 유행은 차이가 난다. 1920년대 여학생들이 이끈 유행은 머리모양의 경우 단발과 트레머리, 의복으로는 흰 저고리에 검정통치마, 굽 높은 구두(현재의 단화보다 약간 높은 수준)와 붉은 목도리 등이었다.[14]

1907년 일본 유학생 최활란이 짧은 검정 통치마를 입고 귀국한 이후로 여학생들은 점차 흰 저고리와 진한 색의 짧은 치마를 입기 시작했다. 1920년대 초반 그것은 여학생, 즉 신여성을 규정하는 하나의 코드가 되었다. 1920년대 초중반 유행은 여학생이 '선택받은 집단'이라는 정체성을 드러내기 위한 코드였다.

그러나 1920년대 후반에 들어서면서 젊은 세대의 유행은 학교라는

---

14) 일반 여자들은 댕기머리나 쪽머리를 했지만, 신교육을 받은 여학생들은 머리모양에서부터 자신들만의 차별성을 강조했다. 처음 유행한 머리는 서양의 펌프도어(*pompadour*: 챙머리) 스타일이었다.

제도로부터 벗어난다. 모던걸은 양장, 실크 스타킹, 커트 머리, 붉은 연지, 벨벳 치마, 양산 등으로 치장하고, 1930년대 초반에는 노출 패션, 하이힐, 여우털 목도리, 금테 안경에 금니, 반지와 보석, 화장품의 사용과 새로운 화장법(얼굴에 분을 많이 바르거나 눈썹을 가늘게 그리기 등) 등이 유행했다. 1920년대 중반까지 미리 모양, 의상, 구두 정도가 신여성으로 여학생을 규정하는 코드였다면, 1920년대 후반 이후 다양한 장신구, 화장품, 의상 등의 확대는 여학생의 코드에서 벗어나 모던걸의 코드가 되었다.

내가 듯고 보기에는 제일 먼저 이상한 것은 여자가 화장을 하지 안코는 '모던 껄' 축에 못 끼는 모양 갓허 보인다. 화장이라도 몹시 화사하고 경쾌하여 노(老)따리아 빗가튼 고혹적 색갈의 옷과 길고 긴-'실크 스타킹'이 수직선적으로 올라가다가 … 머리는 넷날 예술가 모양으로 '컷트'를 하엿다. 흑색 비닭이[15]가 땅으로 기는 듯한 옴폭하고 뾰죽한 발과 구두 … 청춘의 붉은 피가 입술에서 출렁거리는데 더 붉은 연지를 칠해서 무엇이라 형언할 수 업시 그 붉은 빗이 보는 사람의 가슴을 찌르게 한다. 이런 사람을 흔이 내 주변의 사람들은 名稱(명칭)하기를 '모던 껄'이란다 (박영희, 1927, 115쪽).

박영희는 모던걸을 비판했는데, 이와 같은 외양은 1920년대 초반 여학생의 모습과는 분명히 달랐다. 유행은 모던보이의 경우에도 마찬가지

---

15) 비둘기를 지칭한다.

다. 1920년대 후반 모던보이는 대개 자본가의 아들이자 부르주아의 후예들이거나 교육받은 룸펜 부르주아들이다. 모던보이는 '뻐스터 키-톤'〔버스터 키톤(Buster Keaton) : 무성영화시대 코미디언〕의 모자, 혹은 맥고 모자나 '하롤드 로이드'〔해럴드 로이드(Harold Lloyd : 무성영화시대 코미디언〕의 뿔테 안경을 걸치면서 유행을 선도했다.

류행은 그 정신 망면의 그것보담도 퍽 쉽사리 되는 것이다. '하롤드 로이드'의 대모테 안경〔테가 굵고 동그란 모양의 안경〕이 됴선의 젊은 사람의 류행이 되엇고, '빠렌티노'〔루돌프 발렌티노(Rudolph Valentino) : 이탈리아 배우로 1920년대 섹스심벌이었다〕의 귀밋머리 긴 살적이 됴선 청년들의 뺨에다가 염소 털을 붓처노핫고, '뻐스터 키-톤'의 젬병모자가 됴선 청년의 머리에 쇠똥을 언저 주엇으며, 미국 서부활극에 나아오는 '카-보이'의 가죽바지가 됴선 청년에게 나팔바지를 입혀 주엇다(〈조선일보〉, 1928년 2월 7일).

모던세대의 유행에서 두드러지는 것은 서구화이다. 이와 같은 경향은 모던세대의 언어나 행태에서도 마찬가지이다. 모던세대는 아이스커피를 마시고, 일본어를 사용했다. 1920년대 중반 이후 서양영화가 주류를 형성하고 있어서 모던세대의 소비나 유행에 중요한 영향을 미쳤다.

칼피스, 파피스도 조커니와 잠 오지 안케 하는 컵피에도 '아이스컵피'를 두 사람이 하나만 청하여다가는 두 남녀가 대가리를 부비대고 보리줄기로 쪽쪽 빠라 먹는다. 사랑의 아이스컵피- 이 집에서 아이스컵피- 저 집에서 아이스컵피- 그래도 모자라서 일인들 뻔으로 혀끗을 빳빳치 펴서 "아다시! 아이스고히가, 다이스키, 다이스키요!", "와시모네-?"(〈조선일보〉, 1930년 7월 16일).

모던세대는 도시화와 서구화(일본화와 미국화)를 추종하면서 근대를 경험한 세대였다. 이들은 1910년 초반 이후 태어나서 정규 식민지 교육을 받았기 때문에 일본어를 구사하는 데 별 어려움은 없었다. 공립학교의 경우 수업시간의 2/3가 일본어로 진행되면서 젊은 세대는 식민지 교육을 통한 내선일체에 따라서 자신을 일본인과 동일시하는 경향이 있었다. 이들은 일본을 통해서 서구를 경험하면서 성장했다. 모던세대의 스타일은 1920년대 후반 어느 정도 고착되어 1930년대 중후반까지 지속되었다.

6. 1920~1930년대 모던세대의 문화사적 의미

세대는 특정한 정치적, 경제적, 문화적 맥락과 밀접히 연결되어 있고, 그 과정 속에서 독특한 자신들만의 문화를 구성해 낸다. 세대문화의 보편적 특징은 그들의 문화는 전이되지 않는다는 점이다. 문화는 삶의 양식으로서 역사적(시간) 관계와 공시적(공간) 관계의 맥락 속에서 형성되는데, 세대문화는 공시적 특성을 강하게 지닌다.

이것은 역사적 과정이 세대문화에 개입하지 않는다는 것이 아니라, 특정 시대를 중심으로 형성되는 공간적 맥락이 세대문화에 지배적인 힘으로 작용한다는 것이다.

1920년~1930년대 문화 근대성 연구들은 수많은 성과를 이루어 냈지만, 기존 연구에는 몇 가지 문제점이 있다.

첫째, 문화 근대성 연구들은 '신여성', '여학생', '모던걸' 등과 같이 여성문제에 초점을 맞추는 경향이 있었다. 세대 문제에는 관심을 기울이지 않았다. 그러나 1920~1930년대 근대 경험이 여성에만 국한되었다고 볼 수는 없다. '신청년', '모던보이'에 대한 논의는 적었지만 이들 역시 근대를 경험했던 주체였다.

나는 1920~1930년대 근대문화의 경험을 젠더에 초점을 맞추어 설명하던 기존 연구에서 벗어나서 이것이 새로운 세대의 형성과정이었음을 지적하고, 1920년대 중후반~1930년대 중반의 젊은 세대를 '모던세대'로 지칭했다. 모던세대는 1910년경 출생하여 1911년 조선교육령 아래서 근대교육을 받은 부르주아 출신이나 근대화 과정에서 형성된 새로운 직업군으로, 1920년대 후반에서 1930년대 초반 소비문화의 주요한 소비계층이었으며, 이전 세대와 다른 문화적 스타일을 만들어 낸 하위문화집단이었다.

둘째, 기존 연구들은 1920~1930년대 후반까지 동일한 정치적, 문화적, 경제적 맥락에서 바라보는 경향이 있었다.

그러나 세대문화적 시각에서 보면, 식민화된 근대문화가 새롭게 형성된 시기는 1920년대 중후반에서 1930년대 중반까지다. 기존 연구들은 신여성을 1920~1930년대 내에서 동일한 수준에서 정의했지만, 나는 1920년대 중반까지의 신여성과 1920년대 후반의 '모던걸'은 다른 세대임을 지적했다. 게다가 1920년대 중반 이전까지의 스타일과 이후의 모던세대 스타일은 명백한 차이가 있음을 논의했다.

셋째, 기존 연구들은 1920~1930년대 '모던걸'이나 '모던보이'가 식민지 조선에서 보편적인 문화현상이었다는 점을 함축적으로 제시한다.

그러나 당시는 도시인구의 60%가 실업자였고, 도시빈민이 확대되었던 궁핍의 시대였다. '모던걸'이나 '모던보이'는 식민지 조선에서 보편적 문화현상이 아니라 특수한 문화현상이었다고 말하는 것이 정확하다. 이들을 '모던세대'로 칭한다면, 젊은 세대문화는 '세대문화 일반'으로 확대되었던 것이 아니라, 특정 계층에 의해서 특정 지역에서만 나타났던 '세대문화 특수'로 보는 것이 타당하다. 경성에서도 '모던세대'는 2~3%를 넘지 않은 정도로 그 비율이 낮았기 때문이다.

모던세대가 차지하는 수는 적었지만, 이들은 근대 대중문화의 주요한 소비계층이었다. 모던세대가 집단경험을 했던 본정과 명치정은 1920~1930년대 이후부터 오늘날까지도 여전히 젊은 세대의 문화공간으로 유용하게 남아 있다. 1920~1930년대 모던세대는 한국 근대성 경험 이후에 나타난 첫 번째 세대라는 점에서 중요한 의미를 지닌다.

모던세대는 공적 영역에 대해서 관심을 두지 않고, 사적 영역에서 소비를 통해서만 정체성을 추구한 세대였다. 이것은 모던세대가 일제가 추구한 문화정치 중 하나인 '동화'에 가장 먼저 편입되었다는 것을 의미한다. 모던세대는 한국사회에 대한 공적 관심을 갖지 않았다. 세대 정신이 소비행위를 통해서만 표출될 때, 소비가 가능한 일부 사람들만이 참여할 수 있기 때문에 확대되기는 어려웠다. 모던세대는 서구(특히 미국)의 대중문화를 적극적으로 받아들였고 1920년대 서구 젊은 세대와 공시성을 경험했다. 그러나 모던세대는 외양의 모방으로부터 벗어나지는 못했다. 모던세대는 이데올로기의 무정형성을 드러내면서 세대문화가 보편적으로 갖는 기성문화에 대한 저항과 비판의 정신을 보여 주지 못했다. 이것은 모던세대가 갖는 사회적 한계였다.

1. 해방공간의 유행어

해방공간[1]은 한국사회의 정치, 경제, 문화 전반에 걸쳐서 역사적 전환점을 형성한 시기였다. 다양한 정치세력이 첨예하게 대립했고, 분열은 분단으로 이어졌다. 혼란, 갈등, 불신, 테러 등이 복잡하게 얽혀 해방공간을 지배했다.

해방은 대다수 대중들이 예상치 못한 상태에서 갑작스럽게 다가왔다. 일제 식민통치로부터 미군정 지배로 이행되면서 급격한 사회변동이 나타났으며, 민족주의세력, 친미세력, 친일세력 등은 헤게모니 싸움을 벌였다. 더욱이 인플레, 실업, 생필품 부족 등 심각한 경제파탄

---

1) 해방공간은 해방, 미군정기, 이승만의 단독정부(1948) 수립에서 한국전쟁 전까지 기간을 의미한다.

은 해방의 기쁨을 억눌렀다. 해방공간의 혼란과 대립 속에서 형성된 일부 정서나 이데올로기는 여전히 한국사회를 지배하는 가치체계로 남아 있다.

그동안 해방공간은 민족, 계급, 경제구조 등과 같은 거시적·구조적 관점에서 접근되었으며, 경제사나 정치사의 시각에서 탐구되었다. 해방공간이 '정치 과잉의 시대'였다는 점을 부인하기는 어렵다. 민족과 계급이라는 거대담론이 지배적으로 거론되면서 갈등과 대립을 촉발했기 때문이다. 사회구조가 당대를 살았던 사람들의 의식과 경험을 어느 정도 규정하기는 하지만, 구조적 접근으로 당대 사람들이 경험했던 정서를 밝힐 수 있는 것은 아니다.

당시 살았던 사람들의 일상경험과 정서도 이와 같은 거대담론의 지배 아래 있었다고 말할 수 있는가? 당대 대중들은 역사적 격동시기를 어떻게 겪었는가? 그리고 그 과정 속에서 체험된 경험과 정서는 무엇이었는가? 당시 유행어 분석을 통해서 이 같은 질문에 답하고자 한다.

대부분 유행어는 특정 시기에 만들어져서 사용되다가 어느 정도 시간이 지나면 사라진다. 그러나 해방공간의 유행어들은 오늘날까지 대중의 정서에 적지 않은 영향을 미치고 있다. 해방공간은 오늘날 한국사회의 정치, 경제, 사회적 틀을 형성한 시기였기 때문이다.

나는 유행어가 특정 시대를 반영할 뿐만 아니라 당대 대중의 정서를 매개하는 '정서의 담론'(discourses of feeling)이라는 시각에서 첫째, "해방공간에서 새롭게 등장한 유행어나 신어(新語)는 어떤 것들이었으며, 이들의 담론유형은 어떻게 범주화될 수 있는가?", 둘째, "유행어나 신어 속에 내재된 당시 사람들의 경험과 정서는 어떤 것이었는가?"를 논의할 것이다. 이 연구는 두 질문을 통해서 해방공간에서 나타나는 당대 사람들의 정서를 구조적 시각이 아닌 언어적 시각에서 탐구할 것이다.

2. 해방공간의 일상사적 풍경

해방공간을 지배한 언어 중의 하나는 '자유'였다. 일제가 물러가고 전쟁이 끝났다는 안도감은 억압과 구속으로부터의 자유로 표출되었다. 그동안 억눌렸던 욕망과 한(恨)의 분출은 자유라는 말로 정당화되었다. 먹고 마실 자유, 말할 자유, 마음대로 행동할 자유가 폭발했다.

〈동아일보〉는 1955년 8월 "해방 10년의 특산물"을 11회에 걸쳐서 연재했는데 첫 번째 특산물로 선정된 것이 '자유선풍'(自由旋風)이었다.

해방과 함께 민주주의의 큰아들 '자유' 군이 낯서른 한국 땅에 들어오자 열광적인 환영을 받고 처음에는 정신을 잃어 기절을 하고 말았다. 그래도 한동안 '자유' 군의 몸은 실신한 채로 사방의 초청에 일방적으로 걸어다녔으니 … 이래서 '자유'로 안 통하는 데가 없고 '자유'면 못할 일이 없을 정도가 되어 그저 '자유' '자유' '자유'로 '방종(放縱)의 자유'는 세상을 휩쓸다 싶이 하였고(〈동아일보〉, 1955년 8월 16일).

아들이 부모 앞에서 담배를 피워도 왜 예의 없이 피우냐고 혼내면 아들은 '자유'라고 답하고, 전차 안에서 다른 사람의 발을 밟아도 자유이며, 부인이 댄스홀에 가서 다른 남자와 춤을 추어도 자유였다. 일제치하에서 억압된 감정은 자유라는 단어로 합리화되었으며, 일반 대중의 의식을 지배한 것은 '자유의 과잉'이었다. 자유는 일상생활 속에서 우리말 사용을 통한 '표현의 자유'와 '먹고 마시는 자유'로 표출되었다.

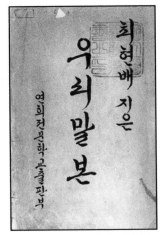

┃ 1946년 베스트셀러, 최현배, 《우리말본》(1937년)

〈동아일보〉(1946년 3월 23일)는 해방 이후 장관으로 출판계와 유흥계를 꼽았다. 우리말과 우리글을 되찾으면서 조선어학회 주관으로 1945년 10월 9일 한글날 기념식이 열리고, 11월 20일에는 우리말 교과서를 반포했다. 조선어학회나 한글보급협의회 등은 잃어버린 우리말을 회복하고 보급하는 데 관심을 기울였다. 1946년 최고의 베스트셀러는 최현배의 《우리말본》이었다.

우리말 우리글에 대한 관심의 폭발은 자연스럽게 언론·출판계로 이어졌다. 해방 직후 4개월 동안 서울에서 창간되거나 복간된 신문만 17종이나 되었고, 해방 직후 3년 동안 출판물의 양은 1946년 552종, 1947년 956종, 1948년 1,176종으로 2년 만에 두 배로 늘어났다(조상호, 1999, 79쪽). 언어표현의 자유는 곧 사상의 자유였으며, 신문은 좌·우익 이데올로기의 장이 되었다.

일상생활에서 자유는 먹고 마시는 자유를 의미했다.

〈동아일보〉는 "국사(國事)는 다단(多端)한데 유흥가만은 번창"하다고 기술한다.

해방 후 가장 호화롭고 풍성풍성하여진 것은 유흥가다. 요릿집, 음식점, 기생들이 8월 15일 이후 우후죽순처럼 늘엇다. 즉 해방 전에 시내에는 조선인 경영, 일본인 경영 합하여 소위 일류라는 요리점이 천여 채에 불과한 것이 … 해방 후 … 시내 본정서(本町署)〔충무로 일대〕관내에 있는 카페, 카바레, 요릿집 기타 음식점은 현재 약 4백 개인데 … 이외에 허가 업시 개업하고 잇는 음식점이 약 4백 개나 된다(〈동아일보〉, 1946년 1월 29일).

서울에서 명치정과 본정에 댄스홀이 늘어나자 "본정서에서는 땐스홀의 당분간 휴업, 카바레 — 땐스를 금지"(〈동아일보〉, 1946년 5월 23일)했다. 서울의 경우 총 3만여 명의 여성이 요정에 종사한 것으로 추정되며, 이 수는 서울 시내에서 10인 이상 고용 사업장에 종사하는 노동자(남녀 포함)의 약 절반에 해당하는 수였다. 유흥가의 급격한 팽창은 해방공간 내 서울만의 문제는 아니었다. 부산의 경우, 1947년 말 매춘여성의 수가 한 달 동안 연(延)인원 10만을 돌파할 정도였다(조순경·이숙진, 1995, 200쪽).

해방공간에서 자유라는 명목으로 억압된 소비, 육체, 욕망 등이 분출했다. 먹고 마시고 노는 자유로 인해서 당장 문제가 된 것은 쌀의 과소비 현상이었다. 해방된 지 불과 넉 달 만에 그해 가을 추곡 수확량 가운데 절반 정도가 술이나 떡, 혹은 엿으로 낭비될 정도였다.

이때 쌀은 단순한 먹을거리가 아니었다. 일제 때문에 제대로 먹지 못하던 쌀을 해방과 더불어 다시 접할 수 있게 되었다는 차원에서, 그것은 민족정체성을 복원할 수 있는 문화적 양식이었다. 해방 직후 사람들은 왕성한 쌀 소비를 통해 '민족 재생'(ethnic revival)을 꾀한 셈이었다(전상인, 2006, 151쪽).

해방공간에서는 기존의 재생산 메커니즘의 붕괴로 인하여 경제 활동이 파탄에 빠졌으며 그로 인한 물자부족 현상도 심화되었다. 게다가 총독부 말기 및 미군정하에서 무분별한 통화남발로 심각한 인플레이션 현상이 나타났다. 미군정의 경제정책 실패로 생산활동이 정체되고 시장은 왜곡되었다. 해방 후 해외로부터 들어오는 귀환동포와 북한이나 만주로부터 넘어오는 월남 인구는 실업률을 높였고,[2] 이것이 사회적 혼란을 가중시키면서 범죄,[3] 밀수, 밀매, 가짜 상품들이 활개를 쳤다.

해방공간이 좌·우익 이데올로기 대립의 장이었다는 논의는 수없이

---

2) 《경제연감》(1949)에 따르면, 1945년 8월에서 1948년 12월까지 해외 귀환동포는 1,220,627명이고 월남 인구는 969,015명(이 중 북한거주 월남자 648,784명)이었다(IV-19쪽). 귀환 및 월남자를 포함한 이들을 '전재동포'(戰災同胞)라 불렀다. 실업의 경우, 《조선경제연보》(1948)에 의하면, 서울 29.9%, 경기도 23.9%였다(I-204쪽). 서울에서 직장을 가진 사람은 42.8%였는데, 이들의 대부분은 도시 비공식 부문에 종사했을 가능성이 높다. 왜냐하면 매일 정시에 출퇴근하는 정직자(定職者)의 수는 서울에서 3%에 불과했기 때문이다.

3) 해방 이후 범죄가 급증했다. 서대문 형무소의 경우, 1945년 11월 죄수는 320명에 불과했지만, 3개월 후인 1946년 2월 6일에는 2,249명이나 되었다. 이 중에서 절도로 수감된 인원이 670명으로 가장 많았다. 범죄는 석 달 사이 2배나 늘었다(〈동아일보〉, 1946년 2월 7일). 절도범이 갑자기 늘어났다는 것은 경제난으로 인한 생계의 문제가 그만큼 심각했다는 것을 보여 준다.

이루어졌다. 1946년 친일파 청산, 토지개혁, 신탁통치 등 현안을 둘러싼 사회, 정치 갈등은 일상적 풍경이 되었다. 일상생활의 정치화가 이루어진 것이다. 우익과 좌익의 폭력과 테러는 1946년 신탁통치를 둘러싸고 본격적으로 시작되어 1948년 초반까지 절정을 이루었다. 우익 청년단체 조직원 수가 323만여 명에 이를 정도로 엄청나게 많았던 것은 대규모 실업, 그리고 경제난과 밀접히 관련되어 있었다(Henderson, 1968/2000; 조순경·이숙진, 1995).

해방 직후 광범위한 실업자 층은 좌우익 청년단체 및 테러집단 형성의 기본 조건을 마련해 주었다. 예를 들어, 1946년 전평조합원에 대한 우파 테러단원은 하루 300원~500원을 받고 동원되었는데, 이때 전 산업 남성 노동자의 하루 평균 임금은 61원이었다(조순경·이숙진, 1995, 310쪽). 서북청년회 등과 같은 극렬 테러집단은 공산주의를 경험하고 월남했기 때문에 민족주의나 반공 이데올로기로 무장되었을 수 있지만, 대중의 생활난을 고려할 때 적지 않은 좌우익 청년들이 정치적 이념보다는 일상생활의 빈곤으로 테러를 통해 생계를 이어갔을 가능성이 높았다. 테러는 이념의 문제만이 아니라 생활의 문제이기도 했다.

전상인(2001)은 1946년 9월 미군정 공보부가 실시한 여론조사를 근거로 당시 자신의 정치성향을 좌익도 우익도 아닌 중도로 표명한 비율이 71.7%였다는 점에서 일반 대중은 좌익과 우익의 어느 한쪽에 서고 싶지 않았을 것이라고 주장한다. 오히려 일반 대중은 생산활동과 고용 상태를 지속하고 '소박한 일상성'을 유지하고 싶어 했다(전상인, 2001, 46쪽). 이 조사가 과학적 절차를 거친 것은 아닐지라도, 일반 대중의 정서에는 이데올로기 이전에 생활의 문제가 더 중요하게 개입했을 것으로 추측된다.

일반 대중이 해방공간에서 경험한 것은 실업, 인플레, 물가폭등 등으로 인한 경제적 빈곤이며, 귀속자산 처리, 구호물자 배급, 통역정치 과정에서 나타나는 사회의 부조리, 정치집단 사이에서 벌어지는 기회주의와 폭력(테러)이었다. 대중은 해방으로 인해 외형적으로 자유를 만끽하면서도 소비의 욕망과 정치·경제 현실 사이에서 심각한 괴리를 느낄 수밖에 없었다. 대중의 정서는 '이래서야 살 수 있나'였다. 이와 같은 대중의 정서는 당시 유행어나 신어 속에 반영되었다.

3. 연구방법

1) '정서의 담론'으로서 유행어

유행어는 어느 한 시기에 사람들 사이에서 많이 쓰이는 말로 한때 사용되다가 사라지는 것이 일반적이지만 보통어로 정착되기도 한다. 유행어는 그 시대의 사회상을 민감하게 반영함으로써 시대의 모습을 이해하는 중요한 자료가 된다. 유행어는 대체로 말 자체의 재미와 신기성을 지니며, 발음형태가 두드러지고 유행의 원인이 된 사람이나 사건의 영향력 등에 따라 급속도로 퍼진다. 특히 정치사회적 변동이 심한 시기에 많이 발생한다.

그동안 유행어에 대한 관심은 국문학계에서 부분적으로 있었다. 국문학계는 유행어를 두 가지 측면에서 논의했다. 하나는 시대별로 어떤 종류의 유행어가 등장했는가를 기술하고 각 유행어의 어휘적 성격을 밝히는 것이다(강신항, 1991; 박형익, 2005; 정정덕, 2000). 또 다른 하나는 유행어 또는 신어가 언어생활을 오염시킨다는 시각이다(김상희, 1956; 백행문, 1992; 이용달, 1997).

국문학계의 유행어 연구는 규범적 시각에서 언어생활에 관심을 기울이거나 어휘의 형태나 구조(발음, 문법, 외국어, 음운이나 음절탈락, 축약)가 어떻게 변형되었는가를 분석했다. 그러나 유행어나 신어 등을 음운론이나 어휘론의 시각에서만 바라보면, 이 단어들이 갖는 사회적 의미를 제대로 파악하기 어렵다. 유행어 연구는 어휘적 변용이나 규범적 관점을 넘어서서 대중의 의식이나 경험을 반영하는 문화적 시각에서 접근될 필요가 있다.

유행어는 당대 대중의 정서를 담고 있는 '담론'(discourse)이라는 시각에서 접근할 수 있다. 담론은 무엇에 관한 말이나 글, 그리고 말하는 행동을 지칭한다. 그러나 담론을 포괄적으로 정의하면 통상적으로 말하는 언어와 차이가 없어 유용성을 지니지 못한다. 푸코의 시각을 빌리면, 담론은 서로 다른 역사적 시기에 의미 있는 진술을 생산하고, 이야기되는 주제를 규정하는 규칙이나 실천을 의미한다. 담론은 일련의 진술로 간주되는데, 이 진술들은 특정 시기에 특정 주제를 정의하는 도구를 제공한다.

대체로 유행어는 권력에 의해 정의된 진술이나 규칙이기보다는 규칙에서 벗어나고 파편화된 어휘들이다. 유행어는 일반 대중이 사회현실과 권력을 비판하거나 정의하는 것으로, 시대정신을 담아내며 정서의 문제와도 밀접히 관련된다.

담론으로서 유행어는 대중의 주관적 경험을 표현하는 동시에 공유된 정서를 담고 있다. 대중들이 당대에 갖는 정서는 이데올로기를 담고 있기는 하지만, 그것이 계급관계로 환원될 수 있는 것은 아니며, 정형적이거나 체계적인 신념도 아니다. 오히려 정서는 실제로 활발히 체험되고 느껴지는 그 자체의 의미와 가치이다. 정서는 경험이나 이데올로기보다 가변적인 특성을 지닌다.

우리가 일상생활 속에서 느끼는 일련의 정서와 경험 중에는 사고와 다른 정서, 객관적인 것과 구분되는 주관적인 것, 일반적인 것과 대비되는 즉각적인 것, 사회적인 것과 구별되는 개인적인 것 등이 있다. 이 경험들은 주관적이고 정서적이며, 무엇보다 사회적인 것(제도나 정형화되었다는 점에서)과 구별되지만, 완전히 개인적인 것으로 간주될 수도 없다. 그것들은 계급이나 경제관계 혹은 제도화된 것으로 단순히 환원시킬 수도 없다.

일반 대중이 언어형식을 통해서 당대 사회에서 만들어 내는 주관적이지만 공유된 가치를 '정서의 담론'[4]이라고 부를 수 있다. 정서의 담론 속에는 사회관계가 반영되는 제도나 정형적인 것과 구별되는 상호주관적 경험이나 정서들이 용해되어 있다.

유행어나 신어는 대표적인 정서의 담론이다. 따라서 유행어의 집합체로서 정서의 담론은 정서의 구조와 달리 한 세대나 특정 기간 내에 공유될 뿐만 아니라 다음 세대로 전이될 수 있는 특성을 지니며, 복합적이고 다양한 사회경험들이 언어(혹은 담론) 관계 속에서 형성되는 가치체계로 볼 수 있다. 정서의 담론들이 모여서 담론구성체(*discourse formation*)를 형성한다. 정서의 담론들은 생산주체들에 의해서 서로 갈등하기도 하고,[5] 정서의 담론들이 모인 담론구성체 내에서 대립하거나

---

4) '정서의 담론'은 윌리엄즈(R. Williams, 1977)의 '정서의 구조'(*structures of feeling*)를 보완해서 제시한 용어다. 윌리엄즈는 정서의 구조를 포괄적으로 정의하기 때문에 언어적 관계에 초점을 맞추어 특정 시기에 형성되는 대중의 정서를 밝히고자 한다면, 그 개념을 발전시킬 필요가 있다. 예를 들어, 윌리엄즈는 영국사회에서 나타난 정서의 구조로 1660년~1690년 사이(패배한 청교도들과 복구왕정 사이), 1700년~1760년 사이 노동계급 형성시기 등을 제시한다. 이것은 담론의 영역이기보다 거시적 의미에서 세계관 형성에 가깝다. 〔정서의 구조와 관련된 심층적 논의로 11장 2절을 참고할 것.〕
5) 뒤에서 논의하겠지만, 빨갱이라는 용어를 둘러싸고 우익과 좌익 사이에서 벌어

보완하기도 한다.

정서의 담론으로서 해방공간 유행어를 탐구대상으로 삼은 이유는 다음과 같다.

첫째, 해방공간 유행어는 최근 유행어와 달리 매스미디어의 영향력으로부터 확산되지 않았다. 오히려 일상생활과 밀접히 연결되어 널리 쓰임으로써 당대 대중의 정서를 담아냈다.

둘째, 해방공간 유행어는 1945년 8·15 이후부터 1948년 단독정부가 수립되기까지의 3년 사이에 많이 만들어지고 사용되었다. 급격한 한국의 사회변동 속에서 형성된 유행어는 오늘날까지 대중의 정서에 적지 않은 영향을 미치고 있다.

셋째, 대중의 경험과 정서를 읽어 내는 데 있어서 대중 스스로 만든 기록은 제한적이었다. 반면, 해방공간 유행어는 누가 만들었는지 명확치 않지만, 대중 스스로 만들었다고 가정해도 무리가 있는 것은 아니다. 따라서 거대담론으로 읽어 낼 수 없는 해방공간 대중의 경험과 정서를 이해하는 데 유행어가 적합하다고 볼 수 있다. 당대 유행어는 일반 대중의 공적 경험과 사적 경험을 연결하는 역할을 담당했기 때문이다.

2) 자료수집방법

해방공간에서 유행했던 언어자료 수집을 위해 3가지 과정을 거쳤다. 우선 여섯 가지 자료에서 1차로 유행어와 신어를 추출했다.

졌던 담론갈등이 대표적인 예이다.

첫째, 1946년 민조사에서 출간한 《신어사전》6)에는 단체명을 제외한 표제항(단어) 1,250개가 실려 있다. 이 가운데 일상어휘는 577개, 전문용어는 673개다. 박형익(2005)에 따르면, 1946년 《신어사전》은 12년 앞서 출간된 《신어사전 · 인명사전》(1934)을 토대로 출간된 것으로, 583개 단어를 추가한 것이다. 따라서 《신어사전》은 1946년에 출간되었지만 조사된 신어가 모두 1945년 전후의 단어는 아니었다.

둘째, 강신항(1991)은 1945년 8월 15일부터 1990년까지 신어와 유행어를 정리해 놓았는데, 이 중에서 해방공간에 나타난 단어들은 총 193개이다.

셋째, 김기림(1949)은 1945년부터 1949년 사이에 대중들이 만들어 널리 사용한 신어 13개를 제시했다. 7)

넷째, 1945년 12월부터 1955년 12월까지 〈동아일보〉 기사에서 유행어나 신어로 소개된 단어는 12개였다. 8)

다섯째, 《1950년대의 인식》(1981) 부록에 실린 "해방 15년 연표"(김종심)에서는 당시 유행어를 연도별로 나열했는데 1950년까지 유행어는 총 25개이다. 9)

---

6) 《신어사전》(1946)은 박형익(2005)의 《신어사전의 분석》에서 붙임으로 본문과 영인이 그대로 실려 있다.

7) 가다, 길아삿군(안내자), 깡패, 날린다, 라이타돌, 불고기, 새치기, 소매치기, 신기루, 양갈보, 양담배, 쩐차, 통조림.

8) 팔십오전(八十五錢), 자유, 사바사바, 양공주, 감투싸움, 얌생이, 브로커, 알바이트 소년, 가짜, 땐쓰, 사창(私娼), 사치.

9) 헬로, 오케이, 38따라지, 얌생이, 원자탄, 풍년기근, 마카오 신사, 미스터, 닥터, 따와시시치(북한), 모리배, 팔오전〔八五錢, 팔십오전을 잘못 기록한 것

여섯째, 김웅래·오진근(1996)은 《한국을 웃긴 250가지 이야기: 유행어 반세기 1945~1995》에서 해방공간 유행어로 65개를 기록했다.

1차 수집대상이 된 신어나 유행어는 총 890개이다. 강신항 제시어 69개, 김기림 제시어 13개, 〈동아일보〉 제시어 12개, 김종심 제시어 25개, 김웅래·오진근 제시어 65개로 총 184개는 유행어지만, 나머지 706개는 신어이다. 1차로 선정된 이 해방공간 신어나 유행어 중에서 유행어를 중심으로 2차 추출작업을 실시했다.

신어들은 대부분 《신어사전》(1946)에서 언급된 것인데, 이 책에 실린 단어들이 당시 얼마나 쓰였는지 파악하기는 어렵다. 《신어사전》에 실려 있으면서 강신항이 정리한 유행어나 신어 목록에 함께 제시된 단어의 수는 총 23개이다. 유행어 184개와 《신어사전》과 강신항의 신어에서 중복되는 23개 단어를 합하여 2차 표집대상으로 총 207개 단어를 선정했다.

3차 추출작업으로 총 207개 유행어 중에서 2회 이상 중복되는 단어들이 선정되었다. 2회 이상 중복되는 단어는 총 52개였다. 여기에 오기영의 수필집 《삼면불》(1948)에서 유행어로 제시된 단어(홍당무, 밀매품)와 문장("속살만 새빨간 수박과 겉만 새빨간 사과와 속도 겉도 모두 새빨간 토마토"), 그리고 〈경향신문〉(1948년 11월 30일자)에 요즘 유행하는 말로 '무역'을 기록하고 있어서 함께 포함시켰다. 10) 논의대상이 된 유행

_____

임), 해외에서 왔다, 사바사바, 통역정치, 인플레, 코리안 피엑스, 빨갱이, 빽, 국물, 코리언 타임, 반민행위자, 6·25, 도민증, 인해전술.

어는 총 55개이다. 2개는 문장이고 53개는 단어이다.

(1) 문장

"미국 놈 믿지 말고, 소련 놈에 속지 말고, 되놈은 되나오고 일본 놈은
일어난다. 조선 사람 조심해라."[11]

"속살만 새빨간 수박과 겉만 새빨간 사과와 속도 겉도 모두 새빨간 토
마토."(1948년 AP통신의 어느 기자말.)

(2) 단어[12]

(ㄱ) 가다*,[13] 가짜, 깔치(여자애인), 깡패,[14] 개천절, 국민복

(ㄷ) 땐스, 디디티(DDT)[15]

---

10) 오기영의 수필집 《삼면불》(1948)은 《진짜 무궁화: 해방 경성의 풍자와 기재》
   (2002)라는 제목으로 재출간되었다. 이 수필집은 1946년에서 1948년 사이 잡지
   〈신천지〉(新天地)의 "삼면불(三面佛)", 〈조선일보〉의 "팔면봉(八面鋒)"에 실
   린 것을 모아 놓은 것으로 해방 직후 사회상, 생활상을 이해하는 데 중요한 안목
   을 제시한다.

11) 이 말의 출처는 불확실하다. 때때로 "되놈은 되나오고"는 빠져 있기도 하다. 다
   만 필자의 아버님(80세) 말에 따르면, 해방 직후 최고로 인기 있었던 만담가 신
   불출이 공연에서 한 풍자만담이라고 한다.

12) *는 3회 이상 나온 유행어다. 3회 이상 반복적으로 등장하는 유행어는 총 20개
   이다.

13) 여기서 '가다'는 동사가 아니라 몸(덩치)을 지칭하는 속어.

14) 깡패의 어원으로 조풍연(1959)은 영어 갱(*gang*)과 무리들(패)의 합성어라고
   주장한다.

15) DDT는 1946년 파리 떼가 극성을 부리자 미군 비행기가 뿌린 살충제이다.

(ㄹ) 라이터(돌)

(ㅁ) 마카오 신사*, 모리배*, 몸빼, 무역, 멧세지, 미스터*, 민족반
    역자*, 밀매(품)

(ㅂ) 반동분자*, 빨갱이*, 불고기, 빽

(ㅅ) 사바사바*, 사창, 싸인, 삼신,[16] 삼일제(3·1운동), 삼팔선*,
    38따라지*, 새치기*, 신탁통치, 씨나리오, 실업자

(ㅇ) 얌생이(염생이)(질)*, 양갈보*, 오케이*, 우익*, 인민위원회,
    인플레

(ㅈ) 자유*, 좌익*

(ㅊ) 친일파

(ㅌ) 탁치, 통역정치(통역쟁이)*, 테러

(ㅍ) 팔십오전(八十五錢)*, 팟쇼, 포스터, 포쓰담(포스담) 선언

(ㅎ) 학병동맹, 후라이깐다*, 홍당무, 회색분자, 헬로

3) 자료분석방법

담론분석은 두 가지 경향을 지닌다. 하나는 언어학이나 인문학에서 지
칭하는 텍스트분석으로 서사분석, 형식주의 언어분석, 구조주의분석
등을 의미하는데 주로 영화, 소설 등과 같은 허구적 텍스트를 분석대상
으로 삼는다. 다른 하나는 미디어담론(주로 뉴스)이나 정치담론을 대상

---

16) 이승만 정치를 꼬집는 말로 "외교에는 귀신, 내무에는 병신, 인사에는 등신"이
    라는 뜻이다.

으로 삼는 비판적 언어분석이다.

반 다이크(van Dijk, 1988a, 1988b)와 벨(Bell, 1991)은 뉴스담론이나 정치담론의 분석틀을 제시했다. 이들의 담론 분석틀은 유사하다. 반 다이크는 담론의 구조를 미시(local) 구조와 거시(global) 구조로 구분한다. 미시구조는 문장구조(문법), 관계적 의미론(문장배열에서 의미를 부각시키는 요소), 관계적 통사론(문장논리분석)으로 구분하고, 거시구조는 의미론과 관련해서 주제와 토픽을, 그리고 형식적 상위구조(super-structures)를 스키마(큰 틀의 범주화)로 분류한다(van Dijk, 1988b, 17∼18쪽).

벨(Bell, 1991)의 담론구조 분석은 스키마 대신 프레임(frame)이라는 용어를 사용해서 상위개념으로 설정한 후 출처, 요약, 스토리를 중심으로 각각의 하위요소를 제시했다. 페어클라우(Fairclough)는 비판적 담론분석방법으로 상호텍스트성(장르, 다른 담론들과 관계분석), 언어분석(표현방식으로 어휘, 의미론, 문장구조), 담론주체의 구분과 주장, 이미지와 텍스트 분석, 담론생산 과정(언론사 편집, 제작 방침), 담론의 사회적 문화적 실천 등을 제안했다(1995, 202∼205쪽).

그러나 이와 같은 담론 분석틀은 유행어나 신어 분석에 적절해 보이지 않는다. 왜냐하면 뉴스나 정치담론은 문장형식으로 나름대로 스토리를 구성하지만, 유행어들은 개별 어휘여서 문장구조나 관계적 의미론, 통사론을 적용하기 어렵기 때문이다.

오히려 푸코(Foucault, 1984)가 제시하는 '담론의 질서'(order of discourse)는 다양한 담론유형들(discourse types)이 서로 관계 맺는 과정을 보여 준다는 점에서 가치가 있다. 담론의 질서는 담론구성체를 의미하는 것으로 다양한 담론들 사이의 관계를 설명하는 데 유용하다. 유행어나 신어 대부분은 개별 단어이기 때문에 각각의 어휘가 갖는 관계망을 살펴보고, 공통으로 묶이는 어휘들이 갖는 담론구성체를 밝혀낼 수 있다면, 일반 대중이 당대 사회에서 표출하고자 하는 욕망과 정서를 추출할 수 있다.

담론분석은 담론유형과 담론의 질서(혹은 담론구성체)라는 두 가지 수준에서 시도할 것이다. 담론유형(특정 쟁점이나 사안에 둘러싸인 유행어나 신어)은 특정한 시각에서 정의된 언어들의 집합을 의미하고, 담론의 질서는 담론유형들 사이의 관계성을 의미하는 것으로 담론유형의 배열이나 담론구성체로 정의된다.

담론유형은 미시구조에 가깝고, 담론의 질서는 거시구조이다. 담론은 특정 사안을 지닌 담론유형으로 범주화하는 것이 필요하기 때문에 담론유형 안에 포함시켜 분석하는 것이 유용하다. 담론유형 분석은 어휘의 등장과 사용 정도, 정의와 정의의 근거 및 논리, 이데올로기적 전제로 구분하고, 담론의 질서는 담론유형들이 범주화되는 담론구성체로 사회문화적 관계를 의미한다.

담론의 유형분석으로 ① 어휘적 레퍼토리(lexical repertories), ② 정의와 정의의 근거(언어가 사회를 정의하고 공식화하는 방법으로 수용과 배제의 논리), ③ 이데올로기적 전제(언어가 쟁점을 정의하고 논리를 구조화하는 전제들 혹은 문제틀)를 포함하며, 담론의 질서분석은 ① 담론구성체(담론의 유형들이 하나의 구조로 묶이는 범주들), ② 담론구성체가 갖고 있는 사회문화적 맥락을 의미한다.

4. 해방공간에 나타난 유행어 담론유형

해방공간에서 유행어가 언제 시작되었고 얼마나 확산되었는지 명확히 파악하기는 어렵다.[17] 특히 유행어는 신문과 같은 공식적인 매체에는 잘 나오지 않으며, 이미 기존에 사용되던 단어가 유행하기도 하기 때문에 사회적 맥락을 중심으로 파악할 수밖에 없다.

1945년 9월 8일 미군이 한반도에 들어오면서 '오케이', '헬로', '미스터' 등과 같은 일상어가 확대되었다. 미·소 양군이 북위 38도선을 분단 점령함으로써 '삼팔선'이라는 단어가 등장했고, 월남동포가 급증하면서 '38따라지'도 널리 퍼졌다.

1946년에는 어느 때보다 많은 유행어가 등장했다. 1946년은 미군정 기간에서 매우 중요한 시점이었다. 신탁통치 실시를 둘러싸고 미국과 소련, 좌·우익 국내 정치세력들의 이해관계가 첨예하게 드러나기 시작했다. 신탁통치 실시를 위한 미소 간 협의가 진행되는 이면에는 남북한에서 단독정부의 원형이 나타나기 시작했다. 이 밖에 일상생활의 영역에서는 극심한 인플레, 물가폭등, 암시장 등장, 귀속자산 처리, 총파업, 대구 폭동사건, 콜레라 창궐(9월까지 1만 1천 명 사망) 등 경제파탄에서부터 대규모 민중봉기까지 발생했다.

---

17) 유행어를 채록하면서 발생과 유행의 시점을 제시한 연구로는 강신항(1995), 김웅래·오진근(1996), 김종심(1981) 등이 있으나 이들이 제시한 유행어의 시점이나 유행 시기는 대체로 일치하지 않으며, 유행 시기에 대한 근거도 제시하지 못했다.

시기	대표적 유행어	
1945	오케이, 헬로, 미스터, 삼팔선, 38따라지, 자유, 민족반역자	
1946	좌익, 우익, 얌생이, 모리배, 팔십오전, 통역정치, 댄스	가다, 양갈보, 사바사바, 후라이깐다, 새치기
1947	마카오 신사	
1948	빨갱이, 무역(밀매)	

    좌우갈등의 폭발로 '좌익'과 '우익', 경제적·사회적 혼란으로 '얌생이', '모리배', '사바사바', '새치기', '가다', '통역정치', '양갈보' 등의 언어가 유행하기 시작했다. 이와 같은 단어들은 1946~1947년 사이에 등장했다. 빨갱이는 해방 직후에 등장했지만, 1948년 대한민국 정부 수립 전후로 확대되었다. 제주 4·3항쟁, 여수·순천 사건 등을 겪으면서 빨갱이 토벌, 빨갱이 숙정 작업이 이루어졌고 '빨갱이'는 지배 이데올로기를 내재한 유행어가 되었다.

    해방공간 유행어 담론유형을 보면, 전체 53개 단어 중에서 20개는 정치·이데올로기와 관련된 것이며, 19개는 사회·경제 문제와 연결되어 있다. 이 밖에 문화나 유행 관련 5개, 미국 관련 9개가 있다. 여기서 3회 이상 수집자료에 나오는 단어는 정치·이데올로기 7개, 사회·경제

---

18) 신어로 등장해 유행했던 어휘들로 38따라지, 삼팔선, 얌생이, 모리배, 팔십오전, 가다, 양갈보, 사바사바, 새치기, 후라이깐다, 마카오 신사 등이 있다. 기타 어휘들(좌익, 우익, 댄스, 민족반역자, 오케이, 헬로, 미스터, 자유 등)은 일제강점기에도 사용되었다.

8개, 미국 관련 5개, 문화·유행 1개이다(〈표 2-2〉참고). 해방공간 유행어 담론은 정치·이데올로기 갈등, 부조리한 사회변동에 따른 냉소, 미국에 대한 선망과 비판이라는 범주 속에서 형성되었다.

우익은 좌익을 '민족반역자', '빨갱이', '홍당무'로 정의했고, 좌익은 우익을 '반동분자', '친일파', '회색분자', '팟쇼' 등으로 호명했다. 우익과 좌익은 상대방을 반민족주의자들이거나 폭력적 집단으로 서로 규정했다. 이 밖에도 '신탁통치', '인민위원회', '탁치', '포스담 선언', '삼일제'[19] 등은 당시 정치사건을 지칭한 용어이다.

사회·경제 관련 어휘는 합성어, 은어, 어원이 불분명한 속어가 대부분이며, 새로운 일에 종사하거나 특정한 집단을 가리키는 것들이 많았다. 특정 행위자를 지칭하는 속어로 '가다'(깡패나 폭력배), '얌생이'(몰래 도둑질하는 사람), '모리배', '깔치', '라이타돌'(보잘 것 없는 사람), '팔십오전'(1원도 안 되는 보잘것없는 사람) 등이 있다. 불신이나 허위와 관련되어 '가짜', '밀매', '무역'(밀매를 의미함), '사바사바', '빽' 같은 단어들도 등장했다. 물자와 소비생활 필수품의 부족으로 가짜가 성행하고, 중국이나 마카오 등지로부터 밀무역이 이루어졌으며, 정상적이고 규범적으로 살아서는 도저히 살 수 없다는 현실인식을 보여 주는 사바

---

19) 좌익과 우익은 1946년과 1947년 3·1절 행사를 별도로 개최했다. 1947년 3·1절 행사의 경우, 좌익은 남산공원에서 우익은 서울운동장에서 열었는데 유혈사태까지 발생했다. 두 세력은 남대문 근처에서 충돌했고 격렬한 투석전을 벌여 많은 부상자가 발생했으며, 정체불명의 총기발포로 2명이 사망했다. 부산과 제주도 등 지방에서도 유혈사태가 발생했는데 경찰발포로 16명이 죽고, 22명이 중경상을 입었다(강준만, 2004a, 20~21쪽).

담론 영역	정치·이데올로기	사회·경제	문화·유행	미국 관련
핵심 어휘	빨갱이, 민족반역자, 삼팔선, 우익, 좌익, 반동분자(3회 이상), 자유, 삼일제, 삼신, 신탁통치, 친일파, 인민위원회, 탁치, 팟쇼, 포스터, 포스담 선언, 학병동맹, 테러, 홍당무, 회색분자	가다, 얌생이, 모리배, 사바사바, 새치기, 후라이깐다, 팔십오전(3회 이상), 38따라지, 가짜, 갈치, 깡패, 밀매(品) 라이터(돌), 빽, 사창, 실업자, 무역, 개천절, 인플레	마카오 신사(양복), (3회 이상), 댄스, 국민복, 불고기, 몸뻬	미스터, 오케이, 헬로, 양갈보, 통역정치 (3회 이상), 씨나리오, 싸인, DDT, 멧세지
정의 주체	우익이 좌익 정의 좌익이 우익 정의 정치 사건들에 대한 정의	일반 대중	일반 대중	일반 대중
정의 근거	폭력적 집단 반민족적주의	불신, 부정, 부조리	소비욕망, 빈곤	미국에 대한 수용과 비판
이데올로기적 근거	배타주의 왜곡된 민족주의 반공주의	이기주의, 사회현실 에 대한 냉소주의	소비주의	미국 선망과 비판

사바나 빽 같은 어휘도 유행했다.

미군과 매춘을 하는 '양갈보'도 등장했다. 양갈보는 '양공주', '양부인'(정식으로 미군과 결혼한 여자), '유엔부인' 등으로 확대되었다. 영어를 하는 사람들이 통역을 통해서 귀속자산이나 사회적 이권을 가져가면서 '통역정치'라는 유행어도 등장했다. 이 밖에도 '추잉껌', '코쟁이', '페니실린', '초코렛트' 등과 같은 단어도 널리 사용되었다.

해방공간에 등장한 유행어 담론은 당시 혼란스러웠던 이데올로기적 근거를 보여 준다. 이는 좌익과 우익에서 나타나는 배타주의, 좌익과 우익이 스스로 정당화하기 위해 '민족'을 사용했다는 점에서 드러나는 왜곡된 민족주의, 이승만 정권에서 확대된 반공주의, 정치·사회적 폭력 상황에서 나타나는 현실에 대한 냉소주의, 나만 잘살면 된다는 이기주의, 그리고 미국에 대한 선망과 비판 등이 복합적으로 연결된 것이었다.

5. 해방공간 정서의 담론구성체

해방공간은 좌·우 이데올로기 대립, 미군의 한반도 진입에 따른 새로운 미국 경험, 미·소 양군의 분단점령, 한 해 30배가 넘는 물가폭등, 인플레 등이 복합적으로 나타난 급변기였다. 유행어의 담론유형도 이와 같은 사회적 격변을 반영한다. 유행했다고 판단되는 50여 개의 어휘 중에서 어느 어휘가 상대적으로 다른 어휘보다 더 많이 사용되었는지 밝히기는 어렵다. 그러나 담론 영역을 통해서 당시 정서를 보여 주는 네 가지 담론구성체를 설정할 수 있다.

첫째, 정치·이데올로기 담론 영역에서는 '빨갱이', '민족반역자', '우익', '좌익', '반동분자', '친일파', '회색분자', '홍당무', '팟쇼' 등이 대표적인 어휘들이다.

둘째, 일상생활의 변화, 경제위기, 사회혼란 등과 관련한 담론 영역에서는 '얌생이', '모리배', '깡패', '사바사바', '빽' 등의 유행어가 사회 현실을 보여 준다.

셋째, 해방 이후 월남동포, 귀환동포 등으로 인한 인구급증과 미·소의 삼팔선 분할 등으로 등장한 어휘들은 '38따라지', '삼팔선', '팔십오전'이다. 넷째, 미군이 들어오고 미군정을 통해 미국을 직접 경험하면서 만들어진 유행어들은 '양갈보', '통역정치', '댄스', '미스터', '오케이', '헬로' 등이 있다. 이 밖에도 정치사건을 지칭하는 단어들('신탁통치', '포스담 선언', '탁치' 등)이 있지만 이 단어들을 통해서 대중의 정서를 읽어 내기는 어려워서 담론구성체에서는 제외했다.

1) 빨갱이 정서의 의미화 과정

1946년 신탁통치 파동을 겪으며 좌익과 우익의 대립이 극명해지면서 담론구성체 내에서 상대를 호명하는 언어가 급속히 증가했다. 우익과 좌익이 서로를 호명하는 방식에 따라서 담론투쟁의 장(field)이 형성되었다. 여기서 흥미로운 것은 '민족반역자'와 '빨갱이'의 호명이다.

해방 직후 '민족반역자'는 친일파를 지칭하는 용어였다. 우익이나 좌익 모두 동일하게 친일파를 민족반역자라 불렀고, 〈민족반역자 · 부일협력자 · 전범 · 간상배 처단 특별법〉(통칭 친일파처리법으로 부름)에서도 보듯, 해방 직후 민족반역자는 이데올로기 문제가 아니라 민족 문제와 관련되었다. 그러나 신탁통치 파동을 겪으면서 민족반역자는 좌익과 우익이 상대를 비판하는 용어로 바뀌었다. 우익은 찬탁을 친소(親蘇)와 매국으로 부르면서 좌익을 '매국 반민족세력'(혹은 민족반역자)으로 호명했다. 좌익도 우익을 민족반역자로 불렀다. 미군정 당국이 1947년 친일파처리법을 폐기하고, 군정의 행정 · 치안 조직을 친일파가 담당했으며, 이승만이 친일파 세력을 받아들였기 때문이다.

해방공간에서 유행해서 오늘날까지도 사용되는 주목할 만한 단어 중하나는 '빨갱이'다. 빨갱이란 어휘는 좌익, 우익, 민족반역자, 친일파, 반동분자 등을 아우르면서 짧은 시기에 다양한 의미화과정을 거쳤다.

강신항은 빨갱이라는 말이 1945년 9월 좌우분열 시기에 나타났다고 지적한다(1991, 106쪽). 조풍연은 "성미가 급한 사람은 (공산주의 또는 공산독재주의, 또는 적색제국주의에 대해서) 그저 빨갱이라고 불렀는데, 물론 이것은 정당한 평가보다는 분노와 멸시를 포함한 감정적인 칭호였다. 그런데 이 빨갱이란 말이 해방 직후에 우익 중에서도 과격한 사람만이 썼던 것이다"(1959, 79쪽)라고 했다. 해방 직후 극우파는 좌익 중에서 극단적인 행동을 하는 자를 빨갱이로, 동일한 수준에서 극좌파는 극우파를 반동분자로 불렀다.

오기영이 1946년 8월에 쓴 글에도 "정치무대에서는 여전히 파쟁극(派爭劇)만을 연출하고 있으니 이들의 눈에는 민족반역자와 반동분자와 빨갱이 극렬분자만"(2002, 15쪽) 보이는 모양이라고 적혀 있다. 해방 직후 빨갱이는 극단적 행동을 하는 극좌파 일부를 지칭했다.

그러나 1946년 신탁통치 찬반파동을 겪으면서 빨갱이라는 단어는 다른 어휘들과 재접합(rearticulated)되었다. 빨갱이가 좌익, 민족반역자로 확대된 것이다. 신탁통치 파동과 미군정을 겪으면서 친일파는 민족반역자라는 등식에서 벗어났고, 좌익 전체를 지칭하는 언어코드는 민족반역자에서 빨갱이로 바뀌었다. 극단적인 일부 좌익뿐만 아니라 전체 좌익이 빨갱이로 호명된 것이다.

더욱이 1948년 이승만이 집권하면서 우익과 친일파 세력은 좌익을 빨갱이로 규정하고 대대적인 숙정 및 토벌 작업을 벌여 나갔다. 1948년 이후 남로당을 중심으로 좌익세력의 폭력투쟁이 확대되었기 때문이다. 남로당 무장투쟁은 1948년 2월에 전개된 2·7 구국투쟁과 5·10 선거 반대투쟁을 계기로 전개된 부분적인 무장투쟁에서 그 시발을 찾을 수 있다(김남식, 1989, 208쪽). 1948년 이후 무장투쟁이 본격화되고, 이승만이 강력한 반공정책을 시작하면서 빨갱이라는 언어가 확대되었다.

이승만이나 우익이 다른 이념집단을 반민족, 민족반역자로 규정한다는 것은 국민적 정체성의 기반을 민족에서 이데올로기(반공주의)로 대체한 것이다. 즉, 우익세력이 좌익세력을 매국 = 반민족 세력으로 본 것은 '역사에 뿌리를 둔 국민적 정체성'을 부정하고 이를 '이데올로기에 뿌리를 둔 국민적 정체성'으로 대체한 것을 의미한다. 반공 블록의 구축을 목표로 한 미국이나 이승만의 입장에서 볼 때, 새로운 남한국가가 가져야 할 일차적 요건은 반공주의였다. 민족주의가 아닌 반공주의에 국가적 정체성을 두어야 한다는 것이다(박찬표, 2007, 168~169쪽).

1948년 제주 4·3항쟁 이후 빨갱이라는 용어는 좌익을 지칭하는 것을 넘어서는 일반적인 용어로, 이승만 정권을 비판하는 자까지로 확대되었다.

〔제주 4·3항쟁과 관련해서〕 2월 7일 이후 실시된 통행증은 최하 30원으로부터 100원에 이르는 요금으로 배부되었고, 그들(경찰)의 명령에 불복하는 자는 모조리 빨갱이로 지목되어 박해를 받아 왔던 것이라고 한다 (〈서울신문〉, 1948년 7월 20일).

제주 4·3항쟁 이후 빨갱이는 보통명사로 바뀌었다. 제주 4·3항쟁의 피해자인 양자생(2005)과 양복천(2005)의 구술에는 빨갱이 대신에 '산사람'이라는 표현이 자주 나온다. 산사람은 빨갱이와 같은 배타적 단어는 아니다. 군인이나 경찰을 피해서 산에 숨어 있는 사람들(일부는 좌익계열이지만 대다수는 군인이나 경찰 혹은 좌익계열의 테러 때문에 잠시 숨어 있는 사람들이었다)을 산사람이라고 불렀다. 그러나 산사람은 곧바로 모두 빨갱이로 바뀌었다.

빨갱이 토벌작업을 벌이는 과정에서 좌익뿐만 아니라 이승만 정부에 비판적이거나 동조하지 않는 일반 대중까지 빨갱이로 호명되었고 제주 4·3항쟁에서 보듯 수많은 인명이 살상되는 비극이 발생했다. 이 기저에는 반공주의 이데올로기가 자리했다.

결과적으로 빨갱이라는 단어는 해방 직후 극우파가 극좌파를 지칭하는 용어였다가 신탁통치 파동에서 좌익 전체를 의미하는 단어로, 1948년 4·3항쟁과 이승만 집권 이후 정권을 비판하는 자로 지속적으로 재접합되어 사용되었다.

빨갱이와 대립적 언어였던 반동분자는 지배적인 언어에서 사라지게 되었다. 이승만 집권 이후 좌익계열이 공식적인 정치과정에서 사라짐으로써 자연히 좌익이 우익을 호명했던 언어까지 사라졌기 때문이다. 우익이 좌익을 불렀던 빨갱이라는 말만이 오늘날까지 지배적으로 사용되고 있다.

2) 기회주의에 대한 비판적 냉소

해방 직후 "이 세상에는 안 되는 일도 없고 되는 일도 없다"라는 진술은 사회현실에 대한 대중의 냉소주의를 보여 준다. 부정, 비리, 부조리한 방법을 사용하면 세상에는 안 되는 일이 없는 것이고, 정당한 방법으로 세상을 살고자 하면 되는 일이 없기 때문이다. 이 진술은 과장된 것이지만, 적어도 당대 대중이 사회현실을 경험하는 정서를 보여 준다.

비판적 냉소주의가 만연했던 해방공간의 담론공동체에는 기회주의와 폭력을 통해서 사리사욕을 채우는 특정 집단을 지칭하는 언어로 '얌생이', '모리배', '브로커', '깡패', '가다' 등이 있고, 기회주의적 행위를 말하는 유행어로 '얌생이질', '사바사바', '새치기', '후라이깐다', '빽', '밀매' 등이 있으며, 보잘 것도 없으면서 잘난 척하는 사람들을 지칭하는 '팔십오전', '라이터돌', '가짜' 등이 있다. 세 가지 정서의 담론들은 현실에 대한 비관적 냉소주의 정서를 보여 준다.

얌생이(꾼)는 미군 보급부대에서 몰래 물건을 빼돌려 세칭 '도떼기시장'이나 '양키시장'에 파는 사람들이다. 해방 다음해 미군 보급부대장이 다음과 같은 말을 했다는 이야기가 떠돌아다녔다.

태평양 전쟁도 미국이 일본하고 싸워서 이겼지, 한국이 싸웠다면 졌을 것이다. 왜냐하면 원자폭탄도 비행기에 싣기도 전에 한국 얌생이꾼들이 훔쳐갔을 것이니까(〈동아일보〉, 1955년 8월 20일).

얌생이가 미군부대에서 물자를 빼돌리는 자라면 모리배는 부당하게 이익을 취하는 집단이다.

먹을 것이 없어서 살 수 없다는 말이 어느 세상의 알 수 없는 소리냐고 조선의 서울 종로 한복판에 주지육림(酒池肉林)이 너터분하다 … 〔서울 시내에 온통 요리점, 기생집 등이 천지인데〕 … 이렇고도 먹을 것이 없다는 말이 되는가. … 이 돈이 서울 사람 전부의 주머니에서 나오는 것이 아니라, 일부의 특수계급이 흩어 놓은 돈인 줄을 알아야 할 것이다. 그것이 누군가? … 두말할 것도 없이 요새에 새로 생긴 모리배라는 특수계급이야말로 그 장본인인 것이다(오기영, 1947/2002, 20쪽).

오기영이 모리배라고 지칭한 특수계급은 생산자(생산지)와 소비자 (소비지) 사이에서 매점매석하여 막대한 폭리를 누리는 자들이다. 모리 배들은 원자재 방매, 생산품 방매 등을 통해서 사복(私腹)을 채우는 사 람들이다. 사업자 관리인들뿐만 아니라 대중오락에서 큰 비중을 차지 한 신파극과 악극에서도 (흥행) 모리배들이 있었다.

황문평(1989)에 의하면, 공익사업기금 모집이라는 명목으로 공연 허 가를 받으면 면세가 가능했기 때문에 교통질서 공연이나 모금 공연을 빙자한 악극이나 신파 공연이 적지 않았다. 해방 이전에 공연했던 악극 을 제목이나 가사만 바꾸어서 재공연하는 경우도 적지 않았다(강준만, 2004a, 312쪽). 모리배와 유사한 브로커도 유행했다. 브로커는 '정치 브로커', '입학 브로커', '불하 브로커', '증명서 브로커', '밀수 브로커', '선거 브로커' 등 그 종류가 다양했다.

얌생이꾼, 모리배, 브로커가 활개를 치는 세상은 '후라이까'거나 '사 바사바'로 통했다. 해방공간의 혼란기는 정(情)으로 안 통하는 것이 없 고 돈(金錢)으로 안 통하는 것이 없었으니 어느덧 이것이 사회의 관습 이 되었다. '사바사바'의 어원과 관련해서 〈동아일보〉(1955년 8월 17일 자)는 해방 직후 "무어라고 입을 놀리고 있을 때 그 소리를 재래에 쓰던 우리말로 '소곤소곤 속삭이고 있다'고 표현하기에는 소곤소곤 이런 시 적 수식사를 너무 더럽히는 것 같고 그래서 '사바사바' 한다"고 썼다.

사바사바의 활용과 관련해서 "한손에 '뇌물'(주로 보증수표)을 든 교활 한 '간상배'(간상배는 모리배의 같은 뜻)가 음흉한 부정관리 귀에 입을 가 까이 대고 'XXXX…', 간사한 눈웃음을 치며 숨죽인 말투로 무어라고 놀리고 있을 때"를 사바사바 한다고 정의한다. "이 세상은 안 되는 일이 없고(사바사바 하는 경우), 또 되는 일도 없다(사바사바 하지 않는 경우)"라고 규정한다.

해방된 과도기를 휩쓰는 하나의 사회풍조나 부조리한 세계는 '사바사바'라는 유행어에 그대로 담겨 있다고 해도 과언은 아니다. 당시 사람들의 눈에 세상은 위선과 불신으로 가득 차 있었다. 〈동아일보〉는 8·15 이후 신유행어로 '팔십오전'이라는 말이 널리 사용되고 있다고 말한다.

8·15 이후로 팔십오전이라는 새로운 유행어가 생겼다. 인물에나 물품에나 사상에나 행동에나 어데나 두루춘풍으로 통용하는 재미있는 유행어가 등장하였다. 팔십오전이란 원래 1원이 못 되는 돈이다. 1원 되기에는 팔십오전이 부족되는 돈이다. 따라서 어데나 결함이 있는 미성품(未成品)으로 인정되는 '무엇'이다. … 친일파가 애국자로 활약하고 모리배가 우국자로 등장하고 우피(右皮)에서 좌피(左皮)로 탈피하고 … 팔십오전이다(〈동아일보〉, 1946년 4월 3일).

1원도 안 되는 '보잘 것 없는' 사람들이 활개 치며, 친일파가 애국자가 되고, 우익이었던 사람이 좌익으로 변신하는 기회주의 세상이 바로 팔십오전 세상이다.

▌ "해방 10년 특산물 '가짜'" 기사에 실린 만평(〈동아일보〉, 1955년 8월 23일) (좌)
▌ 해방기에 인기 있었던 고급 담배 무궁화. 가짜 무궁화 담배가 너무 많이 유통되어 거리에서 담배 파는 아
이들은 "진짜 무궁화"라고 외쳤다. (우)

위선과 불신이 지배하는 세상은 가짜가 판을 치는 세상이기도 하다. 해방공간 〈동아일보〉 기사 중에서 유독 자주 나오는 단어는 '가짜'이다. 가짜 경찰관, 가짜 공무원, 가짜 군인, 가짜 의사, 가짜 기자 등 가짜에 대한 사건 기사는 수없이 많았다.

1947~1948년 사이 가짜 담배까지 유행했다. 오기영(1948/2002)은 충무로에서 나서기가 무섭게 담배 파는 아이가 "진짜 무궁화요, 진짜무궁화" 외치는 소리를 초여름 맹꽁이 합창처럼 듣는다고 말한다. 가짜 '무궁화' 담배가 시중에 너무 많이 유통되기 때문에 "진짜 무궁화"라고 외친 것이다. 해방 이후 1945년 12월 3일 '빅토리', '부용', '장수연' 같은 국산담배가 처음으로 출시되었고, 1946년 6월 14일~15일경 고급담배인 '무궁화'와 '백두산'이 판매되기 시작했다. '무궁화'는 10개비 8원으로 '백두산' 20개비 8원에 비해서 비싼 고급담배였다. "진짜 무궁화"라는 외침에는 불신이 내재해 있다.

오기영은 "불신과 경계는 요즘 세태에서 의례적인 것으로, 덮어놓고 경계 없이 믿는 사람이 못난 세상"(1948/2002, 53~54쪽)이 되었다고 자조한다.

해방공간에서 유행했던 언어들은 대중이 부조리한 현실에서 느끼는 비판과 냉소의 정서를 보여 준다. 강준만(2004a)은 해방공간에서 진정한 이데올로기가 있었다면 그것은 힘이 센 쪽으로 기우는 기회주의였을 것이라고 지적한다. 일반 대중이 바라보는 사회는 얌생이꾼, 모리배, 브로커들이 폭리를 취하고, 깡패나 가다들이 거리에 다니면서 폭력을 행사하며, 사바사바를 통해서 거래가 이루어지는 기회주의가 판치는 부조리한 세계였다.

3) 배타적 지역정서

해방공간에서 배타주의 정서는 폭넓게 퍼져 있었던 것으로 보인다. 이것은 비정상적인 방법으로 사리사욕을 채우는 집단들에 대한 명칭에서도 나타나며, 좌익과 우익의 이데올로기 갈등 속에서도 드러난다. 배타주의는 지역정서와 결합되어 '38따라지'와 같은 유행어가 퍼지기 시작했다.

해방공간에서 두드러진 현상 중의 하나는 급속한 인구증가다. 일시적 인구급증은 식량이나 생활용품 수요를 급증시켰고 노동력의 과잉공급으로 실업을 증대시켰다. 《경제연감》(1949)에 따르면, 1945년 8월 15일에서 1948년 12월 말까지 해외 귀환동포와 월남자를 포함한 귀환동포는 218만 9,642명이었다. 〈동아일보〉 1948년 2월 3일자는 8·15

이후 1948년 1월까지의 귀환동포를 260만 8,703명으로 기록하고 있다. 1947년 10월부터 3개월 동안 북한으로부터 유입된 인구만 20만 명이 넘었다. 1947년 당시 실업자 110만 2천 명의 57.8%인 63만 7천여 명이 '전재실업'(戰災失業)이었다(이대근, 2002, 147쪽)는 사실은 해방 직후 인구유입이 경제적으로 얼마나 큰 영향을 미쳤는지 추측할 수 있게 한다.

해방 후 유입한 해외 귀환동포는 총 122만 627명이었고, 그중에서 일본으로부터 귀환동포가 111만 7,819명으로 대다수를 차지했다. 북한에서 거주했던 월남동포는 64만 8,784명이었다. 일본으로부터 온 귀환동포가 월남동포보다 많았음에도 불구하고 일본 귀환동포를 의미하는 유행어는 나타나지 않았고, 월남자를 의미하는 '38따라지'가 유행했다.

그 이유로 두 가지 가능성을 생각해 볼 수 있다. 하나는 일본 귀환동포의 경우 대체로 자신의 고향으로 돌아가서 실업률 증가에 큰 영향을 미치지 않았지만, 북한에서 온 월남동포는 삶의 터전을 상실한 상태였기 때문에 도시빈민이 됨으로써 경제난에 직접적 영향을 미쳤을 가능성이다. 다른 하나는 이데올로기와 관련해서 북한에서 공산주의를 경험한 월남동포는 다른 집단보다 강한 반공의식을 지니면서 일부는 서북청년회에서 보듯이 좌익토벌 활동에 몰두했기 때문일 수도 있다.

월남동포는 상당수 서울 등 대도시에 정착했다. 서울의 경우 인왕산과 홍제동 고개 부근, 미아리 고개, 북한산 일대, 봉천동 일대에서 살았다. 정부는 해외에서 들어온 동포와 월남동포를 구제하기 위해서 현재의 남산 서남기슭, 용산구 용산동 일대 42정보 국유림을 대부하여 이들의 정착지로 삼았다. 이들은 본격적인 의미의 도시빈민이라기보다는 특수한 상황에서 나타난 빈민이었다(박은숙, 1998, 160쪽).

그놈들(남한 사람들) 우리 보고 "이북에서 거지같은 놈들이 내려와서 거
짓말 한다"고 욕했습니다. "볼품없는 거지 주제에 무슨 지가 잘살았다는
거야. 다 거짓말이지!" 그런 식으로 … 이북에서 쫓겨 넘어온 사람들을
업신여기는 말로 '38따라지'라고 했어요. 38선을 넘어왔다는 뜻이 아니
라 3하고 8이면 노름할 때 한 끗 '따라지' 아닙니까. 그래서 나온 말입니
다(채병률, 2002, 358쪽).

여기서 "거짓말을 한다"는 두 가지 의미를 지녔다. 하나는 월남동포
들이 북한에서는 잘살았다고 하는데, 지금 궁핍하게 살고 있으면서 뭐
가 잘살았다는 것이냐는 것이고, 다른 하나는 월남동포들이 해방 직후
북한에서 경험한 사실들(공산주의의 경험들)이 과장되었다는 것이다.
　김상태(1998)는 일제강점기 동안 영호남의 지역정서는 거의 없었다
고 주장한다. 그는 《윤치호 일기》(1916~1943)에는 영호남 지역감정
은 보이지 않는 반면 서북지방(평안도, 함경도, 황해도)과 기호지방(서
울, 경기, 충청)을 중심으로 (특히 기독교 지식인들 사이에서) 남북감정이
있었다고 말한다. 따라서 38따라지는 일반 대중 사이에도 확대된 배타
적 지역정서가 담긴 표현이었다. 해방공간의 경제적 어려움이 주변부
삶을 살았던 월남동포에게 전가되었던 것이다. 인구증가로 인한 실업
난이 민족 사이의 불신을 낳고, 좌우익 이데올로기 갈등으로 배타적 지
역정서가 확대 재생산되었다.

4) 양키이즘 : '이상적 타자'에서 '현실적 타자'로

1945년 9월 미 제24군단 7만여 명이 인천항에 도착해서 1949년 6월 29일 군사고문단 500여 명만 남긴 채 철수하기까지 약 4년 동안 미군은 해방공간을 지배했다. 미군은 1945년 10월 군정청을 설치하고 아놀드 장군이 군정장관에 취임하여 군정통치에 들어갔다.

해방 직후 대중들은 전통문화보다 오히려 미국문화에 더 친근감을 느끼는 '기현상'을 목격했다(임희섭, 1984, 23쪽). 그러나 이것은 '기현상'이기보다 구한말부터 형성된 '이상적 타자'로서 미국에 대한 경험이 해방 이후 표출된 것이다.

유선영(2001, 2008)은 일제강점기 동안 일제에 의한 공적 영역의 식민화와 개인의 사적 수준에서의 식민화는 다른 축에서 구성되었을 것이라고 가정한다. 일제가 식민지 국가행정 영역은 온전히 통제했더라도 일상생활 세계는 그렇게 하지 못했다는 것이다. 식민지 주민으로서 일반 대중의 사적 영역은 미국영화, 재즈 등의 영향을 받았고, 서구나 근대의 총화로써 '상상적 아메리카'가 대중의 정서 속에 자리 잡았다는 것이다. 특히 문화적 근대성이 확산되기 시작한 1920년대 중반 이후 미국화는 근대성의 징표로 받아들여졌다.

그러나 해방 이후 형성된 미국에 대한 정서적 경험(양키이즘[20])으로 부

---

20) 여기서는 미국화(Americanization)라는 용어보다 양키이즘이란 용어를 사용한다. 미국화는 "20세기 초반 이후 미국의 다양한 제도와 가치가 새로운 자본주의 질서 재편성과 (정보) 커뮤니케이션 혁명을 토대로 세계 각 지역에 다양한 방식으로 펼쳐지고, 그 결과 수용지역에서 자발적이거나 강요에 의해 그러한 것을

를 수 있다)은 이전에 경험한 미국과는 판이하게 다른 것이었다.

첫째, 해방 이전 미국 경험은 구한말 이후 기독교 선교가 중심이었다. 일반 대중은 선교를 목적으로 설립한 교회, 학교, 병원 등을 통해 '구원자로서 미국'을 경험했다. 그러나 해방 이후 일반 대중이 직접 만난 사람들은 선교사가 아니라 점령군으로서의 미군이었다.

둘째, 해방 이전 미국 경험은 미국영화나 재즈 등 '표상의 체계들'로부터 형성된 것이라면, 해방공간에서 대중은 일상생활 속에서 미국을 경험했다.

셋째, 해방 이전에는 일제의 식민지 국가행정 영역 속에서 비공식적으로 미국을 경험했다면, 해방공간에서는 군정체제 내에서 공식적으로 미국을 체험했다.

군정이 실시되면서 사회제도나 문화들은 '미국적인 것'으로 빠르게 변화해 갔다. 미군정하에서 구호물자나 미국상품들은 한국인의 일상생활에까지 깊숙이 파고들었다. 1945년 연말 국립도서관의 도서대출현황에서 영어회화 관련 서적이 크게 늘었고, 미국의 독립기념일, 추수감사절, 크리스마스 등이 공휴일로 새롭게 지정되었는가 하면, 1946년 4월 1일부터 차량의 통행방식이 종래 일본식 좌측운행에서 미국식 우측운행으로 바뀌었다. 1948년 6월 1일에는 서양식 '서머타임'(*summer*

베끼고 따라잡는 현상과 과정"(김덕호·원용진, 2008, 17쪽)이다. 양키이즘은 미국화과정에서 나타나는 정서의 한 측면이라고 볼 수 있다. 특히 여기서는 한국 근대 형성과정에서 미국화과정을 다루는 것이 아니라, 해방공간(약 4년 정도)에서 나타난 언어에 초점을 맞추기 때문에 구조적 의미를 지닌 미국화보다는 정서적 경험을 의미하는 양키이즘이라는 용어가 보다 적절하다.

time) 제도도 도입되었다(전상인, 2006, 156~157쪽).

해방공간에서 미국과 관련된 유행어들은 상이한 정서의 담론을 보여준다. 첫째, 제도적 측면에서 미군의 주둔이나 미군정통치와 관련되어 '통역정치', '양갈보', '얌생이질' 같은 유행어가 나오고, 둘째, 일상생활에서 언어나 소비와 관련된 것으로 '미스터', '오케이', '헬로', '씨나리오', '멧세지', '댄스' 등과 같은 유행어들이 등장했다.

미군이 새로운 지배자로 등장한 해방정국에서 가장 강력한 생존무기는 영어였다. 영어를 할 수 있는 통역관들이 막강한 권력을 행사하기 시작했다. 일제강점기 때 해외유학을 했거나 국내에서 고등교육을 받은 사람들이 미군정과 관계하면서 해방정국을 지배했다. 이들은 대부분 지주 출신으로 해방 전에 친일파, 해방 이후 친미파 노선을 걸었던 사람들이었고, 한민당 계열이었다.

누가 '통역정치'라는 유행어를 만들었는지 파악하기는 어렵지만, (통역정치라는 말이 지니는 부정적 의미를 고려하면) 좌익계열이었을 가능성이 높다. 왜냐하면 우익계열이 통역정치를 통해 미군정과 밀접한 관계를 맺음으로써 좌익계열은 정치의 중심에서 소외되기 시작했기 때문이다.

통역정치로 인해서 일반 대중들도 적지 않은 피해를 보았다. 미군정은 인민위원회(좌익계열)가 적산사업체의 관리와 운영에 관여하고 있다고 판단해서 일본인 재산을 군정청에 귀속시켰다. 적산사업체 관리자들은 정치적, 경제적 인맥을 통해서 선정되었다. 통역정치가 적산사업체 관리인 선정과정에서 개입되었다. 선정된 관리자들은 생산성 향상보다는 원자재 방매, 생산품 방매 등을 통해서 개인적 부를 축적해나갔다.

해방공간에서 미군은 한국인을 경멸하거나 멸시하는 행위를 적지 않게 했다. 아놀드나 하지 중장의 한국인 멸시 발언이 수없이 이어졌고, 미국인들의 오락거리 중 하나로 미국인을 태운 인력거들이 서로 경주하게 한 것이나 한국인에 대한 DDT 무차별 살포 등이 행해졌다. 전체 미군의 3분의 1이 문맹이었고, 미군 중 2천 명은 원래부터 직업적인 불량배였다(조순경·이숙진, 1995, 151쪽).

1947년 1월 7일 호남선 열차에서 미군 병사 4명이 젖먹이까지 있는 가정주부와 젊은 여자 3명을 능욕하는 사건까지 발생했다. 〈동아일보〉 1월 11일자는 "전대미문(前代未聞)의 만행, 열차 속에서 강행한 미군인(美軍人) 부녀 능욕(凌辱) 사건 중대화"라고 적었다. 미군정의 정책 실패, 미군 병영문화, 미군 범죄 등은 더 이상 미국이 모방해야 할 상상적 타자만은 아니라는 것을 보여 주었다.

일반 대중은 미군을 만나면서 해방 이전 선교사를 만났던 것과는 분명히 다른 것을 경험했을 가능성이 높다. 비록 신불출의 만담에서 나온 말이지만 "미국 놈 믿지 말고, 소련 놈에 속지 말고, 되놈은 되나오고, 일본 놈은 일어난다. 조선 사람 조심해라"라는 유행어는 미국이 선망의 대상만은 아니라는 대중적 인식을 보여 준다. 우선 일반 대중이 미국을 직접적으로 경험했기 때문에, 미국은 더 이상 이상적이고 상상적인 타자는 아니었다. 미국이 선망의 대상이기는 했지만, 동시에 믿을 수 없는 타자이면서 생존을 위한 타자였을 뿐이다. 21)

---

21) 1946년 4월 11일 미군정 공보부는 서울에서 무작위 추출 398명을 대상으로 여론조사를 실시했다. "미국인이 한국인을 경멸한다고 보는가?"에 대한 질문에

'양갈보'라는 단어는 1946~1947년 사이에 등장했다. 기존 유행어나 신어 논의들은 양공주라는 단어가 해방공간에서 나왔다고 지적하지만, 이때 미군접대 매춘부는 양공주가 아니라 양갈보였다. 조풍연은 "양갈보는 양공주로부터 유엔사모(UN師母)님으로 발전하였다"라고 기술한다(1959, 83쪽). 양공주는 한국전쟁 이후 1950년대 초반에 나온 용어다. 22) 1948년 양갈보는 공창 폐지 이후 일자리를 잃은 매춘부들과 생활고에 시달리던 젊은 여성이나 기혼여성들이 미군을 상대하면서 확대되었다.

다른 한편으로, 미군 주둔지역에서 시작된 댄스파티나 양춤이 유행하기 시작했다. 댄스파티나 양춤은 미군과 낙랑클럽(1946)이 유행시켰다. 미군과 특정 상류층 부인들 사이에서 추던 사교댄스가 대중적으로 퍼져 나간 것은 1946년 이후이다. '댄스'는 이때 유행어 중 하나였다. 23)

40%가 "그렇다", 39%가 "아니다", 21%가 "모른다"고 대답했다. 또 "미군정시대가 일제시대보다 나은가?"라는 질문에 63%가 "그렇다", 16%가 "아니다", 21%가 "모른다"고 대답했다(전상인, 2001, 53쪽). 미군정이나 미국(인)에 대한 대중의 인식은 그렇게 긍정적이라고 말하기 어려웠다.

22) 채만식의 소설 〈낙조〉(1948)에서 미군의 아이를 밴 춘자는 "난 양갈보"라고 말한다. 1948년 10월 12일 〈국민신문〉은 공창 폐지 이후 종로나 용산에 수백 명의 '양갈보'가 있었으며, 1948년 11월 13일 〈국제신문〉도 미군 공병대가 있던 이태원 일대에 '양갈보'가 창궐하고 있다고 지적한다. 김기림(1949)도 양공주라는 말보다 유행어로 양갈보라고 썼다.

23) 댄스는 해방공간에서만 유행했던 어휘는 아니다. 1920년대 후반 일부 모던걸, 모던보이들은 본정과 명치정에서 댄스를 즐겼고, 1950년대 중반에는 전국적인 댄스열풍이 일어났다.

미군정 시기에 '낙랑클럽'이라는 단체가 생겼어요. … 댄스파티라는 게 처음에는 낙랑클럽과 미군들이 유행시킨 거죠. 그래서 정비석 씨 아시죠? 〈자유부인〉이 그때 나온 겁니다. 왜 그런가 하면 한국에서는 그 당시에 '양춤' 추러 다니는 사람들이 없었거든요. 요릿집에나 가야 기생이 춤추고 소리하고 그랬지, 양춤 추고 무슨 서양노래 하고 유행가 부르고 이런 걸 모르던 때였어요(전숙희, 2005, 111쪽).

1947년 1월 30일 경찰은 댄스홀에 미군 출입만 허용하고 일반인 출입을 금지시켰지만, 무허가 댄스홀과 댄스강습소가 성행했다. 결국 "통일정부 수립시까지 빠나 댄스홀 등을 폐쇄"(〈동아일보〉, 1947년 10월 29일) 하는 법령을 입의(立議) 하기까지 이르렀다.

댄스홀이나 댄스강습소의 성행과 더불어 '마카오 신사'라는 말도 유행하기 시작했다. 남상수(2002)의 회고에 따르면, 1947년 3월 17일 마카오에서 온 무역선 페리오드 호가 생고무, 양복지, 신문용지 등을 싣고 인천항에 도착하면서 '마카오 무역', '마카오 신사'가 널리 퍼지게 되었다(〈중앙일보〉, 2002년 6월 25일). 미군들만 상대하던 사람들이 마카오나 홍콩을 상대로 밀무역을 하게 되고 마카오 물건들이 들어오면서 '마카오'라는 단어가 유행한 것이다. 마카오는 단순히 마카오 지역을 의미하는 것이 아니라 미국화에 대한 욕망의 변형이다.

댄스나 마카오 신사, 초코렛트, 페니실린, 추잉껌 등으로 상징되는 해방공간의 유행어는 '미제'(美製)가 선망의 대상이 되고 있음을 함축적으로 보여 준다.

해방공간에서 미군정과 미군을 경험하면서 대중들이 가졌던 정서는 더 이상 '이상적 타자'나 '구원자로서의 미국'이라는 이미지는 아니었다. 해방 이전에 선교활동을 통해서 경험한 미국이나, 영화나 잡지 등을 통해서 접한 서구와 근대의 총화로서 상상적 아메리카도 아니었다. 일반 대중은 혼란과 빈곤의 현실 속에서, 미국을 이상적 타자가 아닌 현실적 타자로서 경험했다.

6. 극단의 시기, 극단의 언어

해방공간의 유행어들은 해방 직후부터 1948년 중반까지 3년 사이에 집중적으로 나타났다. 해방 직후에는 미국과 관련된 '오케이', '헬로', '미스터' 등과 같은 단순한 호칭이, 분단과 관련된 '삼팔선', '38따라지' 등이 나왔고, 격동기였던 1946년~1947년에 일상생활과 관련한 '얌생이', '모리배', '팔십오전', '가다', '사바사바', '새치기', '후라이깐다' 등과 같이 부조리한 세계를 냉소적으로 표현하는 언어가 많이 등장했다. 1948년 이후에는 좌익과 정권에 동조하지 않는 일반 대중까지 '빨갱이'로 호명했다.

해방공간에 지배적으로 나타났던 유행어들은 담론구성체로 범주화되어 빨갱이 정서, 냉소주의, 배타적 지역주의, 양키이즘으로 표출되었다. 이와 같은 담론구성체를 아우르는 것은 극단적 배타주의라고 판단할 수 있다. 빨갱이 정서는 극단적 배타주의의 전형을 보여 준다. 해방공간에서 중도우익이나 중도좌익에 서 있었던 적지 않은 인물들이 테러로 희생되었다.

극단적 배타주의로서 빨갱이 정서는 1948년 이후 '반공의 제도화'를 통해서 강력한 반공주의로 이어졌다. 빨갱이 정서는 극단적 반공주의 혹은 레드 알레르기(*red allergy*)와 한국전쟁을 거치면서 형성된 공산주의에 대한 내면화된 두려움인 레드 콤플렉스(*red complex*)를 함께 포함한다. 오늘날 한국사회에서 레드 콤플렉스는 조금씩 약화되고 있지만 레드 알레르기는 여전히 확고한 지배 이데올로기의 하나로 자리한다.

'38따라지'로 호명되는 지역정서나 일상 속에서 만연했던 냉소주의, 그리고 양키이즘에 대한 정서도 극단적 배타주의가 낳은 산물이라고 할 수 있다.

극단적 배타주의는 해방공간의 모순성에 대한 대중의 경험적 판단에서 나왔다고 볼 수 있다. 해방공간에서 실시된 설문조사에서 보았듯이, 당대 대중들 중 자신이 좌익도 우익도 아닌 중도라고 표명한 비율이 70%를 넘었고, 이들은 생산활동과 고용상태를 지속하고 싶어 하는 소박한 일상성을 드러냈다.

그러나 해방공간은 대중들로 하여금 끊임없이 이념적 선택을 강요했고, 고용이나 생산활동을 유지하고 싶어 하는 바람은 좌절되었다. 현실이 그만큼 부조리했기 때문이다. 대중이 경험한 것은 사회현실의 모순성이었다. 해방공간에서 드러난 사회적 모순에 대한 인식은 다양한 유행어들로 표출되었고, 유행어들은 배타적 성향을 강하게 드러냈다.

역사학자 홉스봄(Hobsbawm)은 20세기 현대사를 '극단의 시대'라고 불렀다. 홉스봄에게 극단의 시대는 자유주의적 자본주의의 영광과 모순이 전 지구적으로 교차되는 현장이었다. 해방공간은 한국 현대사에서 극단의 시대였다. 민족과 계급을 둘러싼 치열한 이데올로기 갈등 속에서 중도는 길 찾기에 실패했으며, 심각한 경제난으로 생활경제는 파탄에 가까웠다. 극단의 시대는 극단의 언어를 만들어 냈다. 극단의 시대를 살았던 당대 대중들이 극단적 배타주의 정서를 갖게 된 것은 어쩌면 당연한 일인지도 모른다.

1950년대 중반 댄스열풍 **03**
_젠더와 전통의 재구성

1. 댄스열풍 논쟁

1950년대 중반 한국사회를 휩쓸었던 열풍 중의 하나는 댄스였다. 일제강점기 동안에도 특정 직업군(기생, 바 걸 등), 일부 모던걸과 모던보이들은 댄스를 즐겼다. 해방공간에서도 미군과 상류층은 댄스홀에 출입했다. 그러나 댄스는 대중적으로 유행하지 않았고, 특정 계층과 특정 지역에서 나타난 현상이었다. 반면, 1950년대 중반 댄스열풍은 중간 계층을 중심으로 확산된 전국적 현상이었다.

1950년대 중반 불어닥친 댄스열풍은 단순히 한때의 유행이나 "아메리카니즘의 한 표현"(김하태, 1959b, 67쪽)으로 평가할 수만은 없다. 그것은 전후(戰後) 한국사회의 외적, 내적 변화가 복합적으로 연결되어 나타난 문화현상이기 때문이다. 외적으로 보면, 1950년대 중반 한국사회는 냉전체제의 한 축으로 자유진영에 편입되었고, 미국은 정치, 경제, 문화 영역에 걸쳐서 심대한 영향을 미쳤다. 내적으로는 전쟁의 결과로 개인주의적 경향, 약화된 공동체의식, 국가에 대한 불신, 인구변동과 인구이동에 따른 가족의 변화, 전통윤리의 해체 등 사회의식의 변화가 급속히 진행되었다.

댄스열풍은 사회적 논쟁거리를 양산했다. 댄스열풍을 다룬 소설 〈자유부인〉을 놓고 '문화의 적'이거나 '중공군 50만 명에 해당하는 적'(황산덕, 1954)이라는 비판이 있었던 한편, 영화 〈자유부인〉은 초유의 관객을 동원했다. 박인수 사건 이후에는 전후 성윤리가 쟁점이 되었다.

그러나 이와 같은 논란들은 피상적인 것에 지나지 않았다. 댄스열풍은 전후 급격히 변화된 젠더의 재구성 문제와 밀접히 관련되었다. 여성이 전후 남성의 공백을 메워 가는 과정에서, 댄스에 빠지고 개방된 성의식을 가진 여성군상을 의미하는 자유부인의 등장은 가부장의 위기로 인식되었기 때문이다. 국가권력은 국가통합과 민족정체성 확보를 추구해야 했으므로 댄스열풍에 침묵할 수만은 없었다. 댄스열풍은 재건윤리로서 '전통을 소환'하는 하나의 계기가 되었다.

이번 장에서는 1950년대 대중문화현상 중에서 댄스열풍에 주목해서 세 가지 영역을 탐구할 것이다.

첫째, 댄스는 전후 사회변동의 맥락 속에서 어떻게 유행하게 되었으며 댄스와 관련된 일상적 풍경은 어떠했는가?

둘째, 댄스는 젠더재구성 과정에 어떻게 개입했는가. 남녀와 세대를 넘어 유행했음에도 불구하고 왜 여성의 윤리 문제만 쟁점화되었는가?

셋째, 1950년대 근대성과 전통성 접합의 장으로서 댄스는 어떻게 전

통의 소환과 관계되는가? 1950년대 중반 대중이 어떻게 댄스를 정당화
하려 했으며, 지배권력은 어떻게 보수적 민족주의를 강화하고자 했는
지 살펴볼 것이다.

2. 전후 심성체계의 변화와 1950년대 대중문화 논의

1) 전후 사회변동과 심성체계의 변화

전후 한국사회는 세계사적으로 미 · 소 양 대국을 축으로 하는 냉전체제 아래서 분단이 고착화되었다. 국내적으로는 이승만의 '민주독재'(대의제 형식은 유지되었다는 점에서)가 가속화되면서 반공주의가 지배 이데올로기로 자리 잡았다. 한국전쟁은 전체 사회구조를 뿌리째 흔들었으며, 대중들의 심성체계(mentality)[1]에도 커다란 변화를 초래했다.

전후 한국사회는 도시화가 전개되면서 개방적 사회로 변화했다. 전통사회에서 유지되었던 문화공동체나 가족공동체는 전후 조금씩 해체되면서 개별화 혹은 개인주의적 성향이 나타나기 시작했다. 한국전쟁을 치르는 과정에서 한국과 미국 간 유대관계가 절정을 이루면서 미국은 한국의 정치, 경제, 문화 전반에 결정적 영향을 미쳤다. 1950년대 초반 이후 한국사회는 '왜곡된 대의 민주주의'를 경험했다. 민주주의는 자유에 대한 새로운 경험이기도 했다.

전후 한국의 경제구조는 지주계급의 몰락과 자본가계급의 성장, 서

---

1) 강명구(2007)는 심성체계를 가치관이나 태도를 넘어서서 한 사회의 밑바닥을 구성하는 문화적 토대로 정의한다. 심성체계는 특정 세대를 넘어서며, 보다 장기지속적이고 무의식적인 집단정신으로 볼 수 있다. 심성체계라는 용어를 사용한 것은 집단적 (무)의식들이 전후 1950년대에 국한된 것이 아니라 1960년대 이후에도 한국사회의 의식을 규정하는 토대가 되었기 때문이다.

비스 업종의 팽창, 소비재 중심의 공업구조, 경제성장보다는 경제안정을 우선시하는 미국의 원조정책, 국가역할의 확대, 농지개혁을 통한 신분제의 해체 등으로 특징지어진다(이대근, 1987; 장상환, 1999).

한국전쟁은 대규모 인구변화와 인구이동을 초래했다. 한국전쟁으로 남한에서만 대략 130만 명의 사상자가 발생했다. 이것은 인구 피라미드에서 젊은이들의 죽음을 보여 주는 '움푹 팬 홈'(classes creuses)으로 나타났다.

피해가 극심했던 서울·경기 지역의 경우 20~24세 인구(24,437명)가 15~19세 인구(57,452명)의 절반이 되는 기현상을 보였다. 특히 서울의 경우 20~24세 남성인구는 15~19세 남성인구의 26%밖에 되지 않았다. 남성인구의 감소는 성비불균형을 초래했다. 서울 이외 다른 지역도 정도의 차이는 있었지만 성비불균형은 피할 수 없었다(이홍탁, 1992). 젊은 남성의 희생이 컸고, 50만 명이 넘는 (전쟁) 미망인이 생겨났다. [2]

전쟁으로 인한 대규모 인구이동은 도시지역의 인구증가를 초래했다. 피난민들이 도시지역에서 거주지를 찾았기 때문이다. 전후 도시집중은 공업화가 아니라 피란이 동인이었다. 한국사회 도시화율은 1949년 17.3%, 1950년 18.4%, 1955년 24.5%, 1960년 28.0%로 계속 증가했다(정성호, 1999, 27쪽). 인구이동은 사회적 유동성이나 사회변동과

---

2) 1958년 보건사회부에서 집계한 바에 의하면 전국 미망인 총수는 50만 5,300명이었다. 이 중에서 군경 미망인이 약 6만 명이고, 44만 명이 일반 미망인이다(〈여원〉 편집부, 1959a, 160쪽).

정을 촉진시켰다.

전상인(2001)은 한국전쟁이 초래한 심리적 변화를 이중성 속에서 찾는다. 도시화가 증가하면서 '개방적 사회'로 변모하지만, 전쟁의 극한 상황에서 외지인을 신뢰하지 않으면서 가족 이기주의나 연고주의가 증가하는 '폐쇄적 사회관계'가 형성되었다. 전시상황에서 '국가의 중요성'을 느꼈지만 동시에 '국가에 대한 불신'도 증대했다. 전쟁으로 인해서 '이데올로기 공동체는 강화'되었지만, '문화적 공동체는 약화'되었다. 또한 우리 민족은 스스로 지켜야 한다는 '민족 자주성은 강화'되었지만, 동시에 미국에 대한 경제적, 심리적 의존도가 높아졌다.

개인적 수준에서 본다면, 누구나 같은 처지로 살면서 국가나 사회제도에 대한 불신으로 생존을 위해 물질적인 것, 개인적인 것을 중시하는 심성체계가 나타났다. 이것은 '개인적 자유의 과잉'으로 표출되었다. 1950년대 중반 자유는 국가의 지배 이데올로기로서, 그리고 개인적 가치로서 구조화되었다. 이승만 정권에서 자유는 '민주주의체제'와 동일시되고 '억압적 공산주의'에 대립되는 것으로 체제의 우월성을 강조하는 이념이었다. 정치적 자유는 자유민주주의체제의 수호를 의미했고, 반공주의로 강화되었다. 그러나 개인들에게 자유는 국가나 이데올로기, 전통적 가치로부터 벗어나는 것을 의미했다. 자유의 과잉은 전후 심각한 가치체계의 혼돈을 의미하는 것이기도 했다.

전쟁이 길어지자 민중은 전쟁의 허무, 생활터전을 잃은 절망과 불안 속에서 사회 윤리는 급속하게 퇴폐의 경향을 나타냈으며 사치풍조가 늘어갔다. 환락가는 부어라 마셔라 먹자판에 돌아 버렸다. 시민들 옷차림은 화려해져 갔다. … 전후에도 민중의 불안은 여전했다. 어떤 일을 꾸미는 데도 장기적이 못 되고 단기적인 안목에 흘렀다. 치부나 성공을 위해 부정을 서슴지 않는 불성실이 노골화하고 사회 윤리는 '개판'으로 부패하여 … 전후 혼란스러운 사회를 배경으로 춤바람이 불며 이성은 흐려졌다. 춤바람은 서양적인 생활풍속이 수입되면서 일으키는 풍파의 상징이기도 하였다(동아일보사, 《동아연감》, 1975, 40~41쪽).

한국전쟁은 사람들의 생활윤리나 가치체계를 급격히 변화시켰다. 전쟁은 '우리에게 내일은 없다'는 허무감을 심어 주었다. 누구도 내일이 보장되리라는 약속이 없는 시대이기에 자기중심적 성향이 두드러지게 나타났다.[3] 물질적인 것에 대한 집착, 현재적 즐거움의 추구가 1950년대 중반 지배적 심성체계로 자리 잡으면서 전통적 질서나 가치체계는 해체되기 시작했다.

---

3) 댄스열풍과 더불어 한국전쟁 이후 '비로도 치마'의 유행은 이와 같은 심성체계의 변화를 극명하게 보여 준다. 박완서는 전후 비로도 치마 유행과 관련해서 "이 나이까지 살아오면서 숱한 유행의 변천을 목격하기도 하고 따라 하기도 했지만 '비로도' 치마처럼 무분별하고 광적인 유행은 처음 보았고, 또 우스꽝스럽기도 하고 전무후무한 유행이 아니었을까 싶다"(1991, 109쪽)고 기억한다. 비로도는 색상은 매혹적이지만 실용성이 없는 옷감이었다. 한번 자리에 앉았다 일어서면 엉덩이가 단박 번들번들해지고, 접었던 자리도 일단 주름이 지면 잘 펴지지 않으며 다림질을 잘못하면 아주 못 입게 되기 십상이기 때문이다. 전후 복구과정에서 전혀 실용성은 없었지만, 그 화려함은 광적인 유행을 낳았고, 현재에 집착하는 자기중심적 성향을 단적으로 보여 주었다.

▌ 1950년대 중반 광적으로 유행했던 비로도 치마(영화 〈자유부인〉, 1956년)

2) 1950년대 대중문화 연구 논의

해방 이후부터 1960년대까지 (대중) 문화 연구는 1920~1930년대 일제 강점기에 형성된 근대성 논의나 1970년대 청년문화나 소비대중문화 논의들에 비해서 제한적이다. 특히 1950년대 대중문화 연구는 최근에 들어 조금씩 활기를 띠고 있는데 대체로 3가지 측면에서 진행되었다.

첫째, 1950년대 미국 대중문화가 다양한 대중매체(잡지, 영화, 음악 등)에 어떻게 표상되어 있는가가 분석되었다(강소연, 2006; 김세령, 2006; 이선미, 2006; 이영미, 1995).

강소연(2006)은 '선망의 대상'으로서 미국 여배우의 외적 이미지 좇기와, 선진의식을 겸비한 정숙하고 교양 있는 미국 여성이라는 이미지가 여성잡지들에서 나타났다고 분석한다. 김세령(2006)은 기독교 신문·잡지들이 은혜를 베푼 고마운 나라이자, 한국의 위기를 타개할 수 있는 청교도적인 경건함과 풍요로움을 가진 선망의 대상으로서 미국을 표현했다고 주장한다.

이선미(2006)는 1950년대 한국에서 인기를 끌었던 미국영화는 주로 대도시 문화체험의 중심에 있었으며, 도시와 근대를 경험하는 대표적 문화현상이었다고 말한다. 따라서 개인적 자유나 합리성이 반공주의의 명분하에 약화되었던 1950년대에 미국영화를 통해서 경험하는 개인의 다양한 욕망이나 주체의식 구성은 당대 개인들에게 중요하게 취급될 수밖에 없었다는 것이다.

이영미(1995)는 1950년대 대중음악에서 미국에 대한 선망이 두드러지게 나타났다고 분석한다. 〈샌프란시스코〉(1952), 〈아메리카 차이나타운〉(1953), 〈아리조나 카우보이〉(1955), 〈럭키 모닝〉(1956) 등 미국을 상상하는 풍경묘사가 남발하는 노래가 속출했다. 이 노래들은 현실감 없이 단순히 미국에 대한 동경 심리를 보여 주었다.

둘째, 냉전과 미국의 영향이라는 맥락에서 대중문화 생산의 제도적 측면을 다루었다(강명구·백미숙·최이숙, 2007; 이성민·강명구, 2007; 허은, 2003).

이 연구들은 미국에 대한 단순한 표상의 문제를 넘어서서 미디어제도와 냉전 이데올로기 사이의 관계를 분석했다는 점에서 가치를 지닌다.

강명구·백미숙·최이숙(2007)은 냉전이 최고조에 이르렀던 1950년대 중반 미국의 전 지구적 통신과 방송 네트워크 구축, RCA의 방송사업 진출, 주한미공보원(USIS)의 적극적 지원으로 한국 최초의 텔레비전 방송사인 HLKZ가 출범할 수 있었다고 분석한다.

이성민・강명구(2007)도 같은 맥락에서 한국기독교연합회의 반공주의(냉전)와 주한미공보원의 자유주의 이데올로기 구축이 기독교 방송의 출범에 결정적 영향을 미쳤다고 밝혔다.

허은(2003)은 냉전의 역사적 조건 아래에서 주한미공보원이 교육 교환, 지방문화원 지원, 전시회, 영화 등을 통해 자연스럽게 미국의 제도와 가치를 전파했다는 점을 논의한다.

셋째, 위의 두 연구 경향이 미국을 중심으로 1950년대 대중문화현상을 분석했다면, '전통론'의 부상이 어떻게 여성문제와 관련되는지를 여성주의 시각에서 분석한 연구들도 주목할 만하다(김금녀, 2000; 김은경, 2006; 윤선자, 2005; 이상록, 2001; 이정희, 2005).

이 연구자들은 1950년대 미국 대중문화에 대한 대항 담론으로 전통론이 급부상하는 과정에서 국가와 가부장의 이데올로기가 어떻게 여성을 타자화했는가를 분석했다. 예를 들어, 가부장적 권력은 전후 윤리타락의 책임을 전후파 여성(자유부인, 양공주, 댄스홀에 다니는 여대생이나 전쟁미망인 등)에게 돌렸다는 것이다.

김은경(2006)은 자유부인과 양공주가 가부장제를 위협하는 집단으로 인식되었다고 말한다. 왜냐하면 여성에 대한 성 통제를 기반으로 유지되는 가부장제에서 자유부인은 통제범위를 넘었으며, 혈통주의 가부장 사회에서 미군 성매매 여성과 혼혈아는 민족적, 가부장적 수치와 위기로 받아들여졌기 때문이라는 것이다.

1950년대 대중문화는 냉전, 미국의 영향, 이식성, 근대 국민국가 건설과정이라는 거시적 수준과 전후 급격한 사회변동 속에서 형성된 심성체계들(혹은 정서의 구조들) ― 자유의 과잉, 개인주의적 경향, 약화된 공동체의식, 미국과 미국문화에 대한 동경 등 ― 속에서 형성되었다고 볼 수 있다. 이와 같은 두 가지 수준에서 1950년대 대중의 정서를 극명하게 담아내는 것이 댄스열풍이었다.

3. 연구방법

댄스열풍은 1950년대 중후반의 대표적인 문화현상이었는데, 5·16군사쿠데타 직후부터 수그러지기 시작했다.[4] 1950년대 댄스열풍을 파악하기 위해서 당시 신문, 잡지, 소설, 영화 등의 자료를 종합적으로 활용했다.

첫째, 신문자료로 〈동아일보〉와 〈조선일보〉에서 댄스 관련 기사를 수집했다. 한국역사정보 통합시스템을 통해서 〈동아일보〉 기사 35건, 조선닷컴(chosun.com) PDF파일 검색을 통해서 〈조선일보〉 기사 78건을 수집했다. 〈조선일보〉 기사 45건과 〈동아일보〉 기사 19건은 댄스 단속, 허가, 재허가, 댄스홀 폐쇄 등과 같은 사건 기사들이었다. 신문기사는 국가가 어떻게 댄스홀의 허가, 폐쇄, 재허가, 부분허가 등에 개입했는가를 보여 주었다. 박인수 사건(1955), 정치숙 사건(1955), 최필원 사건(1956), 김석구 사건(1956), 안순애 사건(1959) 등에 대한 보도를 통해서는 당대 의식을 엿볼 수 있는 맥락을 파악했다.

그러나 두 신문기사만으로 당시 댄스에 대한 대중적 반응이나 풍경

---

4) 5·16군사쿠데타 주체들은 '노동 지고(至高)'의 금욕적 이데올로기를 추동함으로써 '댄스'를 이전보다 강력하게 단속했다. 당시 여론은 댄스광 처벌에 대해서 긍정적이었던 것으로 보인다. 한국군사혁명사편찬위원회의 기술에 따르면, "댄스에 열광하는 사람들의 처벌에 대해 국민들은 '썩 잘한다'가 73.5%, '대체로 잘한다'가 17.1%로서 국민의 90.6%가 찬성했고 나머지 6.4%는 '좀 지나치게 처벌했다'는 의견을 표시했다"(1963, 292쪽).

을 밝혀내기는 어려웠다. 따라서 둘째, 〈신태양〉과 〈여원〉에 실려 있는 댄스 관련 자료를 모두 수집했다. 〈신태양〉은 1952년 8월 창간되어 1961년 6월 종간된 대표적인 대중오락잡지였고, 〈여원〉은 1955년 10월 창간된 여성 대중오락잡지였다. 〈신태양〉과 〈여원〉은 각각 12건과 13건 특집, 르포기사 등을 실었다. 두 잡지의 경우, 대부분의 기사가 심층취재 형식을 취하는 흥밋거리 르포기사들이어서 당시 댄스풍경(댄스홀 내에서 벌어지는 일들, 미군 대상 댄스홀, 허가된 공식 댄스홀, 비밀 댄스홀, 댄스홀에 가는 사람들의 유형 등)을 부분적으로 읽어 낼 수 있었다.

셋째, 소설 《자유부인》(1954)과 영화 〈자유부인〉(1956)도 자료로 일부 활용되었다. 소설 《자유부인》은 1954년 1월 1일부터 〈서울신문〉에 연재되어 그해 4월 출간하자마자 단기간에 7~8만 부가 매진되었다 (이임자, 1992, 151쪽). 스카라 극장에서 개봉된 영화 〈자유부인〉역시 28일간 상영에 13만 명 관객동원이라는 흥행기록을 세웠다. 소설과 영화 〈자유부인〉은 작가의 허구적 상상물이지만, 1950년대 중반을 잘 반영하는 텍스트이기도 하다. 정비석(1974)은 《자유부인》을 쓸 당시를 회고하면서 다음과 같이 기술했다.

만일 어느 사회학자가 있어서 우리나라 사회의 변천사를 연구하려 한다면 이 소설도 어느 정도 도움이 되리라 믿는다. 전후의 혼란기, 그 시대를 살아간 인간들의 생활과 의식이 적어도 거기에는 솔직히 나타나 있기 때문이다.

작가의 서술을 그대로 받아들이기는 어렵지만, 〈자유부인〉이 당시 유행하던 언어들(자유, 민주주의, 교양, 문화인, 교양인, 현대)과 소설의 배경이 되는 1953년에서 1954년 봄 사이의 정치(국회의원 선거), 사회 쟁점(한글간소화 문제), 비로도 치마에서 나일론 의상으로 바뀌는 과정, 계(契) 모임, 유행했던 쇼트 컷 헤어스타일, 나일론 장갑 등 당대 풍경을 잘 묘사한 것은 사실이다. 이 점은 영화에서도 마찬가지이다. 영화의 촬영지가 되었던 댄스홀 LCI 모습이나 댄스홀 정경 등은 영화 〈자유부인〉이 아니면 현재 제대로 파악하기 어렵다.

　분석 자료는 일관된 체계나 과학적 절차에 의한 것이 아니라 1950년대 중후반 댄스와 관련된 신문기사, 대중잡지 르포기사, 소설 등에서 선택적으로 수집된 것이다. 나는 1950년대 중후반 댄스와 관련된 사건과 풍경을 보여 주는 '역사적 스크랩'을 수집해서 댄스현상을 재구성했다.

4. 1950년대 중반 댄스열풍과 댄스홀 풍경

1) 1950년대 중반 댄스열풍

한국사회에서 서양댄스는 재즈와 함께 1930년 전후에 유입되기 시작했다. 5) 미국의 경우, 재즈는 1918년에서 1929년 사이 유행을 했는데, 한국에서 재즈와 댄스는 이보다 약간 늦게 카페를 중심으로 퍼졌다.

1920년대 미국 젊은 세대 사이에서 유행했던 댄스는 쉬미(*shimmy*), 찰스턴(*charleston*), 폭스 트롯(*fox-trot*)이었다(Hanson, 1999, 90쪽). 6) 1930년대 초반 한국에서 유행했던 댄스는 찰스턴이었던 것으로 보인다. 7) 1930년 11월 20일 〈조선일보〉는 "1931년이 오면 (2)"에서 다음과

---

5) 박진규(2002)는 고종 때 서양댄스가 소개되었다고 말한다. 고종이 아관파천으로 러시아 공사관에 머물렀을 때, 러시아 공사 부인으로부터 처음 왈츠를 배웠다고 한다. 그러나 대중이 댄스에 접근하기 시작한 것은 1930년대 전후이다.

6) 쉬미는 탑댄스와 유사하게 상반신을 흔들면서 추는 춤인데 남녀 단둘이 춤을 추기보다는 여러 사람들이 모여서 함께 추었고, 찰스턴은 재즈댄스로 1923년 흑인 스타들의 브로드웨이 공연 〈러닝 와일드〉(Running Wild)를 통해서 유행했는데 빠른 템포로 추는 춤이다. 폭스 트롯은 템포에 따라서 여러 유형이 있는데 템포가 느린 슬로 폭스(*slow fox*) 혹은 슬로 트롯(*slow trot*)은 오늘날 사교댄스로 불리는 것 중의 하나다.

7) 미국에서는 1920년대 초반 쉬미가 유행했다가 1923년~1926년 사이 찰스턴이 대유행했다. 찰스턴은 개인, 커플, 집단이 함께 출 수 있는 춤이며 재즈음악의 유행과 분리될 수 없다. 찰스턴은 불건전하다는 이유로 고등학교와 대학에서 금지되기도 했지만, 젊은이들이 찰스턴 콘테스트에 적극 참여하면서 선풍적 인기

같이 적었다.

그 사람 찰스톤을 곧잘 추던걸? … 이 흔들기 좋아하는 남녀들은 1931년
에는 집도 잘 흔들리는 용수철 우혜 짓고 용수철로 가구를 만들고서 찰스
톤 바람에 흔들다가 시들 모양 … 이들의 눈에는 굶주린 헐벗고 떠는 사
람이 보일 때도 찰스톤을 추는 것으로만 알게로군."

찰스톤을 잘 춘다는 것은 이성에게 매력적으로 보인다는 것이다.
염상섭(1930)이 "춘앵무(春鶯舞)는 고전적이오, 찰스톤은 현대적이
다"라고 쓴 것을 보면, 찰스톤은 가장 현대적인 것으로 받아들여졌을
가능성이 높다. 1930년대 미국에서 쉬미는 시들해진 반면 찰스톤은 폭
발적으로 유행했기 때문이다. 찰스톤은 당시 최첨단 유행댄스였다.
1930년대 일제는 '국가비상시'라는 명목으로 댄스홀을 정식으로 허락하
지 않았지만, 댄스는 특정 계층(모던걸, 모던보이 등)을 중심으로 카페
에서 퍼져 나갔다.
댄스가 합법적으로 인정된 것은 해방 이후다. 미군정 기간 동안 댄스
는 미군과 특정 상류층을 중심으로 (사교) 댄스파티 형식으로 도입되었
다. 미군 장교와 한국 상류층 여성들이 드나들었던 낙랑클럽(1946)은
해방 후 사교댄스가 유행하는 출발점을 제공했다. 낙랑클럽 회원이었
던 전숙희(2005)는 낙랑클럽과 미군들이 댄스파티를 유행시켰다고 기
억한다. 1930년대에는 댄스홀 자체가 불법이었기 때문에 댄스가 폐쇄

를 끌었다(Drwone & Huber, 2004, 227쪽).

│ 1959년 외교관 초청 댄스파티(사진제공 : 국가기록원)

적으로 이루어진 반면, 해방 이후에는 댄스가 공개적으로 일반 대중에게 퍼지기 시작했다. 1930년대 댄스는 찰스턴이었지만, 미군정 시기 유행하기 시작한 댄스는 폭스 트롯 중에서 템포가 느린 슬로 폭스 혹은 슬로 트롯이었고 이후 왈츠, 탱고, 블루스, 지르박, 차차차, 맘보 등이 퍼져 나갔다.

해방과 더부러 높이 부르짖으며 찾은 것은 '자유'요 자유 중에 가장 호기심으로 욕구(欲求)되는 것에 댄스라는 것이 있다. 양갈보는 물론 유한매담, 가정부인, 접대부 할 것 없이 일부 경솔한 사나이들이 즐겨하는 댄스에 무한한 호기심을 느낄 뿐더러 개중에는 생활 필수조건에까지 이를 토산(討算)하고 있는 류가 있는가 하면 순진한 여학생 — 표면순진(表面

제3장 1950년대 중반 댄스열풍: 젠더와 전통의 재구성 117

純眞) 한 체하는— 들까지 댄스 교습소에 방과 후면 가방을 내동댕이치
는 놀랄 사실을 본다(박수산, 1949년, 196쪽).

댄스는 해방과 더불어 급속히 사회 전반으로 확대되기 시작했다.
1949년에 가정주부, 접대부, 매춘부, 여학생까지 댄스를 배우기 시작
한 것을 보면 댄스의 전파속도는 매우 빨랐다. 박수산(1949)이 "[댄스를
배우려는〕 여학생이란 고등중학교(高等中學校) 이상 여대학생을 말하
는 것"으로 정의한 것을 보면, 댄스는 10대 후반으로까지 퍼져 나간 것
으로 보인다.

댄스는 한국전쟁 중에도 유행했다. 놀랍게도 낙동강 전투가 한창 진
행되었던 1950년 8월 부산에서도 댄스홀이 성행했다. 김두한은 광복동
에 있는 "늘봄 댄스홀 앞에 고급 세단과 군 고급장교 지프들이 즐비하게
늘어져 있었고, 불과 100여 리 전방에서는 전투가 치열해 젊은 청년들
이 쓰러져 가고 있는데, 전쟁에 아랑곳하지 않는 특권층들은 여자들과
함께 일대 육체의 향연"을 즐기고 있었다고 말한다(강준만, 2004b, 106
쪽, 재인용). 댄스홀 단속은 한국전쟁 중에도 수시로 이루어졌다. 댄스
홀이 유엔군을 환영한다는 명목으로 늘어나자 경찰은 이를 대대적으로
단속했다(〈동아일보〉, 1950년 11월 7일).

전후에도 댄스홀이 확대되자 1954년 8월 경찰은 서울 광화문 '신문회
관'에 있는 댄스홀만 존속시켜 외국인만 출입가능하게 하고, 전국 모든
댄스홀을 폐쇄시켰다(〈동아일보〉, 1954년 8월 16일). 이와 같은 조치에
도 불구하고 댄스홀과 비밀 댄스교습소는 불법적으로 성행했고, 바
(bar)에서 댄스를 금지하자 대중들은 카바레로 몰려들었다. 카바레는

내국인에게도 출입이 허용되자 성황을 이루었다. 그러자 경찰은 시내 5개 카바레(모감보, 삼일구락부, 뉴쓰맨스클럽, 유니온, 무랑루즈)만 한국인의 출입을 허용했다(〈조선일보〉, 1956년 1월 14일). 1950년대 중반 대중들은 카바레나 무허가 비밀 댄스홀에서 댄스를 즐겼다. 1955년 〈동아일보〉는 당시 댄스열풍을 다음과 같이 기록한다.

해방 전에도 땐스란 사교춤이 없었던 것은 아니다. … 그러나 오늘날 땐스 유행병은 놀라운 전파력을 가지고 사회 각계각층을 풍미하고 땐스에 미쳐 정조를 헌신짝 모양 내던지는 신여성, 가정이나 사회적 지위마저 내동댕이치는 남녀가 수없이 연달아 나오고 있으니 … 트롯트, 부루-스, 탱고, 질바, 삼보, 맘보 … 대도시 각처에 있는 비밀 교습소에서 … 관리, 학생, 늦바람난 실업가의 마낫님, 다방 레지, 양가집 규수, 젓메기 아이를 데리고 셋방살이 하는 자전거포 주인의 부인에 이르기까지 … 땐스 왕국 · 코리아의 면목을 발휘하기에 이르렀으니(〈동아일보〉, 1955년 8월 24일).

1950년대 댄스열풍은 상류층에서부터 하류층에 이르기까지, 일부 10대 후반에서 60대에 이르기까지 확대되었다.[8] 당시 사회가 댄스열풍을 겪은 것은 사실이지만, 〈동아일보〉, 〈조선일보〉, 〈신태양〉, 〈여

---

8) 1950년대 중후반 〈동아일보〉와 〈조선일보〉에 나온 댄스홀 단속이나 댄스 관련 사건들은 얼마나 다양한 부류의 사람들이 댄스에 열광했는지를 보여 준다. 불법 댄스홀 단속에 걸린 사람들은 고위공직자, 교수, 저명인사의 아내, 여대생, 다방 마담, 미용사 등으로 직업 역시 매우 다양했다.

원〉 등과 같은 신문과 잡지들의 보도처럼 댄스열풍이 세대와 계층을 초월했다고 보기는 현실적으로 어렵다. 댄스열풍은 중간계층 이상이 주도했을 가능성이 높다.

1950년대 중반 댄스홀 입장료는 500환 정도였는데, 〈서울신문〉 1954년 6월 18일자에 따르면 1954년 쌀 한 말 값은 250환이었다. 댄스홀에 한 번 출입하려면 쌀 두 말 값을 지불해야 하는데 하류계층이나 10대 후반 등이 자주 댄스홀에 가기는 어려웠을 것이기 때문이다.

노지승(2008)은 영화 〈자유부인〉의 주 관객층이 서구영화를 주로 보았던 도시의 교육받은 중간계층 이상이었다고 지적한다. 영화 〈자유부인〉의 주요 관객과 실제 댄스를 즐긴 사람들 사이에 차이가 발생할 수 있으나 당시 경제적 여건과 미국문화의 주요 수용계층을 고려하면 중간계층 이상이 댄스열풍을 주도했고, 일부 하류층이나 10대 후반, 20대 초반 젊은이들이 댄스를 즐겼다고 판단할 수 있다.

댄스는 지르박, 블루스, 탱고, 트롯 등을 포함하는데, 이와 같은 댄스들은 미국이나 영국의 댄스와는 약간 달랐다. 한국댄스는 서양의 사교댄스와 달리 단시일 내에 간단하게 배울 수 있도록 개량된 것이었다.

2) 1950년대 댄스홀 풍경

1950년대 댄스는 3가지 장소 — 미군부대 내 댄스홀〔특수 댄스홀〕, 댄스홀, 무허가 비밀 댄스홀(댄스 교습소) — 에서 행해졌다. 1950년대 중후반에는 가정집이나 요릿집에서도 개별 모임을 통해서 댄스를 배우거나 즐겼다.

미군 댄스파티는 낙랑클럽에서 시작되었지만, 미군 고급장교들뿐만 아니라 일반 사병들도 한국 여성과 함께 댄스파티를 즐겼다. 정부에서도 유엔군(사실상 미군) 장병들의 노고를 다소나마 위안한다는 취지에서 유엔군 전용 댄스홀을 인정하고, 유엔군의 일을 돕는 일부 한국인들이 유엔군 장병을 초청해서 댄스홀에 가는 경우 출입을 막지 않았다. 그러나 이와 같은 정부의 취지와 달리 미군부대 내에서 열린 댄스파티는 매춘으로 이어지기도 했다. 미군부대 댄스홀은 '특수 댄스홀'이라고 불렸다.

특수 댄스홀은 양공주들만 들어가는 곳이 아니라 가정주부, 처녀들도 출입했다. 미군부대에서 댄스파티가 열린다는 공고가 나오면 미군부대와 연결된 '오야마담'이 20~30명 정도 한국 여성을 동원했다. 오야마담은 가정주부나 미혼여성들을 동원하고 미군부대로부터 보수를 받았다. 오야마담은 양공주에게는 보수 일부를 주어야 했기 때문에 보수를 지불할 필요가 없는 가정주부를 선호했다. 양공주는 미군과 댄스와 매춘으로 약 20달러를 받았다.

미군부대 트럭 한두 대가 10명 정도씩 동원된 여성을 싣고 댄스홀로 데리고 갔다가 댄스파티가 끝나면 시내로 데려다 주었다. 댄스홀에서 양공주는 대체로 맥주를 마셨고, 가정주부들은 주스나 사이다를 마시면서 댄스파티를 했다. 미군부대 댄스홀 근처 초소에는 입장하지 못한 수십 명의 여성들이 출입을 요구했는데, 이들은 생활고에 시달린 사람들이었다. 파티가 끝나고 미군과 여성들의 개별적 거래(매춘)는 두 사람의 협의로 이루어졌다(박동일, 1954).

특수 댄스홀에 출입하는 여성들은 양공주보다 가정주부가 많았다.

대부분의 가정주부는 특별한 보수를 받지 않고 이방인에 대한 호기심과 댄스에 대한 관심으로 동원되었지만 일부는 생계를 위해서 출입했다.

중상류층은 주로 공인된 댄스홀에 출입했다. 1956년 정부에서 공식적으로 허가한 댄스홀은 뉴그랜드, 동화, 천일, 컨티넨탈, 장안, 국일관, 송죽 등 총 7개였다(〈조선일보〉, 1956년 4월 10일).

그러나 1957년 무렵에는 서울 시내에 모감보, 삼일구락부, 뉴쓰맨스클럽, 동화홀, 무랑루즈, 컨티넨탈, 카아네기, 코멜, 송림, 파라다이스, LCI, 여정, 황금마차, 국일관, 천일, 신성, 후로리다 등 20여 개의 공인 댄스홀과 카바레들이 있었다. 공인 댄스홀이나 카바레는 직업적인 사교댄서가 있었고 술도 팔았다(윤선자, 2005, 228쪽).

소설과 영화 〈자유부인〉은 당시 댄스홀을 묘사한다. 소설 《자유부인》에서 오선영이 옆집 사는 대학생 신춘호와 함께 간 곳은 당시 대표적인 댄스홀 중의 하나였던 LCI(해군장교구락부)였다. 정비석은 30평은 훨씬 넘을 듯한 넓디넓은 홀에서 호화스럽게 차려입은 7~80 명의 남녀들이 춤을 추고, 천장에는 휘황하게 비치는 오색 전등이 있는 것으로 LCI를 그려 낸다(정비석, 1954/1985, 193쪽). 영화 〈자유부인〉에서 보여 주는 댄스홀도 정비석의 묘사와 비슷하다.

댄스홀에 온 사람들은 앉은 테이블마다 맥주 두 병씩을 놓고, 다양한 종류의 댄스를 추었다. 10명 정도의 밴드가 음악을 연주하고, 사람들이 쉬는 사이 댄스홀에서 고용한 직업댄서가 춤을 추었다.

댄스장르는 트롯, 블루스, 왈츠, 탱고에서 원스텝, 투스텝, 쓰리스텝, 폴카, 맘보, 지르박 등으로 확대되었다. 댄스홀에서 사진을 찍지

▌1950년대 중반 댄스홀 정경(영화 〈자유부인〉, 1956년)

않는 것은 불문율이었다. 댄스홀은 저녁 6시 30분부터 문을 열고 밤
(통행금지시간은 11시) 10시 45분에 닫는다. 손님들은 7시경부터 출입
한다. 1950년대 중후반이 되면, 댄스홀에는 바텐더가 있어서 칵테일
(혼합주)을 팔기도 하고 안주로 과자, 명태포, 건포도, 감자튀김 등이
나왔다.

　규모가 큰 댄스홀은 십수 명의 댄서들을 고용했는데, 대기실에 있다
가 손님이 지명하면 함께 춤을 춘다. 댄서 값은 1급 댄스홀의 경우 5천
환, 2급 댄스홀의 경우 시간제로 시간당 1,200환이다. 댄스홀에서는
종료하기 전 1분 동안 '라이트 오프'가 있었는데 '키스 타임'으로 불렸다
(〈여원〉 편집부, 1959b, 202~207쪽).

무허가 비밀 댄스홀은 댄스교습소를 겸하는데 "1955년 서울에만〔추측〕130여 개소가 있었다"(〈신태양〉편집부, 1956, 131쪽). 오후에는 비밀 댄스교습을 하고 저녁에는 댄스홀로 사용되는데 종로, 을지로, 충무로 주변에 있는 적산가옥이 주요한 장소였다. 서민층 가정주부나 여학생들이 주요 고객으로 낮에 춤을 배우고 추는 것을 당시 속어로 '알바이트'라고 불렀다. 입장료는 300환 정도로 몇 시간 댄스를 즐길 수 있었다(장경학, 1956, 146쪽).

무허가 댄스홀에서는 파트너를 동반하기보다는 남녀가 따로 입장하여 춤을 배우거나 추었다. 이 밖에도 가정집이나 요릿집에서 방을 빌려 댄스파티를 즐기는 것이 유행하기도 했다.

댄스홀 입장료는 1950년대 초반 300환에서 중반 500환, 후반에는 1천 환 정도였다. 특히 댄스 시즌으로 불린 연말연초의 경우 입장료가 폭등했는데 "크리스마스 이브 입장료가 남녀 한쌍 일만 환"(〈조선일보〉, 1955년 12월 25일)을 할 정도로 비쌌다. 1950년대 중후반 한 번 댄스홀에 가면 대략 5천 환에서 1만 환(입장료, 술값, 일부 고용 댄서비 포함) 정도를 지불해야 했고, 1955년 당시 댄스교습소 한 달 교습비는 약 8천 환에서 1만 2천 환 정도였다(대략 직장인 평균임금의 1/4 비용).

1950년대 중반 젊은 세대나 기성세대가 여가나 데이트를 할 수 있는 곳은 요릿집(중국집), 영화관, 댄스홀이었다. 경제적 여유가 있는 사람들은 공인된 댄스홀에 출입하고, 경제적 여유가 없는 사람들은 비밀 댄스홀을 이용했으며, 미군 댄스홀의 경우, 댄스를 좋아해서 공짜로 춤을 추고 미군을 만나고자 하는 여성들이나 경제적 이유로 매춘을 통해서 돈을 벌었던 양공주와 일부 가정주부가 출입했다.

1950년대 중반 댄스광풍은 여러 가지 문화적·사회적 쟁점을 만들어 냈다. 소설과 영화 〈자유부인〉을 놓고 '문화의 적' 내지 선정성과 전통 윤리 논란이 있었다. 1955년 박인수 사건은 적지 않은 사회적 파장을 일으키면서 전후 윤리와 전통의 문제가 사회적 쟁점이 되었다.

5. 전후파 여성(혹은 아프레 걸)에서 '어머니'로

댄스열풍이 1950년대 중반 한국사회를 휩쓸면서 많은 사건들이 발생했다. 1955년 7월 댄스홀에서 만난 20여 명의 여자들과 성관계를 맺은 박인수(26세) 사건, 9) 1955년 9월 댄스에 빠져 자살한 당시 의과대학 여학생 정치숙(22세) 사건, 1956년 남편이 댄스홀에 자주 출입하자 자신도 댄스홀에 다니다가 세 자녀와 함께 음독한 최필원(32세) 사건, 1956년 남편이 실직한 이후 미용원에 취직한 아내가 댄스로 가정에 무관심하자 비관해 자살한 남편 김석구(39세) 사건, 1959년 20세 연하 댄스교사와 사랑을 한 차관 부인 안순애(53세) 사건 등이다.

이밖에도 일부 전쟁미망인들이 댄스에 빠지는 등 끊임없이 문제가 발생하자, 댄스는 가정을 파괴하는 사회악이자 윤리의 타락으로 규정되었다.

지배담론은 남녀가 아니라 여성만을 3가지 수준에서 비판의 대상으로 삼았다.

첫째는 여성의 정조 문제(처녀의 순결성)였다.

---

9) 박인수는 1955년 7월 22일 1심에서 혼인을 빙자한 간음혐의에 대해서는 무죄, 공문서 부정행사혐의에 대해서는 벌금 2만 환의 유죄판결을 받았다. 그러나 10월 14일 2심에서는 징역 1년이 구형되었다. 판사는 피고가 동거하며 아이까지 있는 상황에서 수많은 미혼여성과 성관계를 가진 것에 대한 사회 윤리적 책임이 크다고 판결했다.

박인수 사건은 20여 명이라는 숫자와 그 대부분이 여대생이라는 점이 대중의 호기심을 자극했다. 미혼여성의 순결 문제가 세인의 관심거리였다. 박인수는 자신과 성관계를 맺은 여성들 중에서 한 명만이 처녀였다고 법정에서 진술하면서 미혼여성의 정조 문제는 더욱 부각되었다. 박인수 사건을 둘러싼 논쟁은 정상적인 성과 비정상적인 성의 구분에 있었다. 1심 공판의 판결문은 정숙한 여성의 성과 정숙하지 않은 여성의 성을 구분하고, 법은 정숙한 여성의 성만을 보호한다고 밝혔다. 이런 구분은 여성을 정상과 비정상으로 구별하는 것이며 혼전순결을 강조하는 사회풍토를 강화시켰다(이임하, 2004, 282쪽).

둘째는 기혼여성의 성윤리 문제였다.

'자유부인'은 가정을 돌보지 않고 댄스와 허영에 빠져 있으며, 성의식 또한 개방적인 여성집단을 뜻했다. 전통을 파괴하는 대표적인 집단은 자유부인과 양공주였다. 댄스홀에 다니는 자유부인은 미군상대 성매매 여성인 양공주와는 전혀 다른 집단이었음에도 불구하고, 성윤리를 파괴한다는 점에서 동일한 수준에서 규정되었다.

셋째는 가정의 문제였다.

이것은 기혼여성과 전쟁미망인과 관련되어 있었다. 자유부인이 댄스홀에 가서 모르는 남자와 춤을 춘다는 것은 가정의 파괴로 규정되었다. 그러나 50만 명이 넘는 전쟁미망인들은 별다른 사회적 도움 없이 혼자 가정을 책임져야 할 위치에 놓여 있었다. 이에 대한 《합동연감》(1959)의 진단은 다음과 같다.

(전쟁미망인) 이들은 30세 전후로서 다방, 미장원, 요리점 등의 영업에

진출했다. 남편이 없다는 점에서 사교계에 자유롭게 진출했다. 여성의 사교계 진출, 양풍(洋風) 유입은 가정을 경시하고, 허영과 향락에 빠지는 자유부인을 다량으로 산출했다.

박인수 사건과 더불어 실직 운전사 김석구 사건은 세인의 주목을 받았다. 지프 운전사였던 김 씨는 실직한 이후 아내가 6남매를 돌보지 않고 춤에 빠지자 수면제를 복용하고 자살했다. 이 사건은 같은 해 발생했던 최필원 사건(댄스에 빠진 부인이 세 자녀와 함께 음독해 자살한 사건)보다 크게 보도되었다.

아들 딸 6남매의 어머니인 중년부인이 실직 중의 남편을 위로하기는커녕 "지금 생활은 내 이상에 맞지 않는다"고 입버릇처럼 내뱉으며 어려운 살림도 돌보지 않고 여름이면 하이힐에 파라솔, 겨울이면 비로도 치마저고리에 양단 두루마기를 몸에 휘감고 떠돌아다니는 바람에 이를 비관한 남편은 마침내 자식 6남매를 남기고 음독자살하고 만 가정 비극이 있다. … (부인) 임 씨는 항시 화려한 몸차림에 검은 화장을 하고 딴쓰니 드라이브 등 외마디 영어를 자랑하기를 좋아했었다고 하는데 김 씨의 자살을 보고 동네사람들은 모두가 그의 부인 임 씨를 원망하고 비난하고 있다(〈동아일보〉, 1956년 1월 19일).

김석구 사건이 최필원 사건보다 더 주목받은 이유는 아내의 사치로 인해서 남편이 자살했다는 점 때문이다. 최필원 사건의 발단은 댄스 바람난 남편이었고, 이로 인해서 아내와 세 자녀가 죽었지만 남편에 대한 비난은 제기되지 않았다. 반면 운전사였던 김 씨가 자살한 사건의 경우 동네사람들의 말을 빌려 가정을 돌보지 않고 댄스와 사치에 빠진 부인 임 씨를 비난했다. 〈여원〉(1956년 4월)은 남편의 실직으로 미용사가 된 아내에 대해서 다음과 같은 추측으로 이 사건을 기술했다.

여성으로서 허영의 발원지인 미장원이라는 데에 발을 들여놓았고 … 화려한 의복과 현란한 장신구는 대개 생명으로 고이 간직해야만 될 절개와의 교환물이라고 보아도 무방할 것이다. … 무엇 때문에 남편과 많은 어린 것들을 버리고 오래 집을 나가 있었으며 또 몸이야 깨끗이 가졌거나 않았거나 간에… (나절로, 1956, 141~143쪽).

여성이 직업을 가진 것이 문제("미용사라는 직업을 선택한 것이 불행을 예약했고")이며, 미장원은 허영의 발원지고, 화려한 의상은 절개와 맞바꾼 것이며, 집을 나갔기에 몸이 더럽혀졌다는 것이다.

두 사건은 댄스를 보는 가부장적 시각의 극단을 보여 주었다. 최필원 씨는 남편이 원인을 제공했고 자녀까지 죽음에 이르게 했지만 자살을 선택함으로써 가부장제에서 용서가 된 것이고, 운전사 부인 임 씨는 댄스에 빠져 가정을 돌보지 않았으며 (죄 없는) 남편을 죽음으로 몰고 갔기 때문에 용서받을 수 없었던 것이다.

1950년대 중반 댄스홀에 다니면서 타락한 성윤리를 보여 주는 여성 집단을 '전후파(戰後派) 여성' 혹은 '아프레 걸'(apres-girl)이라고도 불렀다. 가정으로부터 해방된 '가정 해방파'와 육체로부터 해방된 '육체 해방파'를 '전후파' 여성의 전형으로 분류했다. 전후파 여성 혹은 아프레 걸이라고 불렸던 이들은 전통을 말살시키고 사회도덕과 윤리기강을 해치는 존재였다.

'아푸레'의 여성들은 보다 직접적이고 보다 관능적으로 현실을 향유하려 든다. 그 결과로 외부적인 사치, 유행에의 추종, 육(肉)의 개방, 생활의 구속과 '책임'으로부터의 도피 … 그러므로 '아푸레' 여성들은 하나의 '부롯치' 유행하는 의상이 필요했고, 평범한 '아내'나 착한 '어머니'가 되기보다는, 인기 있는 사교계의 '스타'가 되길 원하는 것이다. 그것은 역설적인 향락이다. 자포의 웃음으로써 무엇으로도 지울 수 없는 전쟁의 상흔을 위로해 보려는…(이어령, 1957, 181쪽).

아프레 걸은 허영과 사치를 일삼으며 정조관념이 없는 여성을 일컫는 말로 쓰였는데 주로 여대생, 미군상대 성매매 여성, 댄스홀에 출입하는 부인, 가정에 무관심하고 매춘이나 사교계에 진출한 전쟁미망인 등이다. 1950년대 전통과 윤리를 파괴하는 대표적인 집단은 남성이 아니라 여성이었으며, 그 여성도 타자화된 '전후파 여성'이었다.

전후 한국사회에서 국가권력이나 지배권력은 전후파 여성(혹은 아프레 걸)으로부터 어머니(혹은 아내)로의 회복을 요구했다. 이것은 모성을 통해서 국가/민족/가정을 유지한다는 '모성 민족주의'(이정희, 2005)이다. 정부는 1955년 8월 30일 국무회의에서 5월 8일을 모성애(母性愛)의 덕을 널리 찬양하기 위해 어머니날로 제정했다(〈동아일보〉, 1955년 8월 31일). 어머니날은 일제강점기 동안부터 5월 둘째 일요일로 정해져 있었지만, 정부가 정식 국가기념일로 확정한 것이다. 1956년 어머니날에는 정부가 일주일을 기념행사 주간으로 정해서 전쟁미망인과 모범 어머니를 표창하고 위로했다.

이화여자대학교는 신사임당 탄생 451주년을 기념해서 "우리나라 여성의 상징으로서 그의 생일을 기념하는 동시에 부덕(婦德)의 진흥을 아울러 꾀하자는 의미"(〈동아일보〉 1955년 12월 10일)에서 유품 전시 및 강연회를 열고, 〈조선일보〉(1955년 12월 12일)는 7단 기사로 신사임당 탄생 451주년을 기념해서 "영원한 선미(善美)의 모성(母性)"이라는 기사를 실었다.

또한 (폐병 환자에게 사람의 살을 먹이면 낫는다는 말 그대로) 자신의 허벅다리 살을 베어 폐병 걸린 남편에게 먹인 열녀 담론이 쏟아져 나왔으며, 열녀와 효부 표창은 1950년대 내내 지속적으로 행해졌다.

댄스열풍과 관련해서 지배담론이 '전후파' 여성을 타자화했다는 것은 1950년대 젠더관계의 재구성에 대한 가부장-국가의 위기의식을 반영한다고 볼 수 있다. 가부장-국가의 위기 속에서 변하지 말아야 할 주재소는 '여성'이라고 담론화했기 때문이다. 이것은 한국전쟁이 가족에게 치명적 손상을 가했기 때문에 정당화되었다. 가족구성원의 결손과 이산가족이 늘어나면서 가족의 보호기능이 제대로 수행되지 못함으로써 가족윤리와 도덕이 혼란스러워졌다. 더욱이 여성의 사회진출이 확대되면서 가족문화도 변화되었다. 전쟁으로 인한 생활난으로 여성 스스로 자신과 가족의 생계를 책임지는 경우가 증가했다.

박종화(1959)는 해방 14년 동안에 가장 놀랄 만한 변화로 여성의 역할 증대를 꼽았다. 여성이 상권(商權), 교육권, 문화예술권에서 지배권을 잡았다는 것이다. 박종화의 주장은 과장된 점이 있지만, 전후 여성권력이 증대된 것만은 명백하다. 이 과정에서 여성과 가정의 문제로 지배담론이 형성되었다는 사실은 젠더 재구성 과정에서 가부장의 위기를 반영하는 것으로 해석될 수 있다. 지배담론은 1950년대 중반 어머니를 자유부인이나 양공주와 대립적으로 위치 짓고, 국가와 지배권력은 여성의 지향점을 신사임당과 같은 '이상적 어머니'로 설정했으며 희생과 인내로서 어머니의 위치를 요구했다.

6. 댄스, 근대성과 전통성 접합의 장

1950년대 중반 한국사회는 근대성과 전통성이 융합된 한국의 근대성이 형성되는 시기였다. 댄스는 이 과정을 반영하는 문화현상이었다. 이승만 정권이 전후 냉전 이데올로기를 강화하면서 새로운 국민국가 만들기를 추진하는 과정에서 미국은 결정적인 조건으로 작용했다. 전후 복구 사업은 미국의 원조경제에 크게 의존하였으며, 문화적으로는 미국의 충격이라고 불릴 만큼 1950년대 한국문화의 형성에 미국이 끼친 영향력이 지대했다.

새로운 국민국가를 건설해야 하는 이승만 정권의 입장에서 보면 미국에 의존하는 근대성을 추구하면서 다른 한편으로 "경제적 근대화를 위한 비경제적 조건"(강인철, 1999)의 활용이 중요했다. 비경제적 조건은 시민종교(civic religion)의 형태 — 개천절, 민족성지로서 효창공원과 남산 만들기, 국립공원, 현충일 등 — 로 표출되었다.

1950년대 중반 한국사회가 미국문화를 체험하고 서구적 근대를 지향하는 과정에서, 또 하나의 비경제적 조건 활용으로 국가권력에 의한 '전통의 소환' 혹은 '도의(道義)운동'이 제기되었다.

근래 우리나라 사람들이 서양제도를 많이 모방하고 있나니 ⋯ 우리 유교의 풍화(風化)를 받아 삼강오륜(三綱五倫)의 지도를 폐하고는 우리가 크게 위태할 것이니 소위 서양문화를 받는다는 사람들이 자유 등의 행위만 보아 모방하고 실상 그 사람들의 덕의상 도의 있는 것을 배우지 못하고 지낸다면 우리가 조금 잘못하면 여지없는 타락의 정도에 빠질 염려가 있으므로…(〈조선일보〉, 1954년 10월 3일).

이승만은 서구문화 모방에 따른 삼강오륜의 위기를 주장했다. 삼강오륜의 강조는 도의운동으로 확대되었다. 도의운동은 거시적 측면에서 근대화를 위한 비경제적 조건의 확대와 밀접히 연결되어 있었다. 1950년대 도의운동은 홍익인간(弘益人間), 충, 효, 가족윤리 등 민족주의를 기반으로 정부 차원에서 유도되었다. 도의운동은 민주주의와 서구문화를 부정적으로 바라보면서 서구 민주주의와 다른 전통적 미풍양속의 기반 위에서 전개되었다. 1950년대 중반 패륜사건들과 댄스열풍은 도의운동에 어느 정도 영향을 미쳤을 가능성이 높다.

1950년대 중반 충격적인 패륜사건들이 발생했다. 아들이 아버지를 살해하는 사건이 연속적으로 발생하고 아버지가 아들을 처벌해 달라고 고소하기도 했다. 1954년 6월 1일 아버지가 아들을 '공갈, 폭행, 재물 파괴, 주거침입' 등으로 검찰에 고소한 사건, 6월 2일 '친부 타살 사건', 6월 4일 '친부 독살 미수사건', 8월 14일 '이영민 씨 살해사건'(아들이 친구들과 공모해 자신의 집에서 도둑질을 하다가 친구 한 명이 총으로 이영민 씨를 살해한 사건) 등이 연속적으로 발생했다. 그 밖에도 아들이 아버지에게 칼부림을 하거나 남편이 아내에게 도끼를 휘두른 사건 등이 터지기도 했다.

이와 같은 사건들에 대해서 "최근 우리 사회에는 천인(天人)이 더불어 분노해야 할 참사가 연속해서 사회를 어지럽게 하고 있다. … 잃어버린 윤리를 어디서 찾아야 할 것인가?"(이강현, 1954, 52쪽)라는 개탄과 함께 전후 몰락한 윤리 문제가 심각하게 제기되었다.

　패륜사건들이 개별적으로 발생해서 사회적 충격을 불러일으켰다면, 댄스열풍은 보다 일상적 수준에서 광범위하게 가치체계의 변화를 반영했다. 댄스의 유행은 자유, 민주주의, 문화생활, 현대 등과 밀접히 관계되지만 동시에 아메리카니즘을 의미하는 것이기도 했다. 미국적인 것은 현대적인 것으로 받아들여졌다.

　유영익(2006)은 1950년대 중반 한국인이 미국에 대해 '문화적 해바라기 현상'을 보였다고 지적한다. 미국은 한국의 비참한 일상과 대비되어 물질적으로 풍요로울 뿐만 아니라 세련되고 자유로우면서 이상적인 세계로 인식되었다. 이와 같은 경향은 대중문화 전반에 걸쳐서 '외국(특히 미국)에 대한 선망'(exoticism)으로 나타났다. 한국전쟁 이후 처참한 현실은 미국에 대한 동경으로 관념화되었다. 이런 정서는 퇴폐와 절망에 근거하며 현실도피의 정서로 표출되었다.

　대중은 댄스를 민주주의와 자유의 표현으로 정당화했다. 해방 이후부터 1950년대 내내 민주주의와 자유는 최고의 유행어였다.[10] 소설 《자유부인》에 나오는 인물들의 대화를 통해서 당시 대중들이 어떻게 댄스를 정당화하고자 했는지 추론할 수 있다.

　댄스야말로 민주혁명의 제일보라고 볼 수 있으니까요, 이것만은 무슨 일이 있더라도 꼭 배워야 합니다〔《자유부인》(1954/1985) 1권, 81쪽〕.

---

10) 《자유부인》에서 '자유'라는 어휘는 대략 70회, '민주주의'는 80회가량 등장한다.

문화인은 댄스만은 알아야 한다우. … 오 마담도 춤만은 꼭 배워요! 〔《자유부인》(1954/1985) 1권, 141쪽〕.

정비석이 소설에서 "댄스야말로 민주혁명의 제일보"라고 말한 것은 과장된 표현이겠지만, 소설에는 민주혁명이라는 단어가 자주 등장하는데, 그 의미는 거대한 민주주의혁명이 아니라 일상 속에서 '자유를 추구하는 것'이었다.

〈신태양〉 1956년 1월호 특집 "댄스는 금지되어야 할 것인가?"에서는 600여 명 여론조사를 기술했다. 댄스에 대한 일반의 관심을 보면, 반대 의견이 높았다. 11)

"문화적 오락이나 사교상의 에치켙으로 받아들일 만한 사회적인 태세와 정신의 준비가 되어 있지 않다."
"전시하에서 생활을 더 한층 검소하게 해야 한다."
"박인수와 같은 족속이 대부분이므로 사회악의 온상이 되는 댄스는 단호 축출해야 한다."
"국민생활 수준이 댄스를 즐길 만한 수준에 미달한다."

---

11) 〈신태양〉에서는 600여 명 조사결과의 빈도수를 기록하지 않았다. "댄스는 금지되어야 할 것인가?"의 특집은 댄스 금지 이유와 댄스 찬성 이유를 별도의 문항으로 질문했기 때문인 듯하다. 그러나 이 잡지의 대중적 성격과 기사 성격은 댄스가 무시할 수 없는 현실인데 왜 금지해야 하는가에 대해서 의문을 제기하기 때문에 빈도수를 적지 않은 것으로 추측된다.

반면, 찬성 쪽에 있는 사람들은 "댄스는 교양을 높이기 위한 것"이며, "문화인이 갖추어야 할 소양"이고, "건전한 오락으로 또는 활발하고 명랑한 생활의욕을 촉진하는 정신적인 휴양을 위해서 필요"하며, "알맞은 실내운동으로나 그 밖에 생활을 윤택하게 할 수 있는 취미"로서 생활에 중요하다고 생각했다.

600여 명의 조사결과에 대한 구체적 수치가 제시되지 않아서 명확히 기술하기 어렵지만, 당시 분위기는 댄스열풍에 대해서 비판적 경향이 높았던 것 같다. 대중들의 분위기는 댄스가 전후 사회적 맥락에 적합한 여가는 아니라고 생각은 하지만, 자신은 그래도 댄스를 즐기고 싶어 하는 이중적 정서를 보여 준다.

대중은 댄스를 하는 자신을 스스로 문화인이나 현대인으로 규정했다. 문화인이 된다는 것은 교양을 갖고 있다는 것이며, 봉건적이거나 야만적인 것과 대비되었다. 동시에 문화인은 현대적인 것을 추구하는 사람으로, 댄스를 할 줄 모르면 시대에 뒤떨어진 사람으로 취급되었다.

이즈음에 와서는 소위 문화인들은 젊은이고 늙은이고 남자고 여자고 간에 '땐스'를 할 줄 모르면 시대에 뒤떨어진 양 취급을 하게끔 되었으니 '땐스'와 문화는 아마도 뗄 수 없는 밀접한 관계가 있는지 모를 일이다(〈조선일보〉, 1956년 12월 21일).

댄스를 못하면 비문화적이며 봉건적인 사람으로 취급되었다. "댄스홀에 다니는 것으로 현대인이 되고 첨단을 걷는다"(김하태, 1956b, 67쪽)고 대중들은 자위했다.

그러나 대중의 정당화 이면에는 전후 형성된 심성체계의 변화가 내재해 있다. 전쟁 이후, 명분과 예의를 중시하는 종전의 가치관이 약화되고, 생존을 위해 실용적인 것과 물질적인 것을 중시하는 가치관이 형성되었다. 누구도 내일을 보장해 주지 않는 전쟁을 겪으면서 현재 중심의 성향과 개인주의적 가치는 두드러졌으며 미국 문화의 충격은 확대되었다.

1950년대 중반 일반 대중은 개인주의적 자유, 물질주의, 미국에 대한 동경, 봉건적 가치의 거부 등을 일상생활 속에서 내면화하였다. 이것은 개인적 수준에서 '현대'(근대)의 추구로 나타났다. 그러나 국가주의적 입장에서 보면, 한국사회 위기의 원인도 바로 '현대'였다. 왜냐하면 일반 대중이 갈구하는 현대에 대한 추구는 전후 국가재건 과정에서 국민형성과 국가통합을 저해하는 요인으로 간주되었기 때문이다.

전후 국가권력은 서구의 근대화를 국가발전의 경로로 인정하더라도 '전통'의 소환을 통해서 민족의 정체성을 유지하는 것이 필요했다. 일반 대중이 의식 속에서 정당화하고자 했던 '현대의 추구'와 권력이 국가통합을 위해서 '소환한 전통'은 서로 대립할 수밖에 없었다.

도의(道義) 생활이 땅에 떨어졌다고 외치는 소리는 유행어 모양으로 우리 귀를 스치고 지나간다. … 도의가 땅에 떨어져 자식이 어버이를 총살하고, 정숙한 부인이 자녀를 버리고 댄스홀에서 난무(亂舞)하고 학생이 선생을 구타하고, 사기와 모략은 처세술이 되고, 자살은 뉴쓰로서의 가치를 잃어버리고 말았다(김하태, 1959a, 18쪽).

"겸후하게 지켜오던 부덕이 무너지고 집안 살림살이를 천직으로 알
던 여성들이 집을 비우고 야비한 취미와 일시적 향락에 정기를 잃고 댄
스홀이나 다방 출입을 일과로 삼으며"(최이순, 1956, 26쪽), "댄스에 발
광하여 탕아들과 여관에 가는 여대생"(이건호, 1957, 136쪽) 등으로 도
의와 윤리는 땅에 떨어졌다는 비판이 수도 없이 이어졌다.

1950년대 도의운동은 국가권력 유지라는 목적과 지배적 도덕담론을
바탕으로 진행되었다. 국가권력은 전후 윤리적 혼란을 딛고 새로운 국
가 재건을 통해서 국민국가의 형성을 추진해야 했고, 지배적 도덕담론
은 전후 형성된 가치관의 혼란과 사회윤리 붕괴를 심각하게 우려했다.
국가권력의 욕망과 도덕담론이 1950년대 중반에 접합됨으로써 그 영향
력이 확대되었다.

도덕담론이 도의 추락의 대표적 사례로써 댄스열풍과 패륜사건에 주
목했다면, 국가권력은 직접적으로 특정 사건에 주목하기보다는 거시적
으로 전후 형성된 미국화, 풍속의 변화, 윤리의식의 혼란을 강조했다.

1950년대 중후반 이후 국가권력은 전통윤리와 도의를 강화해야 한다
는 도덕담론을 구체화하고 제도화했다. 도의 주간이 설정되고 일련의
윤리강령운동이 전개되었다. 문교부 장관 백낙준은 일제시대 '도의교육'
을 부활시켰다. 도의교육은 1955년 제1차 교육과정을 제정하면서 더욱
구체화되었다. 그것은 반공교육과 함께 생활 속에서 윤리를 터득시키는
것을 목적으로 하였다. 1954년의 사도(師道) 강령에 이어 1958년의 교
원윤리강령과 같은 각종 윤리강령이 발표되었고, 윤리와 도덕을 강조하
는 국민의식 개조운동이 전개되었다(김경일, 2003, 204~205쪽).

1950년대 댄스는 단순한 서양 춤추기가 아니었다. 그것은 1950년대

근대성과 전통성이 융합된 국민국가 형성과정과 밀접한 관계를 맺고 있으며, 전후 인구이동과 인구변화 속에서 여성의 역할증대와 가부장의 위기, 전후 급격한 사회변동에서 나타나는 심성체계, 사회 전 분야에 심대한 영향을 미쳤던 미국의 충격 등이 복합적으로 나타난 현상이었다. 일반 대중은 댄스를 '현대'를 지향하는 욕망의 표현으로 정당화한 반면, 국가권력과 도덕담론은 전통의 소환과 도의운동을 통해서 국가 재건과 사회통합을 이루고자 했다.

7. 개인의 욕망과 도덕담론

1950년대 중반 한국사회는 소용돌이의 중심에 서 있었다. 한국전쟁은 전후 사회를 혼란과 모순 속으로 빠뜨렸다. 대중은 전쟁 상황에서 국가의 중요성을 체감했지만, 전쟁과정에서 경험했듯이 국가는 불신의 대상이었다. 민족자주성이나 이데올로기 공동체는 강화되었지만, 아메리카니즘이 사회를 휩쓸었고, 가족과 문화공동체는 약화되었다.

냉전의 역사적 조건하에서 반공주의와 민족주의라는 거시적 이데올로기가 작동하였다면, 전통의 소환이나 도의운동은 일상생활이나 가정윤리 등과 관련된 미시적 이데올로기였다. 따라서 댄스열풍과 패륜사건들 때문에 전통의 소환이 이루어졌다고 말하기는 어렵다. 1950년대 한국사회는 반공주의, 민족주의, 가부장적 가치들이 서로 접합되어 새로운 국민국가와 전통윤리를 만들어 갔기 때문이다.

최장집(1994)은 다음과 같이 지적했다.

> 근대적 변화들은 전통적 요소의 형식을 통해서, 그리고 그 외피를 빌려 전통과 근대(현대)가 접합되어 나타나며, 그러한 재전통화의 현상이 근대적 변화를 억제하거나 근대화의 경로를 바꿀 수 있는 것은 아니다. … 전통적 요소가 근대적 변화의 과정에서 강하게 표출되고, 이를 강하게 규정하면 할수록 그 내용은 보수적 근대화의 성격을 띠게 되지 않을 수 없었다(107쪽).

도의운동이나 전통의 소환은 보수적 근대화의 한 표현이었다.

1950년대 다양한 대중문화는 거시적으로 두 가지 측면에서 구성되었던 것으로 보인다.

하나는 기존 양식과 새로운 양식이 함께 나타났다는 것이다.

예를 들어, 대중음악은 기존 양식인 트로트의 재생산과 미국식 대중가요로 양분되었고, 영화의 경우, 단순히 말할 수는 없지만 당시 최고의 흥행(16일 동안 18만 명)을 기록한 〈춘향전〉(1955)과 〈자유부인〉(1956)의 성공은 나름대로 전통과 현대라는 상징성을 지닌다. 고전소설의 재생산과 인기 있는 대중소설의 재생산이 동시에 최고 흥행을 기록한 것은 전통과 현대의 단절과 이어짐이 함께 대중의 정서에 파고든 것으로 볼 수 있다.

또 다른 측면은 유행이 특정 세대나 계층에 따라 차별화되기보다 통합적으로 전개되었다는 것이다.

댄스는 중간계층 이상을 중심으로 유행했지만 일부 10대 후반이나 장년 또는 노년층 그리고 일부 하층들도 함께 즐겼다. 1950년대 댄스열풍은 이런 점에서 독특한 현상이었다. [12]

---

12) 댄스열풍은 다른 유행과 유사했던 것으로 보인다. 왜냐하면 (좀더 탐구해야 할 문제지만) 1950년대 대중문화는 세대별로 아직 차별화되지 않았던 것 같기 때문이다. 〈신태양〉(1958년 4월)에서 실시한 〈유행의 검토〉라는 좌담을 보면, 당시 유행은 무차별적이었음을 알 수 있다. 예를 들어, "유행하면 먼저 생각나는 것이 여성들의 머리 스타일인데, 재작년(1956년을 말함)부턴가 그 '오드리 헵반'의 헤어스타일이 굉장히 유행됐지요. 젊은 층은 물론이고 중년을 넘어서 노년기에 이른 부인네들까지 머리를 짧게 자르고", 또 여성의 입술 주변에 흑점을 칠하는 것, 마릴린 먼로 스타일의 걸음걸이 등의 유행은 나이를 초월했다.

댄스는 대중음악과 밀접한 관계를 맺기 때문에 세대별로 선호하는 음악과 댄스의 유형이 다른 것이 일반적이다. 더욱이 댄스는 육체의 해방과 연결되기 때문에 정신의 가치를 우선시하는 기성세대가 아니라 젊은 세대로부터 유행하는 경향이 있다. 그러나 1950년대 중반에는 10대 후반에서 60세 이상 노인까지, 하층에서 상층까지 유사한 장르의 댄스를 즐겼다. 1950년대 중반 대중음악은 장르별·세대별로 차별화되어 유행하지 않았고, 육체의 해방은 1950년대 한국사회에서 젊은 세대만의 전유물이 아니었다.

전후 냉전의 역사적 조건 속에서 강요된 반공이나 민족주의는 개인적 자유와 합리성을 억압했고, 대중은 이에 대한 대응으로 댄스를 통해서 개인적 자유와 섹슈얼리티의 욕망을 표출했다. 해방 이후부터 겪었던 자유의 과잉과 전쟁과정에서 겪었던 국가와 이데올로기에 대한 불신 사이에서 댄스는 개인적 욕망을 분출하는 하나의 탈출구였을지도 모른다. 국가권력과 도덕론자들은 댄스에 대해서 비판적 담론을 쏟아 냈지만, 이것이 개인적 자유와 욕망을 제어하지는 못했다.

수없는 도덕담론은 대중의 일상적 정서를 지배하지 못한 채 담론의 영역에서만 머물러 있었다. 결과적으로 대중이 열망했던 근대에 대한 추구와 권력이 추진했던 전통의 재창조 사이에서 대중의 욕망이 권력의 의도를 압도했다고 볼 수 있다.

1960년대 전후 **04**
라디오 문화의 형성과정 ＿＿＿＿

1. 라디오 문화 형성의 역사적 계기

1960년대는 4·19 혁명과 5·16 군사쿠데타라는 역사적 사건으로부터 시작되었다. 이어 서구를 모델로 하는 자본주의와 민족주의 근대국가 제도가 자리를 잡아 갔다. 한국전쟁의 상처가 조금씩 아물면서 국가주도의 경제개발 프로젝트는 근대화를 추동했고, 대중매체는 대중의 일상생활을 구성하는 주요한 요소로 자리 잡았다.

1960년대 특징적인 문화현상 중의 하나는 '대중매체를 통한 경험의 확산'이었다. 라디오, 영화, 잡지의 급속한 성장과 텔레비전의 도입은 대중의 경험을 넓혔다. 과거에도 대중매체는 영향력이 있었지만, 대중의 일상을 1960년대만큼 지배하지는 못했다. 여기서 라디오는 중요한 역할을 담당했다. 영화, 잡지, 신문 등은 라디오만큼 공적·사적 영역에서 전국적이면서 동시적으로 영향력을 발휘하지는 못했다.

1960년대 라디오의 사회문화적 중요성에도 불구하고, 라디오 문화연구는 제한되어 있다. 김영희(2009)는 라디오 보급과 수용현황을 밝혔고, 백미숙(2007)은 1960년대를 집중적으로 다룬 것은 아니지만 라디오의 사회문화사적 의미를 통사적으로 논의했다.

일부 연구자들은 미군정 시기, 제1공화국 시기, 1960년대 라디오 방송이 어떻게 일본, 미국, 근대화 과정, 방송규제 등과 맞물려 전개되었는가를 밝히기도 했다(김균, 2000; 박용규, 2000; 임종수, 2004).

마동훈(2003)과 조항제(2005)의 연구는 주목할 만하다. 마동훈(2003)은 전북 화양마을에 살았던 초기 라디오 경험자에 대한 민속학적 접근을 바탕으로 1960년대 전후 농촌마을 사람들이 라디오를 통해서 근대화 프로젝트를 체험했고, 제한적이지만 근대 가정과 사회공동체에 대한 상징적 구성을 경험했다고 밝혔다. 조항제(2005)는 1956년 인기 있었던 〈청실홍실〉을 최초의 근대적 라디오 드라마로 규정하면서 신파, 수기드라마, 멜로영화 등과의 관계 속에서 해명했다.

이 밖에도 문학연구자들은 1950년대, 1960년대 라디오 드라마의 성격을 규명했다(윤석진, 2004; 이영미, 2008; 최미진, 2008a; 문선영, 2010). 이들은 1950년대~1960년대 라디오 드라마가 근대화 과정에서 제기했던 문제들을 모티브로 삼으며, 감정의 과잉을 보여 주고, 신파, 연극, 영화 등과 연속성을 지녔다고 분석했다. 이 연구들은 라디오 문화 형성과정이라는 맥락 속에서 라디오 드라마의 성격을 분석했다기보다는 텍스트 연구에 집중했다.

1960년 전후는 라디오 문화 형성과정에서 역사적 계기가 되었던 시점이다. 이 시기 라디오는 이전 시기 편성과 프로그램을 일부 계승하기도 했지만, 편성의 안정화와 프로그램의 질적·양적인 변화를 통해서 대중문화를 주도했다. 게다가 국가는 근대화 프로젝트를 위해서 공적 영역을 확장시켰고, 대중은 여가의 자원으로 라디오를 활용했다.

나는 1960년 전후 라디오 문화의 형성과정을 3가지 영역에 초점을 맞추어 논의할 것이다.

첫째, 1960년 전후 라디오는 어떻게 제도화되었는지 살펴볼 것이다.

둘째, 1960년대 전후 라디오는 어떻게 다양한 문화형식을 포괄했고, 라디오 서사가 매체의 속성에 맞게 관행화되었는가를 검토할 것이다.

셋째, 라디오는 공적 영역과 사적 영역에서 어떤 경험을 전달했는가를 제시할 것이다.

2. 1960년 전후 라디오의 제도화 과정

1960년 전후는 라디오가 제도화되는 역사적 전환기였다. 이승만과 박
정희 정권은 국영방송 KBS 라디오를 정권의 정당성 확보와 국가재건
의 매체로 활용하면서 공보기구로 위치시켰다. CBS의 개국으로 국영
독점체제에서 국영과 상업방송 공존체제로 변화되었다.

  1960년대 라디오의 경쟁체제는 부산문화방송(1959), 서울문화방송
(1961), 동아방송(1963), 라디오 서울(1964) 등이 개국하면서 확대되
었다. 정권 홍보수단으로서 국영방송인 KBS, 종교방송이면서 미국으
로부터 수입한 다양한 음악과 교양 프로그램을 확대한 CBS, 상업방송
체제로 등장했지만 국가주도적인 공익법인 형태의 MBC, 〈동아일
보〉 소유로 보도 영역에 관심이 높았던 DBS, 재벌기업이 소유한 라디
오 서울(동양방송) 등 다양한 소유주체들이 방송사를 경영하면서 라디
오 방송은 급격한 변화를 맞이했다.

  프로그램 제작과 편성의 다양화와 안정화라는 내적 변화와 정치적,
산업적 변화라는 외적 환경 등이 결합되면서 라디오의 제도화 과정이
진행되었다. 1)

  라디오의 제도화 과정은 1956년 이후부터 진전되었다. 전후(戰後)

---

1) 라디오의 제도화 과정은 다양한 설립주체(국가, 언론자본, 재벌, 종교계 등)가
문화적으로 경합하는 과정이라기보다는 좁은 의미로 편성과 제작의 관행화를 의
미한다.

전기 사정이 호전되면서 1956년 철야송전이 가능해졌고, 연희송신소 출력은 증강되었으며(문화공보부, 1969b), 10월 1일에는 서울중앙방송국 제2라디오가 개국했다. 제1라디오는 일반 대중을 대상으로 보편적 서비스를 실시했고, 제2라디오는 어학강좌 등 교육방송, 국군방송, 대북방송, 대일방송 등을 담당했다.

1957년 자유당의 라디오 보급정책은 앰프촌 설치와 무상 수신기 보급이었다. 라디오가 없는 농어촌에 400여 개의 앰프촌을 설치하기 시작했고, 공보실에서 전기식 2,800대와 전지식(電池式) 7,200대 도합 1만 대의 라디오를 무상으로 보급했다(한국방송공사, 1977, 249쪽). 라디오 보급정책은 박정희 정권에 들어오면서 좀더 강력하게 추진되었다.

무엇보다도 라디오 국내생산은 "1959년 31만 6천 대, 1960년 42만 대, 1961년 9월 89만 대였다. 1959년을 기점으로 라디오 수신기 보급이 크게 증가하면서 한국사회는 매스미디어 체계의 새로운 단계에 접어들었다"(김영희, 2009, 315쪽).

전국 라디오 수신기는 1944년 16만8,884대(조선인 보유)였는데, 1957년 13만 7,031대로 오히려 줄었다가 1959년 35만 5,154대로 급속히 증가했고, 1961년 52만 6,645대, 1963년 70만 6,491대 등으로 늘어났다(문화공보부 1969a). [2]

1962년 농어촌 스피커 보내기 운동에 따라 1961년 9월 10만 7,740대

---

2) 이 조사는 전국 가구 단위로 실시되었기 때문에 사무실, 각 기관, 상가 등에 설치된 라디오 수신기는 제외되었다. 문화공보부는 전체 라디오 수신기가 조사결과보다 약 10% 이상 더 있었으리라 추측했다. 이 수치는 추가로 보급되었을 예상치 10%를 제외한 것이다.

였던 스피커는 1963년 54만 4,600대, 1965년 67만 8,734대로 증가했다. 3) 스피커 1대당 5∼10명 정도 청취자가 라디오를 들었을 것으로 예상하면, 1960년대 중반 라디오 청취는 대다수 지역에서 가능했다.

정부의 적극적인 보급정책과 국내 제작생산은 라디오가 특정 계층의 소유물이 아니라 보편적 매체로 위치되고, 제도화되는 데 중요한 기반이 되었다.

이 시기에 라디오 방송의 관행화가 자리 잡기 시작했다.

방송의 관행화는 프로그램 제작의 관행화와 프로그램들 사이 상호관계의 관행화라는 이중적 특성을 지닌다. 전자는 제작의 연속성(*serialization*)을 의미하고, 후자는 고정적이면서 지속적인 편성계획과 전략(*continuity techniques*)의 개발이다(Scannell, 1996, 9쪽).

방송의 관행화는 프로그램을 연속적으로 제작하는가, 그리고 편성계획이 지속성을 지니고 있는가와 관련되어 있다.

1960년 전후 편성과 프로그램은 미군정기의 방송을 일부 계승했다. 미군정 기간에는 정시방송제, 15분 단위의 편성, 〈청취자 문예〉, 〈신

---

3) 공보부조사국(1961b)의 전국 공설(公設), 사설(私設) 라디오 앰프촌, 초등학교 앰프 시설 실태조사를 보면, 공설 라디오 앰프는 406대, 스피커는 4만 300대, 사설 라디오 앰프는 633대, 스피커는 11만 8,213대, 초등학교에 설치된 앰프는 2,111대, 스피커는 1만 2,843대였다. 이 자료는 문화공보부(1969a)에서 제시된 스피커 수와 차이를 보인다. 1961년 조사의 경우, 기존에 이미 설치된 앰프 시설수를 의미하며, 문화공보부 자료는 5·16 이후 설치된 앰프 시설수를 포함했기 때문이다.

인연예〉, 〈학생시간〉과 같은 청취자 참여 프로그램, 방송시간의 확대, 〈천문만답〉, 〈스무고개〉와 같은 미국 상업방송의 영향을 받은 오락 프로그램들이 등장했다(한국방송공사, 1977).

그러나 전체적인 제작환경과 편성맥락의 흐름을 보면, 미군정기의 방송은 여전히 불안정한 상태였다. 라디오제도는 국가권력으로 종속되었고 6번에 걸쳐 방송기구가 개편되었으며, 공보부와 조선방송협의회가 변칙적인 이원제도를 운영함으로써 안정화되지 못했기 때문이다.

한국방송공사(1977)와 노정팔(1960)은 미군정 기간 방송운영이 이후 방송제작, 편성, 프로그램에 미친 영향을 긍정적으로 해석하지만, 그보다는 박용규(2000)의 주장처럼 미군정 기간은 국가권력에 의한 방송의 종속성이 제도화되는 과정이었고, 이것이 이승만, 박정희 정권으로 이어지는 기초가 되었다고 평가하는 것이 타당하다.

미군정 기간에 정시방송제, 편성단위 설정, 일부 프로그램 포맷 등이 도입은 되었지만, 뉴스, 어린이 시간, 오후 일부 음악 프로그램을 제외하면 제작의 연속성이나 편성의 안정성은 유지되지 못했다. 더욱이 1946년 6월 방송편성 비율을 보면, 음악(35.1%), 뉴스(30.7%), 강연(9.1%), 연예(7.1%), 아동(5.7%), 정당(4.5%), 강좌(3.7%), 종교(2.2%), 일기예보(1.9%)(《조선연감》, 1947, 248쪽)였다.

음악과 뉴스를 제외한 강연, 정당, 강좌, 종교 등은 공공 토크 프로그램이었다. 설교나 강연 등과 같은 공적 커뮤니케이션 형식은 화자와 청자가 공식적으로 분리되어 있기 때문에 사적인 수용의 맥락을 띠는 라디오 프로그램 형식으로 적절한 것은 아니다. 음악 프로그램 역시 공연, 연주, 음악 자체의 전송에 치중함으로써 가정적, 개인적 속성을 담아내지 못했다. 공적인 장소에서의 공연을 전달하는 수준이었다. 따라서 라디오의 매체속성과 수용맥락을 고려하여 프로그램이 제작되었다고 평가하기 어렵다.

방송 프로그램은 공적 담론으로서 공적 영역과 접목되어 있지만 일상생활의 공간에서는 선택적인 여가자원으로 수용된다. 스캐널은 영국방송이 이 점을 깨닫기 시작하면서 강의나 훈계 같은 공적 프로그램 형식에서 평범하고 비공식적인 대화규범에 근접한 프로그램 형식으로 변화되었다고 지적한다(Scannell, 1991, 3~4쪽).

한국 라디오는 1950년대 중후반에 이르러서야 보다 일상적이고 친밀한 프로그램 형식들을 확대하기 시작했다. 음악 프로그램에서 DJ가 등장한 것은 여기 있는 사람과 다른 곳에 있는 사람 사이의 사적 대화의 확장이라는 점에서 중요한 변화였다. 1958년 〈노래에 얘기 싣고〉(CBS)는 최초의 DJ 프로그램이라고 볼 수 있는데, 라디오가 갖는 사적 친밀성이 음악 프로그램과 드라마에 접목되어 나타났다.

미군정 시기에 나타난 방송의 제도화가 청취의 맥락이나 청취자의 욕구에 따라 이루어진 '원격 친밀성'(Moores, 2000/2008)을 제공한 것은 아니었다. 미국식 상업주의의 도입이 당시 제작자에게 새로운 인식을 심어 주었겠지만, 제작의 안정화나 편성의 합리화로까지 나아가지는 못했다. 1956년 이후 정치적·산업적 변화와 더불어 전후 제작환경의 안정화〔남산 스튜디오, 연주소(演奏所) 준공 등〕, 민간방송 CBS와 국영방송 KBS의 경쟁, 프로그램의 양적·질적 변화4) 등으로 제작의

---

4) 〈희망음악〉과 〈다이얼 Y를 돌려라〉와 같은 리퀘스트 음악 프로그램 확대, 공개방송

관행화와 편성의 고정화가 이루어졌다.

1956년경 KBS 라디오 편성은 조각 편성에서 띠 편성으로 바뀌었고, CBS의 경우, 1957년 겨울 편성부터 띠 편성으로 전환되었다(CBS, 2004, 83쪽). 편성의 변화는 프로그램 제작과 수용의 안정화가 이루어지기 시작했다는 것을 보여 준다.

편성의 합리화는 라디오의 제도화 과정에서 중요한 또 다른 요소다. 이것은 라디오 프로그램이 일상생활 지향적 편성을 하고 있는가와 관련된다. 편성의 합리화는 초기 라디오에서 나타났던 신기성이나 테크놀로지로서의 흥미성이라는 수용을 넘어서서 라디오를 일상과 가정의 영역으로 위치시켰다. 시리얼(*serial*) 형식의 안정화는 1960년 전후 주목할 만한 현상이었다.

조항제(2005)는 1956년 인기 있었던 멜로드라마 〈청실홍실〉(조남사 작)의 서사(내용)에 주목했다. 〈청실홍실〉에서 다룬 '지금 이곳'의 일상은 역사드라마·어린이드라마·각색 수기에 머물렀던 방송드라마의 새로운 지평을 열었다. 그러나 내용과 더불어 중요한 것은 시리얼 형식이다. 1946년 시리얼 형식인 〈똘똘이의 모험〉이 주 2회 편성되었고, 전설과 야담류의 역사드라마들도 있었다. 하지만 〈똘똘이의 모험〉이 어린이 반공드라마였고, 역사드라마들은 당대 정서를 반영하지 못했던 데 반해, 〈청실홍실〉은 당대 현실을 보여 주면서 시리얼이라는 형식의

프로그램 확대, 시리얼로서 연속극의 인기, 퀴즈, 장기자랑, 게임 등 오락 프로그램 개발, 〈인생 역마차〉, 〈이것이 인생이다〉 등과 같은 장수 프로그램, 대중 참여 프로그램의 확대 등이 그것이다.

대중화에 결정적으로 기여했다.

1957년 조남사의 일일 연속극 〈산 너머 바다 건너〉가 성공하면서 1958년부터는 일일 연속극이 본격적으로 정규 편성되었다.[5] 1958년 일일 연속극은 월요일부터 토요일까지 저녁 8:40~9:00, 재방송은 다음날 오후 1:05~1:25에 편성되었고, 매주 일요일에는 일요연속극이 8:30~9:00, 월요일 오후 3:30~4:00에 재방되었다.

CBS도 1957년 12월 한운사의 입체낭독소설 〈이 생명 다하도록〉(저녁 10:30~10:45)을 시작으로 일일연속극을 편성했다. 1958년에는 〈우주항로〉, 〈사상의 장미〉, 〈찬란한 독백〉 등을 일요일을 제외하고 매일 방영했다(CBS, 2004, 78쪽).

한 번에 이야기가 끝나면서 시간에 종속되는 시리즈와 달리 시리얼은 이야기가 지속적으로 계속되면서 시간에 의해 이야기가 구속되지 않는다는 점에서 안정적인 청취자를 확보할 수 있을 뿐만 아니라 안정적인 편성을 유지하는 데 기여했다. 이것은 이미 고정 편성된 뉴스와 더불어 청취자의 일상생활 시간대를 반구조화(*semi-structured*)하는 역할을 수행했다고 볼 수 있다.

---

5) 1958년 편성된 KBS 제1라디오 일일연속극은 총 11개였다. 〈산 너머 바다 건너〉(1957. 10~1958. 3), 〈지는 꽃 피는 꽃〉(1958. 3~4), 〈별 하나 나 하나〉(1958. 4~5), 〈세월이 가면〉(1958. 5), 〈별의 고향〉(1958. 6), 〈기암성〉(1958. 7), 〈진주탑〉(1958. 7~9), 〈장마루촌의 이발사〉(1958), 〈꿈은 사라지고〉(1958. 9~10), 〈동심초〉(1958. 10~12), 〈먼 훗날〉(1958. 12). 이 중에서 〈산 너머 바다 건너〉, 〈별 하나 나 하나〉, 〈별의 고향〉, 〈장마루촌의 이발사〉, 〈꿈은 사라지고〉, 〈동심초〉는 영화화되었다.

3. 다양한 문화형식의 (재) 매개로부터 라디오 문화의 위치 찾기

1) 통합 문화매체로서 라디오

1960년 전후 라디오는 다양한 문화형식을 수렴하면서 통합 문화매체로서 위치했다. 윌리엄즈(1974)는 영국의 초기 방송(라디오와 텔레비전)의 문화형식과 관련해서, 새로운 테크놀로지가 도입되면 우선적으로 전송(distribution)의 문제가 중요하게 고려되고, 내용(content)은 부차적이거나 덜 중요한 문제였다고 지적한다. 기술적으로 어떻게 전송할 것인가가 중요하고, 어떻게 프로그램을 만들 것인가는 이차적인 문제였다는 것이다.

스캐널과 카디프(Scannell & Cardiff, 1991)는 초기 BBC 라디오가 청취자를 통합적 단위로 인식해서 다양한 문화형식이 라디오 안으로 수렴되었다가 점차적으로 개인화되어, 가족, 일상성, 오락 중심으로 변화했다고 분석했다. 에버그(Aberg, 2002)도 스웨덴 초기 라디오 프로그램과 관련해서 유사한 주장을 펼친다. 무엇을 전송할 것인가에 대한 고민으로 콘서트, 오페라, 공연, 강연, 드라마, 시, 낭독, 스포츠, 설교 등이 라디오 안으로 들어왔다가 라디오의 기술적 특성에 맞는 프로그램들로 진화했다는 것이다.

1960년 전후 한국 라디오도 다양한 문화형식이 수용의 맥락이나 기술적 특성과 관계없이 라디오 안으로 수렴되는 특징을 보여 주었다. 한편으로 이것은 라디오 프로그램의 다양성을 높여 주기도 했지만, 라디오의 특성에 적합하지 않은 문화형식이 혼종의 형태로 수렴되었다는 것을 의미한다.

1963년 라디오 주 청취시간대(18:00~23:00)에는 다양한 형식의 프로그램이 편성되었다(〈표 4-1〉참고). 음악 프로그램은 전체의 49.0%를 차지했는데, 방송사별 선호 장르는 차이가 있었다. KBS는 가요, 클래식/경음악, 국악 등을 골고루 편성했고, CBS는 전체 음악방송시간 1,265분 중 클래식/경음악이 875분이나 차지할 정도로 클래식 음악과 연주에 높은 관심을 두었다. DBS는 외국가요(팝송과 샹송)와 국악/민요, MBC는 국내가요 프로그램의 편성비율이 상대적으로 높았다.

전체 음악 프로그램 4,105분 중에서는 가요 1,470분(33.6%), 클래식/경음악 1,265분(30.6%), 팝송/샹송 505분(12.2%), 국악/민요 380분(9.5%), 노래자랑과 음악종합이 각각 210분(5.1%)을 차지했다. 클래식/경음악과 국악/민요의 비중이 높았다.

KBS는 1956년 KBS 교향악단을 창단해서 매주 클래식 음악과 경음악 연주 프로그램을 편성했다. CBS는 창사 이래 클래식과 세미클래식을 중심으로 음악 프로그램을 제작했다. 창사와 함께 시작된 〈명곡을 찾아서〉는 1980년까지 매일 밤 10시에 방송됐다. 6)

---

6) 〈명곡을 찾아서〉는 월요일-교향곡, 화요일-성악곡, 수요일-피아노곡, 목요일
-협주곡, 금요일-실내악곡, 토요일-관현악곡, 일요일-종교음악 등으로 구분해
서 편성되었다. CBS는 〈명곡을 찾아서〉 방송목록을 인쇄해서 CBS 수위실, 종
로 2가 YMCA, 종로서적 그리고 시내 곳곳에 비치했는데, 청취자들에게 인기
가 높았다(CBS, 2004, 75쪽).

〈표 4-1〉 1963년 11월 첫째 주
주 청취시간(18:00~23:00) 라디오 편성비율

(시간단위 : 분, %)

장르		KBS	MBC	CBS	DBS	소계
드라마	연속극	430	335	30	245	1,040
	단막극	90	130		35	255
	다큐드라마			180	190	370
	소계	520(24.5)	465(22.1)	210(10.1)	470(22.5)	1,665(19.7)
음악	가요	240	625	200	405	1,470
	클래식/경음악	115	90	875	185	1,265
	팝송/상송	60	180	25	240	505
	국악/민요	100	30	80	170	380
	노래자랑	30	115		65	210
	음악종합	210				210
	찬송			65		65
	소계	755(36.2)	1,040(49.5)	1,245(59.3)	1,065(50.7)	4,105(49.0)
퀴즈		155(7.4)	215(10.2)			370(4.4)
버라이어티쇼	만담	30(1.4)	70(3.3)	30(1.4)	40(1.9)	170(2.0)
대담		135(6.4)	115(5.5)	80(3.8)	215(10.1)	545(6.5)
뉴스/시사		80(3.8)	135(6.4)		230(11.0)	445(5.3)
교양	상담	20	60	105		185
	국가시책	110				110
	국군방송	210				210
	소계	440(20.6)	60(2.9)	105(5.0)		605(7.2)
방송문예	수필	10(0.4)				10
	낭독/영화			110	85	195
	소계			110(5.2)	85(4.0)	205(2.4)
기타	어린이 등	75(3.6)		205(9.7)		280(3.3)
계		2,100	2,100	2,100	2,100	8,400

1960년 음악 프로그램 선호도 청취자 조사결과는 경음악 26%, 대중가요 22%, 민요 21%, 클래식 14%, 재즈 9%, 창극조 5%, 아악 3% 등으로 나타났다. 1964년 음악 프로그램 기호별 조사에 따르면, 대중가요가 41.0%로 가장 인기가 높았고, 민요와 국악이 29.4%, 클래식 14.4%, 경음악 10.5%, 서양곡(팝송이나 샹송), 재즈 순이었다(〈방송〉, 1964년, 8월 21일).[7]

1960년대 초반만 하더라도 민요와 국악의 인기가 높았다. 국악과 민요의 편성비율이 주 청취시간대의 9.9%나 차지했다는 것이 의문스러운 일은 아니었다. 1960년대 초반 라디오 음악 프로그램은 고급문화와 대중문화, 전통음악과 현대음악의 다양한 장르를 통합했다.

소설, 수필, 시 등도 라디오 프로그램 형식으로 제작되었다. 방송문예로 불리는 이것들은 1960년대만의 특성이 아니라 1930년대 중반부터 계속된 장르들이었다. 경성 방송국이 조선어 방송을 실시한 이후 최승인, 이석훈, 이서구, 김억, 모윤숙, 김광섭 등 문인들이 방송문예 프로그램에 직간접적으로 관여했다(서재길, 2006, 8쪽).

1950년대 중후반에서 1960년대 초반까지는 연극을 라디오 드라마에 맞게 변형시킨 〈KBS무대극〉(KBS), 〈명작극장〉(DBS), 〈예술극장〉(MBC) 등과 문학작품(수필, 시)을 직접 낭독하는 〈방송문예〉(KBS), 〈문예시간〉(CBS) 등이 있었고, 소설의 경우(국내작가 작품이나 외국작

---

7) 4년 사이에 대중의 음악취향이 빠르게 변했음을 알 수 있다. 대중가요의 인기가 급속히 높아진 반면, 경음악의 인기가 떨어졌다. 클래식 음악과 국악(민요, 창극조, 아악 포함)의 인기는 변화가 없었다. 1960년 경음악의 인기는 1950년대 댄스열풍과 관계있는 것으로 보인다.

가 작품) 라디오 단막극 형식으로 만들어지거나 연속낭독이나 연속입체 낭독이라는 이름으로 편성되었다.

상영 중인 영화나 고전영화도 라디오 프로그램으로 각색되었다. 〈라디오 스크린〉(1958~1959)은 상영 중인 영화를 30분으로 요약·각색했고, 〈흘러간 스크린〉(1961~1962)은 유명했던 영화를 다시 라디오 드라마 형식으로 제작했다. 〈명화앨범〉(1956~1965)은 초기에는 개봉영화를 극화하고 영화 사운드 트랙을 삽입해서 방송했다가 1960년대 초반에는 흘러간 명화로 바뀌었다.

1950년대 후반부터는 라디오 드라마가 영화로 제작되는 경우도 많았다.8) 1960년대 들어와서 이와 같은 경향은 더욱 두드러졌다. 1962년 KBS를 통해 모두 21편의 라디오 연속극이 방영되었는데 이 중 10편이 영화화되었다(한국방송공사, 1977, 421쪽). 1963년 상반기 제작영화 69편 가운데 16편은 라디오 연속극이 원작이었다(〈경향신문〉, 1963년 7월 6일자). 라디오 연속극이 영화로 제작된 이유는 라디오 드라마의 인기를 영화에서도 누려 보고자 하는 상업적 의도 때문이었다.

1962년에는 레코드 드라마가 등장하기도 했다. 1930년대 초중반 신파극 무대에서 공연되던 〈장한몽〉(長恨夢) 촌극들이 다른 민요와 함께

---

8) 1957년부터 1959년까지 방송된 연속극 중에서 인기 있었던 작품은 대부분 영화화되었다. 조남사의 〈청실홍실〉, 〈수정탑〉, 〈산 너머 바다 건너〉, 〈동심초〉, 김석야의 〈꿈은 사라지고〉, 〈사랑은 흘러가도〉, 최요한의 〈느티나무 있는 언덕〉, 임희재의 〈결혼조건〉, 박서림의 〈장마루촌의 이발사〉, 이서구의 〈가난한 애인들〉, 박진의 〈꽃피는 시절〉, 김희창의 〈로맨스 빠빠〉, 유호의 〈내 가슴에 그 노래를〉 등을 들 수 있다.

레코드 드라마로 엮어서 보급된 적이 있었는데, 라디오 드라마가 인기를 끌자 1962년 다시 등장한 것이다. 〈동아일보〉 1962년 1월 29일자는 "금년은 레코드계의 테스트 케이스가 될 레코드 드라마의 반향에 따라 레코드 드라마가 유행할지도 모른다"고 적었다.

그러나 레코드 드라마는 성공하지 못했다. 1962년 이후 라디오의 보급이 확대되고 일일연속극이 인기를 끌면서 청취자는 똑같은 내용을 반복하는 레코드 드라마에 흥미를 느끼지 못했기 때문이다.

1960년 전후 라디오에는 음악형식들(공연, 연주, 경연 등), 공연예술, 문학, 영화, 레코드에 이르기까지 다양한 문화형식이 들어왔다. 이는 1960년대 초반 라디오가 다양한 문화형식이 경쟁하는 장이었다는 것을 의미하는데, 다른 한편으로 보면 '듣는' 매체인 라디오의 특성에 적합하지 않은 형식들도 포함되어 있었다. 따라서 이 시기는 보고, 듣고, 읽고, 참여하는 다양한 문화형식이 서로 경쟁하다가 라디오의 기술적 특성과 수용의 맥락에 맞는 형식이 살아남는 전환기였다. 1960년대 초반은 다양한 프로그램의 경쟁 속에서 라디오 문화의 위치를 찾는 과정이었다.

2) 라디오 서사 : 혼종으로부터 탈피

1960년대 초반 전후 라디오 서사는 혼종성(*hybridity*)[9]의 특징을 보여주었다. 이것은 라디오와 문학(인쇄매체), 연극(공연예술), 영화(시각예술) 등의 관계와 전통예술과 대중예술, 구술문화와 문자문화, 선전과 오락 등이 복합적으로 접목되어 나타난 현상이었다.

최미진(2008a)은 1950년대~1960년대 라디오 서사[10]로 ① 구술 서사장르인 라디오 야담과 만담, ② 서술적 서사장르로 라디오 드라마, 라디오 소설, 라디오 수필, ③ 음악과 관련된 서사인 라디오 음향극, 라디오 음악극, 라디오 스케치 등이 있었다고 지적한다.

서술적 서사장르에서 중요한 라디오 드라마는 다시 ① 라디오 무대극, 라디오 영화극, ② 소설 낭독 대화극, 라디오 시극, ③ 창작 라디오 드라마, 다큐멘터리 드라마 등으로 구분된다.

라디오 서사에서 가장 중요한 것은 드라마이다. 1950년대~1960년대 라디오 드라마는 ① 문학예술(문학, 연극, 영화) 등이 전이된 라디오 드라마, ② 음악(뮤지컬, 창극 등)이 통합된 라디오 드라마, ③ 청취자의 체험이나 역사적 사실을 기반으로 하는 다큐멘터리 드라마 등으로

---

9) 여기서 혼종성은 문화의 초국가적 흐름 속에서 글로벌과 로컬, 우리의 것과 타자의 것, 전통과 근대, 서구와 비서구 등의 혼합이라는 문화적 경험을 의미하는 것이 아니라, 라디오와 다른 매체, 전통문화와 근대문화 형식 사이의 불완전한 결합을 의미한다.

10) 라디오 서사는 보도, 강연과 같은 교양 프로그램, 퀴즈, 음악 프로그램과 같은 오락 프로그램을 제외한 문화예술 분야를 의미한다.

구분된다. 1950년대 후반에서 1960년대 초반까지 라디오 드라마 서사는 문학, 음악, 공연, 역사, 드라마 등이 모호하게 결합되어 경쟁했다.

소설을 기반으로 하는 드라마들은 연속낭독이나 입체낭독으로 제작되거나 단막극 드라마로 각색되었다. 1950년대 중반 연속낭독은 한 명의 성우가 각색된 소설을 읽어 주는 형식이었다가 1950년대 후반을 넘어서면서 여러 명의 성우가 참여했고, 음향효과를 넣으면서 입체연속낭독이라는 형식으로 변화했다(한국방송문화협회, 1962, 166쪽).[11]

연속낭독이나 입체연속낭독은 1950년대 중후반에 인기를 끌었던 라디오 형식이었지만 1960년대 중반에 거의 사라졌다. KBS는 1964년 11월 개편과 함께 입체연속낭독으로 불린 프로그램들을 폐지하고 〈KBS 연속극〉을 편성했다(방송조사연구실, 1965, 84쪽).

입체연속낭독 프로그램은 〈조선총독부〉(DBS, 1966~1967) 이후 라디오에서 찾아보기 어려웠다. 라디오 드라마가 일일연속극, 주중연속극, 주말연속극 등으로 자리를 잡으면서, 소설과 라디오 드라마가 불완전하게 결합되었던 연속낭독이나 연속입체낭독 프로그램은 사라진 것이다.[12]

---

11) 1957년 12월부터 120회에 걸쳐 방송되면서 히트했던 입체연속낭독은 〈이 생명 다하도록〉(CBS)이었다. 낭독 프로그램들은 내레이션 형식은 드라마와 유사하지만 방송을 위해 쓴 작품이 아니라 소설이었기 때문에 낭독으로 불렸다. 국내 중단편 소설들이 연속낭독이나 입체연속낭독의 형식으로 제작되었다. KBS와 MBC는 〈연속입체낭독〉 프로그램을 비정기적으로 편성했으며, CBS와 DBS 도 〈연속낭독〉 프로그램을 편성했다.

12) 1960년 2월 10일 〈동아일보〉 청취율 조사를 보면, 연예오락 프로그램 중에서 연속극은 21%로 으뜸을 차지했다. 청취율이 가장 낮은 프로그램으로 제시된

연속낭독이나 연속입체낭독으로 불리지는 않았지만 유사한 형식으로 외국의 명작소설과 희곡 등을 소개하는 〈명작극장〉 등이 있었다. 1950년대 중반 〈세계명작〉은 외국의 명작소설을 간추려 15분씩 낭독했는데 1957년 10월부터 〈명작극장〉으로 이어졌다. 이는 30분으로 편성되어 세계명작을 소개하다가 1964년 11월 개편에서 사라졌다. [13] 〈명작극장〉은 대체로 무대극을 라디오 드라마 형식으로 옮긴 것인데, 품질 좋은 드라마를 지향한다는 목표를 갖고 있었다. 1964년 〈명작극장〉은 20분으로 구성되었는데 원작의 줄거리조차 그려 내지 못했을 뿐만 아니라 원작의 작품성을 형상화하는 데 실패했다는 평가를 받았다. 장한성(1964)은 〈명작극장〉에서 방영된 "유리동물원"을 비평하면서 현재와 같이 그려 낸다면 차라리 폐지하는 것이 좋다는 평가를 내렸는데 곧이어 사라졌다.

음악과 드라마 형식이 혼종되어 제작된 프로그램에는 창극(국극)이 드라마로 들어온 유형과 대중음악이 드라마와 결합한 유형이 있었다. 〈국악무대〉(1961~1965)는 창극형식으로 하나의 역사적 사건 혹은 시대의 생활감정 등을 이야기와 창극으로 구성한 드라마였다.

이 형식은 1951년 〈라디오 창극〉으로 출발한 것이 그 시초이며, 1958

것이 방송소설, 연속낭독이었다. 1960년에 들어오면서 이미 소설을 드라마로 제작한 것이나 연속낭독, 연속입체낭독은 대중의 관심에서 벗어나기 시작했다.
13) 〈명작극장〉에서 방영된 작품들로는 테네시 윌리엄스의 《유리동물원》, 앙드레지드의 《전원교향곡》, 투르게네프의 《첫사랑》, 안톤 체호프의 《곰》, 셰익스피어의 《말괄량이 길들이기》 등이 있다.

년 5월 〈국악무대〉로 부활했다. 1959년부터는 〈역사의 향기〉와 〈라디오 창극〉으로 불렸다가 1961년부터 〈국악무대〉로 변경되었다(한국방송문화협회, 1962, 160쪽).

〈국악무대〉와 더불어 〈창극조〉(KBS, 1964)도 편성되었는데 노년층을 청취대상으로 삼았다. DBS에서도 〈연속창극〉(1963~1964)을 드라마 형식으로 만들었다. 당시 대표적인 드라마 작가였던 주태익과 이서구가 창극 〈문경새재〉, 〈향일화〉, 〈대춘신〉 등의 극본을 썼다.

뮤지컬 형식도 드라마로 제작되었다. 1959년부터 〈뮤지컬 드라마〉(1959~1962)가 KBS에서 방송되었는데 이야기가 중심이며 노래는 부차적이었고 기존 음악을 사용했다. 〈뮤지컬 드라마〉는 인기 있었던 대중가요 '타향살이', '가고파', '능수버들' 등으로 이야기를 구성했다.

인기 있었던 대중가요, 창극 등과 드라마를 결합시킨 음악 드라마 형식들은 1960년대 중반 이후 편성에서 찾아보기 어렵다. 불완전한 형식들의 결합이라는 측면도 있었고, 노인이 주 청취대상이었던 〈라디오 창극〉, 〈국악무대〉는 청취율 경쟁에서 밀려났기 때문일 것이다. 대중가요를 뮤지컬 형식으로 만든 드라마들 역시 안정적 지위를 얻기 시작한 라디오 연속극의 인기에 비해서 청취율이 낮았다.

역사나 정치현실을 바탕으로 제작된 역사 다큐멘터리 드라마도 인기 장르 중 하나였다. 〈여명 80년〉(DBS, 1963~1964), 〈목격자〉(DBS, 1964~1966), 〈해방 20년〉(MBC, 1965), 〈광복 20년〉(TBC, 1967) 등은 1960년대를 넘어 이후에도 지속적으로 제작되어 인기를 끌었다. 개인의 현실과 정치현실을 다룬 역사 다큐멘터리 드라마는 사실성과 서사성이 강하다는 점에서 자연스럽게 드라마 형식으로 들어와서 자리를 잡았다. 1960년대 이전 있었던 방송야담은 점차 사라지고 현실성이 높은 역사 다큐멘터리 드라마가 그 자리를 차지했다.

이 밖에도 1960년대 초반에는 다양한 드라마 서사형식이 실험적으로 제작되었다. 연속드라마의 새로운 형식으로 3단 드라마가 있었다.

3단 드라마는 하루에 오후 시간대 1회, 저녁 시간대 2회, 밤 10시대 3회 방영하는 추리드라마였다. 이는 단막극이 갖는 일회성을 극복하기 위한 시도였다. 그러나 3단 드라마는 곧바로 사라졌다. 릴레이 드라마 형식도 개발되었다. 1962년 KBS에서 방영된 〈봄 편지〉는 7명의 작가가 이어서 다음 에피소드를 구성하는 형식이었다(〈경향신문〉, 1962년 3월 22일). 옴니버스 드라마 형식인 〈회전무대〉(MBC, 1961~1962)는 똑같은 주제를 3가지 시각에서 3편씩 제작되었다(한국방송공사, 1977, 421쪽). 이와 같은 드라마 형식들은 단막극과 연속극 사이에 위치한 실험적 형식들이었다. 그러나 이것들도 라디오 연속극의 우세 가운데 폐지되었다.

1960년 전후 라디오 서사는 다양한 매체형식이 결합된 혼종으로부터 탈피하는 과정에 놓여 있었다. 문학, 음악, 공연, 드라마 등이 모호하게 결합한 과도기에서 라디오 서사들 사이의 경쟁이 이루어지고, 일일 연속극이 부상하면서 불안정한 서사형식들은 사라졌다. 소설, 수필 등과 같은 인쇄매체 중심의 '읽기 서사'는 낭독의 형식으로 들어왔지만 경쟁력을 잃었고, 연극, 창극 등과 같은 무대예술이나 영화와 같은 시각예술도 마찬가지였다. 1960년대 초반부터 시리즈와 시리얼로서 드라마는 라디오 서사의 경쟁과정에서 우세종으로 자리 잡아 갔다.

4. 라디오와 경험의 매개: 국가공동체와 사사화

1) 국가 공동체의 경험: 상징적 공간의 설정

박정희 정권은 5·16군사쿠데타 이후 라디오를 '국가경험의 매개자' (*mediating agent of national experience*) 로서 위치시켰다. KBS 라디오는 1961년 5월 18일 오전 9시부터 동대문에서 대열을 갖춘 육사생 800여명과 기간장교 400여 명의 시가행진과 이튿날 공사생 360여 명의 지지 시가행진을 생중계했다. 이것은 권력이 라디오를 통해서 어떤 공적 경험을 대중에게 제공하고자 했는지를 보여 준다. '자유롭게 걸어 다니는 장소로서의 거리'가 '군사적 현장으로서 장소'로 상징적으로 설정되었기 때문이다.

1960년대 초반 다양한 국가행사, 민족기념일, 대중 축제 등은 라디오를 통해서 매개되었다. 1960년 10월부터 1961년 9월까지 라디오를 통해서 제공된 미디어 이벤트는 다음과 같다. 1960년 10월 1~2일 사이 제2공화국의 신정부 수립을 경축하는 각종 행사와 제5회 국군의 날 기념행사를 양일에 걸쳐 KBS 제1라디오에서 실황중계했다. 12월 24일과 25일에는 철야방송으로 크리스마스 특집 프로그램을 진행했고, 12월 27일부터 31일까지는 송년 특집방송을 꾸몄다.

라디오가 송년 특집방송을 시작한 것은 1959년이었다. 12월 31일부터 1월 1일 이틀 철야 신년 특집방송, 2일부터 6일까지 릴레이 드라마, 신춘가요대전, 민요잔치, 신년음악회, 새해의 설계 등 다양한 새해 특

집 프로그램이 편성되었다. 1961년 4월 5일 연·고전 방송, 4월 14~
15일에는 백령도 국군 위문 공개방송, 16~22일까지는 4·19 1주년 특
집방송이 이어졌다. 6·25기념 위문 공개방송은 6월 20일부터 28일까
지 9일에 걸쳐 〈퀴즈 올림픽〉, 〈노래와 경음악〉 등 다채로운 프로그램
으로 구성되었다. 5·16군사쿠데타 이후 처음 맞은 8·15 광복절 기념
방송은 8월 13일부터 8월 말까지 장기간에 걸쳐 진행되었다(한국방송문
화협회, 1962, 108~122쪽). 1964년 8월 22일부터 12월 31일까지 중요
행사 중계만 40개였다(한국방송인협회, 1965, 105~107쪽). 1965년에
는 국가행사, 기념일, 궐기대회 등이 총 127회나 중계되었고, 스포츠
역시 115회가 편성되었다(한국방송인협회, 1966, 50~53쪽).

1965년 KBS 라디오 비정규 편성 자료를 보면, 국가가 라디오를 통
해서 어떤 상징적 공간을 설정하고자 했는지 파악할 수 있다. 라디오는
'현장'(locale)으로서의 장소를 매개함으로써 국가공동체의 경험을 확대
했다. 라디오는 네 가지 현장 — 산업 현장, 역사·기억 현장, 공적 광
장으로서 현장, 군사적 현장 — 을 매개했다(〈표 4-2〉 참고).

여기서 특징적인 현장은 '군사적 현장'이다. 육본광장, 육군과 공군
사관학교, 전투비행단, 진해 해군사령부 등은 일반 대중의 경험과 멀
리 떨어져 있지만, 이것들은 부재한 공간이 아니라 현존(presence)하는
공간으로 경험된다. 박정희 대통령이 처음 육군사관학교 졸업식에 참
가한 것은 1963년이었다. 이때부터 박정희 대통령은 사관학교 졸업식
에 거의 매년 참가해서 유시를 발표했고, 대통령의 사관학교 졸업식 참
가는 관례화되었다. 한글날 행사 중계조차 육본광장에서 거행되었다.

군사적 현장으로서 장소매개는 박정희 정권 출범 이후 라디오 정규

<표 4-2> 현장으로서 장소매개

상징적 공간	사 례
산업 현장	제2한강교 개통식(영등포 상도동), 춘천댐 기공식(춘천), 백제교 기공식(부여), 진해 비료공장 기공식(진해), 신탄진 연초제조공장 준공식(신탄진), 제2영월 화력발전소 착공식(영월), 경인복선 개통식(영등포역), 국도포장공사 착공 및 기공식(대전), 진삼(鎭三)선 개통식(사천), 서울~춘천 간 국도포장공사 준공식(춘천)
역사 · 기억 현장	3 · 1절 타종(보신각), 33인 고인 합동추념식(탑동공원), 식목일(동작동 국립묘지), 고 손병희 선생 동상 건립식(탑동공원), 현충일(동작동 국립묘지), 고 이승만 박사 장례식(이화장 국립묘지), 8 · 15경축식(보신각), 광복절 타종(보신각), 신라문화제(대구), 백제문화제(부여), 대현 율곡제 기념식(강릉), 개천예술제(진주), 한라문화제(제주), 재야의 종소리(보신각)
군사적 현장	ROTC 제3기 임관식(육본광장), 육군사관학교 졸업식(육군사관학교), 공군사관학교 졸업식(공군사관학교), F5 전투 폭격기 인수식(제10전투비행단), 파월장병 결단식(해병 제2여단, 포항 제1상륙사단), 고 강재구 소령 육군장(육본광장), 한글날 기념식(육본광장), 진해 해군함대 관함식(진해 함대사령부)
공적 광장(운동장)으로서 현장	월남파견 환송국민대회(서울운동장), 3 · 1절 경축식(중앙청광장), 어머니날 기념식(장충공원), UN의 날 기념식(중앙청광장), 철도청 창설 66주년 기념식(철도청운동장), 월남 귀순용사 이필훈 대위 환영대회(서울시청광장), 성탄수점화식(서울시청광장)
기타 현장	부활절연합예배(배재고), 석가세존 성탄봉헌식(조계사), 제미니 5호 발사실황(미국 케이프 케네디), 미사중계(명동천주교회), 새벽성탄예배(영락교회) 등

프로그램에서 수없이 진행된 국군 위문공연에서도 찾아볼 수 있다. 군사적 현장으로서 장소매개는 군사적 권력에 대한 확장된 경험을 제공했다. 군사적 권력은 국가가 폭력수단을 합법적으로 장악한 제도로서, 근대성을 구성하는 제도적 형식 중 하나다. 군사적 현장은 한국전쟁 이후 대립적인 긴장, 냉전시대의 국제적 갈등관계, 월남파병 등과 같은 이데올로기를 전달하는 데 적절했다.

군사적 현장과 더불어 일상공간에서 가장 많이 중계된 장소는 시민회관이었다. 전체 비정규 편성 중계 중 35회가 시민회관에서 이루어졌다. 17회의 기념식(노동절, 4·19, 5·16, 저축의 날, 어린이날 등), 6회의 반공시국 강연회(반공시국 대강연회, 4·19반공 강연회, 아프리카 현황 강연회 등), 9회의 단합대회 및 궐기대회(청소년 선도궐기대회, 공산학정하의 피압박민족 해방궐기대회 등), 2회의 추모식(안익태 추모연주회, 순국선열 회동 추모식) 등이었다. 시민회관은 대체로 기념식과 반공 관련 강연회나 궐기대회가 이루어지는 공간이었다.

역사·기억의 현장들은 역사적 사건에 대한 기념식과 "전통의 재창조"(inventions of tradition)(Hobsbawn, 1992/2004)를 위한 장소들이었다. 전통의 굴레에서 벗어나는 것은 근대화 과정에서 본질적인 요소이지만, 역사·기억의 현장에서는 국가정체성을 위해서 전통과 역사가 활용되었다. 역사의 이용은 표준화된 '과거'와 보편적으로 적용 가능한 '미래'를 제시했다. 1965년 라디오로 매개된 장소는 탑동공원, 보신각과 더불어 각 지역의 문화제 장소였다. 제4회 한산대첩 기념제, 제4회 대현 율곡제, 제4회 한라문화제 등의 문화제는 1962년부터 시작되었다. 한산대첩과 율곡제의 경우, 이순신과 이율곡이라는 인물이 상징적으로 보여 주듯, 국가위기와 국가통합을 라디오가 담당했다.

산업 현장으로의 장소매개는 산업화와 근대화를 홍보하는 역할을 담당했다. 제2한강교 개통식, 백제교 기공식, 경인복선 개통식, 국도 포장공사 착공 및 기공식(대전~영동), 진삼선(진주~삼천포) 개통식 등의 중계로 국민들은 공간이동의 확장을 내면화했다. 이것은 탈후진성에 대한 경험을 제공한 것으로 보인다. 반면 8월 19일 미국 케이프 케네디에서 발사된 제미니 5호 실황중계는 선진화에 대한 공간경험을 전달했다. 제미니 5호 발사실황은 KBS뿐만 아니라 DBS에서도 밤 10시 40분부터 새벽 2시까지 중계되었다. 당시 방송시간은 통상 자정에 끝났지만, 이는 2시간 연장되어 중계되었다.

강명구(1999)는 매체를 통해서 대중이 장소와 공간을 접하는 것을 '상징적 공간경험'이라고 말한다. 이것은 장소에 대한 경험이 특수하고 사적이지만 모두 개별적인 것이 아니라 공유할 수 있으며, (기존) 장소경험에 대한 성찰을 통해서 경험의 영속성을 획득한다는 것이다. 강명구는 인문지리학자 투안(Tuan)의 사진설명을 확장해서 상징적 공간경험을 논의하는 것이지만, 위에서 제시된 현장으로서 장소매개는 (방송사나 정권의) 의도성이 깊이 개입되기 때문에 성찰보다는 강제나 동의의 영역으로 국가공동체의 경험을 유도했다.

1960년대 정치권력이 라디오를 통해서 설정하고자 했던 근대적 경험은 강제적 '국민국가'(nation-state)의 확대였다. 정치권력은 근대화의 경험을 확대함으로써 국가체제를 공고화하고 지배력을 강화했다. 국가의 조직화를 강화하는 대표적인 수단 중의 하나가 라디오였는데, 이것은 1960년대 초중반 한국사회의 '위험'(risk)에 기초해 있었다. 1960년대 초중반 한국사회에서 위험은 극명하고 단순했다. 그것은 북한의 침략에 대한 위험, 탈후진성 혹은 빈곤이 주는 위험, 한국사회 내의 분열이 주는 위험이었다.

1965년 라디오 중계는 바로 이와 같은 위험에 기초하고 있었다. 즉 정치권력에 의해서 지배된 라디오의 상징적 공간 설정은 탈후진성을 위한 재장소화(산업 현장), 북한의 침략과 이데올로기적 대립을 위한 군사적 현장으로서 재장소화(군사 현장), 재창조된 전통의 구성으로 민족주의의 이용을 통한 역사의 재장소화(역사·기억 현장), 국가권력이 대중을 동원하고 통제를 조직화하기 위한 재장소화(공적 광장의 왜곡) 등이었다. 이것은 서로 분리된 것이 아니라 콜라주 효과를 만들어 내면서 라디오는 정치적 기능을 수행했고, 대중의 일상을 식민화하는 기제로 활용되었다.

2) 라디오 경험의 사사화

정치권력은 1960년대 다양한 위험을 극복하고 정당화하는 기제로서 라디오를 활용하고, 라디오를 통해서 상상적 국가공동체의 경험을 확대했다. 그러나 다른 한편으로 대중은 오락을 중심으로 라디오 경험을 '사사화'(privatization) 했다.

윌리엄즈는 새로운 미디어 테크놀로지의 도입과 관련해서 '이동적 사사화'(mobile privatization) 라는 개념을 근대 미디어문화의 특징으로 제시했다. 이동성은 "새로운 장소를 보고 싶어 밖으로 나가고자 하는 욕망"이며, 사사화는 "새로운 접촉을 위해서 필요한 욕구나, 그러한 접촉의 결과로서 얻어지는 성취나 반응"(Williams, 1974, 26~27쪽)이다. 윌리엄즈는 이러한 변화의 이면에는 특정한 교통기술과 미디어가 관련됨을 지적했다. 그러나 미디어 테크놀로지와 관련해서 본다면, 대중의 경험은 이동성보다는 사사화에 초점을 맞추는 것이 적합하다. 이와 같은 사사화된 경험은 책, 잡지, 신문, 영화 등 다양한 매체를 통해서 얻을 수 있다. 사사화의 경험은 라디오나 텔레비전에만 국한된 것은 아니며, 라디오가 처음 등장했을 때도 청취자들이 얻었을 것이다. 그러나 1960년대 초반 라디오 경험의 사사화로 인해 이전 시기와 달리 보다 많은 청취자들이 동시적 접촉을 했고, 이를 통해 보다 많은 물리적, 상상적 경험을 공유했으리라 판단할 수 있다. 라디오 경험의 사사화는 거주 장소로서 가정에 초점을 맞추는 사적인 것이지만, 청취자들이 가족구성원 내부, 타자, 이웃, 국가 등 문화적 공동체의 구성원으로서도 상상할 수 있게 한다.

1960년대 라디오 경험의 사사화는 '외부 지향적 성격'과 관련되어 있다. 이것은 설교, 강연, 정당 관련 등이 적지 않았던 이전의 경험과는 달리 탈정치적이고 오락적이며 일상적인 측면과 연결되어 있다. 1960년대 초반 라디오 경험의 사사화를 이끈 대표적인 형식은 퀴즈, 게임, DJ 프로그램 등과 같은 일상적인 비공식적 토크 프로그램들과 수기드라마였다.

1955년 7월 1일 동화백화점 영화관에서 〈스무고개〉와 〈노래자랑〉이 처음으로 공개방송을 실시했는데(노정팔, 1960/1992), 공개방송 프로그램들은 1960년 전후로 인기가 높았다. 대중은 일방적으로 듣기도 했지만 공개방송 참여, 전화 참여, 엽서 보내기, 사연 보내기 등을 통

▌ 〈스무고개〉 1955년 동화백화점 영화관에서 처음으로 공개방송을 시작해서 인기를 끌었다. 사진은 남산 연주소 공개방송 모습이다. (사진제공 : 이장춘)

해서 라디오에 접근했다. 1957년 12월에는 남산 연주소가 준공되어 6개의 스튜디오에서 교향악, 경음악 연주는 물론 드라마, 퀴즈 등에 이르는 공개방송이 확대되었다.

노정팔(1994)은 남산 연주소 준공 후 공개방송의 횟수가 부쩍 늘어나서 공개방송 출연자들이 당시 스타가 되었다고 회상했다. 〈아마추어 극장〉(CBS, 1957~1961)이 국내에서 처음으로 방청권을 발행해서 선착순으로 입장시킨 이후 대중들은 공개방송 입장을 위해서 방송사로 모여 들었다. 1962년 3개 라디오 방송사 공개방송 프로그램은 35개나 되었다. 14)

1958년 청취율 상위 10위 프로그램 중에서 〈민요만담〉과 〈산 너머

▌〈스타탄생〉시청자가 참여해서 노래 및 장기자랑을 하는 경연 프로그램으로 인기를 끌었다.
　(사진제공 : 이장춘)

바다 건너〉를 제외하면 나머지 프로그램들은 청취자들이 직간접적으로
참여하는 것들이었다. 1960년 〈아마추어 쇼〉, 〈라디오 게임〉, 〈스타
탄생〉, 1963년 〈아마추어 쇼〉, 〈퀴즈 올림픽〉, 〈직장음악〉, 〈수요일
밤의 향연〉 등도 공개방송이었다. 공개방송은 청취자의 참여를 유도하
여 경쟁과 현장성을 높이면서 인기를 끌었다.

　이와 같은 프로그램들은 보통의 청취자들이 쉽게 접근하여, 사적인

14) 1963년 MBC 라디오의 경우, 주 청취시간대의 〈오선문답〉, 〈현상퀴즈〉, 〈퀴
　　즈청백전〉과 같은 퀴즈 프로그램, 〈직장노래자랑〉, 〈남녀노래게임〉, 〈쌍쌍
　　파티〉, 〈톱싱어대회〉, 〈노래 실은 역마차〉 등 12개의 오락 프로그램들이 공개
　　방송으로 진행되었다.

만남과 같이 상호작용하며 경험하도록 디자인된 형식들이다. 퀴즈, 게임, 경연 등의 인기는 라디오가 제공하는 대중오락이 '가정화'된다는 것을 의미하기도 한다. 동시에 개인이 '나'나 가정을 넘어서 더 넓은 공간으로 나가도록 유도하면서 일상의 경험을 확장한다. 라디오는 가정 내 오락으로서 위치되면서 원격 친밀성도 높여 주었다.

1960년 전후 인기 있었던 장르 중 하나는 수기드라마였다. 수기드라마는 청취자가 자신의 사연을 방송사에 보내면, 방송사 작가들이 그것을 드라마로 재구성한 것이었다. 15) 〈이것이 인생이다〉는 1966년 이전까지 당시로는 최장수 연속기록을 수립한 드라마이고, 1966년 종영된 이후 유사한 포맷으로 〈여기 한 길이 있다〉가 8년 동안 제작되었다. 〈절망은 없다〉 역시 10년 동안 방영되었다가 1975년 다시 편성될 정도로 인기 있었다. 〈이 사람을!〉은 자선극이라는 이름으로 어려운 환경에 처한 사람들을 드라마로 소개하고, 직업을 구해 주거나 모금을 해서 도움을 주었다.

이와 같은 수기드라마들이 장수할 수 있었던 것은 그만큼 청취율이 높았기 때문이다. 16)

---

15) 대표적인 프로그램으로는 1958년 최고 인기 프로그램이었던 〈인생역마차〉 (1954~1958)를 비롯하여 〈인생극장〉(1962~1963), 〈양지를 찾아서〉(1963 ~1973) (이상 KBS), 〈이것이 인생이다〉(1959~1966), 〈여기 한 길이 있다〉 (1966~1973) (이상 CBS), 〈절망은 없다〉(MBC, 1964~1973), 〈이 사람을!〉(DBS, 1963~1966) 등이다.
16) 〈표 4-3〉의 프로그램들은 모두 KBS 제1라디오에서 방영된 것들이어서 다른

〈표 4-3〉 1960년대 전후 청취율 상위 10위 프로그램[17]

순위	1958년		1960년		1963년	
	제목	장르	제목	장르	제목	장르
1위	인생역마차	다큐드라마	연속방송극	드라마	연속방송극	드라마
2위	노래자랑	음악(경연)	아마추어 쇼	음악(경연)	아마추어 쇼	음악(경연)
3위	노래수첩	음악	마음의 샘터	낭독	퀴즈 · 올림픽	퀴즈
4위	스타탄생	경연	스타탄생	경연	직장음악	음악(경연)
5위	스무고개	퀴즈	라디오게임	퀴즈	민요를 찾아서	음악
6위	누구일까요	퀴즈	빛을 남긴 사람들	다큐멘터리	희망음악회	음악
7위	노래와 경음악	음악	가정음악회	음악	수요일 밤의 향연	음악
8위	민요만담	버라이어티	일요연속극	드라마	일요연속극	드라마
9위	산 너머 바다 건너	드라마	가정상담실	상담	오후 9시 뉴우스	뉴스
10위	노래잔치	음악	의학상담실	상담	어린이 시간	

자료: 1958년 〈방송〉(2월호), 1960년 〈방송〉(여름호, 1권 2호), 1963년 〈방송〉(5월호)에서 재구성.

방송국에서 제작된 수기드라마가 얼마나 인기 있었는지는 파악하기 어렵다. 〈절망은 없다〉는 1967년 청취자 조사에서 MBC 프로그램 중 2위를 차지했다(〈방송문화〉, 1968, 97쪽). 《문화방송 삼십년사》(1992, 664~665쪽)에 따르면, 〈절망은 없다〉는 1964년부터 1973년까지 절대적인 인기를 누렸는데, 상업성을 고려하지 않았음에도 불구하고 대중적으로 성공했다. 상업성을 고려하지 않은 것은 스폰서 없이 방송했기 때문이지만, 수기드라마의 인기를 생각해 보면 대중성까지 고려하지 않은 것은 아니었음을 알 수 있다.

17) 1960년 청취율 상위 10위 프로그램은 1959년 12월 서울 청취자를 대상으로 조사된 것이고, 1960년 지방 청취자 대상 조사에서는 1위 〈직장음악〉, 2위 〈연속방송극〉, 3위 〈아마추어 쇼〉, 4위 〈마음의 샘터〉, 5위 〈스타탄생〉, 6위 〈9시뉴스〉, 7위 〈가정음악회〉, 8위 〈노래와 경음악〉, 9위 〈가정상담실〉, 10위 〈정오 12시 뉴스〉였다(〈방송〉, 1960년 여름호, 1권 2호, 99쪽).

〈인생역마차〉는 수기드라마가 인기를 끄는 데 도화선이 되었다. 1957~1958년 사이 〈방송〉에 실려 있는 수기 "인생역마차"는 드라마 〈인생역마차〉에서 방송된 것으로 보인다. 1957년 6월부터 1957년 12월까지 〈방송〉에 실린 〈인생 역마차〉는 "저주로운 혈연"(1957년 6월), "인생요철선(人生凹凸線)"(1957년 8월), "애수의 눈물"(1957년 9월), "궤도 없는 유성"(1957년 10월), "두 남자의 아내"(1957년 11월), "돈으로 갚는 죄과"(1957년 12월)이다.[18] 〈인생역마차〉는 대부분 혼외정사, 불륜, 결혼을 둘러싼 갈등을 다루는데, 멜로드라마의 요소를 담고 있었다.

〈인생역마차〉는 청취자의 사연을 방송드라마로 내보낸 지 2주 후, 청취자 혹은 사회 저명인사의 의견을 방송했다. 청취자의 사연에 대해 조언을 한 사람들은 이상노, 정비석, 이무영, 조경희, 노천명, 유호, 박종화, 구상, 곽종원 등 시인, 소설가, 극작가, 수필가, 비평가뿐만 아니라 정치인(박순천, 민관식, 조정환 등), 관료(조원환, 김종호 등),

---

[18] "저주로운 혈연"은 양공주 동생과 알코올 중독자 오빠를 둔 여성이 결혼을 앞두고 가족 문제로 고민하는 이야기, "인생요철선"은 유부남이 불륜관계인 회사 여직원이 임신하자 고민하는 이야기, "애상의 눈물"은 결혼을 앞둔 여성이 사랑하는 사람이 다방 마담과의 사이에서 이미 아이를 두고 있다는 사실을 알고 결혼 여부로 고민하는 이야기, "궤도 없는 유성"은 바닷가에서 구해 준 여인이 자신의 아버지를 죽게 한 원수의 딸이라는 사실을 알고 가족반대를 어떻게 해결할 것인지 의견을 구하는 이야기, "두 남자의 아내"는 6・25 때 한 남자의 아이를 임신한 후 다른 남자를 만나서 살아가다가 전후 첫 번째 남자가 병원에서 불구의 몸으로 살아 있다는 소식을 들은 후 고민하는 이야기, "돈으로 갚는 죄과"는 2명의 아이를 둔 남자가 회사 여직원과 불륜관계를 맺고 이혼 여부를 묻는 이야기다.

■ 〈인생역마차〉는 최고 인기 있는 수기드라마였다.
인기에 편승한 월간지도 발간되었다.

대학교수(조규동, 임영빈 등), 종교인, 의료인, 언론인 등 다양한 명망
가들이었다(최미진, 2008b, 372쪽).

〈인생역마차〉의 사연은 애정과 가정 문제에 집중되었는데, 이는 전
후 급변하는 사회 속에서 변화하는 윤리 문제를 담고 있으며, 당대사회
를 맥락화했다. 1950년대 중후반 이후 심각하게 사회적 쟁점으로 제기
된 여성의 성윤리, 가정윤리, 미혼여성의 정조 문제 등이 수기드라마
에 나오는 단골주제였다. 〈인생역마차〉는 인기를 끌었지만, "일상생활
의 어두운 측면만 과장 반복했다"(한국방송공사, 1977, 308쪽)는 비판으
로 인해 폐지되었다.

그러나 1962년 KBS는 〈인생극장〉이라는 수기드라마를 다시 제작했
고, 1960년대 초반부터 수기드라마는 전성기를 맞이했다. 〈이것이 인
생이다〉는 선교를 목적으로 종교에 귀의한 사람들을 다루는 등 〈인생

역마차〉와 달리 불륜을 집중적으로 다루지는 않았지만 가정윤리가 중요한 소재거리였다. 〈양지를 찾아서〉, 〈절망은 없다〉, 〈이 사람을!〉 등은 생활의 어려움을 극복해 나가는 수기드라마였다.

"〈이 사람을!〉은 실존인물의 불우한 생활을 극화하고 주인공과의 인터뷰 내용도 삽입해 현실감을 높였는데, 제작 1년 동안 신청된 건수만 해도 무려 5,428건에 달하는 성황"(동아일보사, 1990, 106쪽)을 이루었고, 〈절망은 없다〉역시 1967년 문화방송 청취율 조사에서 2위를 차지하고 10년이나 지속된 장수 인기 프로그램이었다.

전후(戰後) 한국사회에서 심각하게 제기된 문제 중 하나는 무너진 성윤리, 가정 문제였다. 전쟁의 결과로 인구변동과 인구이동에 따른 가족의 변화, 전통윤리의 해체 등 사회의식의 변화가 급속히 진행되었기 때문이다. 수기드라마들은 실제경험을 바탕으로 성윤리와 가정 문제를 다루고 있어서 청취자들에게 사실성을 높여 주었으리라 판단할 수 있다. 1960년 전후 가정 내에서 발생했던 도덕적 딜레마를 극화함으로써, 청취자들은 '정서적 리얼리즘'(emotional realism)(Ang, 1985)을 경험했을 것이다.

당대 대중이 전후 체험했던 '비극적 정서의 구조'(tragic structure of feeling)는 수기드라마 등장인물의 비극성을 공명하는 데 기여했을 가능성이 높다. 게다가 수기드라마들은 〈인생역마차〉나 〈여기 한 길이 있다〉 등과 같이 의견과 조언을 해주거나 〈이 사람을!〉에서처럼 실질적 도움을 제공함으로써 대중으로 하여금 가정의 안정성을 확인해 주는 기능도 수행했을 것이다. 비록 자신에게 직접 발생한 일은 아니라고 하더라도, 주변 사람들 사이에서 충분히 발생할 수 있는 일이라는 점에서

'참조적 회상'(*referential reflection*) (Sood, 2002)을 통해 드라마의 경험을 사사화했을 것이다. 청취자들은 현실에서 보이는 다양한 사람들의 실제경험을 사사화함으로써 정서적 공감을 확장했으리라 판단할 수 있다.

1960년대 초반 라디오는 근대화, 국가주의 등과 관련된 공적 경험을 매개하며 상징적 장소를 제공했다. 라디오가 전달하는 근대적 경험은 박정희 정권의 근대화 프로젝트와 맞물려서 지속적으로 이어졌다.

라디오가 매개한 공적 경험이 어떻게 대중에게 수용되었는지 파악하기는 어렵지만, 합의와 동의의 기제로서 어느 정도 작동했으리라 판단할 수 있다. 동시에 대중은 라디오 프로그램을 선택적 여가자원으로 활용했는데, 변화하는 일생생활 속에서 당대의 비극이나 정서를 공유함으로써 즐거움을 얻었으리라 추측된다. 수기드라마뿐만 아니라 〈가정상담실〉, 〈인생독본〉, 〈마음의 샘터〉 등과 같은 상담이나 개인성찰과 관련된 프로그램들도 개인의 고통이나 슬픔을 사사화함으로써 심리치료나 위무의 역할을 담당했을 것이다.

5. 국가권력으로부터의 종속과 사적 영역의 확장

1960년 전후 라디오 문화는 대중문화의 중심으로 부상했으며, 대중은 라디오를 통해서 경험을 확장해 나갔다. 라디오는 공적 경험과 사적 경험을 매개하는 역할을 담당함으로써 개인, 가정, 마을공동체, 국가공동체를 이어 주는 매체로서의 역할을 수행했다. 게다가 당시에 라디오 서사는 다양한 문화형식을 포괄함으로써 '듣는' 경험을 넘어서서 '읽거나' '참여하도록' 청취자들을 이끌었다. 이런 측면에서 본다면, 라디오를 들었던 사람들은 '라디오 청취자'였지만, 동시에 '라디오 독자'(reader)였고, 중요한 외부 사건과 세계에 상상적으로 참여함으로써 존슨(Johnson, 1981)이 말하는 '라디오 관객'(spectator)이 되기도 했다. 그러나 라디오가 제도화되면서 청취자는 '독자'나 '관객'의 위치에서 벗어나기 시작했다.

나는 1960년대 초반 라디오 문화의 형성과정과 관련해서 제도화 과정에 주목했다. 1927년 라디오가 도입되었지만, 그것이 사회적 매체로서 대중의 삶 속에 위치했다고 말하기는 어렵다. 미군정 시기에도 라디오 편성, 제작, 프로그램의 일부가 제도화되었지만, 라디오는 국가권력에 종속되었고 편성의 안정화와 합리화가 이루어진 것은 아니었으며, 대중의 수용도 제한적이었다. 라디오가 사회적 매체로서 제도화된 것은 1960년 전후였다고 볼 수 있다. 미국이나 유럽에 비해서 라디오의 제도화 과정이 늦어진 것은 일제강점기, 미군정 시기, 한국전쟁 등과 관련된 한국사회의 급격한 변동 때문이었다.

1960년 전후 라디오는 다양한 문화형식을 재매개하면서 라디오 문화로서 자리를 잡아 갔다. 여기에는 두 가지 요인이 접합되었는데, 하나는 미군정 시기 이후부터 지속된 국가권력으로부터의 종속화를 통한 공적 문화의 생산이며, 다른 하나는 개인화, 상업화, 일상성, 가족, 오락 중심의 사적 문화의 생산과 소비였다. 공적 문화는 근대화 프로젝트와 맞물려 지속적으로 이어졌고, 사적 문화 영역에서는 다양한 문화형식들이 뒤섞인 프로그램이나 서사가 경쟁을 거치면서 배제되거나 안정된 장르로서 자리 잡았다. 불안정한 서사장르나 라디오의 수용맥락에 적합하지 않거나 듣기 매체로서의 속성을 제대로 담아내지 못하는 장르들은 사라지게 되었다. 강연, 공연, 문예, 입체낭독, 창극, 뮤지컬 형식은 대중의 관심에서 멀어지면서 사라진 것이다. 반면 당대의 상황을 반영하는 시리즈와 시리얼로서 드라마, 대중의 참여를 유도하는 공개방송, 경연(퀴즈, 음악), 사적 친밀성을 보여 주는 DJ 프로그램 등은 오락 영역에서 안정된 위치를 확보했다.

1970년대 **05**
청년문화세대 담론의 정치학 ＿＿＿＿

1. 청년문화의 부상

한국사회에서 세대는 전후세대, 4·19세대, 청년문화세대, 민중문화
세대, 신세대, 참여세대 등 다양하게 불려 왔다. 각각 세대는 나름대로
역사적 의미를 지니지만, 1970년대 청년문화세대는 이전과 이후 세대
들과는 분명한 차이를 보인다. 1970년대 이전 세대인 전후세대, 4·19
세대, 6·3세대 등은 정치적 사건만으로 규정되었을 뿐, 세대가 공유
하는 집단정체성이나 의례를 구성하지는 못했다. 이들을 지칭하는 세
대 용어도 정치권이나 문학비평 등에서 제한적으로 사용되었다. 1970
년대 이후 세대인 민중문화(혹은 이데올로기) 세대는 대학과 노동계 중
심으로 형성되었고, 신세대는 소비지향적 세대였다.

　1970년대 청년문화세대는 산업화와 더불어 근대적 대중문화의 형성

과 국가기구의 정치적, 이데올로기적 통제과정 속에서 부상했다. 신문과 잡지 중심의 미디어 진영, 대학언론, 지식인 집단, 정치권력 등이 세대와 세대문화를 놓고 갈등했다. 이것은 대중사회로의 전환, 산업화, 유신체제의 정치적 통제, 매스미디어의 확산, 서구 청년문화의 영향력 등 복합적인 요인이 청년세대를 규정함으로써 사회적 쟁점으로 떠올랐기 때문이다. 청년문화세대 담론은 1974년 봄에 본격적으로 논의가 펼쳐졌지만, 그해 가을 이후 더 이상 확대되지 못하고 수면 아래로 가라앉았다. 1)

여기서는 1970년대 청년문화의 부상과 관련해서 다양한 집단들이 어떻게 청년문화를 규정했으며, 어떤 방식으로 담론의 장이 전개되었는가를 살펴볼 것이다.

첫째, 전후 한국사회의 세대문화는 어떤 특성을 보였는가?

둘째, 언론집단, 지식인 집단, 대학언론, 정치권력은 어떻게 청년문화를 규정했는가?

셋째, 청년문화론을 둘러싸고 각각의 집단은 어떻게 첨예하게 대립하고 충돌하면서 담론의 장을 만들어 냈는가?

나는 이와 같은 질문을 통해서 1970년대 청년문화세대 담론의 질서와 정치학은 무엇인가를 논의하고자 한다.

---

1) 청년문화가 공론화된 것은 1974년 봄이었다. 그 이전에도 청년문화라는 용어가 사용되기는 했지만, 1974년 〈동아일보〉 김병익 기자의 특집 기사 "오늘날의 젊은 우상들"(3월 29일자 5면)을 통해서 사회적 쟁점으로 부상했다. 청년문화 담론은 1974년 4월에서 7월 사이에 집중적으로 논의되다가 10월 이후에는 언론에서 거의 사라졌다.

2. 세대 논의와 한국사회의 세대문화

1) 세대와 세대문화

세대는 '베이비붐'과 같은 출생집단, '학생세대'와 같은 삶의 단계, 역사적 기간이나 단계에 나타나는 문화적 세대, 특정 정치이념을 제시하는 정치세대 혹은 지적 세대 등 다양한 기준을 통해서 규정된다. 세대는 일반적으로 두 가지 측면에서 정의된다. 하나는 생물학적 나이의 범주이고, 다른 하나는 세대형성의 배경이 되는 역사적 사건(계기)이다 (Edmunds and Turner, 2002; Miller, 2000). 세대가 되는 특정 연령집단은 정치적·경제적·문화적 경험 속에서 '정서의 구조'(Williams, 1977)를 만들어 내는데, 이것은 이전과 이후 세대와는 다른 경험들로 이후 세대에도 잘 전이되지 않는 성격을 지닌다.

만하임(Mannheim, 1992)은 세대를 사회변화의 주체로 인식한다. 그는 역사적 변화과정을 계급으로만 규정하는 단선적 인과관계를 거부하며, 세대를 정의할 때 역사적 과정과 의식의 중요성을 강조한다. 만하임은 세대가 동일하거나 유사한 역사적 사건을 경험함으로써 갖는 공동의 경험을 '경험의 계층화'라고 부른다. 경험의 계층화는 세대의식의 형성과정에서 역동성을 지니는 동력이다.

만하임은 '세대위치', '세대단위', '실천으로서 세대' 등의 개념도 제시한다. 세대위치는 상대적으로 수동적인 개념으로, 세대의 주관적 인식과 관계없이 세대가 놓여 있는 맥락이 규정하는 결정요인이다. 세대

단위는 세대 내의 차별적 분파를 의미하며, 이는 한 세대가 동일한 집단이 아님을 뜻한다. 실천으로서 세대는 유사한 역사적 사건을 경험하면서 역사변화를 추동해 내는 힘이다. 만하임의 세대논의가 갖는 함의는 세대는 역사과정과 의식을 공유함으로써 세대의 정체성을 구성하고 역사변화의 동력이 된다는 것이다.

홀브와치스(Halbwachs, 1992)는 세대경험을 '집단기억'으로 인식한다. 집단기억의 제도화는 세대문화나 세대의식을 형성하는 요인이다. 세대는 집단기억을 통해서 자신들만의 의례를 형성하고 사회적 응집력을 만들어 나간다. 패션, 언어사용, 상징공유와 같은 세대의 의례는 세대문화의 지향점이나 원칙을 반영하고, 자신들의 신념을 역동적으로 표현하는 수단이나 스타일이다.

와이어트(Wyatt)는 세대의식이나 세대문화의 형성과정과 관련해서 다섯 가지 요소를 제시한다. ① 외상적 사건, ② 선도자의 중요성, ③ 인구학적 변화, ④ 이전과 이후 세대를 구별하는 특권적 간격, ⑤ 세대가 문화를 만들어 내는 특정한 장소(1993, 2~4쪽) 등이 그것이다.

외상적 사건은 전쟁이나 정치사회적 변동을 의미하며, 선도자는 기성체제나 지배문화에 저항하면서 세대의식을 이끄는 사람들이고, 특권적 간극은 이전 세대와 이후 세대 사이에서 특정 사건을 경험하는 시간이다. 특정한 장소는 1969년 미국의 우드스탁(Woodstock)이나 2002년 월드컵 기간 동안의 시청 앞 광장같이 세대가 집단기억을 발현하는 지정학적 위치이다.

세대와 관련된 사회학적 논의들은 사회변동의 요인으로서의 세대에 주목하는데 특히 청년들의 세대의식이나 세대문화 형성의 사회적 맥락에 주목한다. 반면 미디어문화 연구 영역에서는 젊은 세대를 중심으로 하위문화에 초점을 맞춘다(Brake, 1985; Frith and Goodwin, 1990; Hall and Jefferson, 1979; Hebdige, 1979; Willis, 1978).

문화연구자들은 하위문화집단의 정체성을 보여 주는 요소로서 스타일에 주목한다. 이들은 펑크족, 오토바이족, 스킨헤드족, 모드족 등과 같은 하위문화집단이 사용하는 스타일을 저항의 상징적 형식으로 해석한다. 이들은 청소년의 일탈을 규범적 측면에서가 아니라 더 넓은 계급문화 사이의 관계 속에서 해석하면서, 하위문화가 전통적인 부모문화 (*parent culture*)에 뿌리를 두면서도 그것에 도전하는 방식을 분석한다.

《의례를 통한 저항》(Hall and Jefferson, 1976)에서 말하고자 했던 핵심은 젊은 세대의 하위문화는 부모문화를 받아들이고 조정하는 동시에 저항하는 과정 속에서 형성되며, 젊은 세대의 의식은 그들만의 스타일로 통합된다는 것이다.

헵디지(Hebdige, 1979)는 하위문화가 인종, 계급, 부모 문화와 관련해서 어떻게 재생산되며, 하위문화의 통합과 분리는 어떻게 이루어지고, 어떻게 상징적 저항을 하는가를 분석했다.2) 헵디지는 이와 같은

---

2) 예를 들어, 백인 노동계급 출신의 하위집단(스킨헤드, 모드, 힙스터, 펑크 등) 중에서 스킨헤드와 모드족은 흑인음악과 연계되고, 백인 중산층 출신의 하위집단인 테디보이는 흑인문화에 적대적이면서 보수적 경향을 보인다. 또한 모드, 펑크, 록커는 서로 통합되지만, 모드족으로부터 스킨헤드는 분리되었다. 헵디지는 하위집단들이 다양한 국면(작업장, 가정, 학교 등) 속에서 계급과 인종과 관련해서 어떤 스타일을 만들어 내고, 그들의 독특한 구조와 규칙들이 어떻게 저항하면서 사회구조와 접합되는가를 분석했다.

상징적 저항을 '기호학적 게릴라전'(semiotic guerilla warfare)으로 부른다. 여기에는 하위문화의 저항에 대한 회의적인 견해가 담겨 있다. 왜냐하면 하위문화집단은 진정한 사회문제에 기호와 도상을 사용해서 상징으로만 저항하기 때문이다.

포스트 하위문화 연구들은 이와 같은 1970년대 젊은 세대의 계급, 인종을 통해 구성되는 저항과 상징에 대한 연구들이 본질주의에 빠져 있었다고 비판한다. 1990년대 이후 젊은 세대문화의 스타일은 현대문화연구소(CCCS)의 연구결과처럼 고정되어 있지 않으며, 계급이나 인종의 지배력이 결정적이지는 않기 때문이다. 포스트 하위문화 연구들은 일상생활과 비구조화된 자유로운 시간의 활용, 젊은 세대 소비문화와 정체성, 지구적 문화와 지역문화의 관계, 스타일의 점진적, 부분적, 혁신적 변화과정 등에 많은 관심을 기울이고 있다(Bennett and Kahn-Harris, 2004).

세대와 관련된 사회학적 논의들은 세대를 사회변동의 요인으로 주목한다는 점에서 계급과 마찬가지로 변동론적 의미를 지닌다. 게다가 세대의식 형성의 사회적 요소들에 관심을 기울임으로써 세대문화를 연구할 수 있는 출발점을 제공한다. 하위문화 연구들은 청년세대의 문화단위 내에서 계급, 인종, 성의 관계에 따른 스타일에 초점을 맞춤으로써 세대문화가 표출되는 형식을 이해할 수 있는 함의를 제공한다.

그러나 세대문화가 형성되는 맥락의 부분이 제대로 해명되지 않는 한계를 지닌다. 세대문화를 파악하기 위해서는 세대문화가 형성되는 맥락과 세대문화의 스타일과 관련된 기성세대, 정치권력 등 담론적 관계를 파악할 필요가 있다.

2) 1970년대 청년문화 형성맥락과 성격

전후 한국사회에서 4·19세대나 386세대 등의 용어가 등장했지만, 청년세대문화 일반으로 보기는 어렵다. 4·19세대는 주로 문학 영역에서 김현, 김치수, 김병익 등 '68동인'을 중심으로 한 비평가들, 이청준, 김승옥 등 4·19혁명 이후 소시민적 의식과 내면을 다루는 작가들, 4·19 주체들 중에서 정치권에 들어간 사람들을 지칭하는 경우가 대부분이다. 문학용어로서 4·19세대도 1960년대 후반에 붙었다.

386세대는 1980년대 민중문화세대를 지칭하는 용어지만, 1990년대 중후반부터 사용되었다. 이 용어는 1980년대 문화의 생산과 수용과정을 의미하는 것이 아니라, 초기에는 컴퓨터 활용을 통한 세대단절, 문화와 소비취향을 의미했다가 1998년 총선 이후에 본격적으로 정치 진보세력을 일컫는 말로 사용되었다.[3]

4·19세대나 386세대는 당시 세대의식을 반영하지만, 4·19세대는 문학과 예술 영역이나 정치권 등에서 한정적으로 사용되었을 뿐 대중문화 일반으로 확산되었다고 보기 어렵고, 386세대는 1980년대 세대문화를 의미하는 것이 아니라 1990년대 후반 30대의 세대문화를 규정하는 용어였다. 앞에서 기술했듯이, 와이어트(1993)가 제시한 다섯 가지 세

---

3) '386세대'를 KINDS로 검색하면, 1996년 말 이후 등장했음을 알 수 있다. 〈한국일보〉(1996년 12월 16일) 특집 기사인 "불모지대 30대 문화가 살아난다"(시대와 문화)에서 20대와 40대 사이의 '샌드위치 세대'였던 30대에 의한, 30대를 위한 소설, 노래, 드라마 등의 등장을 보도했다. 이후 1998년부터 386세대는 주로 정치권에 들어간 일군의 진보세력을 의미하는 용어로 바뀌었다.

대문화 형성의 구성요소를 고려한다면, 전후 한국의 세대는 1970년대 청년문화세대, 1980년대 민중문화세대, 1990년대 신세대, 2002년 참여세대로 구분할 수 있다(〈표 5-1〉 참고).

신세대 문화, 영상세대 문화, 포스트모던 문화 등의 용어가 신문과

〈표 5-1〉 전후 한국사회 세대문화의 성격[4]

세대구분 구성요소	청년문화세대	민중문화세대	신세대	참여세대
역사적 사건 (맥락)	1972년 유신	1980년 광주민주화운동	1987년 6월 민주화항쟁	2002년 월드컵
공론 시점	1974	1984	1992	2002
계기적 사건	〈별들의 고향〉 (소설/영화) 민청학련 사건	1980년 광주민주화운동	뉴키즈온더블럭 공연사고 서태지 등장	월드컵 대통령 선거 여중생 사망
주체	20대 초중반 대학생	20대 대학생	10대 중후반	20대 초중반
장소/공간	명동, 종로, 대학가	대학 내	대학로	광화문, 시청 앞 광장, 사이버 공간
의례	통기타, 청바지, 생맥주, 고고, 포크송	대동제, 탈춤, 시위	랩, 스트리트 댄스	광장응원 촛불시위 인터넷 참여
대표적 인물	최인호, 김민기, 양희은, 이장호 등	전대협, 노래패	서태지	붉은 악마 노무현
이념적 지향	자유주의	반미주의, 민족주의	탈권위주의	개혁, 반미주의, 민족주의

---

4) 근대 한국사회의 세대 문제와 관련해서 각 별도의 깊이 있는 논의가 필요하지만 여기서는 간략하게 성격만을 살펴볼 것이다.

잡지 등에서 활발하게 사용된 시점은 1992년이다. 신세대 문화 담론이 부상하게 된 시점은 서태지의 등장과 상징적 사건이었던 '뉴키즈 온 더 블록'(New Kids on the Block) 공연사고5)와 맞물려 있다. 그러나 거시적 맥락에서 신세대 문화가 등장할 수 있는 배경이 된 역사적 사건은 1987년 6월 민주화항쟁이다.

김창남(2003)은 6월 항쟁이 문화 일반에 미친 결과로서 민중문화 담론이 쇠퇴하면서 문화의 탈정치화가 이루어졌다는 점을 지적한다.

6월 민주화항쟁 이후 대통령 직선제가 관철되면서 형식적으로나마 민주화가 실현되고, 1980년대 민중문화세대가 받았던 민족과 계급의 영향력은 상대적으로 약화되었다. 게다가 학원자율화 조치로 개성과 자율을 강조하는 경향이 두드러지고, 임금수준이 급속히 향상되면서 청소년 자녀들의 구매력이 확대되었다. 1980년대 중후반에 교육과 경제적 혜택을 받은 10대 중반들은 1990년대 초반에 접어들면서 서태지

---

5) '뉴키즈온더블록' 공연사고는 1992년 2월 17일 발생했다. 당시 인기 아이돌그룹이었던 뉴키즈온더블록 내한공연이 잠실 올림픽 체조경기장에서 진행되었는데, 소녀들이 무대 앞으로 접근하다가 연쇄적으로 넘어져 1명이 사망하고 50명 정도가 부상을 당했다. 이 사건과 관련해서 김형곤(1994)은 소녀문화의 변화에 주목한다. 당시 뉴키즈온더블록의 내한공연이 시작되기 전 국내 팬클럽 숫자는 150~200여 개에 달했다. 팬클럽 하나당 회원 수가 보통 400~500명 정도였으니 팬클럽 회원 수는 6만 명에서 10만 명에 이르는 엄청난 것이었다. 김형곤은 소녀문화가 팬클럽을 통해서 공동체를 확인하고, 적극적이고 공개적으로 감정표현을 하며, 가부장적 체제에 저항적이었다는 점에 주목한다. 반면 조은기(1994)는 뉴키즈온더블럭 공연사고가 "도저히 이해할 수 없는 젊은 세대"에 대한 담론 네트워크의 변동과 새로운 담론구성체 생성을 촉발시켰던 계기적 사건이었다고 지적한다.

의 등장을 계기로 신세대 문화의 소비주체가 되었다.

신세대는 1990년대 중반 산업에 의해서 X세대, N세대 등으로 호명되기도 했다. 이동후·김영찬·이기형(2004)은 1994～1996년 사이 신세대나 X세대 담론이, 1999년에는 N세대 담론이 언론에 주로 보도되었는데, 상업적 의도가 담겨 있었다고 지적한다. 다만 이들은 새로운 정보통신기술이 신세대 문화 형성의 중요한 매개체가 되었으며, 젊은 세대가 정보통신 영역을 그들만의 장으로 재영토화(reterritorialization)하면서 신세대 문화를 구성했다고 설명한다. 포괄적으로 보면, 신세대 문화는 1992년을 계기로 형성되기 시작하여 1990년대 중반 이후 정보통신 영역의 발전과 맞물리면서 시장에 편입되는 성격을 띠었다.

참여세대6)가 사회적으로 공론화되면서 등장한 시기는 2002년 월드컵 때였다. 청년문화세대나 신세대의 경우 역사적 사건이 세대문화 형성에 배경을 설정하는 힘으로 작용했다면, 2002년 월드컵과 대통령 선거는 보다 직접적이고 결정적인 영향을 미쳤다. 월드컵, 대통령 선거, 미군 장갑차에 의한 여중생 사망사건 등은 참여세대가 등장하는 계기적 사건이었다. 참여세대의 대표적 인물은 붉은 악마와 정치스타 노무현이다. 참여세대는 광장응원, 촛불시위, 인터넷 참여 등을 통해서 보다 적극적으로 자신의 정체성을 표현했으며, 젊은 층의 자발적 집단화와 공동체의식 그리고 개인주의적 세대분화라는 이중적 특성을 지녔다. 7)

---

6) 2002년 월드컵 이후 등장한 세대 담론과 관련해서 참여세대, P세대, 2002세대(송호근, 2003), 2029트렌드(주용중 외, 2006) 등 다양한 호칭으로 불리고 있지만, 여기서는 가장 널리 사용되는 참여세대(혹은 P세대)로 지칭하고자 한다.

7) 송호근(2003)은 참여세대는 1997년 IMF로 좌절감을 겪었지만 2002년 월드컵

1970년대 청년문화 담론이 처음 공식적으로 제기된 대표적인 것은 1970년 〈세대〉 2월호에 실린 남재희의 "청춘문화론"이었다(허수, 2000, 318쪽). 〈동아일보〉 1974년 3월 29일 기사에서 김병익 기자는 "4~5년 전부터 의식되기 시작한 청년문화는 이미 대학로(大學路)와 재수로(再修路)에서 뻗어 명동과 무교동의 기성문화 지대로 범람하고 있다"고 기술한다. 대체로 1960년대 말에서 1970년대 초반에 패션, 스타일, 오락 (고고장이나 음악감상실 등) 소비문화 영역에서 확대되었고, 1970년대 중반 사회적 담론으로 쟁점화되었다.

청년문화는 사회적 맥락인 외적 요소와 대중문화의 내적 요소가 결합되어 영향력을 행사하면서 부상했다.

1970년대 청년문화가 형성되는 사회적 맥락은 근대화가 시작되면서 매스미디어의 확대, 국가권력의 생활세계 식민화, 소비주체로서 대학생의 증가, 미국과 서구의 '1960년대 청년문화'의 영향력 등을 들 수 있다. 1973년 텔레비전은 128만 대로 100만 대를 돌파했고, 1975년 라디오는 1,359만 대로 천 명당 383대였으며, 대중잡지인 〈주간한국〉, 〈선데이 서울〉 등이 폭발적 인기를 끌었다.

국가권력은 1971년 4월 3선 개헌을 강행하고, 이듬해 10월 유신을 단

과 대선을 통해서 세대적 연대감을 갖게 되었다고 말한다. 이들의 의식으로 "성장시대의 가치관 퇴조와 유동성 문화의 형성"을 꼽는데, 참여적, 집단적이면서 동시에 개인주의적인 가치관이 참여세대의 중요한 세계관이라고 볼 수 있다. 참여세대가 갖는 개인주의적 가치관과 관련해서 놀이, 문화, 소비, 성과 가족, 정보기술 트렌드를 관찰형식으로 기술한 주용중 외 《대한민국 뉴리더 2029 트렌드》(2006) 참고.

행하면서 국민의 기본권을 극심히 제한했다. 국가권력은 근대화를 향한 국민재건운동으로 생활세계를 식민화하고 통제했다. 대학캠퍼스 통제, 교련군사훈련, 휴교 등을 통해서 일상생활은 위축되고, 매년 장발, 미니스커트, 고고장 단속, 금지곡 등 '대중예술 활동에 대한 정화방침'으로 청년문화 전반에 걸쳐서 통제와 억압이 이루어졌다. 이러한 체제의 과잉과 생활세계의 식민화는 공적 영역을 협소화시켰다.

1970년대 청년문화의 생산과 소비의 중심은 대학생이었다. 1970년대 초반 대학생들은 베이비붐세대(1953년~1962년)의 초기 출생자들이었다. 4년제 대학교의 경우 1964년부터 본격적으로 증가하는 추세가 나타나기 시작하여 전년도 47개에서 66개로 늘어났으며, 1974년에는 72개의 대학교가 설립된 상태였다(이혜림, 2001, 40쪽). 1973년부터 대학에 입학하기 시작한 베이비붐세대는 청년문화의 주요한 소비자가 되었다.

1970년대 초반 청년문화는 미국과 서구의 '1960년대 청년문화'의 영향을 받았다. 1968년 세계 곳곳에서 분출한 학생운동의 열기와 함께 1969년 우드스탁 페스티벌의 대규모 집회, 워싱턴과 뉴욕의 반전시위에서 보인 서구와 미국의 청년문화 등이 국내에도 영향을 미쳤다. 에드먼드와 터너(Edmunds and Turner)는 "미국과 유럽의 '1960년대 세대'가 의미 있는 것은 세계적 수준에서 현대문화 형성에 중요한 역할을 한 첫 번째 국제적 세대였다는 점"(2002, 21쪽)이라고 지적한다. [8] 1960년

---

8) 마윅(Marwick)은 서구의 청년문화 등장을 '문화혁명'으로 정의한다. 서구사회에서 청년문화가 등장하게 되는 배경으로는 개인주의와 기업주의, 텔레비전이

194

대 서구 청년문화는 프랑스의 탈식민화운동, 미국의 반전 캠페인과 비핵화, 영국의 저항적 하위계급문화 등 정치적 지향점이 동일한 것은 아니었지만, 대중음악, 패션, 소비행태, 정치의식 등에서 보편적 언어를 공유했다.

청년문화 형성의 사회적, 외적 요인들은 소비 영역과 대중문화 영역의 성장과 관련된다. 소비 영역과 관련해서 1968년 윤복희가 귀국하면서 미니스커트가 급속히 인기를 끌었고, 1971년 핫팬츠, 샤넬라인, 판탈롱 등이 유행했다. 1970년 8월 정권은 퇴폐적 사회풍조를 일소한다는 명목으로 단발령을 내릴 정도로 장발(이때는 히피로 불림)이 유행하기 시작했다. 이 밖에도 폭발적인 인기를 끌었던 고고장, 생맥주 집, DJ 음악감상실 등이 명동, 무교동 등에서 우후죽순처럼 생겨난 것도 1960년대 후반에서 1970년 초반이었다.

청년문화를 이끈 대중문화 영역은 대중음악, 대중소설, 영화 등이었다. 이영미(1998)와 이혜림(2001)은 청년문화가 태동한 시기를 라디오 음악 프로그램이 신설되고 음악감상실이 대중화되기 시작한 1960년대 중반이며, 한대수와 트윈폴리오가 포크음반을 발매한 1968~1969년이 기점이었다고 주장한다.[9] 1968년에는 4개 라디오 장르 편성비율에서

나 레코드와 같은 소비상품 확대, 새로운 소비문화 출현, 사회적 이동성 증대 등과 같은 요인과 베이비붐세대, 탈/반식민화운동(베트남 전쟁이나 알제리 내전 등), 신좌파운동, 시민운동, 반전 캠페인, 비핵화운동 등을 제시한다(1998, 17~20쪽).

9) 이장희는 한 인터뷰에서 1966년 대학 1학년 때 윤형주를 만나 최초 학생 3인조

음악 편성비율이 33%를 넘을 정도였다(김창남, 2003; 조항제, 2003).

최인호, 조해일, 한수산, 송영, 조선작 등은 1970년대 초중반 일간지에 소설을 연재했는데 대중적으로 인기를 끌었다. 1972년 9월 5일부터 〈조선일보〉에 연재된 《별들의 고향》이 대표적이다. 《별들의 고향》은 1973년 단행본으로 출간되어 1975년까지 40여만 부가 팔리는 기록을 세웠다. 대중소설의 인기는 문학적 변모라기보다 문화적 현상이었다.

1970년대 초반 영화는 청년문화의 의식을 보여 주는 하길종, 이장호, 김호선 감독들이 등장하여 흥행성과 작품성에서 주목을 끌었다. 10) 강영희는 이 작품들을 "문학과 음악의 측면에서 당대 '청년문화'의 경향을 흡수하여 새로운 영화적 경향을 창출한 청년문화의 대표적 텍스트"(1992, 228쪽) 라고 주장한다. 11)

1970년대 청년문화는 이후 등장한 세대문화의 성격과는 분명한 차이

그룹인 라이너스 트리오를 만들었고, 1967년 윤형주와 송창식이 트윈폴리오를 구성했으며 당시 무교동에서 가장 인기 있었던 음악감상실 세시봉(C'est Si Bon) 의 멤버가 되었다고 진술한다(신현준, 2004). 이들이 1970년대 통기타와 포크송의 인기에 중요한 계기를 제공한 것은 분명하다. 그러나 청년문화의 구성 계기가 되는 역사적 맥락과 다른 문화형식들을(문학, 공연, 영화 등) 고려하면, 대중음악만이 청년문화를 구성하는 힘이었다고 보기는 어렵다.

10) 강영희(1992)는 1970년대 청년문화를 표현하는 대표적 작품들로 하길종의 〈바보들의 행진〉(1975), 〈병태와 영자〉(1979), 이장호의 〈별들의 고향〉(1974), 〈어제 내린 비〉(1974), 김호선의 〈영자의 전성시대〉(1975), 〈겨울 여자〉(1977) 를 꼽는다.

11) 1970년대 대중문화 일반은 강영희(1992), 김양미(1994), 김병익(1979) 김창남(2003), 이혜림(2001), 임종수(2003), 조항제(2003) 등을 참고했다.

를 보여 준다.

첫째, 1970년대 청년문화의 소비주체는 주로 대학생 집단이었는데, 대중문화 일반으로 확대되는 과정에서 형성되었다. 당시 청년문화는 소비대중문화 전반을 지배하기보다는 부상하는 문화의 성격을 띠었다. 그러나 1990년대 신세대 문화나 참여세대문화의 경우 대학생 중심이라기보다 젊은 세대 일반, 그리고 소비대중문화 전반에 걸쳐 부상했다.

둘째, 1970년대 청년문화는 유신체제가 내세우는 엄숙주의와 지배 이데올로기에 대한 저항과 대중사회로 전환되면서 형성되기 시작한 상업화된 소비대중문화로의 편입과정 속에서 구성되었다. 다만 청년문화는 당시 반체제적 성격을 띠는 정치적 저항의 추구라기보다 자유주의적인 자기표현이라는 점에서 적극적 저항의 모습을 보이지는 않았다.

셋째, 청년문화 생산의 주체는 특정 엘리트들이었다. 최인호, 이장호, 이장희, 양희은, 김민기 등은 청년문화가 산업사회에서 변화하는 대중의 삶을 담아낸다는 점에서 엘리트 문화가 아니라고 주장한다. 그러나 이들이 표현한 정서는 아래로부터의 대중정서라기보다 20대 초중반의 정서에 한정되어 있었다. 반면 이후 형성된 세대문화는 엘리트가 주도했다기보다 산업, 테크놀로지, 월드컵과 같은 특정 역사적 국면이 주도적인 힘으로 작용했다.

넷째, 청년문화는 대중음악, 문학, 영화 등의 교류를 통해서 형성되었다. 최인호, 이장희, 이장호 등 당시 주요 청년문화 선도집단은 서로 분리되어 있었던 것이 아니라 함께 복합적으로 통합되어 청년문화를 형성하는 데 기여했다. 이들은 상이한 대중예술 영역에 속해 있었지만, 공동작업을 통해서 정서를 공유했다.

3. 연구방법

1) 담론분석

담론이라는 용어는 매우 포괄적으로 사용된다. 담론은 인문학 영역에서는 언어구조와 언어사용에 초점을 맞추어 정의되는 경향이 있는 반면, 사회문화 분야에서는 권력과 이데올로기가 개입된 언어사용 방식으로 규정된다. 담론분석에는 두 가지 경향이 있다. 하나는 언어학이나 인문학에서 지칭하는 텍스트분석으로 서사분석, 형식주의 언어분석, 대화분석, 구조주의분석 등을 의미하는 것인데 주로 영화, 드라마, 소설 등과 같은 허구적 텍스트를 분석대상으로 삼는다. 다른 하나는 미디어담론(주로 뉴스)이나 사회정치담론을 대상으로 이데올로기나 기호학적 분석, 비판적 언어분석 등을 포함한다.

정치담론과 이데올로기 분석이 정치의 장이나 더 넓은 사회적 위치나 과정에 대한 준거 없이 발화(*utterances*) 그 자체에 초점을 맞추면, 그것은 기껏해야 피상적인 분석에 그친다. 담론분석은 텍스트의 내적 분석이 아니라 다양한 사회주체들이 정의하는 말의 질서를 담론구성체 내에서 분석할 필요가 있다. 이와 관련해서 푸코(Foucault, 1984)가 제시하는 '담론의 질서'(*order of discourse*)는 사회 내에서 담론의 과정과 투쟁을 이해할 수 있는 길을 제시해 준다. 담론의 질서는 다양한 담론유형들(*discourse types*)이 서로 관계를 맺고 헤게모니 투쟁을 하는 영역이다.

담론의 질서는 사회조직이나 영역 내에서 여러 가지 담론유형들에 의해서 형성된다. 담론의 질서는 일련의 장소(예로써 학교의 사례에서 보면 교실과 운동장에서 이루어지는 담론유형의 차이) 내에서 다양한 담론유형들 사이의 관계 속에서 구체화된다. … 게다가 담론의 질서는 중요한 문화적 헤게모니의 영역으로 간주될 수 있다〔페어클라우(Fairclough), 1995, 55~56쪽〕.

담론의 질서는 담론구성체(*discourse formation*)를 의미하는 것으로 해석할 수 있다. 이 경우, 담론구성체에 대한 분석은 ① 담론의 주체는 누구인가, ② 담론의 경계(어느 장소에서 말하여지는가), ③ 담론주체가 만들어 낸 담론유형들 사이의 관계는 어떻게 배열되고 구성되어 있는가를 포함해야 한다.

담론구성체에 대한 논의가 필요한 이유는 "특정 사회적 쟁점을 둘러싼 담론유형들이 형성하는 '장' 속에서 다양한 종류의 담론이 복수적으로 존재하고 서로 간에 길항관계를 맺게 되며 … 공박과 근거 없는 주장이나 당파성이 난무하는 부정적인 의미의 닫힌 담론들의 각축장 혹은 '담론들의 게토'로 변모하기도 한다. 특정 사회적 의제에 대한 지배적인 담론은 언론이나 정부 혹은 엘리트에 의해서 주로 주도되지만, 이러한 지배담론에 저항하는 대항담론 역시 존재하고 …다른 담론들과 연관관계나 '상호텍스트적'인 관계를 형성하기"(이기형, 2006) 때문이다.

우리가 담론을 특별한 관점에서 기존 사회적 쟁점이나 사건을 표현하는 데 사용되는 언어라고 인식한다면, 다양한 담론유형들에는 정치, 권력, 이데올로기적 관계가 담겨 있다.

페어클라우는 '비판적 담론분석' (*critical discourse analysis*) 방법으로 3가지 범주를 제시한다.

첫째, 텍스트가 어떻게 구성되었고, 왜 그런 방식으로 표현되며, 어떻게 변화되어 왔는가? 이와 관련해서 ① 상호텍스트성(장르, 다른 담론들과 관계분석), ② 언어분석(표현방식으로 어휘, 의미론, 문장구조분석), 관계와 정체성분석(담론주체들의 구분과 주장 등), ③ 이미지와 텍스트분석(영상 이미지와 문자언어 사이 관계)이 필요하다.

둘째, 텍스트가 어떤 방식으로 생산되고 어떻게 해석될 수 있는가? 담론 생산은 언론사의 편집, 제작방침 등을 포함하고, 해석과정은 독자나 수용자의 관계를 의미한다.

셋째, 거시적인 사회문화적 과정 속에서 담론은 어떻게 위치되는가? 그리고 그것은 어떤 사회적 효과를 만들어 내는가? 이것은 담론 행위가 어떤 사회적 문화적 실천을 내포하는가에 대한 분석이다(1995, 201~205쪽).

페어클라우의 비판적 담론분석방법은 유용하기는 하지만, 텍스트 유형에 따라서 변형이 필요하다. 왜냐하면 페어클라우가 제시한 분석틀은 영상과 문자언어를 포함하며, 분석범주들이 중복되는 경향이 있고 복잡해서, 이를 단순화시키는 것이 담론분석의 중요한 목적인 담론유형 간의 갈등과 헤게모니 과정을 이해에 유용하기 때문이다.

나는 단순한 방식으로 담론, 담론유형, 담론의 질서를 중심으로 담론분석을 시도할 것이다. '담론'은 특정 쟁점이나 사안을 둘러싼 언어들이며, '담론유형'은 특정한 시각에서 정의된 언어들의 집합을, '담론의 질서'는 담론유형 사이의 관련성을 의미하는 것으로 담론유형의 배열이나 담론구성체로 정의한다.

1970년대 청년문화 담론은 두 가지 수준 — 담론유형, 담론의 질서 — 에서 분석할 것이다. 담론과 담론유형은 담론의 미시구조에 가까우며, 담론의 질서는 거시구조이다. 담론들은 특정 시각을 지닌 담론유형으로 범주화되는 것이 필요하기 때문에 담론유형 안에 포함시켜 분석하는 것이 유용하다. 담론유형 분석은 어휘의 사용, 정의와 정의의 근거 및 논리, 이데올로기적 전제로 구분하고, 담론의 질서는 담론구성체 내에서 담론유형 간의 갈등과 대립을, 담론생산의 사회문화적 맥락을 포함한다. 분석방법은 간략하게 다음과 같이 정의할 수 있다.

(1) 담론의 유형

① 어휘적 레퍼토리(lexical repertories) — 핵심 어휘와 특징적인 어휘

② 정의와 정의의 근거: 어떻게 쟁점을 정의하는가와 정의하는 근거, 그리고 자신의 관심을 공식화하는 방법으로 수용과 배제의 논리 (이항대립적 구조)

③ 이데올로기적 전제: 쟁점을 정의하고 논리를 구조화하는 문제틀

(2) 담론의 질서

① 담론구성체: 담론주체가 주장하는 담론유형 간의 갈등과 대립

② 담론생산의 사회문화적 맥락

2) 분석대상

분석대상은 1974년 3월부터 9월까지 청년문화세대 담론을 제시했던 일간신문, 대학신문, 잡지 등이다. 일간신문으로 〈동아일보〉, 〈조선일보〉, 대학언론으로 〈대학신문〉, 〈고대신문〉, 그리고 청년문화세대를 다룬 잡지로 〈신동아〉, 〈월간중앙〉, 〈새가정〉, 〈새물결〉, 〈새생명〉이다. 그리고 청년문화세대 담론 과정에서 중요하다고 판단한 일부 기사들(예를 들어, 〈한국일보〉 1974년 4월 24일자 "청년문화 선언"이나 〈연세춘추〉 1974년 5월 20일자 "청년문화 비판" 등)을 분석대상에 포함했다.

청년문화세대 관련기사로 〈동아일보〉 5건, 〈조선일보〉 8건, 〈대학신문〉 4건, 〈고대신문〉 5건, 각각의 잡지가 기획특집으로 다룬 논문이나 시사대담이 5건으로, 총 27건의 기사나 기획논문이 1974년 한 해 동안 청년문화세대 담론을 형성했다. 1974년 10월 이후에는 청년문화세대 담론이 사실상 사라졌기 때문에 분석시기는 1974년 3월에서 9월까지로 한정했다.

4. 1970년대 청년문화세대 담론의 유형

1) 반문화 : 세대표현과 기성의 거부

김병익은 〈동아일보〉 1974년 3월 29일 자에 "오늘날의 젊은 우상들"이
라는 기사를 실었다. 김병익은 최인호(당시 29세), 이장희(23세), 서봉
수(21세), 양희은(22세), 김민기(23세), 이상룡(30) 6명을 청년세대의
우상으로 거론했다. 최인호는 '젊은 감성을 순수하게 표현해 내는 작
가', 이장희는 당시 동아방송 〈영시의 다이얼〉 DJ로서 8자 수염, 가죽
옷, 오토바이를 타고 다니면서 파격적이고 실험적인 노래를 만든 가수,
서봉수는 약관 21세에 조남철 8단을 꺾고 명인 타이틀을 차지한 바둑
선수, 양희은은 '노래의 표현력이 뛰어난 가수', 김민기는 '반상업주의
가요를 만드는 작사 · 작곡가', 이상룡은 자작 코미디를 만드는 코미디
언으로 평가했다.

김병익은 기성세대와 다른 젊은 세대의 자기표현방식과 무기력한 선
배나 무사안일, 상투성에 빠져 있는 기성세대문화에 대한 반(反)문화
로 청년문화를 정의하면서, 청년문화는 "육당(六堂) 최남선, 춘원(春
園), 3 · 1운동과 광주학생운동, 4 · 19와 6 · 3 데모로 연연이 이어 온
청년운동이 70년대에 착용한 새로운 의상(衣裳)이다. 그리고 청년문화
는 잠재된 젊은 힘의 잠재적인 표현"이라고 기술했다.

청년문화세대의 상징인 최인호는 〈한국일보〉(1974년 4월 24일)에
"청년문화 선언"을 다음과 같이 적었다.

오늘날의 청년문화는 서로서로의 간격을 좁히려는 노력에서부터 비롯된다. … 즉 소수 엘리트의 사고방식과 침묵하는 대중의 사고방식의 간격을 좁히려는 것에서 시작된 것이다. 전에는 침묵의 대중을 몇몇 엘리트들이 정의를 내리며 주도하고 이끌었지만, 오늘날의 청년문화는 엘리트를 인정치 않는다. 엘리트 자신도 자기들을 엘리트로 인정치 않는다.

양희은도 〈조선일보〉(1974년 9월 29일자)에서 "생활이 담긴 진실"이 청년문화의 특징이라고 지적하며 다음과 같이 주장한다.

노래가사가 반정부적이다, 사회불안을 조성하고 절망적이고 퇴폐적이고 불온하다고 해서 우리들 중 어떤 이는 곤란을 당했고,[12] 지식인들이 지성인들이 어른들이 젊음이라면 마땅히 기운차고 절도 있고 희망적이어야 하는데 서양의 것을 무비판하게 수입해서 철학도 없는 노래를 만든다고 야단치기 시작했고, 재빠른 상업주의가 우리들 사이에 새로운 적으로 침투해 들어오기 시작했다.

양희은은 무비판적인 서양수입이라고 야단치지만 언제 학교에서 가야금을 가르친 적이 있었느냐고 비판한다.

청년문화세대론을 제기한 김병익이나 세대론의 기수였던 최인호, 양희은 등은 청년문화를 젊은 세대의 자기표현이자 기성세대 의식을 거부

---

12) 1972년 김민기가 노래 '꽃 피우는 아이' 등 3곡이 반정부곡이라는 이유로 연행된 것을 의미한다.

하는 반문화(反文化)로 정의했다. 이들이 사용한 핵심어휘는 반엘리트 문화, 대중(젊음)의 자기표현, 아래로부터의 문화, 반상업주의, 획일주의 반대 등으로 요약된다. 13)

여기서 반문화는 적극적인 의미로서 대항문화를 말하는 것은 아니다. 반문화는 기성세대가 지닌 무기력과 무사안일주의, 폐쇄주의, 상업화된 문화를 거부한 것으로 새로운 감수성을 표현하는 젊은 세대의 문화이다.

김병익은 1970년대 청년문화를 4·19혁명으로부터 이어지는 세대문화의 계승이라고까지 말할 정도로 높게 평가했다. 또한 청년문화가 퇴폐적으로 인식되는 것은 위선의 세대가 낀 획일주의적 색안경 때문에 생기는 착각일 뿐이라고 지적한다. 청년문화를 반문화로 본 시각이 갖는 이데올로기적 전제는 문화는 다양한 집단이 자신을 표현하는 것이라는 문화적 다원주의와 자유주의이다.

2) 도깨비 문화 : 빠다에 버무린 깍두기

청년문화 담론이 언론을 통해서 제기되자 가장 신랄한 비판을 제기한 집단은 대학언론이었다. 대학언론은 청년문화를 무분별한 외래문화, 6·3정신을 훼손하는 타락한 문화, 소비주의에 빠진 소수 대학생의 행태로 규정했다. 청년문화가 대학문화와 동일하게 인식되는 것에 대해서도 강력히 비판했다.

---

13) 반상업주의와 관련해서 최인호와 양희은 등은 약간 다른 견해를 표명했다.

〈대학신문〉은 1974년 6월 3일 파격적으로 3면을 할애해서 청년문화론을 다루었다. "특집 청년문화 그 시비를 가린다"의 서언(序言)인 "지금은 진정한 목소리가 들려야 할 때다"에서 〈대학신문〉은 청년문화를 '도깨비'로 비유한다.

최근 도깨비 같은 말 하나가 우리 사회의 표면을 표류하고 있다. 존재하기는 하되 역사적 연원과 언어학적 기원도 알 수 없으며, 사용되기는 하되 그 명백한 정체와 그 구체적 의미조차 밝혀지지 않고 있다. 때문에 그것은 '도깨비'에 비유될 수밖에 없다. … 이 새로운 '도깨비'의 이름은 무엇인가. 청년문화라는 말이 그것이다. … 만일 이에 대한 반론이 있어 구태여 그 연원을 따져야 한다면, 그것은 '빠다' 냄새 물씬한 어느 외국산 용어의 억지 번역어로 보아도 좋은 것이다. 아니 '히피', '후리섹스', '마리화나' 등 퇴폐적 저항을 일컫는 외국산 용어를 용감히 이 땅에 도입한 … 말초적 번안이라고 보는 것이 타당한 것일지도 모른다.

〈대학신문〉은 청년문화가 존재하지만 연원을 알 수 없는 외국산 빠다에 버무린 깍두기의 한계를 벗어날 수 없다고 지적한다. 청년문화는 퇴폐적 저항을 일컫는 외국산 용어의 말초적 번안인 셈이다.

〈연세춘추〉(1974년 4월 1일) 〈십계명〉에서는 "한국의 젊은 세대 중에 히피를 자처하는 자 참으로 많다. … 장발이나 마리화나로 특징지어지는 이른바 히피는 히피가 아니다. … 강렬한 자기몰두의 표적을 찾지 못하고 순간에 도취하는 젊은이들을 히피로 부를 수 없다"고 말하면서,[14] 정신은 사라진 채 히피의 외양에만 빠져 있는 행태를 비판했다.

〈고대신문〉은 "청바지와 기타"(1974년 4월 9일)에서 대학생들이 청바지를 입고 통기타를 친다는 것이 문제가 아니라 "4·19세대니 6·3세대로 불리던 60년대 중반까지의 대학문화와 비교해 보면 현격한 차이가 있다"고 지적한다. 청년문화는 6·3세대의 계승이 아니라 왜곡으로 대학생들이 외래 스타일에만 빠져 있고, 비판적 정신을 갖지 못하고 있다는 것이다. 대학가 주변의 술집은 "울분을 터뜨리는 샌드백 역할을 하는 현실도피의 수단"(〈연세춘추〉, 1974년 5월 20일)일 뿐이다.

〈연세춘추〉(1974년 5월 20일) 캠퍼스 에세이에서 당시 대학원생이었던 마광수는 "청년문화 비판"이라는 글에서 "청년문화는 엉터리 저널리즘의 횡포이며 … 청년문화운동은 몇몇 사이비 지성인들[15]이, 그리고 매스컴 종사자들이 그들의 얄쌍한 글에 대해 상품가치를 올리기 위해서 선량한 젊은이들을 악용하고 있다. … 통기타와 청바지는 청년문화의 대변자가 될 수 없다"고 말한다. 대학가에서 청년문화는 다수의 문화가 아니라 극소수의 청년들의 문화일 뿐이라는 것이다.

대학신문들은 대학문화가 통기타, 청바지, 생맥주 등으로 불리는 것에 대해서 비판적이지만, 청바지나 장발 자체에 대해서는 상대적으로 긍정적 시각을 보였다. 〈고대신문〉은 "장발족 단속 유감"(1974년 6월 18일자)에서 "모든 것이 변해 가고 있다. 유행도 예술도 인간의 행동양

---

14) 1974년 3월 고대 앞에서 최초로 장발 청년이 스트리킹을 했는데, 이 사건을 계기로 〈연세춘추〉에서 히피를 재정의한 것으로 보인다.
15) 최인호 등을 지적하는 것이다.

식도 변해가고 있다. … 장발은 젊은이들의 새로운 문화창조 활동의 전
초이며 과감한 청년들의 감정의 표출이다"라고 지적한다.

대학신문들은 대학문화와 청년문화를 분리하고, 청년문화와 민족문
화를 구분한다. 대학문화는 소수에 향유되는 타락한 청년문화가 아니
라 전통문화의 재편성 과정에 참여하고, 민족문화에 활력소를 제공할
때, '진정한 대학문화'가 될 수 있다고 주장한다. 더욱이 대학신문들은
새로운 방향을 모색하는 청년문화운동을 제안하며, 대학과 민중의 이
질감을 없애는 것이 청년문화운동이라고 규정했다. 대학언론들은 민족
주의와 사회참여로서 문화운동을 강조하는데, 청년문화는 그와 같은
역할을 수행하지 못하고 있다고 지적했다.

3) 부분문화 : 일부 젊은이들의 모방적 생활양식

청년문화 담론은 지식인 진영에서 가장 활발하게 전개되었다. 청년문
화 담론을 이끈 대표적 지식인들은 사회학자 한완상과 임희섭 등이었
다. 이들은 청년문화를 부분문화로 정의하는데, 논의의 출발은 과연
한국에 청년문화가 존재하는가 여부였다.

만일에 청년문화를 전체문화의 정당성에 도전하는 반문화라는 뜻에서
해석한다면 우리나라에는 청년문화가 없다고 보아야 한다. 그러나 우리
가 청년문화를 단순히 청년이라는 특수한 사회적 범주에 속하는 개인들
이 가지고 있는, 기성세대와 어느 정도 구별할 수 있는 행위양식의 체계
라는 뜻에서 이해한다면 한국에도 청년문화가 있다고 볼 수 있다(임희

섭, 〈조선일보〉, 1974년 4월 18일자).

한국에서 젊은이들 간에 어떤 유행이 그들의 생활양식으로 고착되고 있는 것이 사실이라면, 청년들에게 생활양식화하고 있다는 이유만으로도 이것을 청년문화로 볼 수 있다. 그러나 이것이 바람직한 청년문화인가 하는 입장에서 본다면 아니라고 할 수 있다. … 한국에서 청년문화는 대항문화가 아니라 부분문화로서 있다〔한완상(1974), 〈신동아〉, 119호, 116쪽〕.

한국의 청년문화는 서구의 청년문화처럼 반문화나 대항문화가 아니라 기성세대와 구별되는 행위양식이나 청년들의 생활양식(일종의 유행)으로서 부분문화에 지나지 않는다는 것이다.

한완상(1974)이 한국 청년문화를 부분문화로 정의하는 논리적 근거는 다음과 같다.

첫째, 서구 청년문화는 대항문화의 성격을 지니는데 이것은 사회적 관계성과 문제성으로 집약된다. 그러나 한국 청년문화는 사회적 관계나 문제의식을 공유하지 못하고 있다. 미국의 경우 청년문화는 사회구조(물질위주, 기계중심의 경제구조, 계층구조)가 표적이었으나 한국 청년문화에는 대항과 도전의 표적이 없다.

둘째, 만일 한국 청년문화에서 대항과 도전하는 것이 있다면 그것은 현실의 구조(포괄적 수준에서 기성세대의 가치관)이지, 이것이 추구하는 이상의 구조는 아니다. 한국 청년문화는 추구하는 이상이 존재하지 않는다.

셋째, 한국 청년문화는 유행이나 모방의 수준을 넘지 못하고 있다. 팝송에 심취하는 것이나 특정 만화나 카드놀이에 빠지는 것은 바람직하지 않은 표현방식이다.

지식인 집단은 청년문화를 서구모방의 "비행적(非行的)인 청년문화" (김윤수, 1974)로 바라보거나 "대중문화가 청년문화의 이름"(김윤식, 1974)으로 차용된 것으로 인식한다. 신학자들의 경우 청년문화를 '방황하는 젊은 세대의 문화'로 규정했다.

예를 들어, 김윤수(1974)는 다음과 같이 비판한다.

젊은이들, 특히 대학생들의 외양이나 행동에서 하나의 공통점을 발견할 수 없는 것은 아니다. 이를테면 장발을 한다거나(여학생의 경우 몸에 꼭 끼는 바지를 즐겨 입는다든가), 포크송과 통기타를 즐기고 테니스 라켓을 메고 다니며, 혹은 청년작가 모씨의 소설을 밤새워 읽고 맥주홀을 드나들고 하는 따위가 모두 그것이다. … 이런 행태도 넓은 의미에서 문화라고 한다면 이런 것들은 분명히 비행적인 청년문화에 다름 아니다.

김윤식(1974)은 외래문화를 자율적으로 선택하는 것이 중요한 때에 청년문화가 이를 망치고 있다고 보았다. 문제의 핵심은 청년문화 대 엘리트 문화가 아니고 대중문화 대 엘리트 문화이며, 청년문화의 이름으로 그것이 대중문화를 대신하여 엘리트 문화와 겨루면서 전초전을 치르고 있다고 파악한다.

지식인 집단은 한국의 청년문화를 저항의식이나 비판정신 없이 유행

하는 청년들의 생활양식 혹은 행위양식으로서 부분문화로 보거나, 외
국문화의 모방으로 소비대중문화의 한 형태로 파악하였다. 전자의 경
우 주로 사회학자의 시각으로 청년문화를 특정 문화로 바라보았다면,
후자는 문학, 예술평론가, 신학자 등의 시각으로 엘리트주의 입장을
보여 준다.

4) 퇴폐문화 : 저속한 외래풍조

정치권력은 청년문화를 직접 언급하지는 않았지만, 청년문화 양식들
(장발이나 미니스커트 등)이나 젊은이들이 즐겨 부르는 대중음악과 관련
해서 법적 통제를 가했다. 정권은 퇴폐풍조 단속령을 통해서 장발, 미
니스커트, 고고장 등을 집중 단속했다. 1970년 8월 정권은 퇴폐적 사회
풍조를 일소하겠다며 '해프닝 히피족'에게 단발령을 내리고 단속에 나
섰다.16)

 1971년 1월 22일 박정희 대통령은 히피족의 방송출연 금지를 지시했
고, 1971년 6월 16일 윤주영 문화공보부 장관은 취임 후 첫 기자회견에
서 방송의 저속성을 강하게 비판했다.17)

---

16) 1970년 8월 단속은 첫 번째 장발단속인 듯하다. 이후 1971년 9월 30일 대대적
 인 장발단속이 이루어졌고〔〈조선일보〉(1971년 10월 1일자 7면)〕, 1973년 3월
 10일, 1973년 9월 14일, 1974년 3월, 1975년 4월 14일 등 1970년대 내내 거의
 매년 한 번씩 집중단속이 이루어졌다(강준만, 2002, 110쪽). 다만 1970년 단
 속에서 장발족을 '해프닝 히피족'으로 부르는 것을 보면, 장발 유행의 초기로 추측
 된다.

퇴폐풍조 단속령은 1971년 9월 24일에 내무·법무·보사·문공부 합동으로 내려졌다. 정부대변인 윤주영 문화공보부 장관은 담화에서 다음과 같이 말했다.

저속하고 외설적인 출판 공연들, 유흥업소의 퇴폐성향과 장발 추악한 작태 등은 사회 윤리와 법질서를 문란시키고 있다. 특히 청소년에게 좋지 않은 영향을 끼쳐 건전한 국민정신을 해치고 있다. 형법, 공연법, 광고 단속법, 경범죄 처벌법 등 현행법규 안에서 엄하게 다스릴 방침이다 (〈경향신문〉, 1971년 9월 24일).

퇴폐풍조의 단속대상으로 "히피류의 전위를 표방한 퇴폐풍조(장발, 이상노출 의상, 광란적인 음악과 춤, 환각제 사용, 집단풍기 사범)"가 포함되었다. 정권은 청년문화 스타일을 청소년에게 나쁜 영향을 미치며, 전통문화를 파괴하며, 사회기강을 무너뜨리는 '퇴폐문화'로 규정했다.

---

17) 윤주영 문화공보부 장관은 방송이 지켜야 할 지침으로 민족문화 전승, 외래문화의 무분별한 도입 억제, 대중가요의 외국어 사용 억제, 저질 저속 프로그램 배제, 미풍양속 및 사회질서의 존중, 히피 광란 등의 추방, 퇴폐사회의 불식, 지나친 소비성향 자극 억제, 음란 또는 선정적 묘사 금지 등을 제시했다. 1972년 10월 유신 이후에도 프로그램의 주제 설정에서 사회질서를 문란케 할 우려가 있는 것, 음악에서 광란적 리듬이나 선율, 과도한 노출의 쇼와 저속한 언행, 내용이 퇴폐적이고 비관적인 것 등에 대한 포괄적 지침을 내렸다. 1973년 7월 16일 문화공보부는 방송의 공공성, 교양성 및 윤리성을 제도적으로 규제한 방송법의 실천을 촉구하는 담화를 발표했다. 1974년 5월 23일 방송정화 실천요강이 제정되었다(조항제, 1994, 107~111쪽).

▌서울역 광장에서 장발단속 후 긴 머리를 자르는 경찰관 (1971년 10월 1일)

　정권은 청년문화 스타일에만 국한한 것이 아니라 포괄적으로 사회
윤리와 관련된 공연, 출판, 유흥업소 등을 퇴폐풍조의 단속대상으로
삼았지만, 청년문화 스타일로 대표되는 장발에 대해서 민감하게 반응
했다. 1971년 9월 30일 퇴폐풍조 일제단속에서는 장발, 고고장, 도박
이 집중적인 대상이었다.

　1970년대 초반까지 정권은 장발이나 미니스커트 등을 정기적으로 단
속했는데 건전한 국민정신을 해친다는 논리를 내세웠다. 1973년 3월
10일 장발과 미니스커트를 단속하는 개정 경범죄처벌법이 발효되기 이
전에 정권은 장발을 퇴폐문화의 일부로 인식했지 저항적 성격을 지닌다
고 판단한 것 같지는 않다. 1971년 1월 22일 박정희 대통령이 히피족을

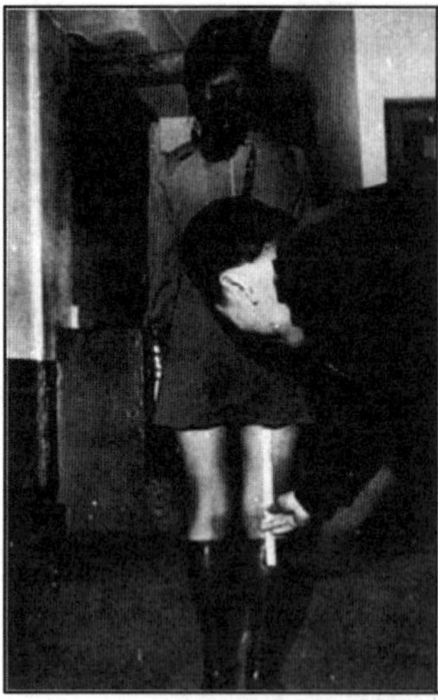

돋보기

◇…미니스커트의 길이가 어느선에서 미풍양속을 해치는 것으로 판단할것인가로 고민하던 서울 종로경찰서는 11일 무릎위17cm면 단속하겠다고 자신있는 결론。

◇…이같은 자신은 통금20분을 위반한 洪모양(19·서울서대문구)을 붙잡아 딴사람이면 훈

“무릎위 17cm는 안된다”

방했을텐데 너무짧은 미니스커트에 눈길을 피하던끝에 자로 재본결과 무릎위 17cm。「미풍양속을 해친다」는 사유를적어 제2즉결재판소에 넘겨 구류3일로 판결이나자 얻어진것。

◇…洪양의 케이스를 들어 앞으로는 무릎위 17cm이상만 되면 모두잡아들이겠다고 으름장을 놓으면서 아가씨들은 조심하라고 귀띔도。

▌무릎 위 17cm 이상 이면 단속(〈경향신문〉, 1970년 9월 11일)(우)
▌미니스커트 단속 사진(1973년 3월 10일): 미니스커트가 계속 유행하자 무릎 위 20cm 이상이면 단속하는 것으로 강화되었다.(좌)

방송에 절대 출연시키지 말라고 지시한 것은 장발의 상징적 저항보다는 저속한 외래풍조나 퇴폐풍조라는 시각에서 내린 지시였다.

그러나 1972년 12월 비상계엄령을 통해 유신헌법을 공포한 이후 대학가에서 반정부운동이 확산되면서, 장발을 퇴폐문화의 일부로 보던 시각에서 정치적, 상징적 저항으로 여기는 시각으로 바뀌었을 가능성이 높다. 윤재걸(1995)은 다음과 같이 기술한다.

과거 봉두난발을 연상시키는 장발을 통해 젊은이들은 무한한 자유를 만끽했다. 장발은 가식 없는 자아의 발현과 규제 없는 자기표현을 뜻한다. 장발자들을 가리켜 '인간 상록수'라고도 불렀다. 자연으로 회귀하려는 본

능과 그대로의 자기를 실현하려는 이러한 장발 풍조는 어느새 저항의 상
징으로 반항의 도도한 흐름을 형성, 정치적 억압에 도전하기 시작했다.
반정부 세력의 주류를 형성하는 학생 운동권의 주체들이 대부분 장발족
이었다는 사실과 정부의 단속을 무관하지 않게 보는 시각도 그때였다.

1970년대 초반 정권은 청년문화의 양식을 퇴폐를 조장하는 저속한
외래풍조로 규정했다가, 정권에 대한 상징적 저항이자 범죄로서 장발
을 규정했다. 장발로 상징되는 청년문화의 양식은 금지와 배제의 대상
으로 인식되었다.

5. 청년문화세대 담론의 질서와 정치학

청년문화는 1970년대 초반 4가지 담론유형 — 반문화, 도깨비문화, 부분문화, 퇴폐문화 — 로 담론의 질서가 형성되었다. 이 담론유형들의 언어적, 이데올로기적 전제 등을 간략하게 정리하면 〈표 5-2〉와 같다.

1974년 청년문화 담론의 질서는 소수의 긍정적 평가와 다수의 비판론으로 양분되어 있었다. 반문화로서의 담론유형을 제외하고, 대학언론, 지식인 집단(학계, 비평계 등), 정권 등은 청년문화에 대해 비판적이었다. 청년문화를 긍정적으로 바라본 것은 전체 신문기사나 잡지에 실린 글 중에서 4건에 지나지 않았다. 청년문화 담론의 갈등은 헤게모니 싸움이 아니라 일방적인 비판이 압도했다.

청년문화는 초기부터 '통·생·블'(통기타·생맥주·청바지)로 규정되었다. 청년문화가 소비지향적인 특수계층의 문화라는 '일차적 규정'이 담론의 질서를 지배했다. 청년문화 담론은 당시 유행하던 소비 스타일에 초점을 맞추었을 뿐, 청년들의 의식을 반영하는 대중문학, 대중음악, 영화 등에서 표출되는 시대의식을 읽어 내고자 하지 않았다. 한국의 맥락에서 청년문화의 가치와 의미를 찾아볼 수 있는 가능성마저 차단되었다.

청년문화세대 담론을 제기한 김병익의 기사는 추상적인 수준에서 청년문화를 논의한 것이 아니라, 6명의 청년우상을 제시함으로써 각 영역별로 구체적 논의의 장을 제공했다. 문학, 대중음악, 코미디, 영화 등 다양하고 구체적인 논의가 확대될 때, 청년문화의 의미가 분명히

<표 5-2> 청년문화세대 담론의 질서[18]

담론유형 특징	반문화	도깨비문화	부분문화	퇴폐문화
핵심어휘	대중의 자기표현 새로운 감수성 다양성 현실직시	빠다에 버무린 깍두기 왜곡된 외래문화 비주류 대학문화 반민족적 문화	특정소수 소비문화 일부소수의 생활형태 유행 서구모방	퇴폐풍조 저속한 외래풍조
정의주체	김병익, 최인호 등	대학언론	한완상, 임희섭 등	정권
정의의 근거	기성세대의 거부 생활이 담긴 문화 시대적 고민	서구문화 모방 사회현실에 무관심 소비향락문화	저항대상의 부재 의식의 부재 소비주의	사회 윤리 파괴 건전한 국민정신 파괴 청소년에 악영향
이항대립항	엘리트 문화 상업주의문화	민족문화 진정한 대학문화	대항문화 반문화	전통문화 건전한 문화
이데올로기 전제	자유민주주의 대중사회론 대중문화론	민족주의	엘리트주의	민족, 반공, 개발 이데올로기
역사적 의미	3·1운동, 4·19, 6·3의 차용	4·19와 6·3정신의 왜곡	없음	없음
수용주체	일반 대중	소수 대학생	소수 대학생, 소수 근로자	대학생 전체

---

18) 이항대립은 청년문화에 대한 대립항을 의미한다. 예를 들어, 청년문화를 반문화로 규정한 담론유형에서 청년문화는 엘리트 문화, 상업주의문화와 대립적 구조를 이룬다.

드러날 수 있었다. 그러나 대부분 청년문화에 대한 담론은 각 영역별구체적 논의가 이루어지기보다는 '통·생·블'의 상징적 규정에서 벗어나지 못했다. 이들은 청년문화에 나타나는 세대의식이 아니라 청년문화의 외양과 소비에 초점을 맞추었으며, 청년문화라는 거대담론에 빠져 있었다.

표피로 보아서는 구미의 상징적 청년문화가 우리 사회에 들어온 것 같다. 팝송에의 열광, 청바지의 번짐, 고고춤의 매력, 생맥주의 즐김, 통기타에의 심취 등. 만일 이 같은 번짐의 표피 밑으로 창조적 대항정신이 구미에서처럼 도도히 흐르고 있다면 이것은 바람직한 현상으로 보아야 할 것이다. 그 속에 창조의 씨앗이 감추어져 있기 때문이다. 그런데 과연 그런가를 묻고 싶다. 만약 창조적 씨앗이 분명히 감추어져 있다면 청년문화가 한국에 부재한다는 주장은 경솔한 주장이 될 수밖에 없다. 그러나 나는 과문한 탓인지는 몰라도 다소 비판적인 평가를 내릴 수밖에 없다(한완상, 1974, 119쪽).

지식인 진영과 대학신문들은 청년문화를 서구모방이나 왜곡된 외래문화로 규정하고, 담겨 있는 의식은 패배주의와 향락주의로 재단했다. 최인호는 청년문화의 구체적 표현방식이나 의식을 이해해야 한다는 논리를 폈다. 그러나 이와 같은 최인호는 지식인 진영과 대학신문들로부터 집중적 비판의 대상이 되었다.

최인호 씨는 엘리트 문화, 대학문화를 인정하지 않으려 한다. 동시에 씨의 선언문은 대중문화에 대한 연민으로 가득 차 있다. 그는 대중문화를 훈장과 가식을 싫어하는 진실을 희구하는 현상으로 미화시킴으로써 스스로가 젊은 세대를 가장 잘 파악하는 대변자인 것으로 오해하고 있다. … 우리는 최인호 씨가 그 존재조차 부인해 버린 대학문화의 입장에서 그를 비판하는 것이다. … 모든 청년들을 자신의 소설에 등장하는 그 저차원적인 주인공과 동일시하여 청년문화를 호도하는 태도는 비판받아 마땅하다. 그러므로 우리는 선언하려 한다. 그는 청년문화에서 추방되어야 한다(〈고대신문〉, 1974년 4월 22일).

청년문화를 지지했던 담론유형이 제기한 문제의식은 3가지였다.

① 청년문화는 기성문화에 대한 반문화 성격을 지닌다. ② 청년문화는 엘리트 문화를 거부한다. ③ 서구문화의 단순한 수입이 아니라 생활이 담긴 대중표현의 문화이다.

그러나 청년문화 지지 담론은 각각의 문제의식을 뒷받침하는 논리를 펼치지 못했다. 반문화로서 청년문화는 독재권력, 상업주의 대중문화, 지배문화에 저항한 것이 아니라 소극적 의미로서 젊은이들의 자기표현을 뜻했을 뿐이었다.

청년문화는 엘리트 문화를 거부한다고 주장했지만, 이들이 즐겼던 포크송이나 음악감상실 등은 당시 맥락에서 보면 엘리트 문화에 가까웠다. 통계청 자료에 따르면, 1970년 20세에서 24세까지 총 인구는 약 250만 명이었는데, 대학생 수는 20만 명을 넘지 못했다. 1975년 20세에서 24세까지 총 인구는 약 312만 명이었지만 대학생 수는 29만 명 정도였다.

청년문화의 주도세력을 대학생들이라고 본다면, 대학생 비율은 8~9%였고 이들 전부가 청년문화의 소비와 생산 집단은 아니었기 때문에 청년문화는 소수 엘리트의 문화로 보는 것이 더 타당하다.

당시 음악감상실 입장료는 300원이었다. 1970년 10월 7일 〈경향신문〉 보도를 보면 평화시장에서 매일 13시간에서 16시간 노동을 하는 미싱사 월급은 3천 원이었다. 당시 평화시장에만 2만 5천 명의 미싱사(미싱보조 포함)들이 열악한 노동환경 속에서 일하고 있었는데 이들이 청년문화를 즐겼으리라 판단하기는 어렵다. 청년문화 지지 담론이 말하는 생활이 담긴 대중표현은 젊은 세대 일반이 아니라 '그들만의' 자기표현이었다. 19)

청년문화세대 담론 논쟁은 세대 간 논쟁으로 이어지지 않았다. 김병익의 〈동아일보〉 기사 이후에 담론싸움은 세대 간에 이루어졌기보다는

---

19) 1970~1972년까지 3년간 가수왕은 남진이었다. 이 당시 남진과 나훈아는 최고 인기 가수였다. 이영미(2002)는 1970년대 초반 가정부(식모), 공장에 다니는 가난한 사람들이 이들의 노래에 열광한 이유를 다음과 같이 설명한다.

1970년대 초반 트롯의 특징은 거기에 도시 하층민의 경험이 덧붙어 있다는 것이다. 돈을 벌기 위해 꿈의 도시 서울에 올라왔던 돈 없고 못 배운 사람들은 결국 행상, 점원, 가정부, 단순 제조업 노동자, 매춘부 등의 직업을 가지면서 고달픈 서울생활을 하게 된다. 곽곽한 서울살이에 익숙해진 이들은 배고프지만 평화로웠던 고향에서의 삶을 그리워하게 된다. 나훈아의 〈고향역〉 같은 노래는 물론이거니와 〈님과 함께〉도 '멋쟁이 높은 빌딩 으스대지만' 자신은 '저 푸른 초원 위에 그림 같은 집을 짓고' 살고 싶다는 내용이 아닌가.

청년문화는 이들의 삶의 경험과는 사실상 많이 떨어져 있었다고 보는 것이 타당하다.

〈동아일보〉기사에 대한 〈조선일보〉의 비판이 주류를 이루었다. 담론의 지형이 세대가 아닌 언론사의 관계로 변형되었다. 〈조선일보〉에서 임희섭은 일사일언(一事一言) 칼럼에서 청년문화의 실체에 대해서 "그러한 행동유형은 일부 부유층 자제들, 일부 재수생들, 소수의 대학생들, 소수의 공돌이와 공순이들, 그리고 아마 대부분의 고고족들에 의해서 받아들여지고 있다"(1974년 4월 18일자)고 비판했다. 이와 같은 주장은 〈조선일보〉를 통해서 강화되었다. 특히 〈조선일보〉 1974년 5월 14일자에서는 서울대, 서강대, 숙명여대, 연세대 학생기자나 편집장 좌담을 통해서 "청년문화가 있느냐 없느냐 개념부터 불명(不明)하고 통기타와 청바지가 기수(旗手)는 될 수 없다"고 보도했다.

지식인들은 청년문화세대 담론과정에서 기성세대의 입장, 엘리트주의적 견해, 서구 청년문화의 시각에서 담론을 전개했다. 지식인들은 청년문화세대 담론의 논쟁을 주도했으며 지배적인 영향력을 행사했다. 이들의 주장은 한국사회에서 청년문화의 특수성을 고려하지 않고 일방적으로 서구 청년문화의 시각을 대변한 것이었다.

서구의 1960년대 세대는 세계적으로 보편적 언어를 공유하고 있었지만, 그것들은 동일한 수준에서 나타난 것이 아니었다. 베트남 반전운동에 의해서 촉발된 미국 청년문화는 기성세대의 냉전정치를 거부하면서 부상했다. 미국의 청년문화 구성에서 대중음악 특히 록 음악은 지배적 영향력을 행사했다. 록 음악은 계급, 인종, 지역을 하나의 세대로 묶어주는 역할을 담당했다.

반면 프랑스에서 청년문화는 알제리 내전(프랑스 식민지 지역)과 같은 정치 갈등으로 촉발되었고, 대학생들과 노동자의 동맹으로 확대됐지만, 미국과 다르게 록 음악이 그들 세대의 상징으로 나타나지는 않았다. 영국의 경우, 계급문화를 기반으로 모드족 등은 노동계급, 히피나 록커 등은 중산층계급의 청년문화를 표현했다.

청년문화세대 담론을 주도한 지식인들은 한국 청년문화가 서구 청년문화의 모방일 뿐이라는 시각에만 집착함으로써 한국적 특수성을 배제했다. 게다가 지식인들은 서구 청년문화가 지닌 저항문화의 성격을 강조했음에도 불구하고, 한국 청년문화가 지닌 대항적 특성을 주목하지 않았다.

1970년대 중반 정치권력의 통제와 억압은 청년문화세대 담론을 사실상 종결시켰다. 1974년의 경우, 1월 개헌운동이 확산되자 긴급조치 1, 2호가 발동되었고, 3월 신학기가 시작되면서 민청학련 사건이 터졌다. 8월 15일에는 육영수 여사가 사망하는 비극이 발생했다. 유신 이후 이러한 정치적 혼란 속에서 권력의 통제는 확대되었다.

1975년 가요 재심사와 대마초 파동은 통기타 가요의 선풍을 잠재웠다. 정권은 민청학련 사건을 명분으로 대학에 대한 통제를 강화했다. 정치권력은 1973년 이후 단지 장발 단속에만 국한하기보다 청년문화 전반에 걸쳐 규제를 확대했다.

결과적으로 1970년대 청년문화 담론의 지형은 왜곡된 구조 안에 놓여 있었다. 청년문화의 주체였던 대학생 집단(대학언론들)은 청년문화를 강하게 거부했고, 지식인 진영은 청년문화의 저항성을 강조하면서도 한국 청년문화의 실천에 대해서는 함구한 채 규범적 결론을 내리고 담론을

주도했다. 언론은 세대 간 담론투쟁이 아니라 언론사 간 대립으로 청년
문화 담론을 이끌었으며, 정권은 민청학련 사건으로 부상하는 반체제
운동이 확산될 것을 우려해 대학과 청년문화를 극단적으로 통제했다.

6. 청년문화의 새로운 모색

이번 장은 1970년대 청년문화세대를 둘러싸고 어떤 담론공동체가 형성되어 있었는가를 밝히면서, 청년문화세대 담론은 왜곡된 담론의 지형 속에 놓여 있었다는 점을 살펴보았다. 1970년대 청년문화세대 담론은 청년문화의 세계관이 아니라 스타일에 국한되었다. 바로 이것이 청년문화세대 담론이 갖는 한계였다.

세대에는 '세대 일반'(generation in general)과 '세대 특수'(generation specific)가 존재한다. 만하임은 세대가 단일한 범주지만 동시에 구별적 집단이라는 측면에서 세대단위라는 개념을 제시했지만, 세대단위가 너무 많으면 논의의 집중도가 떨어질 수 있다. 오히려 세대(문화) 일반과 세대(문화) 특수로 구분하는 것이 적절하다.

1970년대 청년문화는 대학생 집단이나 대학을 졸업한 후 3~4년 정도밖에 되지 않는 대중예술집단에 의해서 주도되었다. 청년문화는 세대(문화) 특수 형태를 띠었지만, 동시에 대중음악, 문화, 영화나 스타일에 있어서는 세대(문화) 일반으로 나아가는 과정에 위치해 있었다. 이것이 부상적 문화로서 1970년대 청년문화가 지니는 중요한 성격이었다.

부상적 문화로서 청년문화는 4가지 담론유형에서 볼 수 있듯이 권력의 금지, 기성세대와 대학언론으로부터 배제의 과정을 겪었다. 그러나 1970년대 중반 이후 대중음악, 영화, 대중소설에서 보듯이 청년문화는 시장 안으로 확대되었다. 대학언론은 강하게 비판했지만, 대학생 일반은 여전히 청년문화의 중요한 소비자였고, 소비계층도 대학생에 국한되지 않았다. 시장의 요구와 맞물리면서 권력에 의해서 배제되지 않는 청년문화의 일부 형식들은 소비대중문화로 확장되었다.

이것은 1970년대 청년문화가 분리의 과정을 겪었다는 것을 의미한다. 정치권력으로부터 정치적 이유로 배제되거나 금지된 청년문화는 반체제와 저항의 성격을 조금씩 띠기 시작했다.

1972년 김민기가 서울대 문리대 행사에서 부른 노래를 문제 삼아 그의 음반에서 3곡이 반정부적이라고 규정되었고, 1975년 6월 한국공연예술윤리위원회의 '대중가요 재심의 원칙과 경위' 이후 대중음악에 대한 규제가 극도에 달했다. '아침이슬'이 현실비판이나 풍자의 내용을 담고 있다고 금지된 것도 이때였다.

이 당시 대학신문들은 새로운 방향을 모색하는 청년문화운동에 깊은 관심을 표명했다. 이것은 청년문화가 대학문화와 동일시되고, 외국 모방의 소비문화라는 담론에 대한 비판적 대안을 찾고자 했기 때문이다. 이들은 전통문화에 대한 재인식, 민족문화의 창조적 계승, 대학과 민중 사이 이질감 해소 등을 강조했다.

대학언론은 청년문화 담론을 거부하면서 새로운 문화운동을 찾고자 했다. 민청학련 사건은 청년문화운동으로 나아가는 데 중요한 역할을 했을 가능성이 높았다. 대학신문들이 기성언론에서 제기되는 청년문화에 민감하게 반응했던 것도 청년문화 담론이 제기되었던 바로 그 시점에 민청학련 사건을 접했고, 정권의 억압적 체제가 본격적으로 심화되기 시작했기 때문이다.

사실상 '운동권'이라는 용어가 등장한 1970년대 중반 이후 대학문화는 탈춤 부흥운동과 같은 전통문화의 재구성, 노래운동, 노동현장과 관련된 문화운동 등으로 반체제적, 저항적 성격을 강하게 띠기 시작했다. 이것은 1970년대 후반 민중문화운동이 부상하는 토대를 제공했다.

1974년대 봄에 제기된 청년문화 담론은 3~4개월 정도 언론, 대학신문, 잡지 등에서 집중적으로 다루어졌다가 기성세대와 대학언론의 비판, 정권의 억압적 규제로 인해서 수면 아래로 사라졌지만, 한편으로는 1970년대 이후 대중문화의 형성에 기여하고, 다른 한편으로는 대학생을 중심으로 한 저항문화가 구성되는 데 전환점을 제공했다.

1. 1975년 전후의 문화적 중요성

1970년대 한국사회는 한국전쟁 이후 구조변동의 폭과 깊이가 컸다. 정치권력이 추진했던 조국 근대화 프로젝트는 산업과 경제구조를 재편했고, 농촌으로부터 인구유입으로 도시화 속도도 빠르게 진행되었다. 유신 이후 노동과 자본 간의 갈등이 심화되기 시작했으며, 체제과잉은 공적 영역과 생활세계를 억압했다. 경제성장으로 소비가 확대되면서 대중문화 영역이 성장하기 시작했는데, 젊은 세대를 중심으로 청년문화와 지배권력에 대항하는 저항문화가 부상했다.

1970년대가 박정희 체제였다고 하더라도 정치적, 경제적, 문화적 수준이 동일한 선상에 놓여 있는 것은 아니었다.

한국사회의 정치, 사회, 문화는 1975년 전후를 정점으로 갈등, 편입, 통합의 과정을 거쳤다. 1975년 전후 한국의 당대문화(*contemporary culture*)[1]는 양적 성장과 질적 변화를 보였다. 당대문화 형성과정의 측면에서 본다면, 1975년 전후는 정치권력의 억압적 통제가 이전보다 더욱 강제적으로 행사되었고, 새로운 세대의 정체성을 보여 주는 대중문화와 대중예술이 인기를 끌었다. 지배와 저항의 헤게모니 싸움은 역사와 전통의 재인식을 놓고 본격화되었다.

문화가 권력, 역사(시간), 맥락(공간) 속에서 형성되는 것이라면, 1975년 전후는 한국문화 형성의 계기가 되는 국면이다. 문화는 권력이나 계급 등 특정한 하나의 사회적 결정요인으로 환원되기보다는 다양한 축과 차원에 의해서 복잡한 방식으로 구성된다. 여기에 맥락의 중요성이 제기된다. 맥락은 다양한 권력관계 속에서 문화가 형성되는 과정을 파악할 수 있게 해주기 때문이다.

1970년대 문화현상에 대한 기존 접근들은 1970년대를 박정희 체제로

---

1) 여기서는 대중문화(*popular culture*)라는 용어 대신에 당대문화(*contemporary culture*)라는 개념을 사용한다. 영국의 버밍햄대학교 현대(당대) 문화연구소 (CCCS: Centre for Contemporary Cultural Studies)는 대중문화(*popular culture*) 대신에 당대문화라는 용어를 사용했다. 홀(Hall, 1980)에 의하면, 현대문화연구소는 일상적으로 체험되는 문화를 이해하고, 문화가 사회관계 속에서 정치적, 이데올로기적 관계를 맺으면서 형성, 변형되는 과정을 탐구했다. 버밍햄 중심의 문화연구자들은 대중문화를 산업과 정치에 지배되는 문화로 전제한 반면, 당대문화는 사회 전반에 나타나는 문화적, 헤게모니적 관계를 드러내는 문화로 가정했다고 볼 수 있다. 나는 1970년대 중반 인기 있었던 대중문화뿐만 아니라, 지배와 저항, 편입과정 등을 복합적으로 논의하면서 국면분석을 시도하기 때문에 포괄적 의미에서 당대문화라는 용어를 사용할 것이다.

서 하나의 전체(*unity*)로 바라보는 경향이 지배적이었다. 그러나 나는 1975년 전후의 문화사적 맥락에 주목하고자 한다. 문화형성 과정에서는 전체적 맥락도 중요하지만, 계기가 되는 국면에 대한 탐구 역시 의미가 있다.

따라서 1975년 전후 맥락-특수2)를 중심으로 지배 이데올로기, 대중문화, 청년문화, 민중문화의 갈등과 편입관계를 대중음악, 영화, 전통과 역사의 영역을 중심으로 살펴볼 것이다. 1975년 전후 대중음악과 영화는 어떤 정치·문화사적 맥락 속에서 변화되었는가, 전통과 역사의 재구성을 놓고 다양한 문화가 어떻게 정치적·문화적 헤게모니 싸움을 했으며, 편입과 분화의 과정을 거쳤는가를 논의할 것이다.

---

2) 맥락은 맥락일반(*context in general*)과 맥락특수(*context-specific*)로 구분될 수 있다. 맥락일반이 한국사회와 서구와의 관계, 1970년대와 1980년대 사이의 관계 같이 거시적으로 사회형식(문화들)이 위치되는 공간을 의미한다면, 맥락특수는 미시적으로 특정한 사회형식들의 내재적 형성과정과 그 특정한 형식을 구성하는 권력, 제도, 수용자 등 사이의 공시적 관계를 의미한다.

2. 1975년 전후 정치·문화사적 맥락

1970년대 중반은 격동의 시기였다. 1972년 10월 유신이라는 체제변화 이후 사회 내 공식적, 비공식적 갈등이 두드러졌다. 유신체제로의 변화는 일반적으로 경제적 요인을 강조하는 입장과 정치적 요인을 강조하는 입장으로 양분된다. 그러나 당시 한국사회에서 정치는 경제구조의 종속변수가 아니라 독립변수로서 영향력을 발휘하고 있었다는 점을 고려하면, 정치적 동인(動因)이 좀더 컸으리라 판단된다(정영국, 1999, 209쪽).

1970년대 초중반 한국사회는 여러 가지 정치적 요인들로 둘러싸여 있었다. 대외적으로 닉슨 독트린에 근거해서 일부 주한미군이 철수했고, 미국과 중국, 일본과 중국 사이의 관계 정상화가 이루어졌다. 유신체제는 이 변화를 중대한 안보위협으로 인식했다. 국내에서는 그동안 추진되었던 경공업 중심의 발전이 한계를 드러내면서 1973년 경제정책이 중화학 공업화로 수정되었다.

민중부문에서도 저임금 정책으로 인한 불만과 노동운동이 싹트기 시작했다. 1970년 165건이었던 노사분규는 1971년 1,655건으로 확대되는 양상을 보였으며(박준식, 1985, 315~321쪽),[3] 1973년 개헌청원

---

3) 1973~1974년 사이 각종 노동관계법 개정(노동조합법 법률 제 2510호, 노동쟁의조정법 법률 제 2608호, 노동위원회법 법률 제 2609호, 근로기준법 법률 제 2708호)이 이루어지면서, 노동자의 단체행동권과 단체교섭권이 제한됨으로써 노동조합 활동은 무력화되었다(이재희, 1999, 106쪽).

100만 서명운동 등으로 정치적 저항도 적극적으로 나타났다. 유신체제가 본격적으로 시작된 1973년 이후 정치사회 갈등은 심화되기 시작했다. 이 밖에도 1974~1975년 사이 중요한 정치적 사건들이 발생했다. 1974년 1월 긴급조치 발효, 4월 민청학련 사건과 인혁당 재건 사건, 8월 육영수 여사의 사망, 1975년 월남 패망 등 정치적 불안 요인은 유신체제 성립 이후 심화되어 갔다.

1975년은 유신체제(1972~1979)의 전반과 후반을 구분 짓는 국면적 시기다.4) 전기에 비해 후기의 두드러진 특징은 중화학 공업화와 고도의 정치, 사회적 억압의 결합이다. 1970년대 중반에는 발전주의(근대화), 반공주의, 민족주의라는 지배 이데올로기를 이용하여 유신체제가 강화되었다. 발전주의는 경제성장을 최우선 목표로 설정하면서도 근검절약운동과 같은 생활의 합리화를, 반공주의는 군사문화의 일상화, 학원과 사회의 병영화 등으로 사회적 통제와 감시를 확대했고, 민족주의는 역사와 전통의 재구성이나 한국적 민주주의의 정당화 도구로 활용되었다.

유신체제는 1974년 민청학련 사건 이후 대학에 대한 통제와 감시를 강화했다. 제 3공화국 기간에 발생한 1,210건의 정치시위 중에서 76.2%에 달하는 922건을 주도한 것은 학생이었다(신명순, 1982, 28~33

---

4) 정치, 경제, 사회, 문화 등 사회구조 전반을 고려할 때, 1975년을 구분점으로 삼는 것이 다소 편의적일 수 있지만, 이 구분에 대해서는 대체로 의견의 일치를 보이고 있다(김호기, 1999; 김일영, 1995).

쪽). 대학생은 박정희 정부를 비판하면서 정치적 시위를 주동한 핵심 사회세력이었다. 1975년 고려대학교에서 발생한 대규모 반정부 시위로 발효된 긴급조치 7호는 대학 내 시위에 대해서 휴교를 명하고 집회를 금지하며, 조치에 따라 군대를 진주시킨다는 내용을 담았다. 4·19 이후 폐기되었던 학도호국단은 1975년 창설되었고, 학원은 병영(兵營) 체제로 바뀌었다. 5)

정치권력은 퇴폐풍조와 외래문화 추방에 대한 조치를 지속적으로 취했다. 퇴폐풍조 단속령은 장발, 미니스커트, 고고장 단속을 의미했다. 1970년 8월 단속을 시발로 1971년 9월 20일, 1973년 3월 10일, 1974년 3월, 1975년 4월 14일 등 거의 매년 한 번씩 집중단속이 이루어졌다(강준만, 2002, 110쪽). 외래문화 추방은 1971년 가요정화 운동을 통해서 왜색풍의 트로트 가요 금지, 1975년 '공연물 및 가요정화 대책'을 통한 금지곡 조치, MBC가 주축이 되어 전개한 방송 프로그램 우리말 쓰기, 1976년 스포츠 용어 우리말 사용 등이다.

외래문화 추방과 퇴폐풍조 단속은 분리되었다기보다 밀접하게 관련되어 있었으며, 정치권력은 청년문화의 스타일이었던 장발, 미니스커트, 포크음악 등을 외래문화와 퇴폐풍조로 인식했다.

---

5) 조희연(1997)은 1970년대 한국사회를 '반공 병영사회'(*anti-communist regimented society*)로 규정한다. 학원뿐만 아니라 한국사회 전반이 병영사회였다는 것이다. 반공 병영사회란 냉전과 내전의 특수한 결합으로 인해서 반공 이데올로기가 의사합의(*pseudo-consensus*)로 내재화된 특유의 사회, 다시 말해 '강력한 국가와 통제된 사회'라고 하는 국가-사회관계의 심각한 비대칭성이 존재하는 사회를 말한다.

외래문화나 퇴폐풍조가 추방되어야 할 것이었다면, 민족과 전통문화의 재발견(왜곡)은 보존하거나 지켜야 할 가치였다. 민족과 전통문화의 재발견은 '민족중흥'의 사명을 지닌 국민을 계몽(啓蒙)하는 수단으로 이용되었다는 점에서 정치적이고 이데올로기적이었다. 이것은 유신체제의 정당화와 동일한 맥락에서 진행되었다.

박정희 시대의 전통문화 정책은 단순히 유적을 복원하는 것에 그치는 것이 아니라, 문화재를 통해 국민총화를 이루고 국민들이 전통으로부터 교훈을 얻고 역사적 사명을 자각하도록 하기 위한 것이었다. 전통의 복원과 창조과정은 선택적이었고 국난극복의 역사들이 주목되었다.

유신체제의 '총화'(總和) 이데올로기는 갈등의 배제와 합의의 헤게모니를 구축하는 것이었다는 점에서 문화 영역에 결정적인 영향력을 행사했다. 문화와 예술의 총화 기능은 교육적, 도덕적, 국가적으로 봉사하는 것을 지칭했다. 이것은 문화의 전 영역에서 걸쳐서 외래문화를 배격하고, 퇴폐풍조를 일소하며 민족문화를 중흥시키는 것으로 요약된다.

3. 대중문화의 지형변화

1) 트로트와 포크: 퇴폐의 이중적 잣대

1970년대 중반 대중문화는 청년문화와 밀접한 관계를 맺었다. 청년문화를 이끈 대중문화 영역은 대중음악, 영화, 대중소설 등이었다.

청년문화가 등장한 시점을 명확히 설정하기는 어렵지만, 대체로 1960년대 중후반으로 보는 것이 적합하다. 청년문화를 이끈 동력이었던 대중음악의 경우, 쎄시봉, 디쉐네, 뉴월드, 르네상스 등 대형 음악 감상실이 명동, 충무로, 서울의 도심에서 인기를 끌기 시작한 때가 1960년대 중반이었고(신현준 외, 2005a, 123쪽), 한대수와 트윈폴리오가 포크음악을 발매한 시점은 1968~1969년이었으며, 미니스커트와 장발 스타일이 등장하게 된 것도 1960년대 후반이었다.

청년문화는 1970년대 중반에 절정을 이루었다. 포크음악이 대중음악의 전면에 떠오르기 시작한 시기는 1972년 초반이었다. 〈주간한국〉은 "트로트 퇴조, 포크의 새 물결"이라는 기사를 실었다.

포크 리듬이 우리나라에게 유행의 날개를 단 것은 재작년 봄… 〈사랑해〉가 히트하고, 작년에 은희의 〈꽃반지 끼고〉가 빅 히트하면서 살롱가는 포크 붐에 들떴다. 그러나 살롱가가 포크 무드로 충만해 있었지만 레코드 메이커나 방송계에선 거의 외면, 정통파 포크 싱어들의 말을 빌면 '외로운 행군'이 계속됐다. 그 외롭던 상황이 71년이 다 저문 12월 8일 문공부(文公部)의 한 공문에 의해 화려한 각광으로 바뀌었다. 그 공문은 전국 방송국장 앞으로 보내진 것이었다.

"사랑, 눈물, 한숨, 이별, 탄식 등을 주제로 한 퇴폐적 가요는 방송치 말아주시기 바랍니다. 이는 정부가 펴고 있는 퇴폐풍조 일소운동에 따른 협조 의뢰입니다."

이 협조공문은 방송계 쇼 프로듀서들에게 커다란 충격을 던져줬다. … 트로트 계열의 노래는 퇴폐적인 요소가 더욱 심했다. … 이 과정에서 발견된 것이 포크송이었다(〈주간한국〉, 1972년 3월 12일, 24면).

문공부의 퇴폐풍조 일소운동이 트로트의 퇴조와 포크음악의 새 물결을 가져왔다는 기사는 조금은 확대된 해석이지만, 영향력이 있었던 것은 분명해 보인다. 1960년대 후반 이후 포크음악은 서서히 부상하기 시작했고, 젊은 세대를 중심으로 인기를 끌었기 때문에 대중적 토대는 이미 마련되었다. 그러나 포크음악은 1972년 초반까지 주류음악에 들어가기보다는 명동과 충무로의 음악감상실 등에서 소비되었다.

"70년과 71년에 히트한 〈사랑해〉와 〈꽃반지 끼고〉 등 5만 장 매진은 예외로 하고 올해 들어 출반된 디스크는 트로트 쪽이 단연 앞서고 있다"(〈주간한국〉, 1972년 3월 12일)는 기사에서도 볼 수 있듯, 음반 산업이나 방송 분야에서는 여전히 트로트의 인기가 높았다.

이것은 1970년 초 포크송 가수들의 노래가 대학생층에 한정되어 있었고, 쇼 프로듀서의 뒷받침이 없었기 때문이다. 정부의 퇴폐풍조 일소 운동으로 "10년 이상 가요계의 여왕으로 군림했던 이미자를 비롯해

남진·나훈아·김세레나·문주란·조미미·하춘화 등이 장악한 트로트의 철옹성은 서서히 허물어지기 시작했다. 이런 면에서 볼 때 포크는 적어도 처음에는 10월 유신과 가요정화운동의 '수혜자'였던 셈이다"(신현준 외, 2005b, 122~123쪽).

1973~1974년은 한국 대중음악계에서 포크가 급부상한 해였다(이영미, 1998; 신현준 외, 2005b).[6] 1973년에는 대중음악 전체에서 트로트 음악과 팝 계열 음악의 양적인 비중이 비슷할 정도로 팝 음악이 부상했다. 1973년 "트로트와 팝 계열 가요의 시장점유율은 6 대 4 정도"(〈일간스포츠〉, 1973년 12월 8일)였다가 1974년에는 "음악특성별로 분류하면 팝 계열 대 트로트의 구성비가 8 대 2 정도로 나타나 다른 해와는 비교할 수 없는 특징"(〈일간스포츠〉, 1974년 12월 19일)을 보여 주었다. 더욱이 1975년 음반 판매량 추산(推算)을 보면, 박일남의 〈마음은 서러워도〉를 제외한 전체가 포크나 팝 계열의 음반이었다(〈표 6-1〉 참고).

1976년 대중음악은 트로트의 복귀와 신인가수의 등장이 두드러졌다.

76년 가요계는 신인 등장으로 해가 뜨면서 신인 등장으로 해가 지는 야릇한 한 해였다. 연협(演協) 가수분과 회원명부에서도 확인할 수 있다. 보통 회원은 총 952명. 이 중 76년 한 해 동안 증가된 보통 회원은 140명이나 되니 금년에도 140명의 신인이 새로 등장한 셈이다. … 그러나 신인 홍수(洪水)는 오히려 진짜 신인보다는 재기를 노리는 무명가수의 홍

---

6) 1974년의 경우 포크가수들은 주요 음악 프로그램 DJ를 맡았다. 윤형주는 동아방송 〈팝스 투나잇〉(저녁 8시 5분~9시), 양희은은 TBC-라디오 〈팝스 다이얼〉(저녁 6시 5분~7시), 이장희는 동아방송 〈0시의 다이얼〉 등을 맡아 진행했다.

<표 6-1> 1973년~1976년 인기음반 판매 추산

1973년	1974년	1975년	1976년
이별 (패티김)**	그건 너 (이장희)*	왜 불러 (송창식)**	해뜰날 (송대관)
공항의 이별 (문주란)**	불 꺼진 창 (조영남)	미인 (신중현)**	생각하지 말아요 (문주란)
그건 너 (이장희)*	나는 어떡하라고 (윤항기)	너 (이종용)*	타국에서 (이미자)
고별 (홍민)*	사랑은 영원히 (패티김)	조약돌 (박상규)*	나는 못난이 (딕패밀리)
외 임아 (진송남)*	내 곁에 있어 주 (이수미)	당신은 몰라 (최헌)*	처녀 뱃사공 (투 에이스)
삼백리 한려수도 (이미자)*	어린 시절 (이용복)	이거야 정말 (윤항기)	나를 두고 아리랑 (김훈)
그대여 변치 마오 (남진)	정든 섬 (이미자)	긴 머리 소녀 (둘 다섯)	막차로 떠난 여인 (하남석)
물레방아 도는데 (나훈아)	공항 대합실 (문주란)	사랑하는 마음 (김세환)	한 사람 (양희은)
고향의 그 사람 (나훈아)	작은 새 (어니언스)	나그네 (김정호)	아직도 그대는 내 사랑 (이은하)
영암 아리랑 (하춘화)	이름 모를 소녀 (김정호)	마음은 서러워도 (박일남)	아내에게 바치는 노래 (하수영)

〈일간스포츠〉 1973년 12월 16일, 1974년 12월 19일, 1975년 12월 21일, 1976년 12월 8일자를
재구성.
〈일간스포츠〉가 음반도매상협회의 음반판매 추정치(1만 장 이상)를 기준으로 산출.
*5만 장 이상, **10만 장 이상

수란 표현이 더 정확한 셈이다(〈일간스포츠〉, 1976년 12월 9일).

문주란과 이미자는 1976년 트로트로 다시 정상으로 돌아왔고, 송대
관은 신인이기보다는 무명가수였다가 〈해뜰 날〉로 일약 인기를 끌었
다. 김훈, 하남석, 이은하, 하수영 등은 신인이었다.

대중가요 시장은 1975년 가요정화 대책과 대마초 사건으로 완전히 바뀌었다. 1971년 12월 퇴폐풍조 일소운동은 트로트의 침체와 포크의 부상을 이끌었지만, 1975년 6월 가요정화 대책에서는 포크음악들이 사회기강과 윤리를 해치는 퇴폐적인 공연물이 되면서 거꾸로 트로트가 인기를 끌었다.

2) 멜로영화의 변화

이호걸(2004)은 1970년대 영화장르의 특징으로 가족 멜로드라마가 1974년 〈별들의 고향〉 이후 호스티스 멜로드라마7)로 전환, 액션영화의 퇴조, 민족정신을 구현하는 역사영화와 국책영화 제작, 문예영화 제작과 하이틴영화 부상 등을 꼽는다.

〈표 6-2〉에 제시된 1973년~1976년의 영화 흥행순위에서 1974년은 청년영화, 국책영화, 문예영화(문예영화도 정부정책에 의해서 제작되었다는 점에서 국책영화의 범주에 들어갈 수 있다), 액션영화 등 1970년대 중반의 영화 지형을 보여 준다.

---

7) 이호걸은 〈별들의 고향〉, 〈영자의 전성시대〉, 〈겨울여자〉 등을 호스티스 멜로드라마로 정의하지만, 강영희(1992)는 사회성 멜로드라마로 부른다. 1970년대 중반 청년영화를 대표하는 이 영화들을 호스티스 멜로드라마로 정의하는 것은 적합하지 않아 보인다. 이 영화들은 산업화와 도시화 이후 전개되는 젠더문제를 다루었고 리얼리티가 강조된다는 점에서 사회성 멜로드라마로 부르는 것이 타당하다. 특히 이 영화들은 1970년대 후반 사회성이 상실되고 성 표현이 강조되는 호스티스 영화들과 분명한 차이를 보인다.

<표 6-2> 1973년~1976년 영화 흥행 순위

순위	1973년	1974년	1975년	1976년
1	이별 (145,967)	별들의 고향 (464,308)	영자의 전성시대 (391,213)	사랑의 스잔나 (171,239)
2	여감방 (125,144)	증언 (232,762)	바보들의 행진 (153,780)	로보트 태권V (119,037)
3	눈물의 웨딩드레스 (122,965)	토지 (120,830)	어제 내린 비 (147,823)	여자들만 사는 거리 (78,921)
4	흑권 (107,563)	실록 김두한 (68,980)	인사여무 (76,027)	푸른 교실 (68,306)
5	비련의 벙어리 삼룡 (83,116)	아내들의 행진 (55,730)	육체의 약속 (69,522)	진짜진짜 잊지마 (66,372)

《한국영화 자료 편람》, 1977) 재구성(개봉일 기준).
1976년 3위는 〈별들의 고향〉이지만 재상영이어서 제외했음.

〈별들의 고향〉(이장호 감독, 최인호 원작, 이희우·최인호 각색)은 청년문화를 대표하는 영화였다. 이 당시 만들어진 청년문화 영화들은 〈어제 내린 비〉(1975)(이장호 감독, 최인호 원작, 김승옥 각색), 〈바보들의 행진〉(1975)(하길종 감독, 최인호 원작·각색), 〈영자의 전성시대〉(1975)(김호선 감독, 조선작 원작, 김승옥 각색), 〈겨울여자〉(1977)(김호선 감독, 조해일 원작, 김승옥 각색) 등이다. 이 청년영화 작품들은 신예 감독들(하길종, 이장호, 김호선 등)이 제작했고, 당대 베스트셀러 대중소설을 원작으로 사용했으며,[8] 포크 계열의 대중음악이 영화 속

---

8) 1970년대 대중소설은 영화, 대중음악과 함께 대중문화를 이끌었다. 대중소설이 문화 전반에 걸쳐 전위에 나타난 것은 1970년대의 특징이기도 했다. 김현주 (2003)에 따르면, 1960년대 신문이나 잡지에 실린 소설 편수는 118편을 넘지 않았지만, 1970년대 신문 연재소설은 168편이나 되었다. 1970년대 신문 연재

는 1973년 흥에서 큰 비중을 담당했다는 공통점을 갖고 있었다. 사회성 멜로드라마행작인 〈이별〉이나 〈눈물의 웨딩드레스〉와 같은 정통 멜로드라마와는 분명한 차이를 보였다.

임권택 감독의 〈증언〉과 〈아내들의 행진〉은 1973년 4차 영화법 개정 이후 설립된 영화진흥공사가 직접 투자해서 만든 국책영화이다. 국책영화들은 국민총화와 유신이념 구현과 우수한 국산영화 제작을 명분으로 제작되었다. 1974년 당시 영화 1편 제작비는 약 1천 2백만 원이었지만, 〈증언〉은 6천만 원이 투입되었고, 국방부의 적극적인 지원을 받았다. 〈증언〉은 "6·25의 비극적 상흔을 되새기고 자주국방의식을 고취하며, 총력안보태세의 구축을 촉구하는 영화"(〈영화〉, 1974년 4월호, 43쪽)이며, 〈아내들의 행진〉은 전북 임실에서 제작된 새마을 영화였다.

〈토지〉(김수용 감독)는 우수영화 지원책으로 제작된 문예영화였다. 우수영화로 지정될 경우, 외화수입 쿼터 1편을 보상받기 때문에 1974년 이후 문예영화의 제작이 활성화되었다. 〈토지〉는 관객 동원에도 성공했지만, "해외영화제 본선 수상(파나마 영화제 여우주연상 김지미), 우수영화 선정, 대종상 최우수 작품상으로 3편의 외화수입 쿼터"(〈일간스포

소설은 단행본 출판과 더불어 영화나 텔레비전 드라마로 제작되었다. 1970년대 대중소설을 단순히 상업주의 소설이라고 폄하하기 어려운 것은 그만큼 근대화 이후 대중의 정서를 담아냈기 때문이다. 김현주는 1970년대 대중소설이 근대화 과정에서 나타나는 개인의 '일상성'과 '비일상성'을 충실하게 묘사함으로써 대중성을 획득할 수 있었다고 지적한다. 즉, 주인공들은 자본주의 체제나 제도에 따른 생활방식(일상성)을 영위하고자 하지만, 그들의 욕망은 좌절되어 비일상성에 머무르게 되는데 이것은 당대 대중의 정서를 반영한다.

츠〉, 1974년 12월 20일)를 받았다.

우수영화 선정과 문예영화 제작은 함수관계가 존재했다. 1975년 우수영화에 대한 외화수입권 보상이 강화되자, 소설을 원작으로 하는 영화들이 다수 제작되었다. 이러한 경향은 1970년대 하반기에도 계속되었는데, 1977년 우수영화 보상대상에서 국책영화가 제외되자 〈옛날 옛적에 훠어이 훠이〉, 〈갯마을〉, 〈초분〉, 〈이어도〉, 〈휘청거리는 오후〉 등 문예영화들이 우수영화 선정을 목표로 다량 제작되었다(이호걸, 2004, 125~126쪽).

〈실록 김두한〉은 액션영화의 전형이다. 액션영화는 1970년대 가장 대중적인 장르였지만, '저질 영화'로 낙인찍혔다. 액션영화는 폭력을 다룬다는 이유로 정책적으로 억제되었으며, 1974년에는 홍콩 및 대만 영화 수입을 6편으로 제한하는 영화시책이 시행되었다. 그러나 이런 조치에도 불구하고 액션영화의 인기는 계속되었다.

이길성 외(2004)에 따르면, 1970년대 개봉관과 재개봉관의 관객 취향은 분명한 차이가 있었다. 무협이나 액션영화는 개봉관보다 재개봉관에서 더 인기가 있었다. 비교적 교육수준이 높은 개봉관 관객들은 내용 있고 질적으로 우수한 영화를 선호한 반면, 상대적으로 교육수준과 소득이 낮은 재개봉관 관객집단은 내용이나 질보다는 오락성을 기준으로 액션무협영화를 선호했다.

1975년의 경우, 〈영자의 전성시대〉, 〈바보들의 행진〉, 〈어제 내린 비〉에서 보듯이 대중음악과 마찬가지로 영화도 청년문화가 주류를 형성했다. 청년영화는 대중음악, 대중소설과 밀접한 관계를 맺으면서 영향력을 발휘했다. 1975년은 청년영화의 정점에 위치했다.

그러나 1976년 이후 갑작스러운 변화가 나타났다. 한중 합작영화인 〈사랑의 스잔나〉가 흥행 1위, 어린이 만화영화 〈로보트 태권 V〉가 2위, 매춘녀를 다룬 〈여자들만 사는 거리〉가 3위를 차지하고, 하이틴영화인 〈푸른 교실〉과 〈진짜진짜 잊지마〉가 등장했다.

1977년에는 〈겨울여자〉가 58만 명의 관객을 동원해서 흥행에 성공했지만, 〈고교 얄개〉 2위, 〈마루치·아라치〉 3위, 〈얄개행진곡〉 4위 등으로 흥행영화가 변화했다.

1970년대 중반 멜로드라마는 근대화 과정에서 비극적 삶을 사는 여성을 다루거나 청년세대의 욕망을 표현했다. 순진한 시골처녀에서 윤락여성으로 몰락해 결국 비참한 죽음을 맞는 경아(〈별들의 고향〉), 가정부에서 버스차장으로 전전하다가 사고로 한 팔을 잃고 창녀가 되는 영자(〈영자의 전성시대〉)는 1970년대 산업화와 남성 중심주의가 결합해서 낳은 비극적 여성상의 상징이 된다. 영화의 주인공들은 평범한 일상 속으로 들어가기를 갈구하지만 좌절된다. 이는 산업화와 발전 이면에 깔린 소외된 주변부의 삶을 보여 준다. 대학생이 주인공으로 등장하는 〈바보들의 행진〉은 젊은 세대의 자기표현으로서, 가정, 학교, 국가의 억압을 간접적으로 드러낸다.

그러나 1970년대 중반을 넘어서면 경아나 영자 같은 이농처녀들은 보다 고급화된 매춘 전선으로 진출한다. 그녀들은 〈O양의 아파트〉, 〈나는 77번 아가씨〉, 〈26 × 365 = 0〉, 〈꽃순이를 아시나요〉에서 보듯, 룸살롱이라는 새로운 형태의 소비 공간에서 호스티스로 변신한다.

〈별들의 고향〉(1974), 〈영자의 전성시대〉(1975), 〈바보들의 행진〉(1975)

〈겨울여자〉, 〈벌레 먹은 장미〉에서는 매춘여성과 함께 여대생들이 등
장하는데, 이 영화들은 남성주체의 시선에서 소모되는 즐거움의 대상
으로 존재할 뿐 어떤 사회적 관계를 맺고 있다고 보기는 어렵다.

　1970년대 중반 이후 멜로영화는 사회성이 탈색되면서 성 표현에 보
다 집착하는 경향을 보였다.

4. 전통의 재창조: 통합과 저항

박정희 시대의 전통과 역사의 계승과 재인식은 1960년대 초반부터 이루어졌다. 1960년대 문화정책은 소극적인 문화재 관리 및 전통문화유산 보존에 집중되었다. 박정희 체제가 종합적이고 체계적인 전통문화 정책을 추진한 것은 문화공보부 발족 이후였다. 그때부터 문화재개발 5개년계획(1969~1974), 문예중흥 5개년계획(1974~1978) 등 장기적이고 계획적인 대규모 사업이 추진되었다.

1970년대에 이르러 문화재의 보수는 60년대 단편적 지엽적인 보수를 벗어나 종합적, 근본적인 보수복원을 통한 정화조성(淨化造成)의 차원으로 발전하였다. … 70년대의 문화재 보수사업의 특징은 호국선현(護國先賢)과 국방유적(國防遺蹟)의 정화에도 잘 나타나 있다(문화공보부, 1979, 285~287쪽).

1970년대 중반(1973~1977) 문화재 재건과 성역화 사업이 집중되었다. 1973년 대통령 교시(敎示)는 국민의 정신적 유신 성취를 위해서 전통문화의 창조적 계발을, 이듬해 주체적 민족사관(民族史觀)의 정립을 강조했다.

민족사관 정립사업은 현충사 성역화 사업(1966~1969, 1972~1974), 경주관광 개발사업(1972~1976), 칠백의총 정화사업(1970~1971, 1976), 낙성대 조성사업(1973~1974), 광주 충장사 정화사업(1974~1975), 오

"나라사랑하는 마음의 땅 … 현충사 중건"(〈경향신문〉, 1969년 4월 23일)

죽헌 정화사업(1975~1976), 추사고택 정화사업(1976~1977), 유관순 유적 정화사업(1976~1977), 제승당 정화사업(1976~1977), 경주 통일전 정화사업(1976~1977), 강화전적지 정화사업(1976~1977) 등이다 (문화공보부, 1979, 전재호, 1998).

유신체제의 문화정책은 3가지 방향 — 국난극복(현충사, 칠백의총, 낙성대, 유관순, 강화도), 민족문화의 복원(경주, 추사고택 등), 충효사상(오죽헌) — 에서 진행되었다. 이와 비슷한 맥락에서 전재호(2000)는 유신체제의 문화정책으로 군사주의 전통 되살리기(호국유산의 복원), 영웅사관의 복원(이순신과 세종대왕), 국가주의 전통 되살리기(충효사상의 부활)를 지적한다.

1975년 전후에는 국난극복(國難克服) 사관이 강조되었다. 선택된 기억을 성역화하는 사업으로 국난극복의 유적, 즉 총화단결된 백성들의 헌신적인 희생정신이 녹아 있는 전쟁 관련 유적지가 집중적으로 복원되었다. 현충사는 1973년 21만 6천여 평으로, 1974년 다시 42만 5천여 평으로 확장되었고, 1975~1977년 충무공이 삼도 수군을 통제하던 충무나 여수 등에서는 이순신 관련 사업이 확대되었다. 1975년 세운 민족문화의 전당을 세종문화회관으로 명명하면서 세종의 유택인 여주영릉, 정자각제실 등이 보수되고 기념관이 신축되었다(전재호, 1998).

유신체제는 강화도에도 높은 관심을 가졌다. 정권의 총화단결 이데올로기를 가장 잘 보여 주는 곳이 강화도 전적지이기 때문이다.[9] 유신체제는 유형·무형 문화재의 발굴, 복원 및 재건축, 위인들의 발굴, 전통적 가치의 재발견 등을 통해서 민족의 이데올로기를 강화했다.

유신체제의 민족 프로젝트는 대중문화 영역에도 강제되었다. 유신 이후 방송사의 자율적 조치로 프로그램 주제 설정에 대한 지침이 내려지는데 역사드라마의 경우 흥미본위의 작품을 지양하고 역사적 사실의 왜곡이나 비판, 탄식, 체념을 담지 말 것을 지시했다. 따라서 역사적 위인으로 〈세종대왕〉(1973), 〈강감찬〉(1973), 〈이율곡〉(1973) 등이

---

[9] 강화전적지 보수정화사업은 1976년 8월부터 20여억 원을 들여 추진되었다. 제 1공구는 고려궁지, 이방청과 동헌, 강화성의 서문과 북문 및 갑곶돈대 등 현재 강화읍을 중심으로 하였고, 제 2공구는 덕진진(문루, 성곽, 남장포대, 덕진돈대), 광성보(문루, 성곽, 광성돈대, 쌍충비각, 신미순의총, 용두돈대), 초지진, 삼랑성 등 강화도 내해의 각 포대를 중심으로 이루어졌다. 제 1공구 지역이 대체로 대몽항쟁을 염두에 둔 발굴·복원이었다면, 제 2공구는 두 번의 양요와 관련된 전적지였다(은정태, 미발표).

일일연속극으로 방영되었고, 1976년 '국민교육 매체화방침'에 따라서 민족사관 정립극도 제작되었다. 대표적인 민족사관 정립극으로 〈황희 정승〉(1976), 고려 말을 위기상황으로 전제하고 그것을 극복하는 인물로 이성계와 이방원을 다룬 〈왕도〉(1976), 고려 말 중국에서 화약 제조법을 들여온 최무선의 일대기를 다룬 〈예성강〉(1976), 〈거상 임상옥〉, 조선조 효종 때 북벌계획을 추진한 훈련대장 이완을 극화한 〈사미인곡〉(1976), 대원군 때 신병기 제조를 중심으로 외세침략에 저항하는 선각자들의 이야기를 다룬 〈횃불〉(1976) 등이 있다.

영화의 경우 〈홍의장군〉(1973), 〈겨레의 꽃 유관순〉(1974), 〈집념〉(1976), 〈난중일기〉(1977), 〈임진왜란과 계월향〉(1977), 〈율곡과 신사임당〉(1978) 등 국책영화들이 제작되었다(황혜진, 2003).

민족 영웅을 그려 내고, 강화된 모성 민족주의 담론을 담은 이 대중문화 산물들은 결국 '총화'를 통한 한국적 민주주의의 달성을 선전하는 담론들이었다.

유신체제의 민족과 역사 프로젝트는 홉스봄(Hobsbawm)의 말을 빌리면 '전통의 이용'(inventions of tradition)이다. "일체의 만들어진 전통들에게 역사는 가능한 한 행위를 정당화하는 기제와 집단을 통합하는 접착제로 활용"(2004, 39쪽)된 것이다.

유신체제의 전통과 역사의 선택적 이용에 저항하면서 대학가에서 전통문화를 새롭게 인식하기 시작한 것은 1960년대 중후반이었다. 그러나 1960년대 중후반 대학 내에서 전통문화에 대한 관심은 낮았다. 1970년대 초반에 들어 대학에서 전통과 민족문화에 대한 관심이 높아지기

시작하면서 탈춤부흥운동이 활기를 띠었다. 10)

1970년대 전통문화에 대한 관심은 운동으로서 문화투쟁을 의미했다. 문화운동은 1970년대 상업적 대중문화, 사이비 고급문화, 관제 전통문화에 대한 거부로서 등장했다. 11)

정이담(1985)은 1960년대~1970년대 문화운동의 중요한 사건으로 1965년 〈향토의식 초혼굿 ─ 민족적 민주주의 장례식〉, 1970년 김지하의 〈오적〉 사건, 1970년대 초중반 대학의 탈춤 부흥운동과 마당극 운동, 1974년 자유실천문인협의회의 결성, 1975년 서울대 김상진 장례식 시위를 꼽는다.

박인배(1985)는 1970년대 전통문화운동과 관련해서 1970년대 탈춤반의 형성과 연극반의 운동 지향적 공연들, 그 과정에서 나온 1974년 〈소리굿 아구〉 공연, 정치운동과 직접 연결된 〈진동아굿〉, 김상진 열사 추도식, 1975년 긴급조치 9호 시대의 현장 지향적 문화운동으로서 교회, 노동현장, 농촌, 대학과의 연계 등을 지적한다.

전통문화의 재창조라는 측면에서 보면, 전통문화운동은 1973년에서

---

10) 탈춤부흥운동은 1969년 부산대에 〈전통민속연구회〉가 생겨나면서 확산되었다. 1971년 서울대 〈민속가면극연구회〉, 1973년 이화여대 〈민속연구회〉, 연세대 〈탈춤연구회〉, 1974년 서강대 〈민속문화연구회〉가 만들어졌다. 특히 1973년 이후 민속문화연구회나 탈춤반은 전체 대학가로 번져 나갔다(문호연, 1985).

11) 이영미(1997)는 전통문화운동이 순수주의와 상업주의, 서구문화의 무분별한 수입, 민중의 것이 아닌 연극, 예술문화 전반의 반민족성과 반민중성을 극복하기 위해서 등장했다고 지적한다.

1975년 사이에 활기를 띠었다. 탈춤부흥운동과 마당극운동은 중요한 계기를 제공했다. 1974년 국립극장에서 공연된 〈소리굿 아구〉는 이종구 작품발표회와 제2부 순서로 연행되었는데, 음악형식이긴 하나 민속극 남사당 덧뵈기의 먹중잡이 과장의 기본 틀에 당대 현실의 문제를 대입한 작품이었다. 일본인 관광객 '쪽발이'와 한국청년 '아구'가 한국 여대생과 여공을 두고 벌이는 대결이 기본 골격인데, 개방된 구조의 마당극이 아니었고 악사들의 반주에 맞춘 춤과 노래, 재담과 고사 등으로 짜여 있는 무대 위의 음악무용극이었다. 이 작품은 전통탈춤이 창작탈춤으로 질적인 변환을 맞이하는 출발점을 제공했다(문호연, 1985, 58쪽).

1975년 〈진동아굿〉은 동아자유언론수호투쟁위원회(동아투위) 결성의 계기가 된 '동아일보 사태'를 다루었으며, 서울대 도서관 앞 야외공간에서 공연되었다. 동아일보사에서 농성 중인 160여 명의 기자 및 사원들이 정부기관원들에 의해 강제 축출된 날이 1975년 3월 17일이었고, 〈진동아굿〉이 공연된 날이 3월 28일이었으므로, 실제 사건 발생일과 긴 시차를 두지 않고 바로 재현함으로써 현장의 열기를 그대로 전한 연극이었다. 극의 구성은 길놀이 - 가면극 공연 - 난장으로 이어지는 전통 가면극 공연과 동일했다(김재석, 2004).

1975년 '5·22 사건'으로 불리는 김상진 장례식 시위는 긴급조치 9호(1975년 5월 13일) 아래서의 최초의 대규모 학생시위라는 중요성 이외에도 시위를 주동했던 구성원이 모두 학내 문화패(연극, 탈춤, 문학)였다는 데 큰 의미가 있었다. 문화패는 단순히 문화적 기능이나 방식을 통해 싸우는 것이 아니라 한걸음 더 나아가 상황에 따라서 직접적인 몸싸움을 전개했으며, 현장성과 정치성을 고양시킴으로써 문화운동의 영역확산에 중요한 영향을 미쳤다.

1976년에는 민중생활에 맞는 새로운 내용의 창작탈춤인 〈미얄〉이 공연되었다. 〈미얄〉은 이농한 시골처녀의 이야기를 다루었다. 전통탈춤의 할미과장에 등장하는 '미얄'은 민중적 삶의 전형적 인물로서 현대극 재창조 과정에서 수없이 변신하여 나타났다. 같은 해 서울대 총연극회는 〈허생전〉을 관악 캠퍼스 감골 마당에서 횃불을 밝혀 놓고 공연했는데 이것은 마당극이라는 명칭을 사용한 최초의 공연이었다(문호연, 1985, 60쪽).

1975년 전후로 전통문화나 역사의 이용을 놓고 유신체제와 대학생 중심의 저항집단 사이의 갈등이 심화되었다. 정치권력은 유신체제의 정당성을 강화하고 사회적 갈등을 봉합하기 위해서 '선택된 역사의 복원'에 집중했다면, 저항집단은 현재 정치적 위기를 '전통문화의 형식과 내용으로 재창조'함으로써 갈등을 드러내고자 했다.

5. 1975년 전후 당대문화의 접합과 통합

1) 당대문화의 지형 흐름

1974년부터 75년에 이르는 시기는 한국 대중음악의 역사, 나아가 대중문화 전체에서 대단히 중요한 시기다. '대단히 중요하다'고 말하는 이유는 일차적으로 이 시기의 대중음악 작품과 작가가 뛰어나다는 의미다. 그렇지만 또 한 가지 의미가 있다. 다름 아니라 이 시기는 독재정권과 청년문화가 정면으로 충돌한 시기다. 사실 그건 '충돌'이라기보다는 멀쩡하게 있는 청년문화에 독재정권이 '시비'를 건 것에 가깝다. 말이 좋아서 '시비'지 그건 물리적 금지라는 방법을 동원한 전면적인 것이었다(신현준 외, 2005b, 185쪽).

신현준 등이 주장하듯이, 1974년에서 1975년 사이 대중음악과 영화에서 주목할 만한 가수와 감독들이 등장한 것은 분명하다. 이들의 대중문화 산물이 이전과 이후 시기 작가들보다 질적으로 우수하다고 판단하기란 쉽지 않다. 그러나 대중음악과 영화비평가들은 이 시기 작품들의 우수성을 강조하고, 대중문화 생산자 역시 당시 제작된 작품들이 대표작인 경우가 적지 않으며, 대중적 인기도 높았다. 1976년 이후 이 작가들의 작품은 권력에 의해서 극도로 위축되면서 사실상 대중에게서 멀어졌다. 12)

1975년 전후 시기가 갖는 중요성은 뛰어난 작품과 작가의 등장, 독재정권과 청년문화의 충돌에 있지만, 보다 중요한 이유는 다양한 문화형식들(대중문화, 청년문화, 민중문화)이 급격히 부상하거나 하강했고, 편입과 통합의 과정을 거쳤다는 것이다.

윌리엄즈(1977)는 문화를 지배적(*dominant*) 문화, 부상적(*emergent*) 문화, 잔여적(*residual*) 문화로 구분한다. 이와 같은 문화 분류 자체가 의미 있는 것은 한 사회 내에서 이 문화들 사이에 길항관계와 헤게모니 투쟁이 존재하기 때문이다. [13] 문화가 부상하고 하강할 때는 일정 정도 유예기간이 발생하는 것이 일반적이지만, 1975년 전후는 대중문화, 청년문화, 민중문화 사이의 지배, 부상, 잔여, 하강의 과정이 짧은 시기에 극명하게 나타났다.

〈그림 6-1〉은 1975년 전후 당대문화의 흐름을 보여 준다. 지배(대중)문화의 경우, 1973~1974년에 들어오면서 대중문화 인기장르가 바

---

12) 1976년 이후 포크음악 가수와 영화감독들 중에서 거의 유일하게 살아남은 사람은 송창식이다. 이영미(2002)는 송창식이 트로트와 손잡음으로써 대중가요계의 한복판에서 살아남을 수 있었다고 지적한다. 송창식의 뛰어난 점은 트로트를 단순히 대중성 획득의 수단으로만 활용하지 않았다는 것이다. 그는 이전의 양식적 특성을 반복하는 데 머무르지 않고 트로트에 해학성이라는 독특한 성격을 부여하면서 〈가나다라〉나 〈토함산〉과 같이 한국적 분위기와 경향을 만들었다.

13) 윌리엄즈의 세 가지 문화 구분과 더불어 여기서는 하강적 문화(*submerged culture*)를 추가하고자 한다. 하강적 문화는 지배적 문화의 위치에 있다가 영향력을 조금씩 상실해 가는 문화를 지칭한다. 윌리엄즈의 세 가지 문화형식이 문화 구성과정과 문화들 사이의 길항관계에 주목한다면, 하강적 문화가 추가되어야 보다 이 과정을 잘 파악할 수 있다.

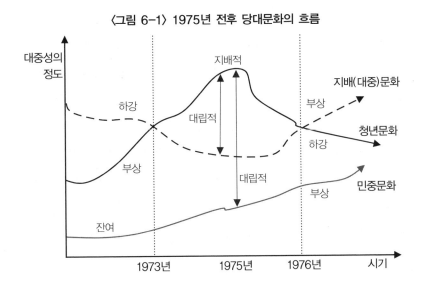

〈그림 6-1〉 1975년 전후 당대문화의 흐름

대중성의
정도

하강

지배적

지배(대중)문화

대립적

부상

청년문화

하강

대립적

부상

민중문화

잔여

1973년   1975년   1976년   시기

꿔었다. 트로트와 포크음악의 대중적 지지도에서 역전현상이 나타났다.

영화에서도 전형적 멜로드라마는 1973년 이후 퇴조하거나 변형되었다. 1970년대 초반에서 1975년 즈음까지 트로트와 가족 멜로드라마는 하강적 문화형식이었다고 볼 수 있다. 그렇다고 이 문화형식들이 잔여적 상태에 놓여 있었던 것은 아니다. 1976년 이후 포크와 사회성 멜로드라마 역시 하강 국면으로 접어들었다. 이것은 정치적 억압에 의한 것이었다. 반면 정치적으로 적극적 지원을 받았던 역사영화, 반공영화, 새마을영화 등 국책영화들은 지배적 지위를 점유하지 못한 채 집중 제작되었던 1970년대 중반 내내 하강적 위치에 머물러 있었다. 대중이 외면했기 때문이다.

청년문화는 1970년대 초반 패션, 스타일, 포크음악 등을 통해서 부상했다가 1974~1975년 지배적 문화의 위치를 차지했지만 1976년 급격히 하강했다. 반면 민중문화는 1970년대 초반까지 전통문화의 범주에 속해 있었다는 점에서 잔여적 문화의 성격을 지녔다. 전통문화 가운데 국악은 1970년대 중반 이후 완창 판소리 공연과 사물놀이 탄생 등의 공연예술화를 통해서 대중화를 시도했다(이희정, 2004). 전통춤은 1960년대 중반 이후 무형문화재로 지정되고, 잊혔던 전통춤 발굴이 이어지면서 1970년대 중반 공연예술로서 대중에게 접근했다(김영희, 2004). 그러나 공연예술로서 전통문화는 여전히 잔여적 위치에서 벗어나지 못했다. 반면 1970년대 초반 전통문화의 재해석을 통해서 공연예술로서의 성격보다 저항성과 민중성을 내세웠던 민중문화운동이 부상하기 시작했다.14)

  1976년 대중의 문화적 욕구가 좌절되면서 새로운 대중문화 분파가 형성되었다. 이것은 유신체제가 이데올로기적 시각에서 대중문화에 깊이 개입했기 때문이다. 대중음악의 경우, 1975년 6월 5일 문공부가 제시한 가요, 음반, 연극, 영화, 쇼 등을 포함한 '공연 활동과 예술창작 활동의 정화방침'(공연물 및 가요정화대책)이 결정적 계기를 제공했다. 문공부가 밝힌 정화방향과 검열의 세부기준은 ① 국가안전 수호와 공공질서 확립에 반하는 공연물, ② 국력배양과 건전한 국민경제 발전을 해하는 공연물, ③ 사회질서를 문란케 하는 공연물, ④ 사회기강과 윤리를 해치는 퇴폐적인 공연물이다(〈동아일보〉, 1975년 6월 7일). 문화공

---

14) 민중문화라는 용어는 1970년대 후반에 등장했다. 1970년대 중반에는 민중문화보다 민족문화로 불렸다.

보부의 정화기준은 포괄적이어서 명확한 것은 아니었다.

한국방송윤리위원회(放倫)와 한국예술윤리위원회(藝倫)는 문화공보부의 기준을 외국가요와 국내가요 금지곡에 적용했다. 방륜과 예륜은 1·2차 외국가요 금지곡 선정기준을 "소비적, 향락적, 퇴폐적, 현실도피적 상황에 안주하는 특징을 지닌 것"으로 정했다. 이것은 구체적으로 ① 사회저항 및 불온사상 심취, ② 반전(反戰), ③ 지나친 폭력과 살인 표현, ④ 외설, ⑤ 불륜, 퇴폐, 범법 조장, ⑥ 환각적 음악 등이다. 한편 국내가요의 경우 ① 불온, ② 퇴폐, ③ 불신풍조 조장, ④ 지나친 비정과 불신감 조장, ⑤ 가사와 창법의 부적합, ⑥ 표절, ⑦ 외래풍조의 무분별한 모방 등이 금지곡의 기준이 되었다(〈서울신문〉, 1975년 7월 14일, 〈일간스포츠〉, 1975년 11월 20일, 12월 17일, 〈주간한국〉, 1975년, 12월 28일 등 재구성).

정치권력의 금지곡 기준은 외국가요와 국내가요에서 차이를 보였다. 외국가요는 사회적 저항, 불온, 반전과 퇴폐에 집중되었다. 예를 들어, 밥 딜런의 노래는 대부분 금지되었는데 저항, 불온, 반전을 다루기 때문이라는 것이다. 매춘과 성에 대한 노랫말이 들어가면 퇴폐를 이유로 금지되었다. 정치적 저항감을 불러일으킬 가능성이 높은 노래들이 금지된 점은 유신체제의 유지와 직접적으로 관련된 것으로 볼 수 있다.

국내가요들은 금지항목에 불온이 있지만, 불온하다는 이유로 금지된 노래는 거의 없었다. 불온 항목은 금지곡을 확대하기 위한 대중조작의 일환으로 설정된 것으로 볼 수 있다. 대부분 금지곡은 퇴폐라는 범주에 속하는데 이 경우 퇴폐는 외국가요와 같이 매춘이나 성을 소재로 한 것이 아니었다. 〈미인〉, 〈왜 불러〉와 같이 젊은 세대가 가사를 바꾸어

부르거나, 〈고래사냥〉처럼 현실도피라고 규정된 노래들이었다. 정치
권력은 현실도피나 슬픔을 다룬 노래들이 유신체제의 국민동원이나 총
화체제를 저해한다고 생각한 것으로 보인다.

한국방송윤리위원회가 6월 19일 1차로 가요 43곡을 금지하자, 한국
예술윤리위원회도 6월 21일 1차로 가요 43곡을 금지시켰다. 양 기관은
서로 경쟁적으로 금지곡을 지정했다.

1975년 한 해 동안 금지곡으로 선정된 총계는 가요와 팝송을 포함, 예륜
(藝倫)이 358곡. 이 중 가요는 223곡에 팝송이 135곡이었다. 방륜(放倫)
은 팝송 130곡을 포함 총 263곡을 금지시켰는데 금년도 예륜 금지곡 중 방
륜이 그동안 이미 금지시켰던 116곡이 있으므로 두 단체의 금지 내역은 큰
차이가 없는 셈이다. 모든 예술 활동을 사전에 자율 심의하는 예륜은 논리
상 노래의 출생을 사전에 심의하는 곳이지만 75년의 경우 당국의 대중예
술정화방안에 발맞추기 위해 그동안 레코드 제작을 일단 허용했던 기성곡
까지 일제히 재심사함으로써 오히려 사후 자율기관의 성격을 띤 방륜에
앞지른 느낌이었다(〈일간스포츠〉, 1975년 12월 20일).

예륜은 1975년 12월 22일에도 〈불건전 외국가요〉 2차분으로 126곡
을 금지곡으로 지정했다. 예륜은 1975년 6월부터 12월까지 가요 223
곡, 팝송 261곡으로 총 484곡을 금지했으며, 방륜은 가요 133곡, 팝송
130곡으로 총 263곡을 금지했다. 15) 1975년 7월 예륜의 2차 가요금지

---

15) 방륜의 금지곡 숫자는 보도마다 차이가 있다. 〈경향신문〉 1976년 2월 27일 8

곡으로 〈미인〉, 〈그건 너〉, 〈불 꺼진 창〉 등, 방륜에 의해서 〈왜 불러〉, 〈고래사냥〉, 〈아침이슬〉 등이 금지되었다. 1974년과 1975년 가장 많은 음반판매를 기록한 가요들이 금지된 것이다.

이 밖에도 12월 대마초 사건에는 이장희, 이종용, 윤형주, 신중현, 김추자 등이 연루되었다.

1976년 대중음악 시장은 변화를 겪을 수밖에 없었다. 트로트의 복귀가 주류를 형성한 것이다. 그러나 1976년 "최고 히트를 했다는 송대관의 〈해뜰날〉이나 〈부탁〉 같은 노래도 레코드 판매량이 고작 2만 장에 지나지 않는다는 얘기이고 보면 가요계의 불황은 한층 극심하다는 결론이다. 레코드 판매량 1만 장을 넘는 노래는 고작 10곡에 불과하다"(〈경향신문〉, 1976년 12월 16일). 1975년 송창식의 〈왜 불러〉나 신중현의 〈미인〉은 10만 장을 넘겨 팔렸고, 박일남의 〈마음은 서러워도〉도 3만 장이 팔린 것과 비교하면 1976년 음반시장은 극도로 침체되었다.

가요계의 지각변동과 관련해서 신현준 외(2005b)는 두 가지를 지적한다.

첫째, 당시에는 음반구매뿐만 아니라 수집도 대중화되었는데 그 대상이 '가요음반'이라기보다는 '팝송음반'이었다는 것이다. 음악을 좋아하는 젊은 층들은 대마초 파동 이후 가요로부터 멀어졌다.

둘째, 1970년대 중후반 컴포넌트 오디오가 대량생산되면서 라이선

면 "크게 쟁화(淨化)된 방송(放送)내용" 기사에 따르면, 방송윤리위원회가 제출한 75년 방송윤리심의평가서에 기초해서 방송금지곡은 가요 134곡, 팝송 306곡으로 총 440곡이다. 팝송의 수가 늘어 간 것은 이전 심의내용도 포함되었기 때문으로 추측된다.

스 팝송음반을 접한 젊은 층에게 트로트 고고 음반은 경쟁력이 높지 않았다. 신현준 외는 젊은 층이 가요를 외면한 것은 정치적 이유 때문이라기보다 미학적 이유 때문이었다고 말한다. 그러나 대중음악의 취향 변화는 대중의 문화적 욕구가 정치권력에 의해서 좌절되면서 나타난 현상이라는 점에서 여전히 정치적이었다.

영화의 경우도 1975년 전후로 산업적 · 장르적 변화가 두드러졌다. 유신체제가 영화를 체제선전의 도구로 본격적으로 활용한 시기는 1974년이다. 1974년 이후 국책영화들은 〈증언〉과 〈아내들의 합창〉을 제외하면 흥행에 모두 실패했다. 두 작품도 흥행에는 성공했지만, 동원된 관객이 주류를 형성했다. 때문에 영화진흥공사는 1976년부터 직접제작 방침을 철회하고 우수 국책영화 포상을 통해 민간 제작사에 이 사업을 이양했다. 그러나 이후 개봉된 영화 〈깃발 없는 기수〉와 〈내가 본 마지막 흥남〉은 각각 3,628명, 2,219명의 관객을 동원하는 데 그쳤다(김학수, 233~234쪽). 사실상 국책영화는 관객의 무관심으로 인해 정치적 효과를 얻기 어려웠다.

〈별들의 고향〉은 청년영화 혹은 사회적 멜로드라마의 제작을 이끌어서 1975년 〈영자의 전성시대〉, 〈바보들의 행진〉, 〈어제 내린 비〉 등으로 이어졌지만, 1976년 이후에는 성애를 다룬 호스티스 멜로드라마로 변화했다. 호스티스 멜로드라마는 1978~1979년에 정점을 이루었는데, 이 당시 10만 이상 관객을 동원한 17편의 영화 중에서 호스티스 멜로드라마는 〈속 별들의 고향〉을 제외해도 9편이나 되었다. 16)

게다가 1974~1977년 사이 하이틴영화가 인기를 끌었다. 하이틴영화는 〈여고졸업반〉(1975), 〈진짜진짜 잊지마〉(1975), 〈고교 얄개〉(1977), 〈고교우량아〉(1977) 등으로 당시 흥행을 주도했다. 〈진짜진짜 잊지마〉가 흥행에 성공한 뒤, 제작자들에게 하이틴영화는 불황 타개책이 되었다. 하이틴영화는 저예산으로 제작 가능했으며, 검열로부터 자유로웠다는 점에서 당시 제작자들이 선호한 장르였다. 1976년 25편의 하이틴영화가 제작되었고 그중 10편이 흥행에 성공했다.

이호걸(2004)은 하이틴영화가 인기를 끌기 시작했을 때인 1975년은 문공부에 의해 액션영화 제작이 제한받고 있던 시점이라고 말한다. 1977년 상반기 우수영화 선정에서 하이틴영화가 선정되지 않자, 하이틴영화의 제작과 인기는 줄어들었다. 액션무협영화의 수입에 제한을 받게 되면서 영화산업계가 합작을 통해 액션무협영화를 제작하기 시작한 것은 1976~1977년이었다. 1977년 흥행 20위 중에서 합작 액션무협영화는 7편이나 차지했다(《영화연감 1977》).[17] 정부의 무협영화 수입 제한 조치에도 불구하고 무협영화는 인기장르였다.

1976년 대중문화 장르는 퇴행, 분파, 변형되었다. 이것은 국가개입, 대중의 문화적 욕구 좌절, 문화산업의 생존전략 속에서 구성되었다. 대중음악은 트로트나 트로트 고고로 퇴행, 팝송음반의 선호, 신인가수의 등장으로 나타났고, 영화산업은 성애를 다룬 호스티스 멜로드라마, 하이틴영화, 합작을 통한 무협액션 장르를 생산했다.

---

16) 멜로드라마 4편, 청년영화(사회성 멜로드라마) 3편, 무협 1편, 문예 1편이었다.
17) 〈중원호객〉, 〈신당산대형〉, 〈충열도〉, 〈사대문파〉, 〈류성검〉, 〈사대철인〉, 〈속 정무문〉 등이다.

2) 당대 문화지형의 갈등관계

유신체제는 근대화, 반공, 민족, 총화 등의 지배 이데올로기를 내세웠다. 총화는 문화 영역에서 체제안정과 정당성을 유지하기 위한 중요한 이데올로기였다. 총화는 유기체적인 조화를 의미한다. 이것은 거꾸로 유신체제가 조화가 아니라 갈등구조에 놓여 있었음을 의미한다.

유신체제는 '국민총화', '총화유신', '총화체제', '총화단결', '총화안보' 등 '총화'라는 가치를 중심으로 문화 영역을 통합했다. 총화를 최고 목표로 제시한 시기는 1974년이었다.

1974년 유신체제의 4대 시정(施政) 목표는 ① 국민총화체제의 공고화, ② 국력배양, ③ 안보태세의 공고화, ④ 국민생활의 안정이었다.

1975년 3대 시정목표는 ① 총력안보태세의 강화, ② 경제안정과 성장, ③ 국민총화였다.

1976년 3대 시정목표는 ① 국가안보 제1주의, ② 경제안정과 착실한 성장, ③ 국민총화체제의 일층 강화이다(문화공보부, 1979, 84~87쪽).

유신체제가 대중음악과 영화를 보는 시각은 차이를 보였다. 대중의 즐거움과 밀접한 대중음악은 심의제도 강화를 통해서 통제해야 하는 대상이었고, 영화는 유신체제의 정치적 이념을 보다 직접적으로 선전하기 위한 도구였다. 대중음악은 총화를 저해하는 불건전, 퇴폐, 왜색, 표절, 무분별한 외래풍조에 대한 금지나 통제로,[18] 영화는 총화를 확대하

---

18) 〈서울신문〉(7월 14일자)에 따르면, 예륜의 2차 금지가요 45곡에서 가장 중요한 기준은 총화 저해, 퇴폐, 자학 등이었다.

기 위한 선전의 도구로 활용했다.

유신체제 국책영화의 유형은 ① 재구성한 전통과 역사영화(〈난중일기〉, 〈집념〉 등), ② 반공영화(〈깃발 없는 기수〉, 〈증언〉 등), ③ 새마을 계몽영화(〈아내들의 행진〉, 〈쌀〉 등), ④ 모성 민족주의 영화(〈수선화〉, 〈겨레의 꽃 유관순〉, 〈옥례기〉 등), ⑤ 문예영화(〈토지〉 등) 등이었다. 그러나 유신체제의 의도와 다르게 젊은 세대는 가요를 외면하면서 팝송으로 관심을 옮겼고, 국책영화는 대부분 흥행에 실패했다.

한편 유신체제는 한국적 민주주의라는 체제유지를 목적으로 국난극복 유적지, 충효사상, 민족문화유산 등 선택적으로 역사와 전통의 복원을 시도하는 문화재 정책을 펼쳤다. 유신체제의 선택적 역사복원에 대항적 위치를 취한 것은 민족문화이다. 대학가를 중심으로 제기된 화두는 민족문화와 전통문화의 재창조였다. 1974~1975년 사이에 부상한 탈춤 부흥운동과 마당극 등 새로운 연행예술은 박정희 정권의 전통과 역사의 이용에 대한 자각으로부터 시작되었다고 볼 수 있다.

1970년대 중반 부상한 민족문화와 전통문화운동이 추구한 가치는 공유와 저항이었다. 채희완과 임진택(1985)은 전통문화운동의 '놀이정신'과 '마당정신'을 강조했는데, 이것은 '상황적 진실성', '집단적 신명성', '현장적 운동성', '민중적 전형성'을 의미했다. 유신체제가 전통문화형식의 발굴과 보존을 강조했다면, 전통문화운동은 전통문화의 형식이 아니라 내용을 재해석했다. 한(恨), 풍자, 비판정신, 공유정신 등은 아래로부터의 전통문화 속에 내재된 것들이었다. 지배 이데올로기로서 총화와 민족문화의 공유와 저항정신은 분명한 대립적·배타적 관계를

<그림 6-2> 문화지형의 갈등관계

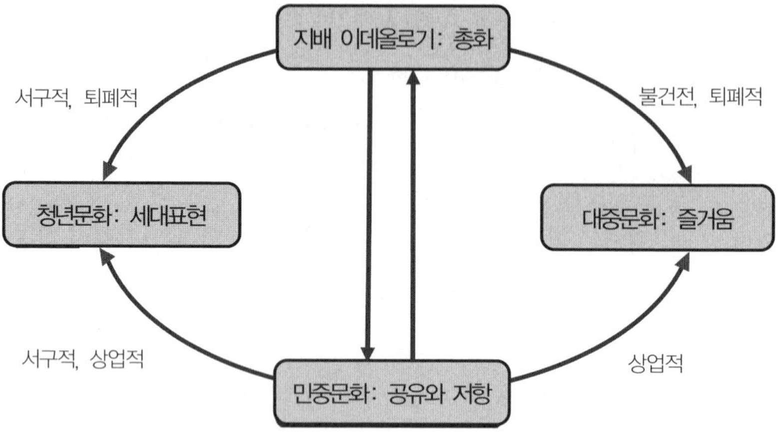

지배 이데올로기: 총화

서구적, 퇴폐적

불건전, 퇴폐적

청년문화: 세대표현

대중문화: 즐거움

서구적, 상업적

상업적

민중문화: 공유와 저항

형성했다.

그러나 청년문화는 1970년대 중반 당대문화의 지형구도에서 다층적 관계를 형성하고 있었다. 청년문화는 세대표현으로 한편으로는 지배 이데올로기에 대한 상징적 저항을 보여 주기도 했으며, 다른 한편으로는 정치권력의 억압으로부터 탈출구를 찾고자 하는 젊은 세대의 욕망을 드러냈다. 또한 산업화 이면에 깔린 주변부 삶의 일상성을 통해서 제도 안으로 편입될 수 없는 욕망의 좌절을 그려 냈다.

예를 들어, 〈바보들의 행진〉은 가족, 학교, 국가권력 사이 의사소통의 부재와 탈출구 없는 젊은 세대의 좌절을 묘사했다. 그러나 표현방식은 간접적이거나 아이러니를 사용했다. 장발을 단속하는 경찰이 장발인 것, 철학 수업을 마치고 칠판에 써진 플라톤의 '이상국가'를 보고 병태가 칠판을 지우면서 '이상구라'로 바꾸는 것, 경찰과 병태, 영철 사이 빗나가는 의사소통, 말더듬이 영철, 영철과 아버지(고위 권력층) 사이의 소통부재 등은 이전의 청춘영화와 다르게 사회에 대한 불온한 심기를 표현했다. 〈별들의 고향〉이나 〈영자의 전성시대〉도 직접적으로 총화라는 정치적 이데올로기에 저항한 것은 아니지만, '잘 살아보세'라는 이데올로기로부터 벗어나서 개인적 좌절을 보여 주었다. 주변부의 인생들은 자신이 존재히는 '비일상적 공간'(창녀촌, 룸살롱)을 벗어나서 '일상성'으로 들어가고자 하지만 그 꿈은 이루어지지 않는다. 산업화 시대 주변부의 삶이 경아와 영자라면, 남성의 타자인 경아와 영자는 당대의 타자인 일반 대중의 모습을 반영하는 것이기도 하다.

청년문화의 이와 같은 특징은 대중의 정서를 반영했기 때문에 1970년대 중반 지배적 대중문화의 위치를 점유할 수 있었다. 청년문화와 대중문화 사이에는 공유된 정서가 있었다. 청년문화와 대중문화는 배타적 관계라기보다 접합관계를 형성했다고 보는 것이 타당하다. 1970년대 중반 이후 청년문화는 하강적 문화로 전환되면서 지배적 대중문화로 편입되는 양상을 보여 주었다.

청년문화의 딜레마는 민중문화를 주장하는 대학생 집단과 일정 부분 문화의 생산과 소비주체를 공유했다는 점이다. 이것은 대중음악에서 두드러졌다. 김민기, 양희은, 윤형주, 이장희(대학중퇴 상태였지만) 등은 대학 재학 중이면서 포크음악을 주도했다. 김민기는 청년문화의 주류는 아니었지만 적극적으로 활동하면서 동시에 마당극에서 연출, 극본을 쓰기도 했다. 정치권력은 청년문화가 지닌 좌절의 정서를 '퇴폐'라는 잣대로 억압했고, 청년문화의 스타일을 서구적이라고 통제했지만, 대학 내 전통문화 연행집단들은 청년문화를 상업주의에 편입되어 있는 외래문화로 규정했다.

〈대학신문〉(1974년 6월 3일)은 "청년문화는 '히피', '후리섹스', '마리화나' 등 퇴폐적 저항을 일컫는 문화"이고 〈연세춘추〉(1974년 5월 20일)는 "청년문화는 엉터리 저널리즘의 횡포이고 다수의 문화가 아니라 극소수 청년의 문화일 뿐이라"고 주장했다.

제5장에서 보았듯이 1974~1975년 사이 대학언론들은 청년문화에 대해 비판적이었다. 청년문화가 추구했던 젊은 세대의 자기표현으로서 문화적 다원주의와 자유주의는 청년 내부와 정치권력 양측으로부터 비판의 대상이 되었다. 청년문화는 네 가지 문화지형 중에서 가장 모호한 위치에 놓이면서 편입과 분화의 과정을 거쳤다. 대부분 청년문화 양식들은 지배 대중문화로 편입되었고, 비판성과 서정성을 담아내는 일부는 민중문화 안으로 들어오게 되었다.

6. 대중문화의 퇴행

그동안 1970년대 문화와 관련된 연구들은 두 가지 경향을 지녔다. 하나는 1970년대 문화를 일반적으로 바라보는 것이었고, 다른 하나는 각 영역별로 특성을 논의하는 것이었다. 전자의 경우, 1970년대 당대문화 일반으로 대중문화의 성격을 논의하고 있는데 대체로 매스미디어와 관련된 대중문화현상을 논의했다.

예를 들어, 김창남(2003)은 1970년대 대중문화의 특성을 향락주의와 엄숙주의의 모순으로 파악했다. 1970년대 대중문화의 향락주의는 탈정치화를 위한 도구적 성격을 지녔고, 대기업의 영향력이 본격화되면서 상업주의의 성격을 드러내기 시작했다는 것이다. 동시에 유신체제를 지배한 문화적 담론은 엄숙주의에 가까웠다. 향락주의와 엄숙주의는 모순된 것이 아니라 1970년대 역사적 특성과 관련해서 필연적으로 형성되었다는 것이다. 후자의 경우는 당대문화 특수에 대한 논의들로 다양한 영역 — 대중음악, 영화, 대중소설, 민중문화운동 등 — 에서 풍성하게 진행되었다.

그러나 여기서는 1970년대 당대문화를 일반적으로 바라보기보다 1975년 전후 국면적 변화가 중요하다는 점을 지적했고, 대중음악, 영화, 민족을 둘러싼 지배체제와 저항집단의 관계 등을 총체적으로 바라보아야 한다는 점을 강조했다.

1970년대 중반 유신체제가 총화를 저해하는 것으로 대중음악을 금지시키면서 포크나 팝이 쇠퇴하고 트로트나 트로트 고고, 중간음악19)이 등장했지만 대중적 지지는 약했다. 이것은 음반시장의 침체를 초래했고, 주요 소비층이었던 10대 후반과 20대는 대중가요를 외면했다. 팝과 록음악이 다시 시장의 관심을 받은 것은 1977년 대학가요제 이후였다. 초기 대학가요제는 대중가요로부터 멀어졌던 젊은 세대의 관심을 끌어들이면서 성장했다. 1970년대 초반 30대와 40대가 지배하던 대중문화시장은 10대 후반에서 20대 초반 중심으로 바뀌었다.

영화의 경우 정부는 총화를 촉진시키고자 다양한 영화시책을 실시했지만 연이어 흥행에 실패했고, 영화진흥공사는 국책영화 제작을 포기했다. 영화 제작자들은 도시화와 산업화에 맞는 새로운 젊은 세대의 정서를 좇거나 하이틴 장르, 합작을 통한 무협영화, 호스티스 멜로영화 등을 제작했다. 1970년대 후반 이후 매춘을 직접적으로 다루거나 토속적 소재로 에로티시즘을 과감히 표현하거나 〈애마부인〉(1982)처럼 파격적인 성애영화들이 영화산업의 주류를 형성하게 되었다.

1970년대 후반 이후 선택된 역사와 민족의 이용을 놓고 정치권력과 저항집단의 갈등이 심화되어 나타났다. 유신체제는 1976년 54억 6천만 원이었던 문예중흥예산을 1977년 123억 2천만 원, 1978년 217억 5천만 원으로 파격적으로 확대했다. 문예중흥예산 중에서도 1977년 88억 1천만 원, 1978년 173억 3천만 원을 민족사관 정립항목에 투여할 정도였다(문화공보부, 1979, 228~229쪽).

---

19) 중간음악은 "통속적인 음악과 순수예술음악의 중간적 성격과 음악을 가리키는 것"을 의미하는데, 예륜이 권장한 건전가요이다. 〈서울의 찬가〉, 〈엄마야 누나야〉, 〈비둘기 집〉 등이 이에 속한다(〈주간한국〉, 1975년 12월 28일).

민중문화운동은 대학생 중심에서 벗어나서 노동계급과 연계를 시작했고, 탈춤이나 마당극을 넘어서 문학, 미술, 연극 등으로 확대되면서 보다 강력하게 정치권력에 저항했다. 이와 같은 맥락에서 본다면 국풍81은 유신체제의 유산을 물려받은 전두환 정권이 저항집단이 활용했던 전통의 가치를 제도 안으로 편입시키고자 했던 거대한 정치적 이벤트였다. 결과적으로 1970년대 중반에 형성된 당대문화는 지배와 저항, 산업과 실천이라는 두 축에서 대립된 구도를 형성했다. 이것은 1980년대 민중문화 형성과정의 토대를 제공했다.

1980년대 민중문화의 형성과정 **07**

_ 대학 연행예술운동의
    창의적 변용과정을 중심으로 _____

1. 전통의 창의적 변용

1980년대는 신군부세력이 1979년 12·12군사쿠데타로 군부를 장악한
후 1980년 5·18민주화운동을 무력으로 진압하고 여타의 국가기구를
지배하면서 시작되었다. 제5공화국은 출발부터 정권의 정당성 문제를
안고 있었다. 1980년대 정치와 문화 사이의 관계는 '위로부터의 지배'와
'아래로부터의 저항'이라는 대립적 구도 속에서 형성되었다. 어느 사회
에서나 지배와 저항의 대립관계는 나타나지만, 1980년대에는 갈등관계
가 극명하게 표출되었다. 도덕적 명분이 없는 정권과 민주화운동이라
는 정치·사회적 변수는 1980년대 문화형성과정에 큰 영향을 미쳤다.
    1980년대 민중문화가 '운동'(사회 내 모순과 갈등을 해결하기 위한 집단
적이고 계획적인 변혁)으로 자리매김할 수밖에 없었던 것은 제5공화국

의 정당성 부재와 직접적으로 관련을 맺기 때문이었다. 제5공화국 전반기 관제 문화행사가 폭발적으로 증가했다. '국풍 81', '민족중흥의 큰잔치', '1986 아시안게임', '1988 서울올림픽'에 이르기까지 거대한 국가 기획 이벤트들이 진행되었다. 게다가 문화와 체육을 정권유지의 명분으로 삼아 프로스포츠가 출범했고, 문화예술정책을 확대함으로써 문화예술 분야의 양적 팽창도 두드러졌다.

민중문화는 전두환 정권이 주도하는 위로부터의 지배에 저항하면서 예술운동에서 사회문화운동으로 확장되었다. 1970년대 대학가 중심의 연행예술운동은 1980년 '서울의 봄'이 오면서 부상했다가 5·18민주화운동 이후에 일시적으로 약화되었다. 그러나 1984년 유화국면에 접어들면서 민중문화운동협의회를 비롯한 예술운동 조직들이 결성되었고, 민중문화운동은 1987년 6월 항쟁을 선도하면서 저항적 문화로 자리 잡았다.

1980년대 민중문화에 대한 논의는 사회운동의 일부로서 저항적 민중문화를 어떻게 구성할 것인가(운동성), 누가 민중문화 생산의 주체가 되어야 하는가(주체성), 민중의 삶을 어떻게 문화 안으로 끌어들일 것인가(현장성) 등과 같은 문화실천의 관점에서 전개되었다. 민중문화운동은 사회변혁을 위한 정치적 도구로서 '전체 사회운동 내 부분운동'(정이담, 1985)으로 인식되는 경향이 지배적이었다. 그러나 민중문화운동이 갖는 정치성, 현장성, 선전성 등을 인정하더라도, 그것은 전통연행 양식을 당대의 정신과 통합함으로써 구성한 창의적 문화였다.

1980년대 민중문화의 연행예술이 "민중예술 형태 가운데 유례를 찾을 수 없게 독창적이고 역동적이고 자발적인 의사소통의 예술"(황지우,

1986, 214쪽)이라거나 "연행예술이 민중적 삶의 표현형식을 가장 분명한 모습으로 보여 주고 있다"(김성기, 1987, 118쪽)는 평가는 민중문화운동이 '운동'으로서만이 아니라 '문화와 예술형식'으로도 논의할 가치를 지닌다는 것을 의미한다.

1980년대 대학을 다닌 나는 민중문화의 단절에 대한 개인적 아쉬움이 있으며, 민중문화가 당대의 맥락에서 창의적 대중예술운동이었다는 점을 재평가하고 싶은 욕망이 있다. 민중문화가 단지 '운동'만이 아니라 창의적 '예술'이며 '의례'였다는 측면이 제대로 논의되지 않기 때문이다. 따라서 이 장의 목적은 1980년대 대학 연행예술운동을 중심으로 '전통의 창의적 변용과정'(reinvention of tradition)으로서 연행의 소통방식, 민중문화가 통합의례로 진화하는 과정, 판으로서 상징장소와 현장, 전유의 과정을 밝히는 데 있다.

2. 1980년대 '민중'과 연행예술의 위치

1) '민중' 개념의 재구성

1980년대 민중문화형성에서 부상한 용어는 '민중'이었다. 민중이라는 용어는 19세기 후반에 등장했다. 이때 민중은 서민, 평민, 인민, 백성 등과 유사한 용어로 〈독립신문〉에도 자주 나타났다(Kang, 1995). 〈동아일보〉가 창간사에서 조선 민중의 표현기관임을 자임하고, "민중은 빈부귀천을 물론하고 한 덩어리가 되어 스스로 그 창의대로 문화건설에 노력할지니"(1920년 8월 4일)라고 기술했을 때, 민중은 대중 전체를 의미했다.

그러나 1920년대 초반 민족주의나 사회주의 계파들이 민중 개념을 사용함에 따라, 민중은 서민, 평민, 인민과는 다른 정치적 의미를 담기 시작했다.

3·1운동 이후 정치문화의 특징은 '논쟁의 정치'였는데, 여기서 빼놓을 수 없는 사실은 '민중'이라는 새로운 세력이 참가했다는 것이다. 이전까지 종교지도자, 교육자, 언론인, 문인 등에 의해 주도되었던 공론의 장에 소작인, 노동자 등 새로운 목소리가 등장한 것이다. 당시 사회주의 계열은 "민중/귀족계급, 자본계급, 기타 간악한 지식매매계급"과 같은 대립적 용어를 사용했고, 민중을 사회와 결합시켰다.

'민중의 정신'과 '사회의 신성'은 분리되지 않았으며, 민중은 사회의 실체로 떠올랐고, 부와 권력을 장악한 소수, 예컨대 귀족계급, 자본계급, 명사집단 등은 '사회'에서 배제되었다. 민중을 사회와 연결시키면서 '사회운동'은 '민중'을 둘러싸고 조직된 운동으로 노동조합운동 및 노동운동, 농민운동을 가리키는 말이 되었다(김현주, 2005).

1920년대 초반 '민중' 개념이 부상하는 데 기여한 인물 중의 한 명이 신채호다. 신채호는 일제 식민지배가 가혹해지면서 독립운동에 대한 회의가 만연하는 상황에서 민중을 역사변혁의 주체로 설정했다. 신채호가 민중을 사상적 개념으로 제시한 것은 '조선혁명선언'(1923)이다.

우리 혁명의 제일보는 민중 각오의 요구니라. 민중이 어떻게 각오하는가? 민중은 선인이나 성인이나 어떤 영웅호걸이 있어 민중을 각오하도록 지도하는 데서 각오하는 것도 아니요, 민중아, 각오하자, 민중이여, 각오하여라, 그런 열규(熱叫)의 소리에서 각오하는 것도 아니오, 오직 민중이 민중을 위하여 일절 평등·부자연·불합리한 민중성향의 장애부터 먼저 타파함이 곧 민중을 각오케 하는 유일한 방법이니, 다시 말하자면 곧 선각한 민중이 민중의 전체를 위하여 혁명적 선구(先驅)가 됨이 민중 각오의 제일(第一)로니라(신채호, 《개정판 단재 신채호 전집 下》, 1982, 41~42쪽).

신채호에게 민중은 사회경제적 조건으로 결정되는 계급적 범주가 아니라 역사적·의식적 범주에 속한다. 신채호는 억압과 노예상태를 인식하고 자각하는 존재를 민중으로 규정했다. 주인석·박병철(2011)은 신채호가 국망(國亡) 전후에는 '민족'을 국가자강과 독립의 주체로 파악했다가 1920년대 이후 '민족'에서 '민중'으로 사상적으로 변화했다고 지적한다.

신채호는 3·1운동이라는 민족궐기만으로는 독립으로 나아가지 못한 것을 보면서 역사주체로서 '민중' 개념을 부각시키고 폭력투쟁을 제시했다. 신채호의 민중은 일제 지배층, 매국노, 친일인사, 지주계층을 제외한 반일의식을 가진 민족구성원 전체이다. 민중은 일제통치, 특권계층, 경제수탈, 불평등, 노예상태를 깨닫고 변혁하는 실천적 존재가 된다.

1980년대 민중 개념은 신채호의 사상으로부터 재개념화한 것으로 볼 수 있다.[1] 비록 1920년대 반봉건·반제국주의 투쟁과 1980년대 민족·민주주의 투쟁 사이에는 차이가 있을지라도 두 시대의 민중 개념은 현실변혁의 주체라는 점에서 유사하다. 1980년대 민중 개념은 대체로 두 가지 관점으로 정의되었다.

하나는 경제·사회학적 관점이고(박현채, 1984; 정창렬, 1989; 김진균, 1997), 다른 하나는 역사적·의식적 관점이다(한완상, 1978; 고은, 1987). 박현채는 경제적 관점에서 다음과 같이 주장한다.

---

1) 1980년대 '민중' 개념이 신채호의 민중론을 확장한 것이라는 것이 나의 생각이다. 그러나 1980년대 많은 민중론에서 신채호에 대한 논의가 거의 빠져 있다는 점은 의문스럽다. 비록 김진균(1984), 강만길(1995) 등은 신채호의 민중론을 비판적으로 논의하고 있지만, 1980년대 민중운동 이론가들은 신채호의 민중론을 언급하지 않는다. 이것은 아마도 신채호의 민중론이 계급 모순을 도외시하기 때문으로 추측된다. '순수민중', '기층민중'과 같은 용어는 계급적 관점에서 민중을 정의한 것이다.

민중은 노동자계급을 기본으로 하면서 소생산자로서의 농민, 소상공업자와 도시빈민 그리고 일부 진보적 지식인으로 구성된다. 이 가운데 큰 부분을 이루는 노동자, 농민, 도시빈민은 자본주의 경제제도의 재생산 과정의 소산이다. 즉 민중 구성은 서로 관련된 순환계열상의 다른 범주로 되면서 하나로 된다(박현채, 1983, 103~104쪽).

김진균(1997)도 박현채와 마찬가지로 계급적 범주로 민중을 설정하지만, 민중을 단일주체 세력으로 전제하는 것에는 반대한다. 왜냐하면 노동의 분화 과정에서 나타나는 노동계급의 질적 변화를 소홀히 하게 되며 다양한 상층계층과의 계급연대의 맥락을 무시하게 된다는 점 때문이다. 김진균은 계급 기반 아래에서 변혁의 주체로서 계급연대를 강조한다.[2]

이들과 다르게 한완상(1978)은 민중을 개발독재 정권하에서 정치적으로 억압받는 존재, 경제적으로 착취당하는 존재, 문화적으로 소외된 존재로 정의한다. 민중은 억압, 착취, 소외에 의해서 고통 받는 대중을 의미한다. 한완상의 민중 개념은 계급적 기반에 기초한 것이 아니라 정

---

2) 1980년대 민중 개념은 역사주체와 객관적 구조를 포함하는데 《한국민중사 I》(1986)는 다음과 같이 민중을 정의한다. "민중이라는 개념은 아직 정비되어야 할 많은 문제점을 내포하고 있지만, 상이(相異)한 국가 또는 상이한 역사 시기마다 서로 다른 내용과 구성을 가지는 것으로 논의되고 있다. 현재 한국사회에서 민중이란 신식민지하에서 민족해방의 주체로서, 노동자 계급을 중심으로 하여 농민, 도시빈민, 진보적 지식인 등을 포괄하고 있는 개념이다"(《한국민중사 I》, 1986, 32~33쪽). 이 개념이 당시 일반적으로 사용되었다.

치적 개념이다. 그는 '즉자적'(卽自的) 민중과 '대자적'(對自的) 민중을 구분하는데, 즉자적 민중은 계급적으로는 민중에 속하나 의식을 갖지 못한 대중이며, 대자적 민중은 억압, 착취, 소외에 대한 깨달음의 의식을 갖고 변화의 주체로 나아가는 대중을 지칭한다. 한완상의 대자적 민중은 신채호의 민중 각오와 유사하다.

고은(1987)도 민중을 경제적 관점에서 보는 것에 반대하면서 국가권력과 독점자본을 지배하는 세력을 제외한 나머지 모두를 민중 개념에 넣어 주변부를 넓게 해야 한다고 주장한다.

1980년대 민중 개념은 역사적 가변성 속에서 변혁주체라는 의식적 존재와 계급에 기반을 두면서 계급연대의 가능성을 열어 놓은 경제적 존재를 포함한다. 이와 같은 민중 개념을 토대로 민중문화의 실천주체가 설정되었다.

2) '민중문화' 운동의 층위 : 연행예술의 위치

1980년대 민중문화는 다양한 운동 — 예술운동, 소집단 공동체, 노동문화, 출판과 종교운동 등 — 이 복합적으로 연계되어 나타난 현상이었다. 민중문화는 사회 전 분야에 걸쳐서 부상했기 때문에 민중문화의 층위를 명확히 구분하기란 쉽지 않다.

정이담(1986)은 민중문화를 내용과 관련해서 생활문화운동, 문학 · 예술운동, 교육운동, 출판운동, 언론운동으로, 문화주체를 기준으로 지식인 문화운동, 노동자 문화운동, 농민 문화운동으로 구분하고, 목적성에 따라서 민족민주운동, 반외세 문화운동, 반파쇼 문화운동 등으로 분류한다.

민중문화운동은 민중교육, 민중사학, 민중신학, 언론과 출판 등에 이르기까지 다양한 범위에 걸쳐 있었다. 민중문화는 민중의 역사적 주체로서의 삶과 해방을 향한 민주화운동과 민족통일운동의 과정에서 통합적으로 전개되었다. 즉,

> 노동운동, 농민운동, 종교운동, 지식인운동 등이 전체 민중운동의 통합적 부분들로서 전개됨에 따라 노동문화, 농민문화, 지식인문화가 각 운동의 총체적 결실인 동시에 통합적 부분으로서 전개되었고 이 부분문화들은 각 운동과 전체 민중운동 간의 관계에 조응하여 부분적 독자성을 지니면서 전체 민중문화로 통합되어 나갔다(채광석, 1985, 32쪽).

그러나 민중문화운동을 주도했던 문학·예술패들은 언론, 출판, 교육, 종교부문과 연계하는 데 제한적이었다. 연계의 필요성이 강조되었지만, 현실적 성과는 기대보다 적었다. 따라서 그들은 민중문화운동을 사회운동 내 예술운동으로 위치시켰다. 1980년대 중반 민중문화론에 대한 대표적인 저술들은 민중문화의 장르로 문학, 탈춤, 마당극, 노래, 민요, 판소리, 그림, 영화, 춤, 풍물 등을 언급한다(민중예술위원회, 1985; 정이담 외, 1985; 김정환 외, 1986).

김광억(1989)도 민중문화운동은 일차적으로 예술운동이었다는 점을 지적한다. 운동가들은 자신들의 운동을 다른 정치나 사회운동과 구별하기 위해서 문화운동으로 불렀지만, 그것은 주로 연극, 풍물, 노래, 굿, 춤 등의 연행예술과 문학, 그림, 영화 등의 표현예술을 의미했다.

1980년대 민중문화는 예술운동(연행예술과 표현예술)과 문화운동(출판, 언론, 교육, 종교, 노동 등)으로 범주화할 수 있다. '문화'라는 용어가 포괄적이어서 '예술'을 포함하지만, 각각 문화생산 주체의 성격은 서로 달랐다. 민중문화를 예술운동의 측면에서 보면, 연행예술과 표현예술로 구분할 수 있다. 연행예술은 탈춤, 마당극, 대동제와 같은 놀이문화이며, 표현예술은 민중문학, 민중미술, 노래운동, 영화운동 등과 같은 전문적 예술 활동이다. 연행예술은 대학생이나 노동자 등 비전문적 집단을 통해서 전개되었지만, 표현예술은 전문가집단에 의해 수행되었다. 또한 연행예술은 (소)집단 창작으로 만들어지지만, 표현예술은 대체로 개인 창작 중심이다.

1980년대 대학 연극반, 탈춤반, 농악반 등은 연행예술을 선도하면서 독자적인 형식과 장르를 만들어 냈다. 대학 연행예술 주체들은 문화운동을 경제투쟁이나 정치투쟁의 하위부문으로 받아들이지 않았고, 문화운동의 자율성, 실천성, 놀이성을 중요하게 생각했다. 1983~1984년 고려대 〈안암 대동제〉를 이끌었던 우수홍(1984)은 이 점을 지적한다.

문화에 대한 기본적 이해가 부족한 상황에서 단순히 문화운동을 목적을 위한 수단으로 이용하려는 자세라든가, 운동에는 정치투쟁, 경제투쟁, 문화투쟁이 있는데 체제 지양을 위한 투쟁은 정치투쟁이 문화투쟁에 선행되어야 하고, 문화투쟁은 우리가 바라는 사회가 완성된 후 천천히 시작해도 늦지 않는다는 문화운동에 대한 몰지각성, 문화운동을 바라보는 시각 자체의 편협적인 사고가 팽배해 있었다(우수홍, 1984, 315쪽).

이와 같은 관점은 당시 급진적인 대학운동권의 시각과는 어느 정도 떨어져 있다. 대학 연행예술 주체들은 대학운동권 내에 위치되었지만, 문화를 정치나 경제의 반영으로 본 것이 아니라 실천을 위한 매개로 판단했다. 이들은 문화운동의 자기목적성과 정치성을 통해 사회변화를 추구하고자 했다.

대학 연행예술 주체들이 추구했던 문화운동의 방향성은 '공동체의식의 회복'을 통한 사회변혁이었다. 이들은 대중성을 확보하기 위해서 현장성과 집단성을 강조하였고, 전통을 선별적으로 전유해서 변용했다. 문화의 자율성을 인식하고 있었기 때문에 경직된 문화관점에서 벗어나서 창의적인 문화형식과 장르를 만들어 낼 수 있었다.

이런 점에서 보면, 1980년대 민중문화 내에서 대학 연행예술은 기존 예술형식과 내용에 도전하면서 다양한 역동성을 보여 주는 창의적 문화운동으로 위치될 수 있다.

3. 연행예술로서 마당극의 소통방식

1980년대 민중문화에서 대표적인 대학 연행예술[3]은 마당극과 대동제
이다. 1980년 4월 마당극은 대학가를 중심으로 붐을 이루었다.

새 학기 들어 대학가의 마당극 공연이 활기를 띠고 있다. 서울대가 〈관
악굿〉, 〈녹두꽃〉, 〈노동의 횃불〉 등 개강 이래 두 달 동안 7편의 마당극
공연을 가졌고, 서강대의 〈젊음의 꽃〉 등이 차례로 이어져 마당극에 대

---

3) 1970~1980년대 연행예술과 관련해서 다양한 용어들 — 마당극, 마당굿, 민속
극, 민족극, 굿놀이, 풍물굿 — 등이 혼재되어 사용된다. 이것은 연극의 관점과
민속의 관점 간의 차이로 보인다. 연극적 관점은 연행예술(대표적으로 마당극
으로 불리는)을 기존 서양연극을 비판하고 거부하며, 전통예술의 표현법을 차
용하여 당대의 의식을 표현하는 마당극, 민속극, 민족극으로 지칭한다(채희완,
1979/1982; 이영미, 1997/2001). 반면, 민속적 관점은 굿놀이(허용호, 2010),
풍물굿(박흥주, 2014) 등으로 부른다. '마당극'이라는 용어가 처음 사용된 것은
1976년 10월 서울대 총연극회의 〈허생전〉 마당공연부터였고(채희완, 1982),
1970년대 말과 1980년대 초반 마당극은 전통연희를 재창조한 민중연극으로 받
아들여졌다. '민족극'은 1988년 제1차 민족극 한마당이 개최되면서 포괄적인 진
보적 연극운동을 총칭하는 개념으로 쓰였다(이영미, 1997). 그러나 초창기 마
당극운동을 주도한 채희완·임진택(1985)은 '극에서 굿으로 회귀'를 주장하면
서 '마당굿'이라는 용어를 사용했는데, 이것은 극으로부터 총체적인 예술문화운
동으로 확장하기 위한 것이었다. 현재의 관점에서 본다면, 마당극은 연극의 관
점보다는 문화운동의 요소가 더 크고, 굿의 영역에는 '극', '놀이', '재미', '저항',
'풀이' 등이 포괄적으로 포함되어 있기 때문에 '굿놀이'로 지칭하는 것이 적절하
지만, 이 글에서는 당시 사용되었던 마당극(굿)이라는 용어를 쓰고자 한다.

한 관심이 대학생들 사이에 크게 일고 있다. 또 서울대 총연극회는 앞으로 매주 목요일마다 한 편의 마당극을 여는 〈목요마당놀이〉를 계획하고 있으며, 5월 대학가 축제를 전후로 다른 대학들도 여러 편의 마당극 공연을 갖게 될 것 같다(〈동아일보〉, 1980년 4월 30일).

갑작스러운 정치변화로 대학계와 노동계는 그동안 억눌렸던 민주화의 요구를 집단적으로 표현했다. 마당극은 공연, 집회, 시위의 장으로서 '마당'이라는 새로운 장소를 발견했다. 1980년 연행예술은 4·19혁명제, 농성장, 시위장 등에서도 진행되었고, 대학뿐만 아니라 노동절을 맞이하여 원풍모방 노조원들이 YH사건을 다룬 작품을 공연하는 등 노동계에서도 활발히 전개되었다.

문호연(1985)은 1980년 봄을 '연행의 홍수' 시기였다고 말한다. 그러나 연행예술의 공연은 5·18민주화운동 이후 순식간에 사라졌다가 1984년 유화국면 이후 활기를 되찾았다.

1980년대 연행예술은 1960년대 초반 이후 진행된 전통예술의 창조적 변용이었다. 마당극의 본격적인 시작은 1973년 김지하 작, 연출의 〈진오귀굿〉이라고 볼 수 있지만(임진택, 1990), 이전에도 주목할 만한 연행과 연극들이 있었다. 1963년에서 1972년 사이 3가지 연행형식이 나타났다. 굿 형식으로 진행된 〈향토의식 초혼굿〉(1963~1965), 장례식으로 〈민족적 민주주의 장례식〉(1964)과 〈고 김상진 열사 장례식〉(1971), 그리고 농촌계몽을 위한 사회극으로 〈나폴레옹 꼬냑〉, 〈구리 이순신〉, 〈금관의 예수〉 등이다.

이와 같은 연행예술운동은 1961년부터 정부 주도의 민속경연대회,

〈진동아굿〉, 1975년 봄 서울대 관악캠퍼스 (사진제공 : 이영미)

1963년 한일회담 반대운동, 1964년 양주 별산대놀이 문화재 지정 이후 무형문화재 지정 사업이 시작되면서 나타났다. 1970년대 초반까지 연행예술은 정부가 주도한 박제화된 민속예술과 거리를 두었고, 전통의 복원에 치중하면서 저항문화로서의 모습을 드러내기 시작했다(문호연, 1985; 송도영, 1998; 이영미, 2001).

1973년부터 1979년까지 〈진오귀굿〉 이후에 마당극은 연행예술로서 자리를 잡기 시작했다. 이 시기 연행예술은 다양한 방식으로 진화했다. 이는 창작탈춤으로 이루어진 마당극(〈소리굿 아구〉, 〈미얄〉 등), 현장성을 강조하는 마당극(〈진동아굿〉, 〈덕산골 이야기〉, 〈함평고구마〉, 〈동일방직 문제를 해결하라〉, 〈공장의 불빛〉), 그리고 대학 연행집단이 기존 연극작품을 야외공연으로 재구성한 마당극(〈돼지꿈〉, 〈마스게

시기	연행	형식	내용	기타
1963 ~ 1972	향토의식 초혼굿(1963~1965)	굿	탈춤과 굿 형식(길놀이, 살풀이, 민속놀이 등)	3년에 걸쳐 진행(서울대)
	민족적 민주주의 장례식 그 김상진 열사 장례식	장례식, 굿	한일회담 반대와 김상진 추모 장례식을 통한 시위	시위에 전통상례의식 수용
	나폴레옹 꼬냑, 구리 이순신, 금관의 예수	사회참여극	마당를 배경으로 문자를 통한 구현	김지하 작품등
1973 ~ 1979	진오귀굿, 소리굿 아구, 진동이굿, 미알, 하생전, 씻김탈굿	굿, 탈춤, 풍물, 판소리 사설 등	농촌, 기생 관광, 동아일보 사태, 여성노동자 등 사회문제를 다룸	진오귀굿(1973) 마당극의 효시, 하생전(1976) 마당극이란 이름으로 공연, 창작탈춤
	돼지꿈, 노비문서, 미소게임, 함평고구마, 공장의 불빛	무대와 마당극, 노래, 탈춤 등	빈민, 농촌, 공장노동자의 비극적 상황	연작 희극을 마당극으로 개작 (돼지꿈, 노비문서 등) 노래극(공장의 불빛)
	동일방직 문제를 해결하라, 연통모방 놀이마당	탈춤, 마당놀이, 전통놀이 등	노동자들이 직접참여를 통해 노동문제를 제기	노동현장과 전통연행의 결합
	예수전, 예수의 생애, 예언	무대극, 탈춤 등	예수를 통해서 구현의 문제를 다루고 민중예수로 재해석	민중신학, 해방신학의 영향
1980 ~ 1989	역사탈(1979), 녹두꽃, 함매두리놀이, 장산곶매, 의병굿	마당극, 굿, 탈춤, 전통놀이 등	역사적 인물이나 배경을 통한 저항의식 표현	1980년 대학가 마당극 붐
	밥, 나의 살던 고향은, 한라산 노동의 새벽, 일어서는 사람들, 뿔어지면 죽는다, 나락놀이, 호랑이 놀이, 복지에서 성자로	마당극, 굿, 탈춤, 전통놀이 등	노동, 광주, 공해, 농촌, 복지, 철거민 등의 현실문제를 소재로 설정	리얼리즘의 영향
	꽃다지	노래판	민중가요 중심으로 구성	대학, 노동계에서 민중가요 인기
1980 년대 중반		마당극, 탈춤, 전통놀이 등 통합형식	서울(아리랑, 현장 등), 지역(열림터, 탈, 큰들, 우금치, 일터, 자갈죽, 신명, 갯돌, 수름금 등)	지역 연행집단의 확산

* 여기서 제시된 연행들은 기존 연구로부터 대표적인 것만 간략하게 정리한 것이다.

▌〈노동의 새벽〉 공연 (1988년) (사진제공 : 이영미)

임〉(출세기), 〈노비문서〉) 등으로 분류된다(김현민, 1993; 조훈성, 2013).

채희완·임진택(1985)이 지적하듯이, 이 시기 마당극 표현양식의 근원은 탈춤이나 농악에 뿌리를 둔 것, 굿의 양식을 원용한 것, 판소리 형태를 활용한 것, 사건전달의 서사극에 입각한 것 등으로 복합적이었고, 이야기극, 노래극, 무용극의 형식을 빌린 것 등 다양했다. 마당극의 다양한 실험은 1980년대 연행예술의 전개방식에 중요한 토대가 되었다.4)

───────────────

4) 1970~1980년대 마당극 양식에 대한 논의들은 적지 않다. 가장 주목할 만한 글은 이영미(2001)의 《마당극 양식의 원리와 특성》이다. 이영미는 극예술적 특

1980년대 연행예술은 문화의 생산과 수용의 방식을 새롭게 만들어 냈다는 점에서 우리 현대문화사에서 독보적인 위치를 차지한다. 연행예술의 생산양식과 관련해서 정지창(1985)은 "연희와 연극의 접합"을 주장한다. 가면극, 창극, 판소리, 탈춤, 신파, 서사극 등을 통합했다는 의미인데, 이것은 1980년대 연행예술을 형식의 생산양식이라는 측면에서 협소하게 바라본 것이다.

1980년대 연행예술은 '문화'(혹은 예술)를 적극적이며 능동적인 개념으로 설정했고, 사회운동과 결합했으며, 전통과 근대성을 재해석(근대화 시대 공동체의 문제, 일과 놀이 분리현상에 대한 통합, 전통의 현대적 적용 등)하고, 사회를 구성하는 여러 계층 중에서 문화를 주도해야 하는 계층이 누구인가를 명확히 했다는 데 의미가 있다. 더불어 1980년대의 현실 속에서 문화의 특수성을 되찾고자 했던 운동이었다(송도영, 1998).

탈춤과 굿을 회복하려고 했던 이유는 두 가지 측면에서 해석할 수 있다. 하나는 근대화로 나아가는 과정에서 전통의 소멸과 공동체의식의 약화되는 가운데 한국의 집단정체성을 회복하기 위해서였고, 또 하나는 탈춤과 굿의 의례적 성격과 저항의 가능성에 주목했기 때문이다. 먼

질로 하층민, 전형성, 어투와 질감, 즉흥연기를, 공연예술적 특성으로 열린 공간, 극중 시공간의 자유로운 활용, 앞풀이와 뒤풀이를, 미적 특성으로 추, 해악, 통속성, 신명 등을 든다. 또한 채희완·임진택(1985)은 마당극의 정신기조로 '마당정신'과 '놀이정신' 그리고 마당극의 본질적 실체로 네 가지 성격 '상황적 진실성', '집단적 신명성', '현장적 운동성', '민중적 전형성'을 제시한다. 여기서는 마당극 중심의 연행예술이 갖는 형식과 내용의 문제는 재론하지 않고, 이것들이 갖는 소통의 생산과 수용이라는 관점에서 논의를 전개할 것이다.

저 첫 번째 이유와 관련해 연행예술이 추구하는 이상적 공동체는 '농촌 공동체'였지만, 1980년대 이후에는 단지 농촌공동체에 머무르지 않고, 노동공동체, 도시빈민공동체, 종교공동체 등으로 확대되었다. 다음으로 연행예술은 "의례를 통한 저항"(Hall, S. and Jefferson, T., 1976)이었다고 볼 수 있는데 연희장소인 마당이 의례의 장소였다. 연행예술은 당대 구성원의 정체성을 보여 주는 '공동체의 이야기'를 구성했고, 저항을 위해 민족정체성을 재현하는 상징행위였다.

또한 근대화 이후로 진행되었던 '위로부터의 국가 만들기'와 1980년대 진행되었던 아시안게임, 올림픽, 축제 등에서 보이는 '위로부터의 의례'에 저항하는 '아래로부터의 의례'였다.

더욱이 1980년대 초반 집회나 시위의 양상은 1970년대와 달랐다. 1970년대 대학집회에서는 주동자가 유인물을 뿌리고 상주하던 경찰에 잡혀 가는 상황이 벌어졌지만, 1980년 서울의 봄이 오면서 대학계와 노동계의 집회방식이 변화되었다. 집회시간은 길어졌고, 구호를 외치면서 끝나는 것이 아니라 집단시위로 이어졌다. 이에 적합한 연행예술이 탈춤, 연극, 굿을 결합한 마당극이었다. 마당극은 시위 군중을 소집하고, 신명과 놀이의 확대를 통해서 투쟁으로 나아가는 시위 매개체로서 기능하는 데 적합했다.

1980년대 연행예술은 문화수용의 양식도 변화시켰다. 연행예술은 관중을 관객으로 위치시키지 않고 '집단적 신명'을 공유하는 참여자로 이끌었다. 관중은 집단적 신명 속에서 억압된 것을 풀어냈다. 따라서 연행예술은 자발성과 집단성의 수용양식을 만들어 냈다. 그동안 우리 전통문화에서 강조되었던 정신은 '한'(恨)이 갖는 비극성이나 슬픔의 정서였다. 반면 연행예술은 우리의 정서를 '한'이 아니라 '신명'으로 재정의했다.

민속연희에서 일반적으로 추출되는 여러 가지 요소 중 가장 근원적인 것으로는 민중적 생활표현의 예술적 원천인 '신명'을 꼽지 않을 수 없는데, 그러한 신명을 불러일으키는 계기의 내재적 동인은 하나의 개념으로 통합할 수 있는바 그것은 바로 '놀이정신'이다. 놀이정신은 민속연희의 정신적 내용을 이루고 있는 민중적 미의식의 내재적 존립근거로서 인간의 몸속에 들어 있는 신명을 솟구치게 하는 핵심적인 역할을 수행한다(채희완·임진택, 1985, 117쪽).

채희완·임진택(1985)은 신명을 예술적 체험의 원천으로 정의하지만 명확히 개념화하지는 못했다. 이영미(2001)는 신명은 에너지가 안에서부터 밖으로 뿜어져 나오는 것이며, 육체적인 경향이 있고, 집단적일 때 강화된다고 지적한다. 조동일은 "안으로 간직한 신기(神氣)가 밖으로 뻗어나서 어떤 행위나 표현 형태를 이루는 것을 두고 '신명'을 푼다"(1996, 430쪽)고 정의한다.

신명은 놀이(연행예술)와 관중 사이에서 형성되는 정서적 교감이다. 신명은 인간 본질적인 감정표현에서 비롯되는 '정서적 즐거움'과 사회관계로부터 나타나는 '사회문화적 즐거움'이 결합된 수용체험이다. 신명은 연행예술과 관중 사이에서 나오는 공유된 정서적 즐거움과 비판적 사회의식과 저항으로부터 분출되는 문화적 즐거움이 연행예술 안에서부터 사회 밖으로 표출되는 집단적 정서인 셈이다. 집단적 신명은 일상의 억압적 요소가 해방적 즐거움으로 전환되면서 터져 나온다.

마당극은 앞놀이(길놀이) - 마당놀이 - 뒷놀이(군무)로 전개되는데 이것은 신명도출과 갈등풀이의 과정이다. 신명도출과 갈등풀이는 춤, 노래, 극적 요소, 군무 등의 요소가 결합하여 증폭된다. 특히 뒤풀이로 진행되는 집단 군무는 다른 요소보다 강조되었다. 관중은 연행예술을 즐기면서 단순한 예술적 체험을 넘어서서 정치적·사회적 체험을 공유한다. 집단 신명과 풀이의 확대는 예술수용 방식의 변화를 의미한다.

4. '제의', '놀이', 그리고 '집회'의 통합의례

대동제[5]는 1980년대 새롭게 등장한 통합 연행예술이면서 의례이다. 1983년 5월 2일부터 5일까지 고려대에서 열린 〈안암 대동제〉는 획기적인 축제였다. 이후 1983년 가을 서울대와 이화여대가 대동제를 열었고, 많은 대학이 대동제를 표방하면서 〈안암 대동제〉는 진보적인 대학축제의 전형이 되었다. '쌍쌍파티'와 연예인 초청 쇼로 대표되던 대학축제는 사라졌다. 1980년대 중반 대동제는 제의, 놀이, 그리고 정치집회를 결합했다. 이와 같은 변화는 두 가지 측면에서 살펴볼 수 있다.

우선 제5공화국 출범 이후 확대된 관제 문화행사에 대한 저항이었다. 특히 '국풍 81'은 5·18 민주화운동이 끝난 지 1년이 지난 1981년 5월 28일부터 6월 1일까지 서울 여의도 광장에서 열렸다.[6]

'국풍 81'의 기안 명칭은 "전국대학생 대축제 국풍 '81"이었다. 대통령기록원 자료(1981년 4월 7일)에 따르면, 개요는 "새 시대의 개막과 더불

---

5) 대동제는 대동놀이를 포함하는 축제 전체를 의미한다. 대동놀이는 제(祭)의 구성요소다. 대동제는 제의적 성격이 강하고, 마지막 날 뒤풀이가 대동놀이로 구성되는데 놀이적 성격이 두드러진다.

6) '국풍 81' 결과보고에 따르면, 1일 평균 200만 명(연인원 1천만 명), 106개 대학(연 295개 대학) 272개 팀, 일반인 274개 팀으로 총 546개 팀 20,043명이 참여했다. 점포도 1만 개 설치되었다. 대학생 출연자에게 1인당 평균 5만 원(총 4,100명), 대학생 부업(보조요원) 평균 5만 원(1,300명)을 지급했고, 행사가 끝난 이후에도 추가로 대학생 출연자 전원(6,500명)에게 격려금으로 2만 원씩 지급했다(대통령기록관, 1981. 6. "국풍 81 결과보고").

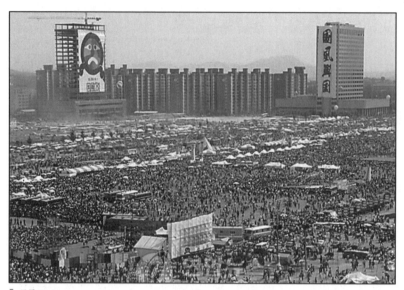

▌국풍 81

어 대학생들의 창조적 열기를 시민들과 함께 불태울 수 있는 대축제를
KBS 주관으로 여의도 광장에서 개최함"으로 되어 있고, 목적은 "각하
의 포용력과 제5공화국 출범의 경축 화해 무드를 학원에 불어 넣음, 젊
은이에 대한 적극적 자세로의 전환신호 필요, 젊음의 에너지 봉쇄 불
가, 발산할 마당 제공, 대학생의 소외 저항의식 분위기를 참여감 부여
로 일신, 반체제적인 대학사회의 전통문화 붐을 제도화"하는 것이었다.
　행사일정은 1981년 4월 24일~4월 28일까지 5일간으로 계획되었지
만, 실제 행사는 5월 28일부터 6월 1일까지 진행되었다. 행사시기가 왜
변경되었는지 명확히 알 수 없지만, 아마도 처음에는 4·19혁명 이후
저항적 분위기를 전환하려고 했다가 5·18민주화운동 이후로 변경하는
것이 더 필요했기 때문으로 추측할 수 있다.

290

'국풍 81'은 대학가와 노동계에서 전통문화를 저항의 요소로 활용하는 것을 지배의 방식으로 편입시키려는 명확한 정치적 의도를 갖고 있었다. [7]

다른 한편으로 1970년대부터 마당극이 급속히 발전하면서 연행예술이 대동제로 전환되기 시작했다. 1970년대 원형탈춤의 복원으로부터 창작탈춤, 마당극, 마당굿, 대동제로 전개된 것이다. 여기서 계기가된 것은 1980년 〈관악굿〉이었다. 〈관악굿〉은 농악(길놀이, 당산굿, 4·19탑 제사, 지신밟기, 걸립, 판굿) - 굿(부정거리, 청신거리, 공수거리, 뒷전거리) - 탈춤(두한춤) - 마당극(소리굿, 함평고구마, 해남달님, 노동의 횃불, 진오귀굿) - 뒤풀이 순서로 구성되었다. 탈춤공연이 약화되었고, 굿 형식의 놀이가 확대되었으며, 1970년대 중후반 공연되었던 주요 창작마당극이 공연되었다.

임진택(1990)은 〈관악굿〉이 연행예술이 가야 하는 방향을 제시했다고 평가한다. 대동제에서는 탈춤보다 풍물과 무굿이 더 중요하고, 전체가 함께 노는 판의 분위기를 조성하는 것이 필요하다는 것이다. 대동제는 문화공연과 정치집회를 통일하는 역할을 수행한다.

마당극과 창작탈춤으로부터 마당굿으로까지의 역설적 발전상이 설정되기도 했으나 마당굿마저도 현장사람들이나 진보적 학생, 지식인의 놀이에 대한 욕구를 해소시키기에는 미흡했던 것이다. 따라서 마당극과 창작

---

7) 한양명(2004)은 〈국풍 81〉을 '은폐의 축제정치'로, 대동제는 '폭로의 축제정치'로 파악하지만, 〈국풍 81〉은 은폐의 축제라기보다 편입과 대체의 문화정치였고, 대동제는 신명과 저항의 문화정치였다.

탈춤의 총체적 형태로서의 마당굿 외에도 놀이판에 참여한 사람들이 스스로 주체가 되어 행하는 패싸움, 노래 및 장기자랑, 촌극공연과 어울려서 모두의 염원을 직접 표출함과 동시에 매듭을 지어 주는 의식(儀式)이 필요하게 되었다(김성진, 1983, 155쪽).

그동안 마당극이나 창작탈춤은 공연의 한 갈래일 뿐 통합적인 판을 형성하지는 못했다. 1980년대, 시대가 요청한 것은 저항적 마당극 공연이나 마당굿으로 확장된 놀이를 넘어서서 굿, 전통놀이, 문화행사, 정치집회를 아우르는 새로운 의례였다.

〈관악굿〉은 1963년에서 1965년 사이에 진행된 〈향토의식 초혼굿〉에서 원형을 찾아볼 수 있다.[8] 〈향토의식 초혼굿〉은 광대놀이인 원귀마

---

8) 〈향토의식 초혼굿〉이 1980년대 대동제와 직접적으로 연결된다고 주장하는 것은 아니다. 마당극이나 대동제와 관련된 민족문화운동주체 누구도 이 둘 사이의 연계를 논의한 적이 없다. 다만, 필자는 조동일이 간접적으로라도 대동제 구성에 영향을 미쳤으리라 추론한다. 왜냐하면, 1세대 민족문화운동주체로서 조동일은 〈향토의식 초혼굿〉에서 '원귀마당쇠' 작품을 썼고, 탈춤의 역사와 이론을 체계화했기 때문이다. 특히 동네 모든 사람들이 함께 어울리는 대방놀이의 기본 틀(길놀이-군무-탈놀이)을 제시했는데, 대동놀이는 이것을 바탕으로 구성되었다. 유해정(1985)은 조동일의 '대방놀이로 하는 신명풀이'를 바탕으로 '새로운 대동놀이'의 기본 틀을 제시했다. 이영미(1997)에 따르면, 1983년 봄 고려대와 이화여대의 축제가 대동놀이형식으로 바뀌었는데, 대학 핵심멤버들은 유해정의 기본 구성을 적극적으로 수용했고, 전체 축제의 구성과 관련해서 직접 상의했다. 또한 〈관악굿〉을 주도한 황선진은 이영미(2011a)와의 인터뷰에서 "무굿에 관심을 갖게 된 것은 1974년경이었고, 1980년 〈관악굿〉을 종합제의로 구성하는 데 조동일 선생의 책으로부터 배웠다"고 진술했다.

〈표 7-2〉 대학축제로서 대동제의 형성과정

시기	놀이	주요 구성
1963 ~1965	향토의식 초혼굿 (서울대)	원귀마당쇠 – 사대·매판·굴종지구(之柩)의 장례식 – 농악굿(향토의식 소생굿, 사대주의 살풀이, 난장판 민속놀이, 조국발전 다짐굿)(1963)
1978	마을굿 가을축제 (경희대)	마을굿으로서 하회별신굿 재연
1980	관악굿 (서울대)	농악(길놀이, 당산굿, 제사 : 4·19탑, 지신밟기, 걸립, 판굿) – 굿(부정거리, 청신거리, 청원거리, 공수거리, 뒷전거리) – 탈춤, 마당극(두한춤, 소리굿, 함평고구마, 해넘달넘, 노동의 햇불, 진오귀굿) – 뒤풀이(4월 14일)
1982	뿌리를 찾는 놀이 (고려대)	판씻이 – 기원제 – 강신(降神) – 수사(逐邪) – 뒷놀음
1983	석탑축전(대동제) (고려대)	안암굿(고사굿, 문굿, 당산굿, 매구굿, 놀이굿, 판굿) – 민속체조놀이강습 – 필봉판굿 – 안암대동놀이 (길놀이, 민요부르기, 탈춤체조, 편싸움, 촌극경연대회, 줄다리기)
	이화여대 대동제	전야제(장승제) – 지신밟기 – 가상시위거리굿: 민주의 그날까지 – 대동놀이(민속춤, 줄다리기, 햇불행진)
1984 ~1985	한양대 대동제 성균관대 등	(대학축제가 대학대동제로 전환) 대동전야제 – 민속제 – 마당극 – 5·17추모제, 민주영령추모제 – 대동놀이제

김달현(2005)·김재석(2003)·박흥주(2014) 재구성.

당쇠(조동일 작품), 장례식, 농악굿(향토의식 소생굿, 사대주의 살풀이, 난장판 민속놀이, 조국발전 다짐굿)으로 구성되었다. 〈관악굿〉은 굿놀이를 확장하면서 마당극을 놀이의 중심에 배치했다. 반면, 고려대 〈안암 대동제〉는 마을굿 형식인 별신굿과 대동놀이로 구성되었는데, 대동놀이는 민속놀이, 촌극, 줄다리기 등으로 짜여 있었다. 비록 〈관악굿〉과 〈안암 대동제〉는 차이가 있지만, 기본 구성이 다른 것은 아니었다. 9)

대동제는 전통장례와 굿 형식을 통합하고 전통연희문화를 확대해서 창조된 의례이다. 의례로서 대동제는 제의, 놀이, 비판으로 구성된다. 의례는 '신성한 것'(sacred)과 '세속적인 것'(profane)의 통합으로 볼 수 있는데, 굿 형식과 장례 형식은 신성한 것(정신적인 것)의 표현이고, 촌극공연, 노래공연, 지랄잔치(난장), 군무, 영산줄다리기 등 전통놀이는 세속적인 것(육체적인 것)의 표현이었다. 제의에서 신성한 것은 이념적 신성함(초월적 가치)과 구체적 신성함(역사적 가치)으로 구분할 수 있다. 이념적 신성함은 민주·민족·민중이고 구체적 신성함은 동학농민혁명, 4·19혁명, 5·18민주화운동으로 설정되었다.

1980년대 대학 대동제에서 망자(亡者)는 초월적 가치인 민주이고, 구체적으로 신성한 가치를 부여받는 망자는 동학농민, 4·19혁명 희생자, 5·18민주화운동 희생자 그리고 민주화운동에 투신했던 사람들이었다. 상주는 대동제에 참여하는 학생이 되었다. 따라서 대학 대동

---

9) 〈관악굿〉과 〈안암 대동제〉를 이끈 대학문화패들은 직접적인 교류가 거의 없었다. 〈안암 대동제〉를 이끈 사람은 우수홍(농학 81학번), 박승현(경제 82학번) 등이었다. 이들의 진술에 따르면, 고려대 농악대는 마을을 찾아다니며 공동체굿을 하는 등 마을굿에 관심이 많았다. 이들은 1982년 필봉마을 동지굿에 참여했고, 조성국(영산줄다리기 기능보유자) 선생은 이들에게 영산줄다리기를 전수했다(김달현, 2005; 이영미, 2011b). 〈관악굿〉과 〈안암 대동제〉는 별개로 진행되었지만, 당시 연행문화패들이 가졌던 의식과 지향점은 유사했다고 볼 수 있다. 1983년 〈안암 대동제〉가 필봉판굿을 한 것은 필봉마을굿을 재연한 것이고, 영산줄다리기는 1983년과 1984년 〈안암 대동제〉의 중심 놀이였다가, 1985년 범머리대기 놀이로 바뀌었다. 이것은 영산지역 대동놀이로 줄다리기와 쇠머리대기가 있었는데, 쇠머리대기를 고려대 상징인 호랑이로 바꾸어 범머리대기로 전환한 것이다.

제 전야제에 진행되는 제의는 무너진 민주의 가치를 회복하고, 참가자들은 그 과정을 통해서 상처를 치유하고 동시에 신성한 가치를 확인했다. 이와 함께 '풀이'로서 굿마당을 펼쳤다.

〈관악굿〉은 부정거리(비민주적 권력인 부정을 몰아내는 축원), 청신거리(동학농민군부터 근현대시에 이르기까지 민주화를 위해 투쟁하나가 희생된 영령 추모), 청원거리(소외받은 자들이 신에게 문제해결을 청원), 공수거리(신이 내린 무당이 대답), 뒷전거리(신에게 감사) 등으로 진행되었는데, 고려대 대동제도 비슷한 절차를 거쳤다. 대동제 참가자들은 망자를 상징적으로 기념비화하고 '풀이' 행위를 통해서 망자와 일체감을 얻었다.

제의가 숭고한 가치에 대한 역사적 만남과 풀이의 과정으로 진행되었다면, 놀이는 전통놀이의 현재적 복원을 통해서 육체적 에너지를 집적하는 과정이다. 대동제에는 길놀이, 민요부르기, 탈춤체조놀이, 편싸움, 줄다리기, 군무(해방춤, 농민춤, 4박자춤 등) 등 다양한 놀이가 배치되었다. 마당극이나 탈춤이 관중을 무대 안으로 끌어들이는 구조라고 하더라도 관중의 참여는 제한적일 수밖에 없지만, 대동제 내 놀이들은 특별한 기능이 없어도 쉽게 참여할 수 있었으며, 잔치의 분위기를 이끌어 냈다.

대학 대동제에서 촌극경연은 풍자를 통한 사회비판이 주를 이룬다. 1983년 고려대 〈안암 대동제〉의 촌극은 '농민들의 함성'(신방과), '껍데기는 가라'(정외과), '신입생들의 대학 풍속도'(통계학과), '무쇠탈'(행정학과), '대도(大盜) 선발대회', '어떤 전도사'(창작주체 이름이 밝혀져 있지 않음) 등으로 구성되었다.

'농민들의 함성'은 일제강점기 아래 수탈 문제를 다루었고, '껍데기는 가라'는 미국인, 소련인, 중국인, 일본인 각 1인이 등장하는데 제국주의를 비판하는 내용이다. '신입생들의 대학풍속도'와 '무쇠탈'은 대학 내 문제점을 비판하고, 조세형, 장영자, 임꺽정, 루팡이 등장하는 '대도선발대회'는 현실 문제를 풍자한다(이영미, 2011b).

대동제는 통합의례로서 총체적 성격을 띠었다. 굿의 제의성, 풍물과 전통놀이의 놀이성, 굿과 촌극의 비판성, 그리고 뒤풀이 이후 전개되는 시위로 나아가는 길을 열어 주는 투쟁성이 통합적으로 연결되어 있었기 때문이다.

5. 상징장소와 현장으로서의 '판'

1980년대 연행예술의 내용과 형식은 빠르게 진화했다. 1970년대 후반에서 1980년대 후반까지 10년 정도 동안 연행예술의 변화는 놀라울 정도였다. 연행형식으로 보면, 전통적인 원형탈춤이 복원되면서 창작탈춤으로 이어졌고, 이것은 비판적 사회극과 결합하여 마당극으로 발전했다. 이 마당극에 굿의 요소를 수용해서 마당굿이 재창조되었고, 1980년대 중반에는 대동제로 통합되었다.

탈놀이 방식 (길놀이-마당놀이-군무) 은 마을굿 (별신굿과 대동놀이) 으로 확장되었고, 제의와 놀이를 하나로 묶으면서 현실정치와 싸우는 투쟁공동체가 만들어졌다. 단일 공연에서 굿으로 넓어졌고 다시 통합의례로 진화했다. 연행이 이루어지는 장소도 무대에서 마당으로 나아갔고 여러 마당의 집합인 판으로 확장되었다.

1980년대 연행예술의 창의적 진화에서 가장 중요한 토대는 상징장소를 만들어 내는 '판'의 재구성에 있다. 이것은 장소의 재창조이다.

마당극을 이끌었던 채희완·임진택은 "마당이란 공간적이며 동시에 시간적인 상황개념으로서 삶의 토대이자 그 삶을 인식하고 표현하는 문화 생성의 토대이며 아울러 공동 집회장소"(1985, 117쪽) 로 정의한다. 이와 유사하게 대동제를 기획했던 유해정(1985) 도 마당과 유사하게 '판'은 여러 사람이 모인 곳이자 상황을 의미하며, 구성된 틀이라는 뜻으로 의식성과 현장성을 담고 있는 것으로 파악한다.

이들이 말하는 판이란 연행이 진행되는 무대로서 장소와 무대에서 벌어지는 상황이다. 그러나 1980년대 '판'의 의미는 이와 같은 해석만으로는 부족하다.

1980년대 '판'의 의미는 상징공간, 장소설정(*emplacement*), 현장(*locale*)이라는 관점에서 이해될 수 있다. 1980년대 판의 의미를 극명하게 보여 주는 의례는 대동제이다.

1983년 〈안암 대동제〉는 대학 캠퍼스 전역을 이용한 공간 배치, 학과와 단과대학 단위의 사전 준비와 놀이에서부터 시작하여 전교생이 모이는 대형 놀이에 이르는 단계, 줄 만들기 교육, 마지막 날 시간과 공간의 계산에 이르기까지 이전에는 한 번도 본 적이 없는 규모와 짜임새를 보여 주었다(이영미, 2011b, 363쪽). 여기서 주목할 것은 판으로서 장소의 활용과 상징공간 설정이다. 1983~1984년 〈안암 대동제〉의 진행 장소는 〈표 7-3〉과 같다(우수홍, 1984).

- 고사굿(돌벤치): 안암굿의 시작을 알리고 굿이 순조롭게 진행되기를 기원
- 문굿(정문): 농악대가 안암골에 들어와도 좋다는 허락을 받음(문제풀이굿과 시험굿으로 허락)
- 당산굿(호상)[10]: 당산(호상)에서 안암의 수호신에게 유교식 제의(교내에 부정한 것들이 산재해 있고, 대학 문제를 형상화시킨 의인화된 잡색들이 나와서 부정한 것들을 씻어 냄)

---

10) 당시 호상의 위치는 현재와는 달리, 고대 정문에서 동쪽 순환도로를 따라 올라가는 중간 오른편에 있었다(이영미, 2011b, 433쪽).

〈표 7-3〉 1983~1984년 고려대 〈안암 대동제〉

1983			1984년		
5월 2일 안암굿	고사굿	돌벤치	5월 2일 민주의 꽃 (안암위령제)	발인식	민주광장
	문굿	교문		운상	민주광장
	당산굿	호상		노제	교문, 호상, 본관, 서관
	매구굿	4·18기념탑		제문 – 부정거리– 제석굿 – 강신 – 본풀이–소원풀이 – 마침굿–뒤풀이	서관농구장
	놀이굿	본관			
	판굿	서관농구장			
	〈고길동전〉	서관농구장			
5월 5일 안암 대동제	길놀이	교정	5월 5일 안암 대동제	길놀이	민주광장
	민요부르기	서관농구장 대운동장		노래강습	서관농구장 대운동장
	탈춤체조			민요부르기	
	편싸움			마당극	
	촌극경연대회			편싸움놀이	
	줄다리기	대운동장		줄다리기	대운동장
				횃불제	

* 1983년 4월 27~30일 줄 만들기, 5월 3~4일 민속체조 놀이강습, 필봉 판굿.

- 매구굿(4·18기념탑) : 선배의 영령을 모시고 그들의 한풀이(학내 현실적 상황을 고발)
- 놀이굿(본관) : 참가자들이 모여 다양한 굿놀이
- 판굿(서관농구장) : 진풀이, 노래 부르기, 잡색놀이로 진행
- 탈춤(서관농구장) : 탈춤 공연
- 편싸움(대운동장) : 집단 편싸움, 기 뺏기 등(공동의 적을 확인)
- 줄다리기(대운동장) : 암호랑이와 수호랑이 팀으로 구성해서 영산 줄다리기(공동체의 형성과 결집된 힘으로 나쁜 것을 물리침)

■ 고려대 대동제(1983년)(사진제공 : 이영미)

〈안암 대동제〉는 상징공간-장소설정-현장으로 다양한 대학공간을 계열화했다. 〈안암 대동제〉는 마을굿의 형식을 차용했기 때문에 대학은 안암골이라는 마을이 되고, 대동제는 안암골을 '대동세'(大同世)라는 상징공간으로 위치시킨다. 이상형으로 제시한 '상상공동체'가 안암골이 된 것이다.

대학문화연구회(1985)는 대동제를 "생활과 놀이의 통일, 투쟁과 놀이의 통일"로 규정하고 의식공동체와 투쟁공동체를 제시했다. '대동'은 모든 사람이 차별 없이 함께 하는 것이며, '대동세'는 새로운 세상이다. 즉 대동세는 대동소이(大同小異)와 대동단결(大同團結)로 만들어지는 세상이다. 대동세는 주눅 들고 빼앗긴 민중이 형제애를 나누며 살 수 있는 유토피아이다. 황석영의 《장길산》에서 나온 '용화세상'이나 '대동

300

세계'와 유사하다.

1984년 〈안암 대동제〉는 이상향으로 설정된 대동세 내에서 '죽은 세상'을 되살리는 위령제로부터 시작됐다. 여기서 죽은 세상은 대학이다. 학생은 대학 장례식의 상주가 됨으로써 제의의 주체가 되었다. 1985년의 경우, 분단된 민족상황이 '죽은 세상'으로 설정됨으로써 '통일해방굿'이 진행되었다. 1983년 유토피아로 설정된 대동세는 대학의 죽음과 민족의 죽음이라는 상징공간으로 구체화되어 진화했다.

대동세의 상징공간은 보다 구체적인 장소설정으로 연결된다. 정문은 마을 입구이고, 호상(虎象)은 유교적 제의를 치른 곳이므로 사당(祠堂)의 지위를 부여받으며, 4·18 기념탑은 당산이다. 호상 앞에서 당산제를 열었으므로 호상은 당산의 기능도 수행했다. 서관농구장은 타작마당이며, 본관 앞뜰은 마을 안마당, 대운동장은 마을마당으로 장소가 설정된다. 이것은 근대화가 진행되면서 약화된 정지로서의 장소, 지나간 시간의 기념물로서의 장소(당산, 사당, 타작마당, 서낭당, 마을마당 등)를 되살린 것이다. 죽은 장소로 위치되었던 마을의 공간이 살아 있는 장소로 다시 만들어졌다.

기든스(Giddens, 1991)는 근대성을 시공간의 분리, 장소탈피기제(*disembedding mechanism*) 등으로 설명한다. 시공간의 분리는 (미디어를 통해 매개된 경험으로 발생하는) 원격화(*distanciation*)를 통해서 장소의 특수성에 구애받지 않는 것으로 전근대적인 장소귀속으로부터 멀어지게 만드는 것이다.

마을장승의 예를 들어보면 쉽게 파악할 수 있다. 마을장승은 종교적 의미를 지니면서 동제나 장승제 등 마을제사를 행하는 장소였다. 이것은 전근대적인 장소의 특수성이다. 그러나 오늘날 마을장승은 종교적 의미를 지니지 않고 관광을 위한 조형물로서 위치된다. 현재 마을장승은 과거 장소귀속으로부터 떨어져 있다. 삶과 놀이의 장으로서 장소의 특수성은 분리되고 재장소화(re-embedding)되는 것이 근대적 일상의 모습이라면, 대동제는 장소설정을 통해서 일상, 놀이, 투쟁을 하나의 새로운 장소로 묶어 냈다.

〈안암 대동제〉에서 서관 농구장은 호상과 4·18 기념탑과 더불어 특별한 지위를 부여받은 장소이다. 학생들은 서관 농구장에 모여서 20여 일 동안 영산줄을 꽜다. 학생들은 줄을 만들면서 농부가, 해방가, 농민가 등의 노래를 불렀고, 기마전, 탈춤체조놀이, 말뚝박기 등을 즐겼다(우수홍, 1984, 310쪽). 서관 농구장은 마을의 공동 놀이와 일의 장소인 타작마당으로 바뀌었다. 서관 농구장은 '해방구'로도 불렸다.

해방구의 사전적 의미는 '어떤 국가 내에서 국지적으로 혁명정권이 수립되어 기존 정권에서 벗어난 지역'이다. 중국 공산혁명시기 중국공산당은 통치지역을 해방구로 불렀고, 1980년 5·18 민주화운동 기간 동안 '광주 해방구'라는 용어가 사용되기도 했다.

그러나 대학 내에서 '해방구'라는 용어가 사용된 것은 1983년이었다. 1980년대 중반 대학들은 캠퍼스 내 특정 장소를 해방구로 설정하기 시작했는데, 바로 이 점 때문에 당시 정권과 주류 언론은 대학이 사회주의 혁명의 장소가 되었다며 비판하기도 했다.

그러나 해방구라는 사전적 정의와 다르게, 해방구로서 서관 농구장은 놀이와 일의 장소였으며 구속으로부터 자유로운 공간이었다. 1984년에는 민주광장도 등장했다. 학생회관 앞마당은 민주광장으로 호명되었다. 민주광장은 집회나 시위를 시작하는 장소가 되었다.

고려대 캠퍼스 전체 공간이 재배열되었으므로 장소와 장소의 연계성도 두드러졌다. 예를 들어, 1984년 〈안암 대동제〉 장소들의 동선(動線)을 보면, 민주광장에서부터 출발해서 교문, 호상, 본관, 서관운동장, 대운동장, 교문 밖으로 이어졌다. 각각의 장소가 고유의 특성을 부여받았으며, 장소의 유기적 연계성을 통한 통합적 구조로 구성되었다.

현장으로서 장소는 교문을 중심으로 안과 밖으로 나뉜다. 교문 밖은 대동세를 억압하는 감시와 통제의 세상이 되었다.

1983년 5월 5일 〈안암 대동제〉 마지막 행사인 영산줄다리기11)를 마치고, 교문 밖 진출이 예정되어 있었다. 우수홍은 인터뷰에서 "(줄이) 끊어지고. 그리고 그때 이전 서클, 이게 그 학생장 분위기나 그 밑에 지하서클이나 이게 다 회의가 끝난 다음이야. 줄이 어 … 댕겨지면, 스크럼을 짜고 … 그래서 저쪽 서관, 그 뭐야 저 호상 쪽으로 한 번 돌아서 [교문 밖으로] 다 나가"(이영미, 2011b, 433쪽)는 계획이었다고 밝히고 있다.12) 이날 시위는 1천 3백여 명 학생들이 참여한 대규모로 진행되었

---

11) 당일 줄다리기는 제대로 진행되지 못했다. 양쪽에서 줄을 당기자마자 고가 끊어졌기 때문이다.

12) 이날 시위의 대학 내 여파가 컸다. 시위 주동자들은 대부분 구속되거나 강제 징집되었다. "이번 학생 교내행사 전면금지 조치는 개교 78주년 기념 석탑축전 시 발생했던 학생들의 시위사태와 몇몇 행사 중의 내용이 문제가 되어 초래된 것으로 알려지고 있다. 한 학교 당국자는 현재 본교가 처해 있는 상황이 이번 조치를 내리지 않으면 안 될 만한 것이라고 언급함으로써 이번 조치가 학교 당국의 자체적인 결정으로 이루어진 것이 아님을 시사하기도 했다. 또한 이번 〈석탑축

고, 경찰은 (우수홍의 기억에 따르면) 지랄탄(연속적으로 쏘는 최루탄)을 처음 사용했다. 이 시위의 여파로 5월 9일 고려대 교무위원회는 '학생행사 전면금지 조치'를 내렸다.

대학 내 공간들은 마을 장소로 위치되었다. 지역이나 공간이 장소가 되기 위해서는 구체적인 삶과 시간의 개입이 필수적이다. 과거의 죽은 시간들(당산이 당산의 역할을 하지 못하거나 줄다리기와 같은 놀이가 민속제 공연으로 위치되는 것)은 1980년대 사회정치현실로 치환되어 살아 있는 시간으로 바뀌었다. 이것은 대동제가 참가자들에게 '장소감'을 불어넣는 요소이다. 설정된 장소와 살아 있는 시간을 끌어들임으로써 장소는 이제 치열한 싸움의 장인 '현장'으로 바뀌어 집단정체성과 공동체성을 강화하는 동기가 된다.

전〉 행사 후 타대학의 축제가 축소 조정됨으로써 이번 조치가 타대학의 축제행사 내용 등에 제동을 가하기 위한 것이 아닌가 하는 추측을 불러일으키고 있다"(〈고대신문〉, 1983년 5월 10일).

6. 전통의 전유와 재전유

1980년대 대학 연행집단은 선택된 전통을 '전유'(*appropriation*) 13) 와 '재전유'함으로써 역동성을 만들어 냈다. 살아 있는 장소와 살아 있는 시간의 매개체로 전유한 것은 굿과 패싸움 놀이다. 굿의 다양한 형식(무당굿, 씻김굿, 풍어굿, 당굿, 마을굿 등) 중에서 연행집단이 전유한 것은 마을굿이었다. 이것은 마을굿의 공동체 결속력과 해원과 놀이의 기능을 현재적으로 활용하는 데 적합했기 때문이다.

그동안 굿은 토착신앙인 무교(巫敎)의 제의양식으로 한정해서 사용되었거나, 정부가 1966년 충남 은산별신제를 중요무형문화재로 지정한 이후 예술화, 공연화, 정형화, 박제화되어 갔다(양종승, 2004).

문화정책으로 인해 굿은 전통예술의 한 장르가 되었고, 공연을 위해서 미적 감각을 살리는 방향으로 변화되었다. 따라서 굿은 기복이나 죽음의례로서 개인적으로 행해지는 무당굿과 전통예술 전문연출가들이 화려하고 장엄하게 연출하는 공연굿으로 이분되었다. 굿이 본래 가진 공동체의 제의적 성격과 놀이로서의 성격은 탈색되었다. 대학 연행집

---

13) 전유는 원래 어떤 문화형식이나 스타일의 일부를 활용해서 원(元) 소유자(대체로 계급에 기반을 둔)에게 적대적으로 만드는 활동을 의미한다. 따라서 본래의 의미들을 삭제하거나 전복시키는 역할을 담당한다. 그러나 여기서 전유는 다른 의미로 쓰였다. 본래의 의미가 사라지거나 삭제된 것을 다시 복구시켜서 원 의미를 확장하는 것을 전유로, 그것을 새로운 맥락 속에 위치시켜 전복적인 의미를 구성하는 것을 재전유로 정의했다.

단은 '죽어 있는 굿'을 영성적이고 공동체적인 새로운 대동세계라는 '살아 있는 굿'으로 재창조했다.

일반적으로 굿놀이는 '맞이-풀이-놀이'의 구조로 이루어진다(허용호, 2010). 대동제에서 진행된 굿들은 길놀이로 고사굿, 문굿(맞이), 당산굿과 매구굿(풀이), 놀이굿과 판굿(놀이)의 방식을 취한다. 각각 마을마다 굿과 놀이의 방식과 시기는 매우 다르지만, 대동제는 하나의 과정으로 배치했다. 동시에 연행주체들은 굿놀이의 풍요의식과 악귀추출을 학원과 사회의 민주화, 통일, 군사 권력에 대한 저항이라는 주제로 변환했다.

굿놀이는 새로운 장소와 시간에 맞게 '재전유'되었다. 통일해방굿, 역사맞이굿, 통일굿, 해방굿, 노동굿, 공해풀이 마당굿, 녹두장군 해원굿, 거리굿, 노래판굿 〈꽃다지〉에 이르기까지 다양한 굿놀이들이 변형되고 재맥락화되었다.

이와 유사하게 세시풍속도 전유와 재전유가 이루어졌다. 대학 연행예술에서 선택적으로 전유된 놀이는 패싸움 놀이였다. 패싸움 놀이는 개인끼리 혹은 집단끼리 서로 경쟁해서 승부를 가리는 경기의 형태를 띤다. 패싸움 놀이로는 닭싸움, 기마전, 삼채놀이, 쥐잡기 놀이, 영산줄다리기, 쇠머리대기(고려대에서는 1985년 범머리대기로 변용) 등이 있다. 삼채놀이는 〈안암 대동제〉를 계기로 유명해진 민속놀이로, 양편이 편을 가르고 어깨동무를 한 채로 마주 보면서 삼채(자진모리) 장단을 치고 "땅도 땅도 내 땅이다 조선 땅도 내 땅이다"를 외치면서 돌진해서 상대편의 영역으로 들어가는 것으로 승부를 가리는 놀이이다.

대동제에서 가장 성공적인 패싸움 놀이는 영산줄다리기였다. 1983

년 고려대 농악반은 영산줄다리기(중요무형문화재 26호)를 대동놀이의 중심에 위치시켰다.

대동 줄다리기에 대해서 그게 가장 인상에 남아. 왜냐하면 고싸움이나 차전놀이는 다수가 하지 못해요. 보여 주는 시연은 할 수 있겠지만 작단 말이에요, 규모가. (고싸움과 차전놀이는) 단과대학 수준에서 할 수 있는 부분이고, 전 대학의 전체 학생들이 할 수 있는 부분은 그 줄다리기 규모가 어마어마하잖아요. (줄 하나의 길이가) 한 80미터 되가지고 양쪽에 가닥을 잡으면 수천 명이 잡을 수 있잖아〔김달현, 2005, 46쪽, 우수홍(당시 고려대 농과대학 81학번) 인터뷰〕.

영산줄다리기는 대학 대동제에서 마지막 놀이로 인기를 끌었다. 군무(해방춤, 농민춤, 4박자춤 등)가 집단적으로 연행된 다음에 두 갈래로 나뉘어서 줄다리기가 시작된다. 1983~1990년까지 영산줄은 무려 87회에 걸쳐 대동제에 사용될 정도로 각광을 받았다(한양명, 2004, 488쪽). 줄다리기, 차전놀이, 고싸움 등과 같은 편싸움은 특별한 기능이 없어도 모두 쉽게 참여할 수 있었다. 줄다리기는 그만큼 규모나 결집력이 강한 대동성을 보여 주기에 유용한 놀이였다.

영산줄은 1980년대 대학 연행운동 주체들에 의해서 재맥락화되었다. 영산줄다리기는 전통의 틀에 구애받지 않고 자유롭게 구성되었으며, 이는 민족·민중·민주의 이념추구 기제가 되었기 때문이었다. 고려대 학생들에게 영산줄다리기를 교육한 조성국은 "줄은 몸으로 하는 것(노동실천), 주종관계가 없는 것(평등), 뒷걸음쳐야 이기는 것(양보·평화), 여

럿이 합심하지 않고는 이길 수 없는 것(대동·단결), 그리고 무엇보다 줄은 둘이 하나가 되는 것(통일)"(조성국, 1985; 한양명, 2009, 112쪽 재인용)이라는 논리를 펼쳤다. 줄은 통일이고 민주이고 민중이라는 것이다. 줄다리기는 전통적으로 풍요를 기원하는 풍년의례였지만, 대동제에서는 대동세를 만들어 가는 의례로 재전유되었다.

줄다리기와 삼채놀이와 같은 패싸움 놀이는 승부를 목적하지만 승부를 초월하는 놀이이다. 패싸움 놀이는 둘 사이의 대립과 갈등을 해소하여 하나로 나아가는 데 궁극적인 의의가 있다. 패싸움은 편을 가르면서 분열하지만 그것은 일시적 적대일 뿐이며, 작은 공동체로부터 더 큰 공동체로 나아가는 과정이다. 대동제에서는 대학 캠퍼스 각 장소마다 단과대학의 위치를 배정함으로써 각각의 단과대학이 두레가 되었다.

패싸움 놀이는 두레와 두레의 편싸움으로 대학 내에서 전환되었고, 합쳐진 단과대학들은 다시 또 하나의 두레가 되어 경쟁함으로써 궁극적으로는 하나가 된다. 하나가 되는 귀결점이 영산줄다리기였다. 암호랑이(문과대, 농대, 공대, 이과대, 의대)와 수호랑이(정경대, 법대, 경영대, 사대, 경상대)의 두레가 최종적으로 경쟁했다.

1980년대 중반 대학가에서 유행했던 집단 군무(群舞)도 춤의 전유였다. 해방춤은 노동가나 해방가를 부르면서 추는 군무였다. 해방춤은 대학 탈춤반 출신들이 신명을 끌어내고 공동체적 관계를 확대하기 위해서 전통 탈춤에서 몸짓과 율동을 따로 떼어 내서 새롭게 구성한 것이었다. 4박자 춤은 1970년대 유행했던 허슬을 변형시켜서 구성했다. 4박자의 노래에 맞추어서 한 소절이 끝나면 방향을 90도씩 돌려 추는 춤이었다.

굿과 패싸움의 전유와 재전유는 상동성을 가진다. 왜냐하면 굿이 공동체적인 새로운 대동세계를 추구했던 것과 마찬가지로 패싸움 놀이도 경쟁과 경쟁의 초월을 통해서 공동체의식을 구성하는 매개체로 활용되었기 때문이다.

7. 연행예술운동의 편입과 변화

1980년대 민중문화운동에 대한 기존 논의는 3가지였다. 첫째, 운동론의 관점은 민중문화를 변화와 변혁의 도구로써 어떻게 활용할 것인가를 다루었고, 둘째, 연극적 관점은 사회극, 마당극, 마당굿 등의 형식과 내용을 분석했다. 셋째, 민속학적 관점은 축제, 굿놀이, 풍물굿을 중심으로 전통제의와 놀이방식을 논의했다. 이 글은 문화적 시각에서 연행예술의 소통방식, 각각의 연행들이 진화와 변형과정, 창의적 문화실천으로서 대학 연행예술운동을 바라보고자 했다.

1980년대 민중문화에서 가장 창의적이고 실천적이었던 연행예술(마당극과 대동제) 운동은 1990년대 초중반 운동과 변혁으로서의 영향력을 잃어 갔다.[14] 이것은 세계사의 흐름, 사회적 변화, 대학 내부의 변화, 연행예술 내부의 변화 등이 복합적으로 작용한 결과였다.

1989년 베를린 장벽이 무너지고 1990년 동구권이 몰락함에 따라 이념의 퇴조현상이 나타났고, 세계화가 화두(話頭)가 되었다. 국내적으로 보면, 문민정부가 들어서면서 외형적 정치민주화가 진행되었고, 변혁으로서의 사회운동은 시민사회운동, 신사회운동으로 변화하기 시작했다. 더욱이 1990년대 초반 신세대 문화가 부상했다. 신세대 문화는

---

14) 민중문화운동이 퇴조한 것은 1994∼1995년경부터이다(이오성, 2002). 퇴조의 시기를 정확히 말하기는 어렵지만, 1993년 2월 민예총(한국민족예술총연합) 제5차 정기총회장에서는 민중문화가 더 이상 뒤로 물러설 수 없다는 위기감이 표출되었다(신진화, 1993).

대중매체와 문화시장을 주도하면서 탈이념의 성향을 보여 주었다.

대학 내부의 변화도 빼놓을 수 없다. 1985년 학도호국단이 폐지되면서 부상했던 운동권 중심의 총학생회의 지도력은 1990년대 중반 이후 약화되었다. 1993년 비운동권 출신들이 대학 총학생회장에 당선되면서 학생운동의 재편이 예고되었고, 탈정치화의 흐름이 나타났다. 1989년 '동의대 사건'과 1991년 4월 '강경대 사건'에 이은 '5월 분신정국' 등은 대학운동의 동력을 약화시켰다.

연행예술집단에도 변화가 있었다. 대학 연행예술운동을 주도했던 사람들은 공식적인 연행단체를 만들어 활동에 들어가거나 지역 풍물집단이나 마당극단을 조직하면서 새로운 활동을 시작했다.

조훈성(2013)은 1990년대 이후 연행예술이 퇴조했다는 점에 동의하지 않는다. 운동으로서의 연행예술은 약화되었지만, 연행단체들은 지역에서 활성화되었고 연행의 주제와 방식이 현장 중심, 이념 중심에서 작품성 중심으로 바뀌었다는 것이다. MBC마당놀이는 1981년부터 시작되어 2010년까지 30년 가까이 공연되면서 대중성을 확보하기도 했다. 또한 지역의 연행예술단체들은 지역축제와 지역문화행사에 참여하고 있다.

그러나 지역문화예술과 공연으로서 연행예술은 유지되고 있다고 하더라도 민중문화운동으로서 연행예술이 퇴조한 것은 분명한 사실이다. 연행예술은 마당에서 전문공연의 무대로 돌아갔고, 통합의례가 아니라 개별 장르로 수행되었으며, 대중과 멀어지면서 주변화되었다. 연행예술은 더 이상 사회적 문화적 실천력을 보여 주지 못하고 있다. 지금도 대학축제는 대동제라는 이름을 붙이고 있지만, 1990년대 중반 이후의 대학 대동제는 1980년대 중반 대학 대동제와는 판이하게 다르다.

1980년대 민중문화운동의 정점에 있었던 대학 연행예술운동은 한국 근현대사 어느 시기에도 보여 주지 못한 창의적 문화를 구성해 냈다. 그것은 이념의 설정에서부터 연행예술 형식의 변화, 새로운 판의 문화를 만들어 냄으로써 역동성을 지닌 문화였다. 전통 연행예술과 놀이 양식에서 결여되었던 사회의식과 정치의식의 한계를 극복했고, 근대화 이후 파편화된 놀이, 노래, 음악, 극, 제의 등을 통합적으로 결합해 냈기 때문이다. 여기에 마당에서부터 판에 이르기까지 새로운 장소를 창조해 냈다.

대학 연행예술이 제시한 이념형은 '상상적 공동체'로서 차별 없이 함께 어울리는 새로운 세상인 대동세였다. 연행예술운동은 이 이념에 맞도록 전통예술, 전통의례, 굿, 연극, 놀이 등을 체계적으로 배치시킴으로써 현재적으로 변형해 냈다.

1990년대 신세대 문화의 이중성　**08**
_편입과 저항

1. 신세대의 차별성

세대의 문제는 어느 시대, 사회와 관계없이 제기되는 쟁점 중의 하나다. 세대는 특정한 정치적·경제적·문화적 맥락과 밀접히 연결되어 있고, 그 과정 속에서 독특한 자신들만의 문화를 구성해 낸다. 세대문화의 보편적 특징은 그들의 문화는 전이되지 않는다는 점일 것이다. 문화는 삶의 양식으로서 역사적(시간) 관계와 공시적(공간) 관계의 맥락 속에서 형성되지만, 세대문화는 공시적 특성을 강하게 지닌다. 이것은 역사적 과정이 세대문화에 개입하지 않는다는 것이 아니라, 특정 시대를 중심으로 형성되는 공간적 맥락이 세대문화에 지배적인 힘으로 작용한다는 것이다.

세대문화는 그들 나름대로 '정서의 구조'를 갖는다. 세대문화의 정체성은 정서의 구조 속에서 이전 세대와 다르게 나타난다. 1970년대 청년 세대의 정서의 구조와 1980년대 민중문화세대의 정서의 구조는 분명히 다르다. 1990년대 신세대가 갖는 정서의 구조 역시 마찬가지다.

1990년대 이후 신세대 문화의 지형은 정치적, 이데올로기적 억압으로부터의 해방, 문화산업의 자본증식 논리와 신세대의 차별적 정체성 추구가 맞물리면서 형성되었다. 신세대 문화는 하나의 전체지만, 동시에 그 내부에는 스펙트럼이 존재한다. 이번 장은 신세대 문화의 다양성 속에 내재한 특성을 살펴보고, 신세대 문화가 갖는 강점과 한계를 논의할 것이다.

2. 1990년대 신세대 유형들

세대는 사회의 정치·경제·문화적 구성과정에 따라서 자신만의 정체성을 만들어 낸다. 한국사회의 다른 영역들과 마찬가지로 정치 환경의 변화는 세대문화를 틀 짓는 강력한 힘으로 작용해 왔다.

근대 이후 한국사회에서 신세대로 처음 등장한 것은 1920년대 중후반 '모던세대'이다. 이 시기는 일제가 문화정치를 실시하며, 만주사변을 앞두고 자행한 억압적 통치를 강화하기 전이었다. 근대를 경험하면서 나타난 '모던세대'는 식민지 근대화의 전위에 서 있었다. '모던세대'는 도시화와 서구화(일본화와 미국화)를 맹목적으로 추종하면서 의식 없이 외양만을 모방했던 세대였다.

일제말기와 한국전쟁을 거치는 동안 세대 문제는 그다지 부각되지 못했다. '전후세대'라는 용어가 문학계에서 등장하기는 했지만, 사회 전반에 걸친 보편적 세대론까지 확대되지는 못했다. 1960년대 4·19는 세대를 규정하는 힘이었다. 4·19세대는 20대 중반의 대학생을 중심으로 부상했다. 이들은 식민지 교육을 받지 않은 한글세대로서 정치적, 이데올로기적 관심을 갖고 정치에 참여했다. 4·19세대는 정치에 관심이 많았지만, 당시의 젊은 세대에서 지배적 위치를 갖기보다 상대적으로 소수였다고 볼 수 있으며, 문화적 특성을 보여 주지는 못했다. 정치적 압력과 지배로 자신들만의 문화적 스타일을 만들어 내지는 못했기 때문이다.

1970년대 청년문화세대는 20대 초중반의 대학생들이 주축이 되었다. 청년문화세대는 서구 청년문화의 영향 아래 자유주의적 성향과 스타일을 중시했다. 통기타와 청바지로 표상되는 이들의 문화적 코드는 한편으로는 유신체제를 거부하면서 다른 한편으로는 시장구조 내에서 소비계층으로 편입되었다.

1980년대의 젊은 세대는 민중문화세대라고 부를 수 있다. 민중문화세대는 5·18민주화운동의 부채의식 속에서 지배 이데올로기에 저항하면서 마당극, 대동제 등 전통문화를 사회현실에 맞게 재창조하면서 저항문화를 구성했다. 이들은 민족과 계급 문제에 깊은 관심을 보였다.

1990년대 신세대는 10대 중후반을 중심으로 소비계층으로 부상하면서 새로운 세대문화를 만들어 냈다. 1990년대 신세대의 부상은 '전 지구적 맥락'과 '한국사회의 정치·경제적 맥락' 속에서 형성되었다. 전 지구적 맥락으로, 1990년대 이후 서구사회에서 사회주의가 침체하면서 냉전 이데올로기도 쇠퇴했다. 이것은 젊은 세대로 하여금 이데올로기의 억압으로부터 탈피하는 계기를 제공했다. 동시에 지구화의 과정을 거치면서 보편문화, 정확히 말하면 미국문화 혹은 미국화가 세계적으로 확산되고, 소비문화를 중심으로 하는 문화의 공시적 영향력이 지역문화에도 급속히 확대되었다. 미디어 테크놀로지의 지배력은 이전의 어느 세대보다 높았다.

한국사회의 정치경제적 맥락을 보면, 1987년 시민항쟁은 신세대 부상의 계기를 제공했다. 1987년 시민항쟁은 미완의 성공으로 끝났지만, 젊은 세대는 과거와 달리 이데올로기에 억압받지 않았다. 이것은 세계적으로 사회주의의 몰락과 국내적으로 전두환 정권의 종말과 맞물려 있었다. 정치의 경우 민주화의 상징으로 간주되었던 대통령 직선제가 관철되면서 형식적으로나마 민주주의 문제가 해소되었다. 문화구성에서 민족과 계급도 영향력은 상대적으로 약화되었다.

1980년대 중반 이후 임금수준이 향상되면서 한국사회는 대중소비사회로 진입했다. 특히 13세에서 18세의 청소년의 구매력이 확대되면서 소비 영역의 비중이 높아졌다. 예를 들어, 중고생은 인구 전체의 6% 이내에 불과했지만 음반구매력은 80% 이상을 차지하게 되었다. 이들은 1980년대 중반 학원자율화 조치로 개성과 자율을 강조하는 경향이 두드러졌다. 더욱이 대부분의 부모가 1~2명의 자녀만을 낳았기 때문에 이들에게는 자기중심적 성향도 나타났다.

1992년 전후 신세대 문화가 부상했다. 1980년대 중후반에 교육을 받은 10대 중반들이 1990년대 초반에 접어들면서 신세대 문화의 주체로 등장하게 된 것이다. 결정적 계기를 제공한 것은 서태지였다. 고등학교 중퇴생이라는 서태지의 이력은 교육제도에 의해서 보증되고 정당화된 자격증을 통해 제도적 위계에서 가장 높은 위치를 차지하는 지배집단의 능력을 탈가치화하고자 했던 젊은 세대에게 매력적인 대안을 제공했다.

기존 지배적 담론체계는 서태지의 등장으로 청소년과 소비문화를 둘러싼 새로운 담론체계로 대체되었다. 신세대 문화가 소비지향이나 저급함이 아니라 자아표현, 자기실현의 행위로서 의미부여되었기 때문이다. 탈권위주의적이고 자유주의적인 신세대로, 소비행태는 멋과 개성의 추구 혹은 자기표현의 수단으로 규정되었다.

서태지가 나타나기 이전 신세대 문화의 스펙트럼에서 한 극단의 모습을 보여 주었던 오렌지족이 등장했다. 오렌지족은 신세대의 모습이

<표 8-1> 1990년대 이후 신세대의 유형들

	오렌지족	폭주족	서태지	X세대	N세대	참여세대*
시기	1990년 초반	1990~ 1991년	1992년 10월	1993~ 1994년	1990년대 중반	2002년
결집력	없음	강함	강함	약함	어느 정도	강함
주체	상류층 10대~20대	하류층 10대 후반	10대 청소년	20대 초반 소비계층	10대 중반~ 20대 초반	20대 초반
지배담론	향락	저항/무법/ 폭력	자기실현 자기표현	맹목적 소비자	인터넷 사이버 세대	월드컵/ 반미/정치
기존제도와 관계	배제	배제	편입과 저항	압도적 편입	편입	편입과 저항

* 참여세대는 1990년대 신세대와는 다른 세대이다.

왜곡된 형태로 나타난 돌연변이였다. 이들은 상류층의 자녀들로서 소비와 향락만을 좇는 집단이었다. 부모를 살해할 정도로 패륜적인 모습으로 나타난 오렌지족은 기존제도와 윤리에 의해서 철저하게 배제되었고, 곧바로 사라졌다.

폭주족은 오렌지족과 다르게 1990년대 초반에 등장한 이후 강한 결집력을 보여 주었다. 하류층 출신의 폭주족들은 분명한 정체성을 갖고 있었기 때문에 기존의 제도가 배제시키고자 노력했음에도 불구하고 여전히 신세대 문화의 한 축을 형성하고 있다. 오토바이 면허는 17세 이후부터 가능하지만 폭주족들은 무면허 상태인 15~16세 정도부터 폭주를 시작한다. 폭주족에 대한 지배적 담론은 이들이 폭력적이거나 경찰에 저항적이라는 것이다. 폭주족은 공권력과 갈등하며, 오렌지족과 다르게 강한 결집력을 보이면서 대학로에서 시작해서 뚝섬과 여의도를 무대로 활동하고 있다.

X세대는 신세대 문화를 만든 집단 스스로가 아니라 시장이 붙여 준 세대의 이름이다. 이들에게 자발성이나 스스로 문화를 구성해 나가는 능력은 없다. 시장은 소비를 차별화하기 위해 X세대의 이름을 붙였고, 이들은 단지 맹목적 소비자로서 자본에 의해 규정된 집단인 셈이다. 따라서 이들은 기존 시장질서에 압도적으로 편입되었다.

N세대는 1990년대 중반 이후 인터넷과 핸드폰을 중심으로 형성된 세대이다. 인터넷은 이들에게 새로운 공간을 제공했고, 이들은 기존 정치나 제도에 대한 관심은 매우 낮으면서 자신들만의 세계에 몰입하는 특성을 보여 주었다. 이들은 어느 정도의 결집력은 있었지만 강한 것은 아니었다. 보편적 주제에 대해서는 무관심했고, 자신들이 관심 있는 특정 주제에 대해서는 강한 결집력을 보여 주었다.

2002년은 신세대 문화에 여러모로 또 다른 계기를 제공했다. 1987년이 신세대 문화 형성의 계기를 마련해 준 것과는 다른 것이었다. 1987년 민주항쟁이 직접적으로 신세대 문화를 만들었다기보다 간접적으로 신세대 문화가 형성되는 역사적 배경이 되었다면, 2002년 참여세대는 주체적으로 역사의 전면에 나섰다. 여기에 2002년 동계올림픽의 오노 사건, 월드컵, 촛불시위, 정치스타 노무현 등이 개입했다.

3. 신세대 문화의 정체성

1990년대 이후 등장한 신세대는 산업화 과정의 과실을 본격적으로 맛보기 시작한 첫 세대라고 할 수 있다. 경제성장의 성과가 가시적으로 나타나는 1980년대 중반 이들은 초등학교나 중학교를 다니면서 풍요를 경험하기 시작했다. 이들은 '풍요의 세대'로 단정 지을 수는 없지만, 상대적으로 1970년대, 1980년대 세대보다 풍요로운 경제 환경에서 자란 것은 분명하며, 형제가 한두 명에 불과했기 때문에 자신들의 욕망을 충족시키는 데 어려움이 적었다.

신세대 문화의 정체성을 잘 보여 주는 문화는 대중음악이다. 신세대 문화를 대표하는 '서태지와 아이들'은 빠르고 강한 랩의 비트와 리듬을 한국어와 결합하면서 스타덤에 올랐다. 랩 음악의 파괴적 화법과 과장된 몸놀림의 춤은 기성의 지배적 문화관습과 억압적인 윤리관에 대한 거부와 저항을 담고 있는데 핵심적 의미는 '육체성'에 있었다. 지배적 문화가 공유하는 '질서 있고 정적인' 육체성을 거부하고 자유롭고 동적인 육체성을 추구하는 그들은 육체를 해방의 거점으로 사용했다.

신세대 문화의 정체성은 탈중심적 세계에서도 표출된다. 탈중심성은 영상, 이미지, 인터넷, 컴퓨터 게임 등에 대한 관심에서부터 비롯된다. 1990년대 신세대는 흔히 영상세대로 불린다. 그것은 무엇보다도 이들이 어린 시절부터 새로운 영상문화를 접하면서 성장한 세대라는 점에 기인한다. 탈중심적 세계관은 감각에 의존하기 때문에 문화를 소비하는 데 있어서도 기의보다는 기표나 분위기를 먼저 소비한다.

<〈그림 8-1〉 신세대 문화 정체성의 요소들

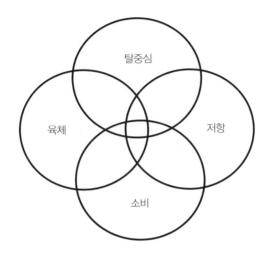

　신세대는 소비의 세대라는 점에서 소비를 통한 정체성 형성도 무시하기 어렵다. 신세대는 생산활동과 무관한 소비의 세대이다. 이들의 소비는 개성적 스타일의 추구로 나타난다. 신세대는 남녀 구별 없이 귀걸이, 반지, 목걸이, 머리띠, 염색, 헤드폰 등 다양한 아이템으로 자신을 장식하면서 개성을 표출한다. 경제적 여유가 있는 상류층은 고급 패션 브랜드를 입고 다니고, 하류층은 오리지널 브랜드 제품보다 이태원이나 동대문 혹은 보세 가게 등을 통해서 이른바 '짝퉁'(고가의 오리지널 브랜드 로고를 복제한 제품으로 주로 동대문, 압구정동, 이태원, 신촌 등에서 판매된다) 제품을 선호한다.

　신세대 문화의 정체성은 저항의 요소를 담고 있다. 여기서 저항의 대상은 학교, 기성세대, 가치관, 공권력, 가정, 정치 등 다양하다. 저항의 요소는 신세대 문화의 보편적 특성인데, 저항은 소비, 육체성, 탈중심성, 스타일 등을 통해서 표출된다.

　신세대 문화의 정체성은 위에서 열거한 네 가지 요소가 결합하여 구성된다. 이를 통해 신세대는 하나의 전체를 형성하기는 하지만 그들의 문화 내에는 다양성이 존재한다. 신세대 하위문화 내에서 이들의 특성은 때로는 원심력으로 작동하기도 하고, 구심력을 발휘하기도 한다. 신세대 문화는 육체성을 통해서 기존의 정신세계에 저항하지만, 이들의 스타일은 특정 브랜드 제품의 소비를 통해서 이루어진다는 점에서 시장질서에 편입되었다고 볼 수 있다. 신세대 문화의 정체성은 탈중심적이지만, 특정 사안에는 강한 중심성을 보여 주기도 한다. 신세대 문화의 정체성은 특정 요소 하나로 고정되어 있기보다는 역동적이고 변화의 폭이 넓다고 볼 수 있다.

4. 신세대 문화의 이중성

신세대 문화의 정체성을 구성하는 요소들은 '그들만의 문화'를 형성하지만, 여전히 이중성이 존재한다. 신세대 문화의 이중성은 '소비를 통한 저항'에 있다. 신세대들은 기성구조에 저항하지만, 저항하는 방법 중의 하나는 소비과정을 통해서 나타난다. 소비로 형성된 스타일을 통한 저항이 중심이 됨으로써 이들은 시장이 만든 구조 안에 스스로 편입되는 경향이 있다. 이것은 스타일을 만든 기반이 약하다는 점에서 기인한다.

서구의 하위문화는 특정 스타일을 만든 계급적, 인종적 기반을 갖고 있다. 그러나 한국의 신세대 문화는 나이의 영향력이 압도적일 뿐, 신세대가 특정 스타일을 갖게 되는 사회적 배경이 적은 편이다. 스타일은 자생적인 것이 아니라 서구의 같은 세대의 소비행태를 모방하는 것으로 파악될 수 있다. 서구에서 나타난 자생적이고 계급적인 세대문화를 그대로 모방한 스타일을 통해서 저항한다는 것은 신세대 문화가 내포한 저항의 한계를 극명하게 보여 주는 것이다.

신세대 문화의 이중성을 보여 주는 두 가지 사례를 들어보자.

첫째, 신세대 문화 내에서 가장 저항적인 모습을 드러내는 집단은 폭주족이다.

3월 1일은 대폭주(大輻輳)의 날이다. 폭주족의 양대 지류인 여의도 폭주족과 뚝섬 폭주족이 만나서 서울 시내의 밤거리를 휘젓고 다닌다. 폭주족은 경찰을 조롱하고, 택시기사들과도 싸우며 무법의 밤을 보낸다. 폭주족에게 3월 1일 대폭주의 날은 겨울 동안의 잠에서 깨어나는 공식적인 의례이기도 하다. 최근(2003년) 내가 만난 여의도 폭주족 중 간리더인 실업계 고등학교 중퇴자 K군에 의하면, 폭주족은 국기를 다는 날을 좋아한다고 했다. 3월 1일 이후 폭주족의 가장 큰 행사는 8월 15일 광복절 폭주다.

나는 왜 폭주족이 국경일을 좋아하는지 이해하기 어려웠다. 무법의 밤거리를 질주하고, 공권력에 저항하면서 왜 오토바이마다 태극기를 달고 다니는지 납득되지 않았다. 폭주족 K군 역시 자신들은 국기를 다는 날을 좋아한다는 말만 할 뿐 정확한 이유를 말하지 못했다. 폭주족이 일제 지배에 저항했던 3·1절이나 해방을 맞았던 광복절을 통해서 자신들도 지배구조에 저항하고 해방의 시간을 갖고자 국경일을 자신의 상징 언어로 치환한 것인지, 아니면 우리 사회에 가장 저항적인 폭주족 역시 국가 이데올로기 안에서 자유롭지 못한 것은 아닌지 혼란스러웠다. 아마도 두 가지 요소 모두가 대폭주 행사에 포함되어 있지 않을까 싶다. 폭주족은 우리 사회의 어느 집단보다 공권력에 강하게 도전한다는 점에서 가장 저항적인 모습을 띠지만, 다른 한편으로 국가 이데올로기 앞에서 자유롭지 못한 것이다.

둘째 사례로 노근리 사건과 오노 사건에 대한 신세대의 반응을 보자.

노근리 사건은 한국전쟁 중 상부의 명령에 따라서 미군기가 민간인을 무차별적으로 공중 폭격하고, 3박 4일, 60여 시간 동안 비무장 양민을 노근리 쌍굴에 가두고 학살한 사건이다. 오노 사건은 2002년 2월 솔트레이크시티 동계올림픽 쇼트트랙 종목에서 아폴로 안톤 오노의 반칙에 휘말려 김동성이 금메달을 따지 못한 것에 신세대가 폭발하면서 발생했다. 나는 노근리 사건과 오노 사건을 놓고 학생들과 수업시간에 3시간 가까이 논쟁한 적이 있다. 학생들은 노근리 사건은 거의 알지 못하면서, 오노 사건에 대해서는 지나치게 감정적으로 접근하고 있었다. 내가 우려한 바는 오노 사건에 대한 대응을 단순히 금메달을 따지 못한 것에 대한 분노로부터 시작하는 신세대의 태도였다.

신세대 문화가 갖는 저항의 모습이 감성에 지나치게 얽매어 있다는 느낌에서 벗어날 수 없었다. 감성이 갖는 저항의 힘을 무시하는 것이 아니라, 감성은 앞서가는 반면 이성적 판단과 역사의식은 부재한 것이 신세대 문화의 이중성으로 나타나는 것은 아닐까 생각한다.

그럼에도 불구하고 신세대 문화 속에서 새로운 가능성이 엿보인다. 이 가능성을 제공한 것은 월드컵의 광장에서 얻은 역사적 경험이다. 월드컵은 육체성을 강조하는 신세대 의식이 보편적으로 폭발하는 장이었다. 가상공동체에 몰입했던 탈중심성, 육체성 자체만을 강조했던 한계가 새로운 장소를 찾으면서 역사성을 회복했기 때문이다.

이와 같은 역사적 경험은 새로운 참여세대의 의식을 만들어 낸 것으로 보인다. 월드컵 이후 대통령 선거과정에서 나타났듯이 신세대가 보인 보수정치에 대한 강한 저항과 새로운 정치를 위한 참여, 그리고 촛불시위로 상징되는 미국에 대한 재인식은 신세대 문화의 새로운 가능성이다.

월드컵이 남긴 역사적 경험은 신세대로 하여금 소비를 통해서 저항하는 '내 멋대로의 삶'이 가졌던 한계를 극복하게 만들었다. 그동안 신세대는 저항의 모습을 보여 주긴 했지만, 그만큼 소비자본의 늪에 빠져 있었다. 월드컵이 참여세대에게 남긴 소중한 유산은 '우리'에 대한 인식이었다. 육체와 욕망의 거점으로서 '나'라는 주체는 대단히 창조적인 에너지를 가지고 있지만, 자본의 놀라운 흡입력 앞에서 무기력한 존재로 전락할 가능성이 짙었다. 그러나 월드컵 이후 발생한 사건들을 통해서 '나'는 나이면서 동시에 '우리'라는 인식이 연대감을 불러일으켰고, 그것은 새로운 세대의식의 출발점을 제공했다.

1990년대 초반 신세대 문화가 부상하는 데 '나'에 대한 발견은 이제 '우리'에 대한 재발견으로 이어졌다. 나는 여기에서 신세대 문화의 정치적 가능성과 문화적 가능성을 함께 발견했다. 진정한 세대문화는 '나'와 '우리'에 대한 긴장과 역사의식 속에서 실천적으로 형성되기 때문이다.

놀이공간으로서   **09**
인터넷 문화의 형성과정   _____

1. 2002년, 인터넷 참여문화의 기점

1990년대 후반에 접어들면서 문화는 인터넷을 기반으로 확장되었다. 1995년 월드와이드웹이 실용화되면서, 한국 인터넷도 PC통신을 통해 접속하는 시기를 지나 월드와이드웹을 받아들였다. 1999년 초고속 인터넷 서비스가 시작되면서 인터넷 이용자는 증가했다. 인터넷 이용자(월 1회 이상의 인터넷 이용자)는 2000년 약 1,904만 명에서 2009년에는 3,580만 명으로 증가했다. 3세 이상 국민의 77.2%가 인터넷 이용자라는 사실은 아직 글을 읽지 못하는 어린 아이들이나 컴퓨터가 없는 극빈층 혹은 일부 노인층을 제외하면, 10대에서 60대의 대다수 국민이 인터넷을 이용하고 있음을 의미한다(방송통신위원회/한국인터넷진흥원, 2009).

　2002년 월드컵과 대통령 선거과정을 기점으로 인터넷을 통한 참여문화가 시작되었고, 사이버문화가 활성화되기 시작했다. 인터넷을 기반으로 형성된 가상공간(*virtual reality*)은 빠르게 확산되었다. 멀티미디어와 하이퍼미디어의 특성이 있는 인터넷에서의 가상공간은 커뮤니케이션뿐만 아니라 사회제도, 문화, 공동체, 장소 등의 개념을 바꾸었다. 인터넷과 관련해서는 이용과 중독, 사이버 정치참여, 토론문화, 온라인 저널리즘 등과 관련된 논의가 진행되었다.

그러나 놀이공간으로서 인터넷 문화에 대한 논의는 심도 있게 전개되지 않았다. 놀이공간으로서 인터넷을 다룬 작업들도 대부분 게임문화에 초점을 맞추는 경향이 있었다(김영용, 2007; 박근서 2009; 윤태진 외, 2008). 게임문화는 인터넷 놀이의 대표적인 특징을 보여 준다. 놀이로서의 게임 행위자들은 가상현실에서 자신의 분신으로 상호작용함으로써 실제감(*presence*)을 경험한다. 그러나 인터넷의 놀이공간은 게임의 영역에만 한정된 것이 아니라, 인터넷 문화 전반에 걸쳐 나타나고 있다.

인터넷과 관련된 새로운 커뮤니케이션 형식들(싸이월드, 블로그, UCC, 트위터 등)은 다양한 놀이공간을 창출하고 있다.[1] 놀이공간으로

---

1) 놀이는 실제적 목적(생존을 위한 실용적 목적)을 추구하지 않으며 행위 자체가 즐거움을 만드는 육체적·정신적 활동을 의미한다. 놀이는 그 자체가 목적이며, 자발적이고 정서적 흥분을 일으키고 즉흥성이 강하다(Brown & Vauhan, 2009). 나는 놀이가 개인적 놀이, 준사회적 놀이, 사회적 놀이로 범주화될 수 있다고 생각한다. 개인적 놀이는 사이버 게임처럼 사회적 관계가 상대적으로 배제된 채 행위 자체로부터 얻는 놀이라면, 사회적 놀이는 진지함을 지니면서 의례의 형식을 통해서 정서적 유대감을 갖는 행위라고 볼 수 있다. 사회적 놀이는 의례와 밀접한 관계를 맺는다. 준사회적 놀이는 블로그나 미니홈피처럼 개인적이면서 동시에 사회적 관계를 맺는 놀이형식이다. 온라인의 놀이가 개인적, 준

서 인터넷은 고정된 것이 아니라 대중의 욕망과 산업, 테크놀로지, 정치현실의 변화 속에서 끊임없이 새롭게 구성된다.

　이번 장은 지난 2000년대 초반 이후 놀이공간으로서 인터넷이 어떤 변화과정을 겪어 왔는가를 논의할 것이다. 첫째, 놀이의 주체로서 대중은 인터넷 공간 내에서 어떻게 위치되는가를 살펴보고, 둘째, 인터넷과 새로운 커뮤니케이션 형식들은 어떻게 놀이공간을 제공하며, 셋째, 인터넷 놀이공간이 우리 사회문화와 정치과정에서 어떻게 기능했는가를 탐구할 것이다.

　사회적 놀이에 가깝다면, 오프라인의 놀이는 사회적 놀이와 밀접히 관계된다. 다만 오늘날 인터넷이 문화형성과정의 중요한 매개가 되는 현실에서 준사회적 놀이와 사회적 놀이는 혼합되어 있다.

2. 인터넷 놀이주체의 이동성

인터넷 이용자들은 대중과 같은 통합적 단위로 정의되지 않는다. 인터넷 이용자는 개인의 집합이 아니라 '유랑하는 주체들(*nomadic subjects*) 들의 집합'이다. 왜냐하면 개인은 인터넷 공간에서 젠더, 계급, 나이 등에 따라 하나의 주체(혹은 자아)를 구성하기보다는 다양한 주체들의 결합을 통해서 정체성을 형성하기 때문이다. 개인이 가상공간에서 오락적 놀이에 빠져 있다고 해서 그가 공적 참여를 하지 않는다고 말하기는 어렵다.

가상공간은 의미로 구성되는 공동체다. 물리적 기반과 구조가 미약한 상태를 공동체로 정의할 수 있는가에 대해서 논란이 있을 수 있지만, 펀백(Fernback, 2000)의 주장처럼, 의미의 실체도 공동체의 범주 안에 포함시키는 것이 타당하다. 의미는 하나의 상징으로 그치는 것이 아니라 공유된 가치를 지니며 문화적 실천을 포함하기 때문이다.

인터넷 공동체는 '보편적 의미'(*global meaning*)와 함께 '국면적 의미' (*local meaning*)에 집중된다. 인터넷 공동체가 공유하는 의미는 특정 주제나 특정 영역을 중심으로 형성되기 때문에 보편적 특성이 상대적으로 약한 편이다. 인터넷 의미공동체는 개인적 정체성과 '우리'라는 집단적 정체성이 교차하는 영역에 속한다. 즉, '개인적 자아가 공적으로 표현되는 공간'(Foster, 1997)이다. 가상공간에서 유랑하는 주체들은 특별한 의미공동체를 만들고, 의미공동체와 의미공동체 사이를 떠돌아다니며 현실 속으로 들어가기도 한다.

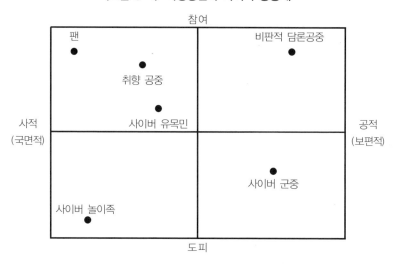

〈그림 9-1〉 가상공간과 사이버 공동체

참여

팬

취향 공중

비판적 담론공중

사이버 유목민

사적
(국면적)

공적
(보편적)

사이버 군중

사이버 놀이족

도피

가상공간이 어떻게 구조화되는가는 과정의 축과 맥락의 축으로 구분해서 제시될 수 있다.[2] 과정의 축은 정서적 욕구나 일, 또는 작업과 관련된 행위로, 맥락의 축은 국면적(개인적) 쟁점과 보편적(공적) 쟁점으로 구분된다. 두 가지 축을 중심으로 가상공간과 사이버 공동체를 〈그림 9-1〉과 같이 범주화할 수 있다.

유랑하는 주체들은 '팬'(fan), '취향 공중'(taste public), '사이버 유목

---

[2] 그레이엄(Graham, 1994)은 인터넷 게시판 공간을 '과정'과 '맥락'으로 구분하고 범주화했다. 과정은 심리적 과정을, 맥락은 참여의 범위를 의미한다. 인터넷 공동체의 참여가 심리적 동기로 정서지향이냐 업무지향이냐에 따라 분류하였고, 맥락은 국면적, 보편적으로 구분했다. 그러나 여기서는 인터넷 이용에서 오락의 기능이 중요하다고 판단해서 참여와 도피로 분류했다. 참여는 정보지향과 정치적 행위를 포함하며, 도피는 오락적 활용을 의미한다.

민'(cyber nomad), '사이버 놀이족'(cyber ludic tribe), '비판적 담론공중' (critical discursive public), '사이버 군중'(cyber mob) 등으로 위치된다. 그러나 중요한 것은 이들은 하나의 주체위치에 고정되어 있지 않다는 점이다. 팬의 위치에서 비판적 담론공중의 위치로 이동했다가 돌아올 수 있으며, 사이버 유목민의 위치에서 사이버 놀이족으로 이동할 수도 있다.

팬은 참여가 높으며 사적 수준에서 공동체를 형성하는 집단이다. 팬의 범위는 과거 10대 중심에서 지금은 40대, 50대까지 광범위하다. 팬카페는 연예인을 좋아하는 사람들이 모여 정보수집, 공유, 이미지, 포토샵으로 만든 팬시, 사진 등을 공유하는 자유로운 공간이다. 과거 팬은 대체로 부정적 의미로 사용되었다. 우리 사회에서는 여성 팬을 '빠순이'라고 부르기도 하는데 이것은 가부장 지배문화가 바라보는 대표적인 부정적 시각이다. 그러나 팬의 개념은 과거 '무분별한', '열광하는', '감정적인' 같은 의미에서 '참여하는', '생산하는' 등과 같은 긍정적 의미로 바뀌었다.

가상공간은 다양한 취미를 가진 공동체로 구성된다. 패션, 화장, 음식, 여행, 스포츠, 자동차 등 이용자들의 활동범위는 매우 다양하다. 이들은 개인적 관심사나 흥밋거리에 몰입한다는 점에서 사적 측면이 강하지만 참여성도 높은 편이다. 이들은 필요한 정보를 얻으면서 공유하고, 취미 활동은 일상생활의 중요한 부분을 구성한다. 이와 같은 인터넷 이용자들을 '취향 공중'이라고 부를 수 있다.

다양한 문화 산물을 선택하는 가치와 기준은 취향문화(taste culture)의 근저를 이루고, 공통의 가치나 기준을 갖고 서로 유사한 문화 산물을 선택하는 사람들이 취향문화의 공중인 '취향 공중'이다. 여러 종류의 상이한 취향문화와 취향 공중이 존재하는 까닭은 심미적 기준과 가치가 다양하게 있으며 심미적으로 다른 견해들이 있을 수 있기 때문이다〔갠즈(Gans), 1977/ 1997, 102쪽〕.

갠즈(1977)는 고급문화와 대중문화라는 이분법적 구분을 거부하면서 모든 인간은 심미적 충동을 갖고 있다고 지적한다. 심미적 충동은 자신들의 소망이나 바람에 대한 상징적 표현을 받아들이거나 사회에 대한 지식과 소망을 성취하고자 하는 욕구 그리고 일상적인 일로부터 벗어나 자유로운 시간을 보내기를 바라는 욕망이다. 수용자는 자신의 취미를 구성할 때 아무것이나 선택하는 것이 아니라 그들의 가치관이나 심미적 기준을 통해서 선택한다. 인터넷 공간은 다양한 취미를 가진 취향 공중이 자신들만의 취향문화를 만들어 가는 장소이다.

인터넷 공간에서 주목받고 있는 형식은 싸이월드 미니홈피, 블로그, UCC 등이다. 미니홈피나 블로그를 만드는 1인 미디어 운영자가 증가하는 중이다. 이들을 '사이버 유목민'이라고 부를 수 있다. 사이버 유목민들은 사적·공적 관계 사이에 위치하며, 도피적이면서 참여적인 위치에 서 있다. 사이버 유목민들은 자신들의 개성과 취미에 맞는 미니홈피나 블로그를 운영하는데, 자기표현, 남 엿보기, 사회적 관계 맺기, 경험의 공유 등을 통해서 자신만의 공간을 만든다.

인터넷 공간에 나타나는 1인 미디어 형식들은 '일촌 맺기'나 '파도타기'에서 보듯이 이동성을 강하게 표출한다. 이들이 유목민적 특성을 보이는 것은 이동성에 기인한다. 이는 자기표현에 집중하면서도 끊임없이 타자와 관계를 맺는 것이다. 이들은 1인 미디어를 통해서 타자와 만나고 문화를 공유하지만, 그 자체에 머무르는 것이 아니라 지속적으로 새로운 관계를 맺는다.

'사이버 놀이족'은 공적 관계에 관심을 기울이기보다는 사적 관심이 높으며, 참여적이기보다는 도피적인 특성을 보여 주는 집단이다. 인터넷에서 오락기능에 많은 시간을 할애하는 집단을 사이버 놀이족이라고 부를 수 있다. 인터넷 게임에 몰입하거나 '싸이질'에 빠져 있는 싸이홀릭들도 사이버 놀이족에 속한다. 사이버 놀이족의 극단적 모습은 인터넷 중독이나 은둔형 외톨이를 지칭하는 '히키코모리'(ひきこもり)[3]다. '히키코모리'는 극단적인 도피형으로 〈그림 9-1〉의 3사분면에서 왼쪽 맨 아래에 위치한다.

'비판적 담론공중'은 2002년 이후 우리 사회에 등장한 새로운 주체다. 이준웅(2005)은 인터넷을 통한 시민적 참여가 확대되고 2002년 제16대 대통령 선거, 2004년 탄핵정국과 총선정국을 거치면서 비판적 담론이 증가했고, 이에 따라서 새로운 공중이 출현했다는 점에 주목한

---

3) 은둔형 외톨이를 의미하는 '히키코모리'(ひきこもり)는 '방 안에 틀어박히다'라는 뜻인 일본어 '히키코모루'(ひきこもる)의 명사형이다. 일본에서는 1970년대 등교를 거부하는 청소년을 지칭하는 말이었는데, 오늘날에는 사회적 관계를 거부하고 집이나 방 안에서 나오지 않는 사람들을 지칭한다. 비슷한 용어로 코쿤(cocoon)이 있다. 코쿤은 누에고치를 빗댄 말로 불확실한 사회에서 보호받고자 타인과 접속을 거부하고 외부와의 단절을 선언한 사람들이다.

다. [4] 2002년을 계기로 한국사회에서 진보와 보수라는 이념갈등이 첨예화되었고, 이와 관련해서 진보에 대한 보수의 비판, 보수에 대한 진보의 비판이 확대되었다. 담론갈등은 진보적 성향의 인터넷 미디어를 통해서 확장되었다. 이 과정에서 등장한 집단이 비판적 담론공중이다. 비판적 담론공중은 정치적 지향점에서 진보진영만을 의미하는 것이 아니라, 보수진영 역시 포함된다.

'사이버 군중'은 공적 관심은 높지만 공적 담론을 자신의 입장을 정당화하는 방식으로만 전유하려는 집단이다. 이들은 온라인을 효과적으로 활용해 자신의 정치적 목표를 실현하고자 한다는 점에서 '영리한 군중' (smart mobs) (Rheingold, 2002) 의 성격과 유사하다. 인터넷 공간에서 벌어지는 토론의 경우 특정 견해를 지지하거나 반대하는 사람들이 모여 상호작용하기보다는 자신의 입장을 지지하는 쪽의 정보만을 선택하거나 참여하기 때문에 다양한 의견교환이 이루어지지 않는 경향이 있다.

---

4) 이준웅 (2005) 은 비판적 담론공중은 정치권력의 변화과정에서 2004년을 기점으로 언론에 대한 공정성 요구가 증가하면서 등장했다고 말한다. 비판적 담론공중은 이념적 쟁론을 통해 상대방을 공격하고 반대하는 데는 성공하지만 정파 간에 합의 가능한 담론 규범을 구성하는 데 실패했다는 점에서 부정적 계기에서 벗어나지 못하고 있다고 주장한다. 그러나 이준웅·김은미 (2006) 는 〈다음〉에 설치된 '17대 총선 핫 이슈 토론광장' 분석을 통해서 '비판적 담론공중'을 단지 주장만 하는 공중이 아니라 경청하면서 주장하는 공중으로 재정의한다. '비판적 담론공중'이 언론에 대한 공정성 요구로 등장했다는 주장은 편협한 것이다. 왜냐하면 이들의 등장은 한국사회 커뮤니케이션 구조와 관련된 것이지 단지 언론의 공정성 문제에 국한되는 것은 아니기 때문이다. 그러나 여기서는 비판적 담론공중은 포괄적으로 사회, 정치, 제도 등과 관련해서 합리적·비판적 담론을 만들어 내는 공중 전체를 의미한다.

사이버 군중은 공적 관심은 높지만 담론의 상호교류를 통해서 비판적으로 참여하는 것이 아니라 자신의 입장을 강화한다는 점에서 정치적 도피 성향을 띤다.

가상공간과 사이버 공동체와 관련해서 여섯 가지 집단의 유형을 가정하여 살펴보았다. 그러나 중요한 것은 인터넷 참여자들이 단일한 개인이 아니라 '유랑하는 자아들의 집합체'로서 개인이라는 점이다. 이것은 한 개인이 하나의 공동체 위치에 국한되지 않는다는 것을 의미한다. 예를 들어, 취향 공중은 자신만의 정보나 취미에 국한되기보다 특정 국면적 상황에서 비판적 담론공중으로 위치를 차지하거나 사이버 군중으로 변화될 수 있다. 이것은 팬클럽 회원의 경우도 마찬가지다. 이들은 특정 스타나 정치인 혹은 유명인의 팬클럽으로 활동하지만 특정 국면에서는 다른 위치의 자아를 가질 수 있다.

인터넷 이용자의 유랑하는 자아의 특성은 2008년 촛불집회에서 그대로 표출되었다. 패션, 요리, 사진, 연예인 등 대부분 취미 중심의 비정치적 공동체가 오프라인 상에서 정치참여를 전개했다. 신화, 동방신기, 슈퍼주니어 등 팬 카페에서 촛불집회 참여를 촉구하거나, 인터넷 여성 삼국연합〔소울드레서(cafe.daum.net/SoulDresser), 쌍코(현재 폐쇄), 화장발(cafe. daum. net/qqww22)〕이 촛불집회나 미디어 법 반대에 참여했다.

이들은 정치와 무관한 사이버 공동체였다. 팬클럽 회원들은 스타를 추종하고 소울드레서 카페 회원들은 패션이나 미용에 관심 있을 뿐, 뚜렷한 정치적 경향성이 있거나 특정 이데올로기에 빠져 있는 집단이 아니었다. 그러나 이 집단들은 특정 계기, 특정 시점에 적극적인 정치참여 집단으로 바뀌었다. 이들은 퍼포먼스 등을 기획하고 참여하기도 했다. 이들은 어느 한 곳에 머무르는 것이 아니라 가상공간과 현실공간 사이를 끊임없이 이동하며 새로운 전략과 전술로 현실에 대응했다.

3. 놀이공간으로서 인터넷

1) '나만의 집' 만들기

1인 미디어로 불리는 미니홈피나 블로그는 개인들에게는 놀이의 공간
이다. 개인들은 미니홈피를 장식하며 놀고, 관계를 맺으면서 놀이를
확장한다. 블로그는 우선적으로 혼자 즐기지만, 개인적 놀이에만 머무
르는 것이 아니라 공유의 즐거움을 추구한다.

싸이월드는 1999년 설립되어 2001년 9월부터 미니홈피 서비스를 시
작으로 2003년 8월 SK커뮤니케이션즈와 합병 이후 급속히 성장했다.
2004년 1천만 명, 2005년 1천 2백만 명, 2006년 1천 7백만 명, 2007년
2천만 명, 2008년 2천 3백만 명이 싸이월드에 가입했다.

싸이월드의 특징은 3가지로 요약될 수 있다.

첫째, 그룹 중심이 아닌 '나' 중심의 서비스다.

기존 다음이나 프리첼 커뮤니티 서비스는 비슷한 관심사를 가진 사
람들이 서로 필요한 정보를 올리고 다운받는 온라인 활동과 오프라인
미팅을 통해서 직접적인 인간관계를 맺게 만들었다. 그러나 싸이월드
는 집단이 아닌 나 중심, 개인 중심의 표현공간이다. 싸이월드는 나를
중심으로 다른 사람과 네트워크를 이루며 연결된다. 나의 홈피를 꾸미
고 다른 사람의 홈피를 방문하여 글을 남기며 재미있는 사진 등을 자연
스럽게 교류한다.

둘째, 타인과의 교류를 통해 인맥의 외연을 넓힐 수 있다.

이것은 싸이월드의 독특한 시스템인 '일촌 맺기'와 '파도타기'를 통해서 이루어진다. 일촌은 너와 내가 가깝다는 뜻이고 그만큼 서로에게 충실하고 홈피에 자주 들르면서 커뮤니케이션을 하겠다는 약속이다. 파도타기는 자신의 홈피에 방문한 사람들의 홈피에 방문하는 것이다. 싸이월드 운영자는 타인(방문자)의 주소를 외우거나 즐겨찾기를 할 필요가 없다. 본인이 방문자의 홈피를 방문하고자 할 경우 방문자, 또는 게시물 작성자의 이름만 클릭하면 곧바로 그 사람의 홈피로 연결되기 때문이다. 파도타기는 사람과의 관계를 넓혀 가는 데 중요한 역할을 담당한다.

셋째, 운영자는 '도토리'로 불리는 사이버 머니를 가지고 아이템을 구입하고 선물을 전달하면서 작은 재미를 느낀다.

하지만 돈만 있다고 모든 디지털 아이템을 구입할 수 있는 것은 아니다. 어떤 디지털 아이템은 선물을 받아야만 소유할 수 있다. 운영자는 싸이월드에서 좋은 '인간관계'를 쌓아야만 선물을 받을 수 있다.

미니홈피와 더불어 블로그[5]의 부상도 주목할 필요가 있다. 블로그

---

5) 블로그(blog)는 인터넷에서 자신의 관심사에 따라서 자유롭게 글을 올리는 개인 사이트를 지칭한다. 넓은 의미로 보면 미니홈피도 블로그의 한 형식이다. 블로그의 어원인 웹로그(weblog)라는 말은 존 바거(John Barger)가 1997년 12월에 처음 사용했는데, 블로그 사이트의 형식을 소개하면서 새로 올린 글이 맨 위로 올라가는 일지 방식이라는 점에 착안해 웹로그라는 이름을 붙였다. 이후 피터 마홀즈(Peter Merholz)가 자신의 사이트에서 "wee-blog"(우리는 블로그한다)라고 사용했는데 여기에서 'wee'를 제거하고 짧게 'blog'라는 말이 통용되기 시작했다(http://www.pserang.co.kr).

의 가장 큰 장점은 만든 사람이 자신이 관심 있는 정보를 올린다는 것이다. 기존의 인터넷 포탈이 많은 정보를 제공해 주기는 하지만 각 개인이 원하는 모든 정보를 제공하기는 어렵다. 블로그 사용자는 블로그에 원하는 정보를 수집해서 모아두다가 특정 사람들 혹은 불특정 다수에게 공개할 수 있으며, 코멘트를 달아 자신의 생각까지 전달할 수 있다.

이렇게 '정보 서비스'의 측면이 부각되는 특성 때문에 블로그가 초기 한때의 유행일 것이라는 우려가 있었지만 이는 계속적으로 진화하고 있다. 블로그는 일기 형식으로 글이 배열되기 때문에 자신의 일상을 기록하는 일종의 개인 다이어리 역할을 한다. 또한 블로그는 자신이 관심 있는 주제에 대한 정보를 스크랩하고 자신의 의견을 덧붙임으로써 일종의 '미디어' 기능도 수행한다(김지수, 2004, 19쪽).

2009년 방송통신위원회와 한국인터넷진흥원이 제출한 《2009년 인터넷 이용실태조사》에 따르면, 우리나라 본인 블로그 이용률[6]은 44.6%였다. 인터넷 이용자의 59.7%는 타인 블로그 이용자였다. 20대의 73.8%는 자신이 블로그를 운영한다. 블로그 이용 이유(복수응답)를 보면, "친교·교제를 위해서"(54.4%), "취미·여가 활동 또는 관심 분야 정보를 얻기 위해서"(50.4%), "재미있거나 흥미로운 글, 사진, 동영상 등을 보기 위해서"(48.2%), "업무·학업 등에 필요한 정보를 얻기 위해서"(33.1%) 등이다.

김예란(2004)은 블로그(미니홈피 포함)의 세계와 관련해서 흥미롭게

---

6) 이 조사에서 블로그는 광의의 개념으로 '미니홈피'도 포함하며 블로그 운영자는 최근 1년 이내 본인의 블로그를 방문·관리하는 개인이다.

'집'의 의미를 강조한다. 현대사회에서 나타나는 이동과 정착의 모순적 질서가 공간화된 지점으로서 '집'의 상징적 함의가 중요하다는 것이다. 홈페이지, 홈피, 룸, 방과 같은 용어가 시사하듯, 가상공간에서는 정보의 저장소가 정보주체의 주거지에 비유된다. 미니홈피에서 일상적 삶의 공간은 '미니룸'으로 표현된다. 미니홈피의 주인은 미니룸의 방주인인 '미니미'다. 미니홈피는 펼쳐놓은 다이어리의 이미지로 표현되어 있고, 각 페이지마다 홈, 프로필, 다이어리, 주크박스, 미니룸, 사진첩, 갤러리, 게시판, 방명록, 즐겨찾기, 관리 등 구분이 책갈피로 표시되어 있다. 일촌 맺기는 가상의 집에서 타인과 가족관계를 맺는 것이다. 미니미는 파도타기를 통해서 연속적으로 일촌을 맺으면서 관계를 확대시켜 나간다.

미니미들에게 가상의 집을 어떻게 꾸밀 것인가 하는 것은 중요하다. 우리가 현실에서 자신의 집이나 방을 아름답게 꾸미고자 하는 것처럼 사이버 머니로 아름답게 가상의 집을 꾸미고, 개인과 개인의 관계는 집과 집의 관계로 이어진다. 현실에서의 탈주는 개인을 가상의 집에 정착하게 하고, 가상의 집에 살고 있다는 불안감으로 새로운 관계 맺기에 집착하는 것이다. 이 모순성이 심리적으로 보면 가상의 집에 빠지는 이유이다.

이것은 가속적으로 붕괴되어 가는 현대사회의 인관관계에 대한 불안심리를 완화시켜 준다. 미니홈피나 블로그 문화가 이 모순적 환상에만 의존하는 것은 아니다. 참여적이고 실천적인 문화가 블로그를 통해서 얼마든지 발현되기 때문이다. 그러나 그들에게도 가상의 집은 여전히 달콤한 놀이공간이자 안전한 장소다.

2) 놀이로서 UCC

UCC(*User Created Contents*)는 이용자가 직접 만든 텍스트, 이미지, 청각과 시청각 콘텐츠다. UCC의 형태는 텍스트 형식에서부터 동영상까지 다양하다. 그러나 일반적으로 UCC는 개인이 직접 제작한 사진, 이미지, 동영상, 애니메이션, 플래시 등의 콘텐츠를 의미하며, 사진, 영화, 텔레비전 프로그램을 가공, 변형, 편집하여 제작한 것인데 텍스트 형태의 콘텐츠는 제외된다.

UCC가 새로운 현상인가에 대해서는 논란의 여지가 있다. 인터넷 이용자가 제작한 콘텐츠 대부분이 UCC의 한 형태이므로, 인터넷의 역사가 UCC의 역사라고 할 수도 있기 때문이다. 과거 소형 캠코더가 대중화되면서 홈 비디오 형식으로 자신의 일상생활을 기록한 것들이 있었다. 그러나 UCC는 이전의 홈비디오와는 달리 표현방식에 다양한 변형이 있으며,[7) 수용과정도 과거와는 다르다. UCC는 기존 콘텐츠의 연장선상에 있지만, 생산과 소비, 전달의 과정이라는 측면에서 보면 새로운 현상이다.

---

7) 동영상 UCC는 하나의 범주로 묶기 어려울 정도로 다양한 표현방식을 지닌다. UCC의 세부유형으로 '순수하게 이용자의 독창성을 발휘하여 제작된 콘텐츠'(User Generated Contents), '기존에 존재하던 콘텐츠에 이용자의 의견을 첨가하거나 다른 소스 콘텐츠를 조합하여 변형시킨 콘텐츠'(User Modified Contents), '기존에 있던 다른 두 가지 이상의 콘텐츠를 조합하여 전혀 새로운 의미나 가치를 생산해 내는 콘텐츠'(User Recreated Contents) 등이 있다(김유미·이영희, 2007).

2000년대 중반 이후 UCC는 하나의 유행으로 확산되었다. 한국인터넷진흥원(2007) 조사결과에 따르면, 만 12세~49세 인터넷 이용자의 45.2%가 최근 6개월 이내 인터넷 멀티미디어 UCC를 직접 제작하거나 가공, 변형, 편집하여 인터넷에 게시한 적이 있으며, 특히 22.4%는 주 1회 이상 제작하는 것으로 나타났다.

UCC 내용(복수응답)은 "가족, 친구, 연인"(51.0%), "연예인, 방송 연예 등 엔터테인먼트"(35.6%), "영화, 애니메이션"(35.6%), "음악"(33.5%), "정치 관련 뉴스"(14.7%) 등이다(한국인터넷진흥원, 2007). UCC는 대체로 일상생활에서 놀이나 재미의 형태로 제작된다. 최민재(2007)는 국내 주요 동영상 UCC 전문 사이트와 포털 사이트에서 제공되는 UCC를 분석했는데 기존 콘텐츠를 복제한 것보다 직접 제작된 동영상에 대한 선호도가 높았으며, 정보 콘텐츠보다는 오락 콘텐츠가 4배 이상 많았다고 분석한다. 강재원·김은지(2009)의 연구도 유사한데, UCC 이용 동기로서 '자기표현'을 포함한 '재미추구'가 상대적으로 '정보획득'보다 앞선다.

그동안 제작된 UCC는 참여/오락, 개인적/공적이라는 축으로 범주화될 수 있다. '저널리즘 유형'은 사회적·공적 쟁점을 공론화하는 것을 목적으로 제작되는 콘텐츠인데 어느 정도 객관성을 유지한다. '시사풍자 유형'은 저널리즘 유형과 마찬가지로 사회문제를 다루지만 패러디의 형식을 주로 사용하면서 풍자와 웃음을 자아내는 콘텐츠를 말한다. 시사풍자 유형은 저널리즘 유형보다 상대적으로 많이 제작된다.

'취미나 정보제공 유형'은 여행 명소, 요리, 연주, 학습, 업무 등과 관련된 콘텐츠다. 개인적 취미나 관심거리가 주요 내용으로 제작된다.

2006년 세계적으로 인기를 끌었던 '임정현 기타연주'는 취미나 정보제공 유형에 속하는 대표적인 사례다. '재미추구 유형'은 가장 많이 제작되는데 가족, 친구, 연인, 애완견 등 사적 내용을 다루거나 영화, 애니메이션, 방송연예 프로그램 등을 재구성해서 만든 콘텐츠다. UCC 콘텐츠는 놀이적 측면이 정보적 측면보다 우세한 편이다. UCC는 특정 사회적 쟁점이 부각될 경우 시사풍자나 저널리즘 유형이 증가하는 경향이 있지만, 일반적으로 개인 스스로 만든 '재미추구'가 주를 이룬다.

3) 논쟁과 놀이로서 댓글

네티즌은 인터넷 공간에서 누군가 올린 콘텐츠에 댓글을 달고, 다시 댓글의 댓글을 단다. 댓글 쓰기와 읽기는 토론의 공간이면서 놀이의 공간이다. 토론의 공간에서 벌어지는 댓글논쟁은 공론 영역을 확장하기도 하지만 상대방의 의견에 귀 기울이지 않는 귀머거리 간의 대화이기도 하다.

인터넷 댓글쓰기는 '글쓰기'의 영역보다는 '말하기'의 영역과 유사하다. 문자라는 형식을 통해서 전달되지만, 사실상 구술의 특성이 강하게 나타나기 때문이다. 옹(Ong, 1982)이 지적하는 구술언어의 특성이 인터넷 댓글쓰기에 거의 그대로 적용된다. 댓글쓰기 언어는 분석적이거나 추론적이지 않으며, 논쟁적 어조를 띠고, 삶의 경험으로 구성되며 사고나 표현은 상황의존적인 경향이 있다. 인터넷 댓글은 문자언어의 속성보다 말하기 언어의 속성에 가깝다.

댓글문화는 두 가지 측면에서 논의될 수 있다. 하나는 공론 영역과 관련해서 온라인 뉴스나 사회쟁점과 관련된 토론이고, 다른 하나는 놀이로서의 댓글 달기다. 2000년대 초반 인터넷 뉴스미디어의 등장이 확대되고 논객사이트 등이 활성화되면서 댓글 쓰기와 읽기는 인터넷 공간에서 일상적인 글쓰기, 읽기 문화가 되었다. 댓글 쓰기와 읽기는 우리 사회의 공식적 커뮤니케이션 구조와 밀접히 관련되어 있다.

나은영 외(2009)는 대의 민주주의 사회에서 공식적인 정보유통을 담당하는 기성언론과 정치제도가 갖는 정당성이 약화되면서 댓글 쓰기와 읽기가 증가했다고 말한다. 따라서 댓글 쓰기와 읽기는 일종의 대안적 커뮤니케이션 양식으로 기능한다. 한국사회에서 인터넷 댓글이 담당하는 핵심적인 기능은 기성언론과 정치계에서 제공하는 공식적 정보에 대해서 수용자들이 적극적이고 능동적인 재해석을 통하여 대안적인(때로는 저항적이고 일탈적이기까지 한) 통로를 여는 것이다.

대안적인 커뮤니케이션 양식으로서 글쓰기와 읽기가 비판적 토론의 공간이 될 수 있는가 하는 질문이 제기될 수 있다. 김은미·이준(2006)은 이와 관련해서 의미 있는 주장을 내놓는다. 인터넷 토론 공간에서 토론자들은 타인의 목소리에 주의를 기울이지 않고 자신의 생각만을 일방적으로 전달하는 것이 아니라, 다른 사람들의 의견을 감지하기 위해 타인의 글을 주의 깊게 읽고 때때로 자신의 의견을 개진하는 모습을 보인다는 것이다. 특히 '읽기 행위'는 정치적 중요성을 지닌다. 읽기는 정치적 지식이 높을수록, 그리고 신문 열독이 많을수록 증가하는데, 이는 '읽기'가 정보와 지식의 기초에 근거한 행위이며, 합리적이고 비판적인 토론의 계기가 되는 행동이라는 것이다. 인터넷 공간에서 나타나는 '공감적 경청'은 숙의 민주주의의 이상에 기여하는 행위가 된다. 이들의 연구는 인터넷 공간이 단지 귀머거리 간의 대화가 아니라 숙의를 위한 조건으로 기능한다는 것을 밝혔다는 점에서 흥미롭다.

반면, 이기형(2004)은 과잉적인 감정 표출, 탈규범적 반칙 행위, 비논리적 주장, 부적절한 일탈적 담론 등이 인터넷 공간에서 관찰된다고 말한다. 이기형은 인터넷에서 공론 영역은 하버마스가 제시하는 이상적인 공론 영역이나 이성의 법정과 같은 모델이 아니라 "길들여지지 않는 다양한 의미와 '카니발적인'(carnivalesque) 욕망구조와 상상력, 그리고 사회적인 권위구조와 헤게모니에 도전하는 다양한 사회집단의 시도들을 담지한 다수의 난장(wild publics) 모델"(이기형, 2004, 28~29쪽)에 가깝다고 주장한다. 인터넷 공간은 공론 영역과 연대의 공간으로서의 순기능과 논쟁과 정쟁의 게토라는 극단적으로 나누어진 두 얼굴을 하고 있다는 것이다.

인터넷 공간에서는 정치 분야의 공론 영역이 어느 정도 확장되는 한편, 댓글놀이가 인기를 끌기도 한다. 놀이로서 댓글문화는 여러 가지 방식으로 전개된다. 어느 인터넷 기사에서도 쉽게 볼 수 있는 것이 등수놀이다. 첫 번째 댓글을 단 사람이 1등 댓글이고 이어서 다음 사람들이 2등, 3등 댓글을 단다. 어떤 이는 1등 댓글을 달기 위해 조회 수가 낮은 게시물을 찾아 헤매기도 하고, 한 게시판에서 숫자가 점점 커져 100 이상 등수놀이 댓글이 이어지는 경우도 있다.

이런 등수놀이는 네이버 카툰의 '人놀이'로 이어진다. 최초의 1인부터 시작해 무엇이든 말을 붙이기만 하면 된다. 이것은 "~라고 생각하는 1人", "카툰에 공감하는 1人" 등으로 시작된다.

드라군놀이는 적당한 글에 한 명이 "하지만 드라군이 출동하면 어떨까?"라는 댓글을 달면서 시작되는 놀이다. 그러면 다음 사람들이 아래에 이어 "드!", "라!", "군!" 이라는 세 개의 댓글을 단다. 이 댓글이 끊이지 않으면 성공이고 중간에 다른 댓글이 달려 끊어지면 실패한다. 드라군놀이는 2005년 여름 내내 인터넷에서 유행했다.

파문놀이는 특정한 사건이나 주제에 대해 해당 인물이나 단체 등 이름을 빌어 "~했다. 파문" 식으로 낱말을 이어 붙이는 놀이다. 파문놀이는 2000년 초기부터 네티즌 사이에서 유행했는데 유명인의 언행이나 사회적 쟁점을 비꼬는 일종의 말장난이다.

2006년 "이게 다 노무현 때문이다"는 가장 유행했던 댓글놀이다. 예컨대 한국 축구 국가대표팀이 가나와 평가전에 패한 소식을 전하는 기사에 "이게 다 노무현 때문이다. 태극전사가 맥없이 패하는 동안 노무현은 뭘 했나"라는 식으로 댓글을 단다.

2008년에는 "~면 어때. 경제만 살리면 그만이지"라는 이명박 댓글놀이가 유행했다. 예를 들어 "대운하로 환경 좀 파괴하면 어때. 경제만 살리면 그만이지"라거나, "광우병 걸리면 어때. 경제만 살리면 그만이지" 등과 같이 정치현실을 풍자했다.

2009년 12월 6일에는 소울드레서, 쌍코, 화장발 등 이른바 '여성 삼국연합'은 시국선언 교사에 대한 징계를 거부한 김상곤 경기도교육감에게 응원의 댓글을 엮은 '댓글 북'을 전달하기도 했다. 또한 한나라당이 날치기 처리한 미디어 법에 대해 헌법재판소가 "절차상 위법하나 유효하다"고 결정하자 "커닝해도 대학만 가면 합법이다", "오프사이드지만 골은 인정된다", "사람을 때렸지만 폭행은 아니다" 등의 댓글이 쏟아졌다. 이와 같은 댓글놀이는 그 자체로 오락적 행위이면서 동시에 현실에 대한 풍자이기도 하다.

4. 인터넷 놀이와 의례를 통한 참여

2002년 월드컵 거리응원에서부터 노무현 대통령과 직간접적으로 연결된 노사모나 탄핵반대집회 그리고 2008년 다양한 촛불집회는 놀이가 의례를 통한 참여로 변화되었다는 것을 보여 준다. 광장은 놀이와 의례의 장소였고, 다양한 놀이형식이 개발되었다. 2008년 촛불집회는 인터넷 공간에서 오프라인 장소로 확대되어 사이버 공간을 넘어 현실세계 안으로 들어왔으며 생활정치와 만났다는 데 의미가 있다.

2002년 월드컵은 이와 같은 놀이의 경험을 제공했다. 2002년 월드컵에서 시민들은 공유하는 놀이형식을 개발했다. "대~한민국 짝·짝·짝·짝·짝"은 모두가 하나가 되는 의례형식이었다. Be The Reds가 적힌 빨간색 티셔츠, 감동적인 문구들로 'AGAIN 1966', 'Pride of Asia', '꿈★은 이루어진다', 'CU@K리그' 등은 시민들이 하나로 뭉치는 데 기여했다. 특히 '꿈★은 이루어진다'는 월드컵뿐만 아니라 한국을 상징하는 캐치프레이즈였다.

촛불집회에서도 다양한 의례형식이 만들어졌다. 효순·미선 양 추모 촛불시위가 열리기 전인 11월 27일부터 네티즌들은 리본 만들기를 제안했다. "희생 여중생을 기리기 위해 검은 리본을 달자"며 인터넷 메신저에서 자신의 대화명 앞에 검은 리본(▶◀) 모양의 기호를 달기 시작했다. 그 뒤에 일부 네티즌들이 "검은색은 조의(弔意)를 표하는 서양식이며 우리 전통은 흰색"이라고 주장하며 흰 리본(▷◁) 달기로 바꾸기도 했다. 다시 서양식 리본 대신 삼베 천을 나타내는 ▨로 바꿔달기가 확산되었다(김동환·김헌식, 2005, 88~89쪽).

이와 같은 인터넷상의 리본달기는 2004년 김선일 씨 피살 사건과 2009년 노무현, 김대중 전 대통령 서거 이후의 추모 기간에도 지속적으로 이어졌다.

2008년 촛불집회에서는 "대한민국은 민주공화국이다. 대한민국의 모든 권력은 국민으로부터 나온다"라는 헌법 1조 1항과 2항의 문구가 앞뒷면에 새겨진 티셔츠도 등장했다. 이것은 국민의 다수가 주인인 공화국에서 정치권력이 마음대로 권력을 행사할 수 없다는 것을 의미한다. 주인의 관점은 사라지고 절차만 남아 있는 것이 절차적 민주주의라면, 이 문구는 이에 대한 비판이었다. 세종로에 10개의 컨테이너 박스가 길을 가로막자 시민들은 이를 '명박산성'이라 이름 붙이며 조롱했다. 학생들은 미친 소를 패러디해서 '미친 교육'(학교자율화, 영어몰입교육, 등록금 급등)을 비판했고, 다양한 저항의 방법들이 개발되었다.

1인 미디어도 저항의 방법으로 주목할 만했다. 2008년의 촛불집회는 이전보다 진화된 모습으로 바뀌었다. 아고라 등을 통한 '토론' 및 '정보 축적', 현장에서 문자를 통한 상황 파악, 촛불집회 현장에서 직접 올리는 영상과 사진들, 촛불집회의 과정에서 볼 수 있었던 많은 진화의 징표 속에서 무엇보다도 주목할 만한 것은 정보를 누리꾼 스스로가 제작하고 유통시키는 모습이었다. 연예인 팬 카페 중심으로 제작된 '광우병 UCC'나 인터넷 카페 삼국연합(소울드레서, 쌍코, 화장발)이 보여 준 플래시 몹 모음 등은 진화된 의례의 형식이었다.

촛불집회 참가자 대부분은 휴대폰 카메라나 디지털 카메라를 소유했으며, 이를 이용해 생산한 콘텐츠를 인터넷에 올리고 공유했다. 촛불집회 참가자들은 스스로 '미디어 생산자'가 되었다. 그들은 자신이 앉아있는 곳의 모습이나 무대, 주변의 모습까지를 사진과 영상으로 남겼다. 이렇게 담긴 사진과 영상은 얼마 지나지 않아서 카페를 통해 몇 월 며칠 사진과 영상이라는 이름으로 모아졌다. 이와 같은 사진들은 때로 경찰의 폭력진압을 비판하는 데 활용되기도 했지만, 보다 중요한 것은 '증언으로서의 기록'이었다. 사진과 영상을 넘어 실시간 영상 중계까지 등장했다. 아프리카TV가 실시간 중계함으로써, 시민들은 서울시청 앞 광장을 생생하게 체험했다.

촛불집회는 촛불문화제나 촛불축제로 열리기도 했다. 의례를 통한 저항은 단순히 스타일의 저항을 의미하는 것은 아니었다. 저항의 형식과 내용은 새롭게 만들어졌고 저항의 대상도 분명했다. 이것은 1987년 6월 항쟁의 역사적 집단기억이 월드컵을 통해서 소환되었고, 인터넷의 확대로 확장된 것이었다. 세대와 세대가 만나면서 집단기억을 공유하고, 민주주의에 대한 성찰이 가능하게 되었다. 2000년대 이후 저항은 단순히 정치적 투쟁을 의미하는 것이 아니었다. 대중은 놀이의 형식을 만들어 냈고 이것을 의례화함으로써 이전 세대와는 다른 저항의 양상을 보여 주었다.

5. 온/오프라인의 결합

하위징아(Huizinga)는 "놀이공동체는 놀이가 끝난 뒤에도 지속하려는 경향이 있다. 특수한 상황 속에 함께 있다는 감정, 무엇인가 중요한 것을 공유한다는 감정, 일상세계의 규범을 함께 배격한다는 감정은 개개의 놀이가 계속된 시간을 넘어서까지 그 놀이의 마력을 간직한다. 놀이와 공동체(혹은 단체)의 관계는 머리와 모자의 관계와 같다"(1955/1995, 25쪽)고 말한다.

하위징아의 주장을 받아들인다면, 2002년 월드컵의 응원놀이가 끝난 후에도 무엇인가 지속하려는 경향이 있었다고 볼 수 있다. 월드컵의 광장응원이 중요했던 것은 이 놀이가 자발적인 행위였고, 일상적인 삶을 벗어나서 아주 자연스러운 일시적 활동의 영역으로 들어왔으며, 공동체로서 집단적 응집력이 매우 높았다는 것이다. 월드컵 광장응원이라는 놀이는 놀이만으로 끝난 것이 아니라 문화적 기능이나 의례 등 보다 추상적인 세계로까지 점화되기 쉬운 가연성을 지녔다. 광장응원이라는 거대한 놀이가 끝난 뒤에도 지속하려는 에너지는 2002년 이후 정치, 문화, 사이버 공간 등에서 폭발적으로 퍼져 나갔다. 이 대중적 에너지의 중심에 인터넷이라는 공간이 있었다.

광우병 촛불집회는 진지한 놀이로서의 문화도 만들어 냈다. 촛불집회에서 정치적, 이데올로기적 싸움만 있었다면, 그것은 그렇게 오래 진행되지 못했을 것이다. 대중들은 촛불집회에서 놀이의 공동체문화를 만들어 냈다. 이들의 저항은 투쟁이 아니라 놀이였다.

그동안 우리 역사의 대중운동에서 전개된 집회나 시위는 놀이적 의미를 거의 담지 못했다. 1980년대 시위에서 대동제나 마당극을 열었지만 그것은 대중과 함께한 것이 아니라 대학 내에 머물러 있었을 뿐이었다. 1987년 6월 항쟁의 경우도 대학생과 화이트칼라를 중심으로 독재 타도를 외치며 광화문과 시청거리를 메웠지만 모두들 투쟁에 몰두했지 놀이를 만들어 내지는 못했다. 어쩌면 당시처럼 정치 중심적인 현실에서 놀이의 요소까지 기대하는 것은 과욕일 수 있었다. 이전에 벌어진 대중 집회의 경우 대체로 정치 문제가 주요 쟁점이었고, 집회 이후 정치적 논쟁이 일정 방향으로 수렴되면서 지속성이 사라졌다.

과거에는 세대를 초월하거나 대중적인 참여가 촛불집회처럼 폭넓지 않았으며, 다양한 전술이 나오지 않았고 집회 자체를 즐기지도 못했다. 여기서 우리 시대의 놀이적 저항이 인터넷이 등장했기 때문에 나타났다고 말하는 것은 아니다. 적어도 1987년 6월 항쟁은 한국사회의 정치와 제도의 민주화에 적지 않은 영향을 미쳤고, 이후에도 지속적으로 시민 의식 속에 잠재해 있다고 볼 수 있다. 다만 저항의 형식과 참여자의 인구학적 속성이라는 측면에서 본다면, 2002년 이후 나타나는 놀이와 정치의 관계는 분명한 차이를 보인다.

놀이는 자유로운 행위이면서 일상생활 밖에서 행해지며, 물질적인 이해관계도 별로 없고 이익도 거의 없지만 지속적으로 즐겨지는 것이다. 인터넷이 지금의 문화를 지배하고 있지만, 거꾸로 보면 사람들은 인터넷이라는 도구를 장난감처럼 가지고 노는 것은 아닌가 생각해 볼 수 있다. 우리가 인터넷을 가지고 노는 시간과 공간 또는 인터넷으로 들어가서 노는 시간과 공간을 '사이버 일상성'(*cyber everydayness*) 이라고 부를 수 있다.

  인터넷을 통해서 보내는 시간은 일상성의 한 부분이지만, 이제는 다른 일상성의 한 부분으로 놓기에는 '사이버 일상성'이 차지하는 비중이 너무 크다. 놀이족들은 '사이버 일상성' 속에서 놀이의 형식을 만들고, 새로운 놀이에 참여한다. 인터넷은 놀이공간일 뿐만 아니라 정치, 경제, 문화의 공간이기도 하다. 그러나 인터넷 공간에서 만들어지는 놀이정신은 인터넷 문화 형성과정의 중요한 한 축을 담당한다.

젠더 호명과 경계 짓기　　10 ____

1. 구별짓기로서 젠더 호명

이번 장은 한국 젠더문화 내에서 '호명'(*interpellation*)의 문제를 다룬다. 소통이 타인 혹은 다른 집단과 의미를 공유하는 상호작용의 과정이라면, 상대를 어떻게 부르는가는 소통의 출발점이다. 새로운 호명이 사회 내에서 계속 등장하고, 이것들은 소통을 확대하기도 하지만, 단절을 초래하기도 한다. 특정 집단이나 타자를 부르는 명칭들은 어느 사회에서나 논란이 되는 영역 중의 하나다. 젠더 호명은 가부장제와 관련해서 논란이 되어 왔다.

　인간이라면 누구나 의식과 무의식 속에서 각자의 가치관과 지향점을 가지고 있지만, 그중에서 젠더 정체성은 '구별짓기'(*distinction*)의 가장 대표적인 표상이다. 이것은 생물학적이면서 동시에 사회문화적인 요인을 담고 있기 때문이다. 젠더 정체성은 젠더와 계급, 젠더와 인종, 젠더와 세대 등이 복합적으로 연결되어 형성되며 일상생활 전반에 깊숙이 개입한다.

미디어·문화의 관점에서 젠더문화 연구들은 '표상의 방식들'(*modes of representation*)에 초점을 맞추어 왔다. 텔레비전(뉴스, 드라마, 다큐멘터리 등), 영화, 광고, 잡지 등이 어떻게 여성을 표상하는지, 여성들은 어떻게 구성된 젠더 코드나 젠더 이데올로기 안으로 편입되는지 등을 분석했다. 기존 젠더문화 연구들은 남성적 시선이 어떻게 지배적 헤게모니 구성에 기여하는가를 밝혀내면서 유사한 결론을 내렸다. 의존, 무능력, 희생자 그리고 성적 대상으로서 여성이 표상되고 있다는 것이다.

나는 젠더문화와 관련된 '표상의 방식들'을 다룬 수많은 연구들을 재검토하지는 않을 것이다. 나의 관심사는 젠더 간 경계를 설정하는 소통의 한 방식으로 젠더 호명에 관한 것이다.

알튀세르(Althusser, 1971)는 문화제도가 어떻게 이데올로기와 헤게모니를 구성하는가를 밝혔다. 헤게모니는 문화정체성을 위치 지으면서 형성되는데, 그는 이 과정을 호명이라고 불렀다. 알튀세르는 "이데올로기는 개인을 주체로 호명한다"라는 명제를 통해서 모든 주체는 범주화되고, '상상적으로'(*imaginary*) 불린다는 점을 지적했다. 상상적이란 허구적인 것이 아니라 현실적인 관계를 맺으면서 상징화되는 것이다. 상상적 호명은 경계를 설정하는 것이고, 이 간극이 클수록 소통의 단절은 크게 나타난다.

한국 현대문화에서 젠더 호명은 1920년대 이후부터 여성에 집중되었다. 1920년대 중반 이후 신여성, 모던걸을 중심으로 젠더 담론이 등장했고, 해방공간에서는 양공주, 1950년대 중반 이후 자유부인, 전후파 여성, 아프레 걸, 전쟁미망인, 1960년대 치맛바람, 전업주부, 1970년대 복부인, 새마을 부녀(회), 호스티스, 공순이 등 여성을 호명하는 언어들이 등장했다. 호명하는 주체는 남성이거나 국가인 경우가 많았다. 2000년대 이후 젠더 호명은 인터넷 공간에서 지속적으로 생산되면서 갈등의 문화현상으로 자리 잡고 있다.

그렇다면 2000년대 이후 부상한 젠더 호명은 어떤 특성을 지니고 있는가? 그리고 그것들이 어떻게 젠더 간 소통의 단절을 야기하고 있는가? 나는 네 가지 질문을 탐구할 것이다.

첫째, 1920년대 중후반 이후 현재까지 부상한 젠더 호명이 갖는 사회문화적 의미는 무엇인가?

둘째, 2000년대 초반 이후 여성은 어떻게 호명되었고, 여성 호명은 '담론의 질서' 내에서 어떻게 배열되는가?

셋째, 2000년대 중반 이후 남성은 어떻게 호명되었는가?

마지막으로 당대 한국사회에서 젠더 담론이 갖는 정치적 함의는 무엇인지 논의할 것이다.

2. 한국 젠더문화에서 여성 호명:
'경계인으로 여성을 타자화하기'

한국 현대사의 역사변동은 근대성, 민족주의, (신)식민주의 등과 밀접히 맞물려 있다. 한국사회는 이 거대 개념들이 상호작용하면서 만들어낸 삼각지대 내에서 변화되어 왔다(신기욱·마이클 로빈슨, 2006). 한국사회의 젠더문화 역시 이 경계로부터 자유로운 것은 아니다. 젠더문화는 한국사회의 구조적 변화 속에서 구성될 수밖에 없기 때문이다. 실제로 젠더 호명과 젠더문화는 한국사회의 중요한 역사적 계기들1)을 중심으로 변화되었다.

　1920년대 중반부터 식민지 근대문화가 부상하기 시작하면서 여성을 호명하는 언어로 신여성, 여학생, 모던걸 등이 등장했다.2) 신여성과

---

1) 1920년대 일제 문화정치가 진행되면서 식민지 근대문화가 형성되기 시작한 시점, 해방공간에 미군이 들어오면서 사회제도의 변화가 이루어진 시점, 한국전쟁 이후 급격한 사회변동이 발생한 시점, 1960년대 중반 이후부터 압축성장과 근대화가 진행되었던 과정, 2000년 전후 경제위기, 월드컵, 인터넷이 소통의 중심에 서게 된 시점 등이 그것이다.

2) 신여성은 '신여자', '모던걸', '여학생', '양처' 등을 구성하는 포괄적 범주 속에서 정의되거나(김수진, 2009, 연구 공간 수유+너머 근대매체연구팀, 2005), 1920년대 신여성은 모던걸과 다른 집단이었다는 견해(김경일, 2004)가 제기되기도 한다. 특정 계기가 되는 시점을 중심으로 정의하는가 혹은 식민지 조선이라는 포괄적 시각에서 정의하는가에 따라 관점이 달라지는데, 여기서는 여성 호명의 변화과정을 보고자 하기 때문에 후자의 견해를 취하고자 한다.

모던걸은 일본에서 쓰던 말들이 유입된 것이었다. 일본에서 신여성은 1911년 최초의 여성잡지 〈세이토〉(靑鞜)를 중심으로 연애의 자유와 남녀평등, 성차별 철폐 등을 주장하면서 등장했다. 반면 조선에서는 1920년 전후 일본에서 유학한 엘리트 여성을 중심으로 신여성이라는 용어가 사용되었다(김경일, 2004, 22쪽).[3]

당대를 대표하는 신여성은 나혜석, 윤심덕, 김일엽 등이었다. 신여성은 대체로 부르주아 집안 출신으로 일본유학을 다녀왔거나 여학교를 졸업하고 전통적 사고, 제도나 규범에서 벗어나고자 했던 지식인 여성이었다. 신여성은 1910년대부터 1940년대까지 사용되었던 용어이기는 하지만, 1920년대 신여성은 이중적 의미를 지니고 있었다. '동경의 대상으로서 여성'이거나 '조롱과 비난의 대상으로서 여성'이다. 그러나 대표적인 신여성의 삶이 보여 주었듯이, 신여성은 동경보다는 주로 비난의 대상이었다. 남성의 시각에서 정의된 전통적 규범을 무시하거나 퇴폐적이라는 이유 때문이었다. 동경과 비난의 대상으로서 신여성은 1930년대 중반을 거치며 식민지 근대화의 주체로서 '양처'(良妻)라는 의미로 변모해 갔다. 변화와 개혁의 주체였던 신여성은 규범과 가정 안의 존재로 바뀌었다.

---

3) 그러나 신여성 현상은 식민지 조선과 일본에만 있었던 것은 아니었다. 영국의 빅토리아 후기(1883~1901) 시대에는 경제적 독립을 추구하고 기존 결혼제도에 대해 문제를 제기하는 여성집단이 있었고, 인도의 경우 인도의 정신성을 중산층의 규범과 결합시킴으로써 반(反) 식민 민족주의 운동을 하는 여성집단도 있었다. 중국의 신여성은 민족주의 대의에 헌신하되, 서구식 교육을 추구하는 반(反) 전통주의를 실천하는 여성집단을 의미했다(김수진, 2009, 21~23쪽).

모던걸은 1927년 즈음부터 유행했다. 모던걸은 당시 10대 말에서 20대 초중반에 속한 여학생과 새로운 여성 직업군을 의미했다. 1920년대 중후반부터 유행했던 카페에서 일하는 '카페 걸', 주유소에서 기름을 넣어 주는 '가솔린 걸', 버스 안내양인 '버스 걸', 백화점의 '엘리베이터 걸' 등이 모던걸로 불렸다. 신하경(2009)은 조선과 일본의 모던걸을 비교하면서, 조선에서 모던걸은 신기한 도시풍속이나 외부로부터 수입된 박래품(舶來品)이라는 대상으로 규정되었다고 주장한다. 모던걸은 직업군을 넘어서 '근대적 퇴폐집단'이나 '관음주의의 대상'으로 정의되었다. 여성에 대한 관찰은 편견과 혹평으로 가득했는데 남성의 편향된 관심이나 가치가 개입되는 경우가 대부분이었다.

우리 조선에는 석시(昔時)로부터 오늘에 이르기까지 여성에 관한 관찰은 여러 종류의 편견과 혹평으로 충만한바 되었다. 이것은 여성된 자가 여성을 위하여 순(脣)을 동(動)하고 변(辨)을 비(費)하는 자가 없고 오직 관찰하는 자 남성뿐임으로써니라(일운생, 1921; 김경일, 2004, 31쪽 재인용).

식민지 사회에서 여성은 전통과 근대, 낡은 것과 새로운 것, 민족적인 것과 외래의 것이라는 대립을 둘러싼 논쟁의 중심이 되었다. 당시 사회는 근대, 새로운 것, 이상적 타자를 지향하면서도, 여성은 전통주의, 민족주의, 가부장제의 관점에서 바라보았다.
'양갈보'라는 호명이 등장한 것은 1946~1947년 사이였다. 미군이 들어오면서 그들을 접대하는 매춘부는 양갈보로 불렸다. 한국전쟁 이후

양갈보는 '양공주'라는 용어로 바뀌었고, 미군과 정식 결혼한 여자는 유
엔사모(UN師母)로 불렸다(조풍연, 1959). 1950년대 중반부터는 자유
부인, 아프레 걸(*apres-girl*), 전후파 여성, 전쟁미망인 같은 단어가 등
장했다. 전후 한국사회에서 국가권력과 남성권력은 자유부인, 전후파
여성, 양공주 등에 대한 패권적 담론을 재생산했다. 이것은 여성을 주
변화하거나 타자화하는 과정으로 이어졌다.

전후 한국사회에서 젠더관계는 가부장-국가의 위기의식을 그대로 반
영했다. 남성권력은 국가권력과 동일시되었다. 한국 남성은 미국 남성
(미군)과 내적인 헤게모니 싸움을 벌였고, 다른 한편으로 전통과 가족
의 복원이라는 담론을 재생산했다. 한국전쟁 이후 무너진 남성권력은
양갈보, 양공주 등을 경멸함으로써 윤리적 우위를 점하고자 했다. 전
쟁 이후 드러난 열등한 남성성, 종속된 남성성〔당시 한국사회에서 경제
원조와 군사지배를 담당하던 미국/미군이 우세했다는 점에서〕은 여성에 대
한 타자화된 호명을 통해서 헤게모니를 쟁취하고자 했다. 동시에 '성에
대한 규제'와 '어머니로서의 여성'을 강조하면서 여성을 가정 안에 위치
시켰다.

남성권력이 일부 여성을 타자화시킴으로써 내세운 헤게모니적 정당
성을 '모성 민족주의'(이정희, 2005)로 부를 수 있다. 왜냐하면 모성의
회복을 통해서 국가/민족/가정을 유지하고자 했기 때문이다. 가부장-
국가의 위기 속에서 변하지 말아야 할 주재소는 여성으로 담론화되었
고, 남성권력은 이를 정당화시키고자 했다. 1955년 5월 8일로 어머니
날이 제정된 것이나 신사임당을 이상적 어머니로 복원한 것 등도 헤게
모니를 유지하기 위한 것이었다.

1960년대 중반 이후 근대화가 본격적으로 시작하면서 복원된 어머니는 '전업주부'로 불렸고, 다른 방향으로 변형되기도 했다. 1960년대 중반 중학교와 고등학교 입시 문제를 둘러싸고 벌어진 '무즙 파동'과 '창칼 파동'[4]은 어머니를 '치맛바람'으로 호명하게 만들었다. 자식의 입시에 목숨을 거는 경쟁의식으로 대표되는 치맛바람은 '왜곡된 어머니'라는 이미지로 고착되었다.

남편들의 경제 활동에 불만을 느낀 주부들 간에 계(契)라는 사적 적금이 대유행이었다. 이로써 여성들은 자신의 힘으로 돈을 만지고 경제권을 갖게 되었는데, 당시에는 이를 치맛바람이라고 불렀다. 치맛바람은 학교까지 번져 교육계를 혼탁하게 할 만큼 사회문화를 야기했다(오현찬, 2000; 강준만, 2004c, 278쪽 재인용).

1960년대 중반 경제개발이 본격화되면서 사회 모든 분야에서 경쟁이 치열해졌고, 학교 입시 역시 예외는 아니었다. 어머니는 치맛바람이 되었고 교육을 혼탁하게 만드는 원인으로 지목되었다.

1970년대에 들어와서 여성은 '공순이', '호스티스', '복부인', '새마을

---

4) '무즙 파동'과 '창칼 파동'은 1964년과 1967년 중학 입시 문제와 관련되어 발생했다. 무즙 파동은 "엿기름 대신 넣어서 엿을 만들 수 있는 것은 무엇인가?"라는 시험 문제의 답안이 빚어 낸 사건이었고, 창칼 파동은 "목판화를 새길 때 창칼을 바르게 쓰고 있는 그림은 어느 것인가?"에서 정답이 두 개라는 것이 당사자들의 주장이었다. 이 사건들은 입시제도와 관련되어 있지만, 목숨 거는 경쟁의식은 치맛바람으로까지 비화되었다(강준만, 2004c).

부녀' 등으로 불렸다. 공순이는 여성 노동자를 지칭했지만 부정적 의미가 강했고, 호스티스는 당시 일본 관광객이나 상류층의 성적 노리개로 이해되었으며, 복부인은 부동산 투기에 빠진 중산층 주부를 의미했다. 남성 노동자가 '산업역군'으로 불렸던 것에 비교하면, 공순이는 여성 비하적인 용어였다. 여성 노동자가 근대화 과정에서 절대적인 가부장적 논리로 호명된 것이다.

> 공순이와 호스티스는 동일한 하층계급 여성이지만, 각각 노동자 남성/
> 상류층 남성의 대상물로 연민과 비난이라는 상반된 모습으로 나타났다
> (김옥란, 2004, 63쪽).

복부인은 1970년대 경제개발과정에서 투기세력으로 불리고, 부동산 시장을 '투기의 장'으로 왜곡시키는 주범으로 비난받았다. 근대화와 가부장의 논리 속에서 복부인은 사회 윤리를 위반하거나 경제 질서를 무너뜨리므로 배제되어야 할 대상이었다. 반면 '새마을 부녀'는 새마을 운동과 함께 등장한 '사회 속의 주부'(윤상길, 2001)였다. 국가는 여성들이 적극적이고 진취적으로 바깥 활동을 하는 것을 허용했지만, 그것의 범위를 가족과 마을, 국가를 위한 목적과 관련된 '특정 활동'으로 제한하였다. 여성들의 공동체사업 참여는 가정 내에서 행하던 전통적인 여성의 역할을 사회적으로 확대한 것이지만, 이것이 여성(특히 주부) '개인'으로서의 사회적 참여를 의미하는 것은 아니었다. 여성들의 바깥 활동은 개인으로서의 여성이 아닌 가족구성원으로서의 여성 활동이었고, 국가구성원으로서의 정체성도 이러한 '사회 속의 주부'라는 정체성으로

제한되었다(윤석민, 2011, 131쪽).

1980년대 이후 여성을 지칭하는 담론이 특별히 부상하지는 않았지만, 복부인, 호스티스, 치맛바람 같은 호명은 그대로 이어졌다. 대신에 여성의 섹슈얼리티를 표현하고 소비하는 경향이 대중문화 영역에서 두드러지게 나타났다. 여성의 호명은 가부장제를 바탕으로 민족주의 담론에서 근대화담론으로 이어졌고, 이에 따라 여성은 주변화되거나 타자화되었다. 이것은 '패권적 남성성'(*hegemonic masculinity*)(Connell, 1987)의 구성과정이다. 남성성과 여성성이 대립적 관계 속에서 설정되었고, 변화하는 역사적 맥락 속에서 젠더 헤게모니를 획득하기 위해서 전통, 민족주의, 윤리, 규범, 근대화 등이 활용되었다.

2000년대 중반에 들어와서는 '아이를 많이 낳는 어머니'가 국가담론으로 제시되었다. 저출산, 고령화가 사회문제가 되면서 여성들은 더 많은 아이를 낳을 것을 강요받았다. 국가는 1960년대 이후 가족계획을 수립하면서 인구증가의 문제를 끊임없이 제기했다. 1970년대 "딸 아들 구별 말고 둘만 낳아 잘 기르자", 1980년대 "잘 키운 딸 하나, 열 아들 부럽지 않다", "하나씩만 낳아도 삼천리는 초만원"이라는 표어들을 통해서 인구증가의 책임을 어머니에게 전가시켰다. 그러나 지금은 반대로 "사랑으로 낳은 아이, 함께 키우는 우리 행복", "한 자녀보다는 둘, 둘보다는 셋이 더 행복합니다"라는 표어 등을 통해서 다출산을 고무하고 있다. 출산의 문제는 결혼, 여성 취업률 증가, 보육, 교육 등과 복합적으로 관련된 것이지만, 귀결점을 어머니로 설정하고 있는 것이다.

과거에는 국가가 일부 여성을 타자화함으로써 '모성 민족주의'를 내세웠다면, 지금은 생물학적 모성의 회복을 시도하고 있다. 과거 타락한 사회 윤리로부터 국가를 구원해야 하는 주체가 어머니였다면, 고령화, 저출산으로부터 국가장래의 위기를 구해야 하는 주체도 어머니인 셈이다.

3. 관점과 방법

나의 관심은 경계를 설정하는 '호명'이라는 언어관계다. 언어는 존재하는 현상에 이름을 부여한다. 젠더가 남성/여성 그 자체를 말하는 것이 아니라, 남성과 여성에게 부여된 사회문화적 의미라면, 젠더문제는 언어와 분리되어 논의될 수 없다.

젠더를 규정하는 언어 문제는 그동안 수없이 논의되었다. 여성을 폄훼하거나 여성의 존재를 대상화하는 언어가 사용되었고, 그렇게 함으로써 언어는 남성과 남성의 경험을 기준으로 제시되었다. 남성과 여성을 모두 포함한다고 하는 남성 통칭어(*male generic language*)는 남성만을 지칭한다. 영어에서 보면, businessman(사업가), chairman(의장), mankind(인류) 등 남성 통칭어가 여성을 배제하는 경우는 수없이 많다. 이와 같은 언어는 영어에만 국한되는 것이 아니다. 우리말에도 정치인하면 대체로 남성을 지칭하고, 여성이 정치를 하는 경우 여성 정치인이라 불리거나 여성 사업가 등으로 불린다.

줄리아 우드(Wood, 2000)는 젠더에 따른 언어 커뮤니케이션에 주목하면서, 남성 통칭어는 여성을 배제하고, 언어는 남녀를 다르게 규정하며[5] 또한 남성권력 중심으로 존재하는 현상에 이름을 부여한다는

---

5) 대칭언어(*parallel language*)도 동등한 젠더관계를 보여 주지 못한다. 예로써, 마스터(Master)와 미스트리스(Mistress), 위저드(Wizard)와 위치(Witch) 등을 보면 쉽게 알 수 있다. 마스터는 주인, 석사학위자를 의미하지만, 미스트리스는 여주인이나 내연의 처를, 위저드는 마법사, 천재, 명인 등을 지칭하지만 위치는

366

점6) 을 지적했다.

우리는 물건, 사람, 감정, 경험, 여타의 현상에 이름을 붙이거나 규정하기 위해 상징을 사용한다. 커뮤니케이션은 상징적 행위이기 때문이다. 상징적으로 생각하는 커뮤니케이션 능력은 새로운 가능성을 계획하고 우리 자신과 세상과의 관계를 변화시키기도 한다. 우리가 부르는 이름(혹은 호명)은 사물 자체의 복잡성을 모두 묘사할 수 없고 세상을 모두 설명할 수 없으므로 우리는 특정 현상만을 분류하거나 이름을 붙인다. 특히 사회적 관점에서 중요하다고 배운 사물이나 현상의 양상에 대해서만 이름을 짓는다. 타자나 사물의 이름 짓기를 이데올로기적 관점에서 보면 호명이고, 이것은 헤게모니를 구성하는 주요 기제 중의 하나로 작동한다.

이렇게 타자를 부르는 행위는 두 가지 시각에서 접근될 수 있다. 하나는 호명되는 집단을 사회경제적 범주나 집합적 범주로 설정해서 접근

여성 마법사, 마귀할멈, 흉한 노파 등을 의미한다. 이와 같은 대칭언어의 차이 또한 영어에만 국한되는 것이 아니라 우리말에도 마찬가지로 적용된다. 우리말에서는 대칭언어 자체가 부재하는 경우가 적지 않다. 마귀할멈이나 마녀사냥 등은 사용되지만 대칭언어로 마귀할배나 마남사냥은 없다. 마녀사냥은 총칭어로 남성에도 적용되지만, 부정적 의미의 단어는 대개 여성에 고정되어 있다.

6) 예를 들어, 우드는 성적 괴롭힘(*sexual harassment*)나 데이트 강간(*date rape*)라는 영어는 오랫동안 이름 붙여지지(*naming*) 않았다고 지적한다. 이름이 붙여지지 않았기 때문에 성적 괴롭힘은 보이지도 드러나지도 않았고, 그것을 인정하거나 생각하거나 징계하는 것을 어렵게 만들었다는 것이다. 데이트 강간도 마찬가지다. 데이트 상대에게 강간을 당한 여성들은 자신에게 일어난 상황을 명명하여 사회적으로 인정하게 할 방법이 없었다는 것이다.

하는 것이고, 다른 하나는 호명되는 집단이 실재한다고 하더라도 실재
와 상징 사이의 구성관계를 통해서 바라보는 것이다. 이는 호명되는 집
단을 담론구성 과정에서 권력관계가 반영되어 만들어진 기호로 보고 접
근하는 것이다. 전자는 실재론의 관점이고 후자는 구성주의 시각이다.
실재론은 호명된 여성을 동질적인 성격을 띤 사회집단 혹은 주체로 가
정한다. 그러나 호명된 여성집단은 존재하는 집단이기는 하지만 대부
분 계층적이거나 인구사회학적 범주로 설정하기가 어렵다. 예컨대 '전
쟁미망인'은 분명하게 범주화할 수 있지만, 다른 여성 호명은 동질적인
실제 집단을 설정하기가 쉽지 않다. 따라서 나는 호명되는 집단이 언어
를 통해서 상상적 관계를 맺고 있다고 보는 구성주의 시각에 서 있다.

누가 어떻게 대상을 표현하며, 대상이 어떻게 표현되는가 하는 문제
와 관련해서 홀(Hall, 1997)은 3가지 관점 — 반영적, 의도적, 구성주의
적 — 을 제시한다. 표상의 방식은 단순히 사회적, 물질적 관계를 그대
로 반영하는 것이 아니라, 사회적으로 구성된 언어와 상징체계를 통해
서 구성하고(constitutive), 동시에 구성되는(constituted) 것이다. 홀은
문화와 구조의 관계를 설명하는 구성적 관점을 강조하는데, 이것은 언
어의 문제에 초점을 맞출 때 특히 적절하다. 호명되는 여성집단은 실제
존재하는 집단이기는 하지만 실재와 상상적 관계를 맺기 때문이다.

젠더 호명은 누군가에 의해(대체로 남성) 권력관계를 바탕으로 구성
된다는 점에서 담론체계다. 젠더 호명이 담론체계라면, 젠더가 불리거
나 정의되는 말의 질서를 담론구성체 내에서 파악할 필요가 있다. 여기
서는 담론유형과 담론의 질서라는 두 가지 수준에서 젠더 호명을 논의
할 것이다. 7) 담론유형은 특정한 시각에서 정의된 젠더 호명을 말한다.

담론의 질서는 담론유형들 사이의 상호관계를 의미하는 것으로 담론유형의 배열이다. 젠더 담론 유형은 어휘적 레퍼토리(*lexical repertories*)로 핵심 어휘와 특징적인 어휘, 젠더정의와 정의의 근거 및 논리(어떻게 젠더가 호명되는가와 그 근거 그리고 자신의 관점을 공식화하는 방법으로 수용과 배제의 논리), 이데올로기적 전제 등을 의미한다.[8]

---

7) 이 글의 분석대상은 2002년 이후 한국사회에서 나타난 젠더 호명이다. 연구대상이 된 남성과 여성 호명 언어를 선택한 객관적인 기준을 설정하기는 어렵다. 네이버 검색 서비스에서는 2006년부터 자료를 찾아볼 수 있는데, 그 전후에도 수많은 젠더 호명이 등장했다. 따라서 나는 자의적 판단으로 사회적으로 유행했던 젠더 호명을 선택했다.

8) 엄밀하게 담론을 분석하기 위해서는 담론이 담긴 텍스트가 어떻게 구성되었고, 왜 그런 방식으로 표현되며 어떻게 변화했는가 등과 관련해서 상호텍스트성(다른 담론들과 관계), 언어분석(표현방식으로 어휘, 의미론, 문장구조), 담론주체의 구분과 주장, 담론이 담긴 이미지분석(문자언어와 영상 이미지의 관계), 거시적 관점에서 담론이 사회문화적 과정 속에서 어떻게 위치되는가 그리고 그것이 어떤 사회적 효과를 만들어 내는가 등을 복합적으로 분석해야 한다. 그러나 이 글에서는 간략하게 담론유형과 담론의 질서라는 두 관점에서 접근하고자 한다.

4. 여성 호명과 담론의 질서

2002년은 한국사회에서 새로운 정치, 사회, 문화적 계기가 마련된 시점이다. 월드컵 열풍, 노무현 등장, 촛불집회, 초고속 인터넷 가입자 2천만 명 돌파 등은 새로운 사회문화를 만들었다. 참여세대가 부상했고, 인터넷은 소통의 중심으로 자리 잡았다. 젠더 담론들도 대중매체와 인터넷에서 지속적으로 생산되면서 문화현상으로 확장되었다.

2002년 이후 젠더문화는 이전 한국사회에서 젠더문화를 지배했던 근대화, 민족주의, (신)식민주의 등과 같은 거대담론으로부터 벗어났다. 개인들은 능동적인 커뮤니케이션 행위의 주체로서 확고히 자리 잡았으며, 이러한 소통행위와 개인중심적 가치관을 기반으로 사회적 제도의 범주를 횡단하는 사회적 관계, '연결된 개인주의'(networked individualism) (윤석민, 2011)로서의 가능성이 확장되었다.

젠더 담론은 섹슈얼리티의 문제와 밀접히 관련된다. 과거에 나타났던 '성 담론의 공적 침묵, 사적 범람'의 틀이 무너지고 있다. 이것은 자본주의의 시장 메커니즘이 문화규범이나 윤리의 통제기능보다 우세해지고 한국사회에서 섹슈얼리티 표현이 그만큼 자유로워진 것과 인터넷 매체가 갖는 개방, 공유, 참여 등의 성격이 맞물려 나타난 현상일 수 있다. 2002년대 이후 젠더 담론은 섹슈얼리티, 세대, 미디어, 자본 등과 복합적으로 얽혀 있다.

2002년 이후 나타난 대표적인 여성 호명으로 월드컵녀(2002), 몸짱아줌마(2003), 누드(2004), 개똥녀(2005), 된장녀, 강사녀, 엘프녀

(2006), 군삼녀(2007), 신상녀, 알파맘(2008), 루저녀(2009), 명품녀, 패륜녀, 지하철 반말녀(2010) 등이 있는데 남성 호명과 비교할 수 없을 정도로 그 수가 많다(〈표 10-1〉 참고).

〈표 10-1〉 대표적인 여성 호명(2002~2010)

시기	호명	대상	정의	과정
2002	월드컵녀	20대 여성	월드컵 기간에 등장한 매혹적인 응원 여성	대중관심- 연예계 데뷔
2003	몸짱 아줌마	30대 후반 주부	헬스를 통해 매력적인 몸을 유지하는 주부	대중관심- 몸 관리산업경영
2004	누드	여자 연예인	모바일, 인터넷 누드집을 발간한 연예인	대중관심- 기존언론의 처벌 (이승연 위안부누드)
2005	개똥녀	20대 여대생	지하철에서 애완견 배설물을 치우지 않은 여성	고발-신상공개- 사이버처벌
2006	된장녀/ 강사녀/ 엘프녀	20대 여성/ 20대 학원강사/ 20대 여성	부모나 애인에 의존해 명품을 소비하는 여성/ 포르노에 출연한 학원 영어강사/ 월드컵 기간에 등장한 매혹적인 응원 여성	고발-신상공개- 사이버처벌 (강사녀)
2007	군삼녀	20대 여성	남자의 군복무를 3년으로 해야 한다고 발언한 여성	고발-신상공개- 사이버처벌
2008	신상녀 알파맘	20대 연예인 30대 주부	신상품을 좋아하는 여성/ 아이의 재능을 발굴하고 정보력으로 학습을 시키는 능력 있는 엄마	
2009	루저녀	20대 여대생	키 180센티미터 이하의 남자는 루저라고 발언한 여대생	고발-신상공개- 사이버처벌
2010	명품녀/ 패륜녀/ 지하철 반말녀	20대 여성/ 20대 여대생/ 20대 여대생	4억 명품으로 치장한 여성/ 대학에서 청소부 아줌마에게 무례하게 행동한 여성/ 지하철에서 노인에게 반말한 여성	고발-신상공개- 사이버처벌

2002년 한일월드컵 당시 화제가 된 월드컵녀는 매력적인 외모와 몸매, 열렬한 응원으로 대중의 관심을 받았다. 월드컵녀는 2002년 이후 월드컵이 열릴 때마다 등장하고 있다. 2006년 독일월드컵에는 엘프녀와 똥습녀가 등장했다. 엘프녀는 긴 갈색 머리에 청순하고 신비로운 외모가 요정 같다는 뜻으로 붙여졌고, 똥습녀는 노출이 심한 복장을 한 여성에게 붙여진 호칭이었다. 2010년 남아공월드컵 기간에는 상암동 응원녀, 삼성동 월드컵녀, 발자국녀, 여신응원녀 등 수많은 '월드컵 응원녀'들이 등장했다.

몸짱 아줌마는 2003년 〈딴지일보〉에 자신의 헬스 경험을 올리면서 주목을 받았다. 당시 30대 후반이었던 몸짱 아줌마는 기성세대로 하여금 자신의 몸을 돌아보게 했으며, 기성세대에게 하나의 상징이 되었다. 몸짱 아줌마의 몸은 '여성적'이기보다는 '중성적'이었는데, 이후 중성적인 몸이 아름다운 몸으로 규정되었다. 몸짱 아줌마의 인기는 웰빙열풍과 맞물려서 기성세대가 자신의 몸을 새롭게 자각하는 계기를 만들었다.

2004년에는 누드열풍이 불었다. 누드열풍은 2002년 성현아의 누드 사진이 인터넷 사이트를 통해 서비스되면서 시작되었다. 성현아와 권민중 누드 화보가 상업적으로 성공을 거두면서 수많은 여자 연예인들이 누드집을 발간했다. 누드의 경우, '○○녀'라는 명칭이 붙지는 않았지만, 인터넷과 모바일을 통해서 확대되었다. 누드열풍은 성의 상업화라는 상업주의와 인터넷, 모바일이 함께 만들어 낸 현상인 동시에 성에 대한 장벽이 점차 낮아지면서 수면 아래 있던 성 의식이 한꺼번에 노출되는 과정에서 나타났다.

사회심리적인 측면에서 보면, 시선애착증이 우리 사회에 확대되고 있음을 보여 준다. 자신의 몸, 상대방의 몸을 자신의 '시야 안에 두기를 좋아하는 것'이다. 시선애착증이 성적 쾌락과 관련된 것만이 아니라 보려는 욕망과 보이려는 욕망, 시선을 주는 욕망과 시선을 받는 욕망이라는 의미를 함께 지닌다면, 대중이 누드열풍에 빠지는 욕망은 세 가지인 셈이다. 첫째는 다른 사람의 감추어진 몸을 봄으로써 얻는 성적 쾌락이고, 둘째는 성적 쾌락보다 완화된 의미로 다른 사람의 아름다운 몸을 보려는 욕망이며, 셋째는 대중 스스로 타인에게 보이는 것을 즐기는 욕망이다. 9)

개똥녀 사건은 2005년 6월 5일 지하철 2호선에서 발생했다. 지하철에서 애완견의 배설물을 치우지 않고 내린 20대 여성의 사진이 인터넷 게시판에 올랐다. 목격자는 그녀 대신 배설물을 치우는 할아버지의 모습을 찍은 사진도 함께 올렸다. 기사가 포털 네이버에 올라온 지 다섯 시간 만에 1만 3천여 개의 댓글이 달렸으며, 하루 사이 현실공간의 한 여성은 인터넷 공간에서 '개똥녀'로 정의되었다. 다음날 〈오마이뉴스〉 사회면은 "지하철 애완견 똥 안 치운 '개똥녀'"란 제목의 기사를 실었고, 오프라인 매체에서도 보도되었다. 한 달 후 〈워싱턴 포스트〉(2005년 7월 7일자)도 "Dog Poop Girl" 기사를 내보냈고 세계적으로 확대되었다(김규찬, 2006).

2005년 '개똥녀 사건'은 이후 특정 여성을 '○○녀'로 호명하는 결정적

---

9) 이와 같은 시선애착증이 갖는 여성에 대한 욕망은 2011년 이후 하의실종이라는 담론에서도 그대로 나타난다. 하의실종담론은 걸그룹의 복장에서 시작되었는데, 2011년부터는 대중적으로 유행하는 패션이 되었다.

인 계기가 되었고, 인터넷 상에서 발생하는 마녀사냥의 전형으로 자리 잡았다. 2006년에는 '된장녀'와 '강사녀'가 등장했다. '된장녀'는 비싼 명품을 즐기는 여성 중에 자신의 능력이 아니라 부모나 애인에게 의존하여 소비활동을 하는 여성을 부르는 말이었다. 이 의미는 점차 확대되어 남성들이 생각하기에 부정적인 여성상을 총칭하는 대명사로 바뀌었다.

된장녀 논쟁을 촉발시킨 사람은 대학생 임모(당시 20세) 씨다. 아마추어 만화가인 임 씨는 디시인사이드(dcinside.com)에 "된장녀와 사귈 때 해야 하는 9가지"라는 단편만화를 올렸고, 그 반응은 폭발적이었다. 게재를 시작한 지 2주일도 되지 않아서 조회 수가 8만 건을 돌파했다. 웃긴대학(humoruniv.com), 텔레비전존(tv.media.daum.net) 등의 사이트에서 된장녀 시리즈가 확대되었다. 된장녀가 확대되면서 만화, 플래시 등 패러디물이 만들어졌고, 허영심 많은 여성에 대한 비난으로 이어졌다. 개인 미니홈피에 사진을 올리던 여성들은 만화에 게재된 행동과 똑같다는 비난을 받게 되고, 여성 일반이 된장녀로 인식되기에 이르렀다.

'강사녀'는 종로 모 학원 강사가 캐나다 유학시절에 돈을 벌기 위해 포르노에 출연했다는 것이 학생의 고발로 밝혀져 불구속되면서 알려졌다. 누리꾼들은 이 사건에서 그녀의 얼굴을 알기 위해 신상정보를 파헤쳤고, 인터넷에 그녀의 영상과 신상정보가 순식간에 떠다녔다.

2007년 텔레비전 아침 방송 인터뷰 설문조사에서 한 여성이 "남자의 군복무 기간으로 2년은 짧으므로 3년으로 해야 한다"고 발언하자 네티즌들은 그녀를 '군삼녀'로 불렀다. 방송이 나간 후 남성 누리꾼들은 그녀의 미니홈피, 신상을 파헤쳐 공개했다.

2008년에는 '신상녀'가 유행어로 등장했다. 신상녀는 새로 나온 상품을 빨리 구매하는 여성으로, 가수 서인영이 〈우리 결혼했어요〉라는 프로그램에서 '신상(신상품)'이라는 말을 자주하면서 등장했다. 신상녀는 폭력의 대상이 되지는 않았지만, 소비주의에 빠진 여성을 대표하는 용어가 되었다.

2009년 11월에는 〈미녀들의 수다〉에 출연한 여대생이 "키는 경쟁력이다. 키 작은 남자는 '루저'라고 생각한다. 내 키가 170센티미터다 보니, 남자 키는 최소 180cm가 돼야 한다"는 발언을 했다. 이 여대생의 말 한마디가 일으킨 풍파는 거셌다. 발언한 여학생의 신상정보가 인터넷에 공개됐다. 출신 중고교는 물론 대학생활의 시시콜콜한 단편들 모두가 단죄의 대상이 되었다.

2010년에도 패륜녀, 명품녀, 지하철 반말녀 등이 등장했다. 5월 한 대학교에서 청소부 아줌마에게 욕설을 한 여대생은 패륜녀로 불렸다. 9월 케이블 방송에 출연해서 현재 자신이 입고 있는 의상과 액세서리만 4억 원에 이르며, 부모님이 주는 용돈으로 명품들을 구입했다고 주장한 20대 여성은 명품녀로 불렸다. 12월에는 지하철에서 노인에게 막말을 한 20대 여성이 지하철 반말녀가 되었다.

이 밖에도 2010년 특징적인 것은 기업의 홍보 마케팅 전략으로 등장한 홍대 바나나녀, 압구정 사과녀, 홍대 계란녀 등이었다. 'ㅇㅇ녀' 마케팅은 상업적 의도를 숨긴 채 화젯거리 동영상과 사진을 유포해서 우선 네티즌의 관심을 확보하고, 이후에 기업 홍보 활동이었다는 사실을 밝힘으로써 다시 관심을 끌었다. 일종의 '바이럴 마케팅'(*viral marketing*) 활동이었다.

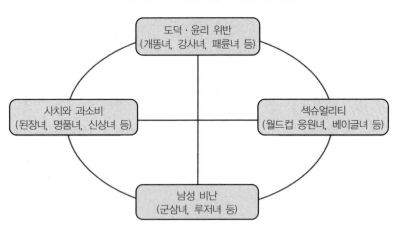

〈그림 10-1〉 여성 호명과 담론의 질서

여성 호명과 관련된 담론유형은 대체로 4가지로 분류된다(〈그림10-1〉 참고). 첫째, 관음주의나 성적 매력과 관련된 호명이다. 2002년 월드컵 이후 월드컵이 열릴 때마다 월드컵 응원녀라는 이름으로 등장한 월드컵녀, 엘프녀, 똥습녀, 발자국녀, 여신응원녀, 삼성동 월드컵녀 등이다. 이와 같이 여성의 성적 매력과 관련해서 등장하는 호명으로 꿀벅지, 베이글녀[베이비(*baby*)와 글래머(*glamour*)의 합성어] 등이 있다. 누드의 경우도 직접 호명은 아니지만 관음적 시선으로 여성을 바라본다.

둘째, 사회규범과 윤리를 위반하는 경우로 개똥녀, 강사녀, 패륜녀, 지하철 반말녀 등이 있다. 이들의 행동이 적절한 것은 아니었지만, 비판의 수위가 지나치게 높아서 개인이 감당하기 어려울 정도였다. 강사녀를 제외한 이들은 20대 초반 여대생이었다. 도덕 위반과 관련해서 상대로 등장하는 사람은 노인이거나 보다 나이가 많은 사람들이었다.

셋째, 남성이 갖는 정서를 위반하는 경우다. 군삼녀와 루저녀가 대표적이다. 군삼녀가 남자 군복무기간을 3년으로 해야 한다고 말했을 때는 군복무기간 단축과 관련된 공론이 만들어지던 시점이었다. 직접적으로 남성 자체를 비판하는 것은 아니지만, 20대 남성에게 가장 민감한 사안인 군복무 연장과 키를 문제 삼은 것은 비난의 대상이 되었다.

넷째, 여성의 소비행태에 대한 비판도 나타났다. 된장녀, 신상녀, 명품녀 등이 여기에 해당된다. 이들은 자신의 능력과 별도로 사치와 과소비에 빠진 여성들로 비난받았다.

2005년 개똥녀 사건 이후 계속적으로 나타나는 여성 호명을 보면, 대체로 발언이나 행위의 대상자는 20대 여성이다. 이들은 비슷한 과정을 거쳤다. 우선 사건의 당사자가 공공질서나 규범을 위반하거나 남자에 대해서 부정적인 발언을 한다. 그것은 곧바로 인터넷으로 확산된다. 다음으로 오프라인 매체가 그 내용을 받아서 확대·재생산한다. 인터넷에는 사건 당사자의 신상명세가 사소한 것까지 폭로된다. 누리꾼들은 사건 당사자에게 사이버 처벌과 폭력을 행사한다. 동시에 다양한 종류의 패러디가 제작되어 유포된다. 마녀사냥이 이루어지는 것이다. 마녀사냥이 확대되면, 사이버 테러가 지나치다는 비판이 일어나고 사이버 윤리 문제가 제기되면서 마무리된다. 이와 같은 과정이 반복적으로 일어났다. 20대 여성에 대한 마녀사냥은 여성 호명의 가장 특징적인 현상이다.

5. 섹슈얼리티로서 남성 호명

2000년 전후로 꽃미남이라는 단어가 등장했는데, 꽃미남은 남성을 바라봄의 대상으로 삼는 '여성의 욕망'이면서 화장품, 패션 등과 같은 자본의 메커니즘이 만든 '자본의 욕망'을 보여 준다. 꽃미남은 그동안 바라보여지는 대상이었던 여성이 바라보는 주체로 변화되고 있다는 것을 함축한다. 남성용 화장품, 액세서리, 패션 시장의 확장은 남성성을 섹슈얼리티로 정의했다.

마크 심슨(Mark Simpson)이 메트로섹슈얼이라는 용어를 처음 사용한 이후 남성 라이프스타일을 다루는 잡지들이 빠르게 이 용어를 받아들였다. 2003년 영국과 미국의 미디어들은 외모에 관심이 많은 남자를 메트로섹슈얼이라고 명명하고, 남성용품 시장의 확대를 집중보도했다. 2004년 소비 트렌드로서 메트로섹슈얼은 세계적인 현상이 되었다.

2004년 '조인성 마스크'로 불린 태평양 미래파 마스크 팩 광고가 파장을 일으켰다. 조인성뿐만 아니라 강동원, 안정환 등도 남성 화장품 광고와 패션 광고에 등장하면서 메트로섹슈얼은 한국 소비시장에서 하나의 키워드로 부상했다. 이들의 공통점은 '예쁘장하고 귀여운 얼굴'이다. 축구선수 안정환은 '꽃을 든 남자' 화장품 광고에 등장했는데, 거칠고 외모에 신경을 쓰지 않은 것 같은 기존 운동선수와 달리 멋진 외모와 헤어스타일을 선보였다. 텔레비전 드라마 〈불새〉(2004)에 등장했던 에릭 역시 메트로섹슈얼 이미지를 보여 주었다. 케이블 프로그램인 〈싱글즈 인 서울 2-메트로섹슈얼〉(2004~2005)은 메트로섹슈얼을 본격적인 주제로 다루기도 했다.

메트로섹슈얼 남성들에게 공통으로 나타나는 특징은 우선 자신의 외모를 가꾸는 데 시간과 돈을 아낌없이 투자한다는 것이다. 그들은 외모 가꾸는 일을 자연스럽게 생각하기 때문에 자기 안의 여성성을 숨기지 않는다. 메트로섹슈얼은 자신만의 화장품, 액세서리 등으로 치장하고 패션과 트렌드를 읽거나 따라간다. 메트로섹슈얼은 화장품과 패션 등 소비를 만들어 내기 위한 시장의 전략이지만, 동시에 남성성과 여성성의 경계가 허물어지는 젠더관계를 보여 준다.

메트로섹슈얼이 소비시장에서 부상하자 좀더 세분화된 섹슈얼리티 용어들이 생겨났다. 꽃미남인 메트로섹슈얼보다 남성적인 모습이 강조된 위버섹슈얼도 나타났다. 위버섹슈얼은 '초월한' 혹은 '위에'의 뜻을 가진 독일어 위버($über$)와 섹슈얼리티의 합성어다. 위버섹슈얼은 최고의 남성을 뜻하는데 자신감, 열정, 지도력 같은 남성의 긍정적인 측면을 지니면서도 여성 경멸, 감정적 공허감, 문화적 소양 부족 등과 같이 남성에게 흔한 약점을 극복한 사람들이다. 영화 〈굿 나잇 앤 굿 럭〉 (*Good Night and Good Luck*)의 조지 클루니(George Clooney)와 〈글래디에이터〉(*Gladiator*)의 러셀 크로(Russell Crowe)가 대표적이다.

2005년 위버섹슈얼의 대표로 부상한 연예인은 〈프라하의 연인〉(2005)의 김주혁, 〈이 죽일 놈의 사랑〉(2005)의 정지훈 등이다. 가수 김종국이나 다니엘 헤니 등도 위버섹슈얼에 속한다.

2007년 이후 남성의 섹슈얼리티를 지칭하는 용어들이 계속 등장했다. 완전히 소중한 남자를 뜻하는 '완소남', 잘생기고 훈훈하게 정이 가는 남자인 '훈남', 걸어 다니는 조각을 뜻하는 '걸조' 등이 등장했다

<표 10-2> 2000년 중반 이후 남성 호명 방식

	호명	대상	정의
2004 이전	꽃미남 메트로섹슈얼	10대 후반~20대 남성 조인성, 강동원	예쁘게 생긴 남자
2005	위버섹슈얼	김주혁, 박신양	
2006			
2007	완소남		완전히 소중한 남자
2008	훈남/ 걸조	잘생기고 훈훈해서 정이 가는 남자	잘생기고 훈훈해서 정이 가는 남자/ 걸어 다니는 조각
2009	짐승남(짐승돌)/ 나쁜 남자	20대 남성, 2PM 등	육체적 매력이 있는 남자/ 겉으로는 차갑지만 따뜻한 남자
2010	차도남/ 까도남	현빈 등	차갑고 도도한 남자/ 까칠하고 도도한 남자

　　남성 아이돌 그룹이 인기를 끌면서 '짐승돌'이라는 용어도 유행했다. 짐승돌은 짐승의 이미지와 아이돌의 이미지가 합쳐진 것으로 근육질의 몸매와 소년 같은 외모를 의미한다. 남성 아이돌 그룹은 무대 위에서는 남성미 넘치는 강렬한 퍼포먼스를 보여 주고, 예능 프로그램에서는 여리면서도 사랑스러운 면을 보여 주었다. 이런 조건에 부합되어 인기를 끈 그룹이 2008년 데뷔한 2PM이다. 짐승돌은 2AM(2008), 비스트(2009), 엠블랙(2009)으로 이어졌다.

　　짐승돌은 남성 섹슈얼리티의 변화과정에서 등장했다. 이는 메트로섹슈얼, 위버섹슈얼, 초식남 등에서 보이는 이미지와 연속성을 지닌다. 짐승돌이 보여 주는 코드는 '짐승 같은' 야성과 근육질의 몸이면서 동시에 '소년 같은' 귀엽고 애교스러운 모습이다. 짐승돌은 누나들에게는 욕망의 대상이고 엄마들에게는 '우래기들'(우리 애기들)로 불리는 모성애의 대상이다.

짐승돌인 2PM의 육체와 섹슈얼리티를 적극적으로 향유하는 팬들은 스스로 '때팬'이라고 지칭한다. 이는 '때 묻은 팬'의 약어로 순수한 열광이 아니라 스타의 육체와 섹슈얼리티를 직접적이고 노골적으로 향유하고 즐기는 모습을 의미한다(정민우·이나영, 2009, 216쪽).

2010년에는 '까도남', '차도남' 등의 용어가 유행했다. 까칠한 도시남자, 차가운 도시남자를 뜻하는 이 남성 호명은 드라마 〈시크릿 가든〉(2010~2011)에서 현빈이 보여 준, 차가운 듯하면서도 세련된 이미지가 인기를 끌면서 나타났다.

여성 호명과 다르게 남성 호명은 섹슈얼리티에 집중되는 경향이 있다. 남성 호명 담론의 질서는 섹슈얼리티를 바탕으로 하는 남성성의 확장으로 나타났다. 남성 호명은 남성을 바라봄의 대상으로 삼는 여성의 관점과 자본에 의해서 규정된다. 하지만 여성을 성적 관음의 대상으로 설정하는 여성 호명과 달리, 남성 섹슈얼리티의 폭과 범위는 이전의 남성성과 다르게 확대되고 있다.

6. 한국사회 젠더 호명의 정치학: 진단과 함의

한국사회에서 젠더 호명은 패권적 남성성의 구성과정 속에서 진행되었다. 역사적 계기 때마다 여성은 남성과 비교되어 타자화되거나('산업역군' 대 '공순이', '호스티스' 등), 여성 내 경계 짓기('자유부인' 대 '이상적 어머니', '복부인' 대 '새마을 부녀' 등)를 통해 비난의 대상으로 위치 지었다.

권력이 기혼여성과 미혼여성을 호명하는 방식은 달랐다. 국가는 기혼여성의 호명에 개입해서 기혼여성에 대한 내적 관계(일탈한 기혼여성과 그렇지 않은 기혼여성)를 설정했다. 반면, 미혼여성의 경우 국가의 개입보다는 남성과의 관계 속에서 관음적 시선 안에 위치되거나 절대적인 가부장의 논리로 호명되었다.

이와 같은 경향은 2000년대 이후에도 부분적으로 이어지고 있다. 다만 차이가 있다면 집단으로서 여성을 호명하기보다 특정 여성 개인을 집단화하는 방식으로 변화되었다는 것이다.

현재 젠더 호명과 관련해서 가장 문제되는 부분은 20대 여성이 마녀사냥의 대상이 되고 있다는 것이다. 이들은 여대생인 경우가 대부분이다. 그렇다면 왜 20대 여대생이 비난의 대상으로 떠오르는 것일까? 아마도 20대 여성이 갖는 취약성(청소년처럼 사회적 보호를 받지도 못하고, 어머니처럼 확고한 지위를 갖지 못하다는 점에서)과 선망(우리 사회 내에서 부상하는 집단이라는 점에서)이 이들을 마녀사냥의 표적으로 만드는 요인일 수 있다.

20대 여대생에 대한 마녀사냥의 행위자가 누구인지는 익명성이 보장되는 인터넷 환경에서 명확히 파악하기 어렵다. 그러나 20대 남성이 그 중심에 서 있을 것으로 추측할 수 있다. 20대 남성이 가장 민감하게 반응했던 된장녀, 군삼녀, 루저녀의 사례에서 보이는 과정들이 개똥녀, 패륜녀, 지하철 반말녀 사례와 유사하기 때문이다.

이것은 아마도 우리 사회 전 분야에서 20대 여성이 급속히 두각을 나타내는 현상과 밀접히 관련되는 것으로 보인다. 취업 분야에서 20대 여성의 경쟁력이 갈수록 높아지고 있는데, 이것은 20대 경제활동참가율과 고용률에서도 그대로 나타난다.

지난 10년 사이 20대 경제활동참가율과 고용률을 보면, 남성의 하락과 여성의 상승이 두드러진다. 2000년 72.4%였던 남성의 경제활동참가율은 2010년 64%로 8% 이상 감소했다. 고용률도 마찬가지로 66%에서 58.2%로 떨어졌다. 반면, 20대 여성의 경제활동참가율은 58.4%에서 62.4%로 4% 정도 증가했으며, 고용률도 3.4% 높아졌다(통계청, 성/연령별 경제활동인구 2000~2010 참고). 30대로 넘어가면 남성 경제활동참가율은 증가하고, 여성 경제활동참가율은 결혼과 육아 등으로 떨어지는 경향이 있다. 그러나 20대는 가장 치열하게 취업경쟁을 하는 시기라는 점이 중요하다.

20대 여성이 마녀사냥의 대상이 되는 이유가 고용 문제때문만이라고 말하기는 어렵지만 중요한 요인일 가능성이 높다. 따라서 우리 시대 젠더문제는 동일한 세대 내 문제와 밀접히 관련되어 있다. 젠더소통에서 공격성과 (사이버) 폭력성은 세대 내에서 발생한다. 즉, 20~30대 남성이 주축이 되어 20대 여성에 대한 사이버 폭력과 공격이 이루어진다.

1990년대 중후반 아줌마가 공격의 대상이 된 적이 있었다. YWCA에서 인터넷 게임중독과 문제점을 지적하자 10대들이 주요 공격대상으로 아줌마를 지목하면서 아줌마는 '엄마'나 '누나'가 아닌 제3의 성이 되었다. 20대 여성조차 자신의 엄마이기도 한 아줌마를 경계하기도 했다. 그러나 점차적으로 아줌마는 공격의 대상이 아니라 능동적이고 활동적인 집단으로 표상이 바뀌었고, IMF 경제위기 이후에 가장의 위치가 흔들리면서 가정과 사회에서 그 지위가 높아졌다.

그렇다고 해서 아줌마에 대한 호명이 반드시 긍정적인 것만은 아니다. 최근에 등장한 알파맘, 줌마렐라(아줌마와 신데렐라의 합성어), 맘프러너[엄마(mom)와 기업인(entrepreneur)의 합성어로 엄마 사장님], 아티즌[아줌마와 네티즌(netizen)] 등 기혼여성의 경제적 능력에 대한 신조어들은 능력 있는 남성들을 가리키는 표현보다 유난히 종류가 많다.

킨들런(Kindlon, 2006)은 미국 여학생을 분석하면서 이들을 이전 세대와 다른 '완전히 새로운 사회계층'으로 파악하고 '알파걸'로 명명했다. 알파걸이란 명칭은 한국에도 유입되어 인터넷과 미디어를 시작으로 광범위하게 쓰이기 시작했다. 경제적 능력이 있으면서 자녀교육에 열성인 기혼여성은 '알파맘'이나 '알파우먼'으로 불린다. 2008년 10월 19일 〈SBS 스페셜〉에서 알파맘에 대한 내용이 방영되어 화제를 불러일으키기도 했다.

이와 같은 기혼여성(아줌마)에 대한 호명은 '온정주의 성차별'을 의미하기도 한다. 여성의 경제 활동을 특별한 것으로 위치시키고, 능력 있는 기혼여성과 그렇지 못한 기혼여성을 분리시키기 때문이다. 말하자면 이것은 여성 내부의 갈등을 불러일으킬 수 있다.

인터넷에서 'OO녀'라는 말은 'OO남'이라는 말보다 먼저 등장한다. '개똥녀'가 나오면 '쩍벌남'이 나오고, '강사녀'가 나온 후 '김본좌'가 등장했으며, '된장녀'가 생기면 '된장남' 혹은 '고추장남'이 따라 생긴다. 그러나 남성을 지칭하는 'OO남'은 'OO녀'처럼 확대되거나 비판의 대상으로 증폭되지 않는다. '쩍벌남'의 경우, 지하철에서 다리를 있는 대로 활짝 벌려 앉아 바로 옆 자리에 있는 사람에게 피해를 주었지만, 신상이 세세히 인터넷에 공개되지는 않았다. 공개된다고 하더라도 마녀사냥으로까지 확대되는 경우는 거의 없다. 10)

2만여 편의 음란 동영상을 유포한 김모 씨가 음란물 유포로 입건되었지만, 그는 누리꾼들 사이에서 '음란남'이 아니라 '김본좌'로 불렸다. '본좌'가 대가를 뜻하는 인터넷 은어라는 것을 고려하면, '김본좌'는 비판의 대상이라기보다는 영웅에 가까웠다.

2005년에는 대기업에 근무하는 김모 씨가 사귀던 여자 친구와 헤어지자, 그 여자 친구가 자살한 사건이 발생했다. 한때 김 씨 이름은 포털 사이트 검색어 1위에 올랐고, 이름, 사진 등이 공개되었다. 그러나 김모 씨는 'OO남'으로 일반화되지 않았다. 인터넷에서 불리는 젠더 호명

---

10) 2011년 6월 지하철 막말남이 등장하기도 했다. 발단은 다리 꼬기였다. 한 할아버지가 다리를 꼰 채 지하철 의자에 앉아 있는 20대 남성에게 불편하다고 말하자 이 남성이 할아버지에게 욕설을 퍼붓는 동영상이 공개되면서 확대되었다. 2011년 6월 27일에서 7월 3일 네이트 검색어 1위는 지하철 막말남이었다. 그러나 지하철 막말남 사건은 패륜녀나 지하철 반말녀 사건과 다른 방향으로 진행되었다. 거짓 신상정보가 인터넷에서 떠돌았고, 해당 대학에서는 그런 학생이 다니지 않는다고 경찰에 허위정보를 올린 사람을 추적해 달라고 고발했다.

에는 패권적 남성성이 그대로 반영된다.

남성 호명은 메트로섹슈얼, 꽃미남, 걸조, 차도남 등과 같이 혼종된 성차를 보여 줌으로써 남성성과 여성성의 경계를 흐리는 것으로 보일 수 있다. 그러나 다른 한편으로 보면, 이것은 '변형된 남성성의 확장' (Demetriou, 2001)으로 볼 수도 있다. 여성 호명의 경우 여성성의 확장이라기보다 여성성을 특정 경계(도덕적 타락, 관음의 대상) 안으로 위치 짓는 방식으로 불리는 것과는 대비된다.

결론적으로 한국 젠더문화에서 남성과 여성의 호명은 1920년대부터 현재까지 유사한 방식으로 진행되었다고 할 수 있다. 1920년대 신여성이나 모던걸 호명에서 보이듯 일부 여성을 타락하거나 퇴폐적인 집단, 사회 윤리를 벗어난 집단, 소비에 빠져 있는 집단으로 규정하는 방식이 여전히 유지되고 있기 때문이다.

한때는 국가가 모성 민족주의를 끌어들이기도 했고, 근대화의 주체로서 가정 내 여성을 위치시키기도 했다. 2000년대 들어와서 국가가 젠더문제에 개입하는 경우는 거의 나타나지 않았지만, 여성에 대한 타자화와 경계 짓기는 지속적으로 이어졌다.

2000년대 들어와서 한국사회에서 젠더소통의 문제는 20대를 중심으로 하는 세대 내 문제와 맞물려 증폭되고 있다. 세대 내 젠더갈등은 공론으로 직접적으로 표출되는 것이 아니라, 특정 여성 개인의 행위를 집단화함으로써 위장된 모습으로 나타나고, 이와 같이 타자화된 집단화는 젠더 간 소통의 공간을 대립적 상황으로 이끌고 있다.

좌절한 시대의 **II**
정서적 허기 _____

1. 정서적 허기

2011년 한국사회에서는 다양한 문화적 욕구가 폭발했다. 대중의 문화
적 욕구는 문화 그 자체에만 국한된 것이 아니라 한국사회의 경제적·
정치적 모순 속에서 표출되었다. 그것들은 다양한 문화형식으로 나타
났다. 2009∼2011년 사이 한국문화를 뒤돌아볼 때, 다음과 같은 현상
들을 주목할 수 있다.

〈나는 가수다〉, 〈나는 꼼수다〉, 《아프니까 청춘이다》, 《정의란 무
엇인가》, 〈써니〉, 〈도가니〉, '청춘 콘서트', '세시봉', '안철수 열풍',
'SNS 열풍', '2040세대', '삼포세대', '괴담론', 'K-POP 열기', '강남좌
파', '희망버스', '코미디의 부활', '잡년행진' 등이 그것이다.

이것들은 2011년 우리 문화현상에서 주목받을 만한 텍스트, 담론 그

리고 의례들이다. 〈나는 가수다〉, 〈나는 꼼수다〉, 《아프니까 청춘이다》, 〈써니〉 등은 텍스트로 대중의 인기를 끈 것들이었다면, '2040세대', '삼포세대', '괴담론', '강남좌파' 등은 담론이었다. 한편, '희망버스', '청춘 콘서트', '잡년행진' 등은 새로운 의례였다. 이 외에도 의미 있는 문화현상들이 더 있을 것이다.

나의 주관적 견해를 반영하기는 하지만, 여기서 열거된 현상들이 우리 사회 문화의 단층을 보여 준다고 해도 무리는 아니다. 이 문화 텍스트와 담론들은 2011년에 부상한 것들이지만, 갑자기 등장한 것이 아니라 적어도 2008년 전후 한국사회의 다양한 정치·경제·문화적 변동 속에서 형성된 것이다. 특정 역사적 계기가 만들어 낸 변동이 곧바로 문화형식으로 나타나기보다 어느 정도 유예기간을 거치면서 위와 같은 양상으로 부상하고 인기를 끈 것이다.

위에서 언급한 문화현상들에는 일정한 '문화의 패턴'(*pattern of culture*)이 존재한다. 이는 새로운 세대의식과 관련되어 있거나, 사회정의에 대한 갈망을 드러내거나 비웃고 풍자하고자 하는 특성들이다.

그렇다면 이 문화의 패턴 아래에 깔려 있는 정서는 무엇인가? 다양한 층위의 문화현상의 기저에는 대중이 동시대를 살면서 느끼는 경험이나 정서들이 있는데, 나는 이것을 '정서적 허기'(*sentimental hunger*) [1] 라고

---

[1] '정서적 허기'는 《2010 트렌드 웨이브》(2009)에서 제시된 용어의 차용이다. 이 책에서는 우리 문화의 특징을 다양한 용어(디지털 네이티브, 뷰티플 루저, 집단 지성, 착한 저항, 코드 드린, 쎙얼의 시대, 일상적 안심 등)로 구분했다. 그중의 하나가 '정서적 허기'였다. 《2010 트렌드 웨이브》에서 말하는 '정서적 허기'는 감정(*emotion*)의 상태(말하자면 흥겹고, 편안하고, 슬프고, 열정적이며 괴

부르고자 한다.

정서적 허기는 대중이 당대를 체험하면서 느끼는 경제적·정치적·문화적 구성과정으로부터 나온다. 경제적 시각에서 보면, 실업, 비정규직화, 경제양극화, 주거 문제 등으로부터 비롯되고, 정치적으로는 이명박 정부가 들어서고 경제중심주의 정책이 갖는 진정성의 부재(4대강, 복지 문제, BBK 사건, 남북 간 갈등 심화 등), 노무현 전 대통령의 죽음과 경찰과 검찰이 보여 준 부조리한 행태 등으로부터 초래되었으며, 문화적으로는 온라인 소통에 대한 규제와 주류 언론이 친정부적 보도태도를 취하면서 대중의 정보욕구를 충족시키지 못하는 상황에서 증폭되었다.

나는 레이먼드 윌리엄즈가 제시한 '정서의 구조' 개념을 재개념화하면서 2010년도 전후 한국사회의 당대문화 현상을 파악하고자 한다. '정서의 구조' 개념은 문화연구 내에서 활발히 사용되고 있지만, 여전히 모호한 측면이 있다. 그것은 '정서의 구조'가 텍스트를 통해서 표출된 경험인지 아니면 상호주관적인 경험을 의미하는지, 담론인지, 세대의식인지도 불분명하기 때문이다.

로운)에서 궁핍하다는 트렌드의 한 부분으로 서술된다. 그러나 내가 여기서 말하는 '정서적 허기'는 단지 감정의 상태나 다양한 트렌드 중의 하나가 아니라, 우리 사회 내에서 정치, 경제, 문화적 경험이 용해되어 심층적으로 깔려 있는 상호주관적 경험이다.

2. 정서의 구조: 재논의

윌리엄즈는 문화분석을 위한 개념틀로 '정서의 구조'를 제시했다. '정서의 구조'는 문화현상에서 중요하지만 잘 파악되지 않는 정서 혹은 감정의 문제를 다룬다는 점에서 흥미로운 시사점이 있지만, 모호한 측면도 지니고 있다.

윌리엄즈는 '정서의 구조'라는 용어를 *The Long Revolution* (1961) 에서 처음 논의했다가 *Literature and Marxism* (1977) 에서 좀더 깊이 있게 언급했다. 그렇다면 왜 윌리엄즈가 *The Long Revolution*에서 이 개념을 제안했을까? 두 가지 측면에서 추측할 수 있다.

하나는 그의 전작인 *Culture and Society 1780~1950* (1958) 에서 문학작품이나 사상서에 대한 역사문화 비평이 지닌 약점을 보완하기 위한 것으로, 다른 하나는 문화분석을 위해서 베네딕트(Benedict) 의 '문화의 패턴'이나 프롬(Fromm) 의 '사회적 성격'이라는 기존 개념의 한계를 극복하기 위한 것으로 추론할 수 있다.

윌리엄즈가 *Culture and Society 1780~1950*에서 밝히고자 했던 것은 주요한 작가, 시인, 사상가들의 작품을 산업, 민주주의, 계급, 예술, 문화 등 중요한 낱말의 등장과 관련지으면서 문화라는 복합물을 설명하고 분석하며 그 역사적 형성을 해명하는 것이었다. 그는 기록으로서 문화(소설, 시, 사상서 등) 에 초점을 맞추어서 주요한 낱말들이 어떻게 사회적 관계 속에서 부상했는지 살피고, 오늘날까지 동시대의 것으로 보이는 공통적 언어구조를 분석했다. 예를 들어, 블레이크나 워즈

워드 등이 1750년대 이후 산업주의에 반발하면서 '우월적 리얼리티의 예술'로서 낭만주의를 주창하는 과정이나, 교양으로서 문화개념이 밴덤이나 콜리지를 통해서 어떻게 확장되는지 등을 논의했다.

윌리엄즈는 핵심으로 논의하지는 않지만 특정 시기에 나타나는 정서적 반응에 대해서도 자주 언급한다. 윌리엄즈는 특정 시기에 나타나는 가치체계로서 시대정신을 논의하면서 그 기저에 깔려 있는 당대의 정서적 반응에 관심을 기울인 것처럼 보인다.

이것은 The Long Revolution에서 구체화되고 있다. 윌리엄즈는 2장 '문화분석'에서 '정서의 구조'를 논의하기 전에, 출발점으로 문화를 3가지 수준 ─ 이상적(ideal), 기록적(documentary), 사회적(social) ─ 에서 정의한다.

이상으로서 문화는 삶과 작품(혹은 문화) 속에서 보편적인 인간 조건에 대한 가치를 발견하는 것이고, 기록으로서 문화는 세밀한 방식으로 인간의 생각과 경험을 기록하는 지적인 영역을 의미하며, 사회적 관계로서 문화는 예술이나 학문뿐만 아니라 제도나 일상적 행위에서 어떤 의미나 가치가 특정한 삶의 방식으로 표현되는가와 관련된다. 그의 관심은 어느 한 수준에 초점을 맞추는 것이 아니라 3가지 문화수준이 갖는 관계였다(Williams, 1961, 41~43쪽).

이와 같은 관계를 밝히는 과정에서 '문화의 패턴'이나 '사회적 성격' 같은 개념은 당대 특징적인 문화형식(예를 들면, 좁은 의미로 유행하는 패션이나 장르 그리고 넓은 의미로 당대문화적 성격)을 파악하는 데는 유용하지만, 드러난 문화의 패턴 아래에 깔린 경험과 정서까지 밝혀 주는 것은 아니다. 윌리엄즈는 "아마도 우리는 또 다른 공통요소, 그러니까 사회적 성격도 문화의 패턴도 아닌, 말하자면 이것들이 체험된 실제적 경험에 대한 정서까지도 파악해야 한다"(같은 책, 47쪽)고 주장한다.

내가 그것[2]을 기술하기 위해서 제안하는 용어가 '정서의 구조'다. 정서의 구조는 '구조'라는 용어가 제시하는 것처럼 견고하고 분명하다. 그러나 그것은 인간 활동 중에서 가장 섬세하고 파악하기 힘든 부분에서 작동한다. 어떤 의미에서 정서의 구조는 특정 시대의 문화다. 그것은 전반적인 사회조직 내 모든 요소들이 특수하게 살아 있는 결과이다. … 그 정서의 구조를 — 사회적 성격도 마찬가지지만 — 공동체의 개인 대다수가 가지고 있다는 의미는 아니다. 그러나 모든 실제 공동체에서 그것은 매우 심층적이고 광범위하게 소유되고 있는데, 그것은 커뮤니케이션이 의존하는 기반이 바로 정서의 구조이기 때문이다(윌리엄즈, 1961, 48쪽).

당대문화의 패턴이 다양한 사회적 관계에 대한 정형화된 결과물이라면, '정서의 구조'는 그런 결과물 아래에 깔려 있는 심층적이고 공통적인 경험이나 정서를 의미한다. 특정한 시대에 대중들은 그 나름대로 이전 시대에 물려받은 독특한 세계를 연속적으로 받아들이기도 하고 때로는 대응하기도 하지만, 그들의 삶 전체를 특정한 방식으로 다르게 느끼며 창조적 반응을 하게 된다. 이와 같이 새롭게 부상하는 경험과 반응이 새로운 '정서의 구조'를 형성한다고 볼 수 있다.

---

2) 사소하지도 주변적이지도 않은 삶에 대한 특별한 정서들을 말한다.

윌리엄즈는 *Literature and Marxism* (1977) 에서 '정서의 구조'를 면밀하게 논의한다. 그는 정서의 구조를 직접적인 사회관계가 반영되는 제도나 정형적인 것과 구별되는 것으로, 상호주관적인 경험이나 정서가 사회적 맥락 안에서 용해된 것으로 파악한다.

우리가 일상생활 속에서 느끼는 일련의 정서와 경험들 중에는 사고와 다른 정서, 객관적인 것과 구별되는 주관적인 것, 일반적인 것과 대비되는 즉각적인 것, 사회적 (제도적이고 정형화되었다는 점에서) 인 것과 구별되는 개인적인 것 등이 있다. 이 경험들은 주관적이고 정서적이며, 무엇보다 사회적인 것과 구별되지만 완전히 개인적인 것으로 간주될 수 없다. 또한 그것들은 계급이나 경제관계 혹은 제도화된 것으로 단순히 환원시킬 수도 없다.

구체적인 질적 변화 (사회적이지만 개인적인 일련의 공유된 경험이나 정서들) 들은 변화된 제도나 구성과정 그리고 신념에 대한 부수적인 현상이 아니며, 단순히 계급 혹은 사회적, 경제적 관계에 대한 이차적인 증거로 가정되지도 않는다. 그것들은 두 가지 측면에서 사회적 성격을 띠는데, 제도적이고 정형적인 것이라는 환원적인 의미에서 사회적인 것과는 구별된다. 첫째는 그것들은 '현존재의 변화들' (*changes of presence*) 이다 (그것들은 경험되고 있기 때문에 명백히 존재한다. 그러나 경험되고 난 이후에도 남아서 실제적인 특성을 형성한다). 둘째, 공유된 개인적 경험이 사회적으로 부상하거나 부상했다 하더라도 그것들이 확정적으로 분류되거나 구체화되기 이전에, 이미 개인들의 경험과 행위에 명백한 압력을 행사한다 (윌리엄즈, 1977, 131~132쪽).

우리는 시대를 살아가면서 현재적이라고 하는 특성들, 즉 몸에 와 닿는 것들을 경험한다. 이전에 고정적인 것이나 정형화된 것들을 넘어서 '지금', '여기', '살아서', '활동하는', '주관적인', '이것들'이 여전히 존재한다. 바로 우리가 경험하는 '현존재의 변화들(혹은 특성들)'이 정서의 구조라고 말할 수 있다.

윌리엄즈는 이론적 수준에서 '정서의 구조'를 논의했기 때문에 포괄적으로 정의했다. 윌리엄즈의 '정서의 구조'는 두 가지 수준(좁은 의미와 넓은 의미)으로 구분될 수 있다.

첫째, '정서의 구조'는 예술이나 문학작품에서 나타나는 특별한 정서이다. 그는 '정서의 구조' 개념이 예술과 문학을 다루는 데 특별히 유용하다고 말하는데, 왜냐하면 예술이나 문학에서 표현되는 내용은 당대적이고 정서적인 성질을 띠기 때문이라는 것이다. 이러한 정서의 구조는 스타일로 표출된다.

그는 *Culture and Society 1780~1950*(1977)에서 (정서의 구조라는 개념을 사용하지는 않았지만) 가치체계로서 부상하는 시대정신과 관련해서 정서를 언급한다. 1840년대 중산계급의 사회적 성격이 변화되었는데, 대중소설에서 변화된 대중의 정서가 충실히 재생산되었다고 말한다. 이 정서들은 성공과 돈과 관련해서 실제적 경험과 상호작용을 했다는 것이다. 그러나 특정 작가나 사상가의 작품으로 매개되는 가치체계를 당대 정서의 구조로 파악하는 것은 무리가 있다. 그것들이 정서의 일부를 보여 줄 수는 있지만, 당대 공통 경험인 정서의 구조는 아니기 때문이다.

둘째, 정서의 구조는 특정 기간 내에 부상하고 공유되지만 단지 경제 관계로 해명되지 않는 경험을 의미한다. 예를 들어, 1660년과 1690년 사이 영국에는 두 개의 정서의 구조(패배당한 청교도들과 복고한 조정 사이)가 있었다. 그는 이들 중 어느 하나도 이데올로기나 정형적인 계급 관계로 환원되지 않는다고 말한다. 새로운 정서의 구조가 부상하는 것은 하나의 계급이 형성되는 시점인 1700년부터 1760년 사이에 잘 드러났다는 것이다. 부상하는 정서의 구조는 한 계급 내부의 모순이나 분열 또는 변화가 나타날 때, 영국의 경우에는 1780년부터 1830년 사이, 또는 1890년부터 1930년 사이에 잘 나타났다고 지적한다.

그러나 윌리엄즈는 어떤 '정서의 구조'였는가에 대해서는 언급하지 않았다. 추론할 수 있는 것은 '정서의 구조'는 특정 기간에 부상하는 문화와 밀접히 관계된다는 것이다. '특정 기간'은 경제관계의 변화 또는 정치관계의 변화를 의미한다. 윌리엄즈는 정서의 구조를 부상하는 단기적 경험이나 정서(긴장관계, 불안, 변화, 혼란 등의 복합적인 형태)로 규정한 것 같고, 이데올로기는 중장기적으로 형성된 것으로 정의하는 것 같다. 왜냐하면 그가 "정서란 말을 선택한 것은 '세계관'이나 '이데올로기'와 같은 보다 정형적인 개념들과 이 개념을 뚜렷이 구분 짓기 위해서"(1977, 132쪽)라고 기술했기 때문이다.

문화연구자들은 윌리엄즈의 정서의 구조 개념을 대중문화현상에 적용하기도 했다. 대표적인 학자가 앵(Ang, 1985)이다. 앵은 정서의 구조 개념을 수용해서 〈댈러스〉 수용자가 지시적 의미의 수준에서는 이야기를 비현실적이라고 판단하지만, 함축적 의미의 수준에서는 현실적인 것으로 받아들이는 심리적 경험을 '정서적 리얼리즘'으로 규정했다. 그녀는 수용자가 갖는 정서적 리얼리즘은 '비극적 정서의 구조'에 기인한다고 밝히고 있다. 왜냐하면 수용자는 드라마를 통해서 삶은 영원히 행복하지 않으며, 기쁨과 슬픔이 계속적으로 반복되는 것이라고 비극적으로 인식하기 때문이다.

앵은 텍스트의 구조와 수용자의 정서적 참여 사이를 흥미롭게 밝혔지만, 윌리엄즈의 개념을 잘못 응용했다. 윌리엄즈에게 정서의 구조는 특정 텍스트를 통해 경험하는 정서를 의미하는 것이 아니라 특정 시기에 공유되는 경험을 강조하는 개념이기 때문이다. 앵이 말하는 '비극적 정서의 구조'는 멜로드라마의 보편적인 수용자가 겪은 정서적 경험이어서 특정 시기의 경험이라고 볼 수 없다.

나는 윌리엄즈의 '정서의 구조'라는 개념으로부터 3가지 특성에 주목하고자 한다. ① 정서의 구조는 유행하는 문화의 패턴 기저에 깔려 있으며 체험된 공통의 경험이나 정서들이다. ② 정서의 구조는 '특정 시기'의 부상적 문화(*emergent culture*)와 밀접히 관련된 상호주관적 경험이다. ③ 세대는 새로운 '정서의 구조'를 형성하는 중요한 요인인데, 이들은 이전 세대에게 물려받은 가치에 대응하면서 그들만의 창조적 경험을 만들어 낸다.

따라서 정서의 구조는 이후 세대로 잘 전이되지 않으며, 전이된다고 하더라도 변환(*transformation*)되어 나타난다. 정서의 구조는 아직 특정 세계관으로 고정되기 이전에 나타나는 가변적 것(긴장관계, 혼란, 불안, 희망 등)들의 복합체이다.

최근 한국사회에서 새로운 정서의 구조가 부상하게 된 배경으로 2008년 전후 정치경제적 변화들에 주목할 수 있다. 예를 들어, 광우병 촛불집회, 이명박 정부의 출범 이후 확대된 시장중심주의, 노무현 대통령의 죽음 등을 들 수 있다. 또한, 세계적인 금융경제 위기, 경제 양극화, 세대의 변화, 커뮤니케이션 채널로서 디지털 테크놀로지(스마트폰)와 SNS의 확장, 청년실업 등 보다 다양한 요인이 서로 복합적으로 연결되어 지금의 문화현상을 구성하고 있다.

노무현의 죽음은 한 전직 대통령의 죽음으로 그치는 것이 아니라, 그가 추구했던 탈권위, 탈지역화, 경제 및 정치개혁에 대한 향수를 불러일으키면서 대중의 내면에 자리 잡았다. 노무현 전 대통령의 서거 당일부터 영결식 전날까지 500만 명이 분향했으며(노무현 전 대통령 장의위원회 추산), 영결식 당일에만 50만 명이 서울광장에 모여 추모했는데, 이들이 가진 정서는 울분이었다.

다양하게 나타난 문화현상 가운데 일부는 한국적인 특수성을 갖기도 하지만, 또 다른 일부는 전 지구적 보편성을 담고 있기도 했다.[3] 말하자면, 정치·경제적 변화와 더불어 세대의 변화〔청년실업과 베이비붐세대(1955~1963년생)의 은퇴 등〕, 새로운 테크놀로지의 등장 등이 서로 밀접하게 맞물리면서 현존재의 경험을 구성하고 있다.

---

3) 전 지구적 보편성으로 청년세대 문제와 SNS의 영향력을 꼽을 수 있다. 미국에서 촉발한 월스트리트 점령의 전 세계적 확산이나, 튀니지, 이집트, 스페인, 그리스에 이르는 북아프리카와 유럽의 청년저항운동에서 볼 수 있듯이, 청년세대의 좌절은 전 세계적 현상이다. 이것들은 신자유주의 모순에 대한 비판이며 저항이기도 하다. 특히 SNS는 저항과 공감의 채널로 확산되고 있다.

나는 지금, 여기, 살아서, 활동하는 이 현존재의 경험이 보여 주는 특정성을 '정서적 허기'로 파악한다.[4] 삶의 불안정성은 대중으로 하여금 정서적 허기를 느끼게 하고, 대중은 이를 무엇인가로 채우고자 한다. 지금 우리 시대가 경험하는 심층적인 정서적 구조로서 정서의 허기는 표층적으로는 어느 정도 가변적 정형성을 지닌 문화형식들로 나타난다. 지금 우리 사회에서 정서적 허기는 위로, 향수, 분노, 비웃음, 정의감, 공감 등의 형태로 표출되고 있다.

---

4) 정서적 허기는 2002년 이후 형성된 '참여적 즐거움', '변화를 위한 열망' 같은 정서의 구조와는 분명히 차이가 난다. 2002년의 경우에도 새로운 정서의 구조가 부상했다. 월드컵 열풍, 효순·미선 양 추모촛불집회, 노무현과 자발적인 정치인 팬클럽 노사모의 등장 등은 새로운 정서의 구조를 구성하는 계기가 되었다.

3. 위로

2010년 전후 우리 문화에서 지배적으로 깔려 있는 정서 중 하나는 위로다.5) 위로는 개인이 사회와의 관계에서 발생하는 긴장을 사회적인 방식이 아니라 개인적인 방식으로 해소하는 것으로 표출된다. 위로는 3가지 방식 — 함께 눈물을 흘려주거나, 스스로 위로받거나, 향수를 통해서 위안을 얻는 것 — 으로 나타난다.

첫 번째 방식의 위로는 〈나는 가수다〉에서 드러난다.

〈나는 가수다〉는 2011년 3월 6일 첫 방송을 시작했다. 매회 7명의 가수들이 모여 노래를 부르고, 청중평가단 500명이 심사하며, 최하위 점수의 가수가 탈락하면 새 가수가 그 자리를 메운다. 첫 회 김건모 사건으로 방송이 잠시 중단되면서 PD가 교체되고 규칙도 변경되었다. 〈나는 가수다〉는 당시 유행하던 오디션 프로그램과 서바이벌 프로그램의 특성을 결합한 형식으로 구성되었다. 기성가수가 경연에 참여하여 화려한 '공연'(*performance*)을 보여 주고, 서바이벌 프로그램이 갖는 '생존과 탈락'은 재미를 더한다.

〈나는 가수다〉에서 주목할 만한 현상6) 중 하나는 청중평가단의 눈물

---

5) 위로는 문화수용과정에서 보편적으로 나타난다. 다만 2010년 전후 텔레비전 프로그램, 영화, 출판 등에서 위로의 키워드를 보여 주는 텍스트가 대중적 인기를 끌었고 문화의 패턴이 되었다는 것에 주목할 필요가 있다.

6) 〈나는 가수다〉는 기존에 아이돌 그룹이 장악했던 '보는' 음악에서 '듣는' 음악으로의 변화, 편곡을 통한 새로움, 스토리가 있는 음악(김범수, 임재범, 인순이

이다. 가수들이 노래를 부르는 도중에 일부 청중평가단은 눈물을 흘린다. 이것은 그동안 음악 프로그램에서 볼 수 없었던 장면이다. 〈열린 음악회〉 청중은 조용히 노래를 따라 부르고, 〈뮤직 뱅크〉의 10대 방청객들은 환호성을 지르며, 〈전국노래자랑〉 관객들은 함께 춤추고 박수친다. 반면 〈나는 가수다〉 청중평가단은 눈물을 흘린다.

이 현상은 청중평가단에게만 국한되는 것이 아닌 듯하다. 시청자들도 감정적으로 몰입되기 때문이다. 가수가 노래를 부를 때 전체 시간의 1/4 정도는 청중평가단의 반응 쇼트로 구성된다. 이전 음악 프로그램에서는 롱 쇼트로 관객 전체를 보여 주지만, 〈나는 가수다〉에서는 관객을 클로즈업해서 시청자의 감정적 몰입을 유도한다.

〈나는 가수다〉(1회부터 34회까지)의 평균 시청률은 14.4%인데, 가장 높은 시청률을 기록한 날은 2011년 5월 22일(8회)로 18.4%였다. 임재범이 '여러분'을 부르면서 하차했던 날이다. 임재범이 '여러분'을 부를 때, 가수, 청중평가단, 시청자들은 적지 않은 눈물을 흘렸다. 임재범은 노래를 부르면서 불우했던 어린 시절, 가정사, 투병 중인 아내를 생각했을지도 모른다. 그렇다면 청중평가단이나 시청자들은 무엇을

등), 음원 시장 지배 등으로 주목받을 수 있었다. 가온차트 상반기 결산에 따르면, 〈나는 가수다〉에서 김범수가 부른 '제발'은 다운로드 수만 231만 4,723건에 스트리밍 수는 2,365만 3,211건을 기록하면서, 동방신기나 2NE1 등을 제치고 종합차트 정상을 차지했다. 〈나는 가수다〉의 음원차트 집권 현상으로 일부 음반 제작자들은 〈나는 가수다〉 음원 발매일을 피해 곡을 발표할 정도이다. 이 밖에도 패러디 프로그램으로 〈나는 꿈수다〉, 〈나는 트로트가수다〉(MBC 추석특집), 〈나도 가수다〉(MBC), 〈나는 가짜다〉(KBS2 추석특집), 〈나는 개그맨이다〉(TVN), 〈불후의 명곡2〉(KBS2) 등이 있다.

떠올렸을까? 누구는 임재범과 하나가 되어 그의 아픔을 공유했을 것이고, 다른 사람들은 자신이 살아오면서 겪은 고통이나 슬픔을 떠올렸을 것이다. 그러나 무엇을 상상했든 공통으로 겪은 정서는 위로받거나 위로하고 싶어 하는 마음이다. 대중은 함께 울어 주면서 남을 위로하고 스스로 위로받는다.

〈나는 가수다〉가 음악을 통해서 시청자를 위로했다면, 《아프니까 청춘이다》는 젊은 세대의 마음을 감쌌다. 《아프니까 청춘이다》는 2010년 12월 출간된 이후 2011년 8월 19일 103만 부를 돌파했다(〈한국경제신문〉, 2011년 8월 20일자). 《아프니까 청춘이다》는 세대와 '함께' 혹은 세대 '속으로' 들어가서 청춘을 말하기보다는, 인생의 선배가 어느 정도 거리를 두고 20대들에게 개인적으로 위로하는 책일 뿐이다. 청춘은 여전히 눈부시게 아름답고, 바닥은 생각보다 깊지 않으며, 인생은 하나하나 쌓아가는 퍼즐과 같은 것이므로 누구도 늦지 않았다고 말한다.

나는 《아프니까 청춘이다》가 얼마나 진정성을 담고 있는가에 대해서는 의문이다. 저자 김난도 교수가 청춘시절 겪었던 아픔을 지금 세대의 아픔과 비교하면 사치에 가깝다고 생각하기 때문이다. 그럼에도 불구하고 청춘들은 《아프니까 청춘이다》에서 치유를 받는다.

《아프니까 청춘이다》는 세대 혹은 청춘 담론을 제기한 《88만 원 세대》(우석훈·박권일, 2007)와 《이것은 왜 청춘이 아니란 말인가》(엄기호, 2010)의 연속선상에 있다. 우석훈·박권일(2007)은 고용불안에 시달리는 2007년 전후 한국의 20대를 88만 원 세대라는 자조적 용어로 정의하면서 구조적 문제를 제기한다. 이들은 '88만 원 세대'를 다음과 같이 정의한다.

지금의 20대는 상위 5% 정도만이 '단단한 직장'을 가질 수 있고, 나머지는 비정규직의 삶을 살게 될 것이다. 비정규직 평균임금 119만 원에 20대 급여의 평균비율 74%를 곱하면 88만 원 정도가 나온다. 평생 88만 원에서 119만 원 사이의 급여를 받게 될 것이다. 그런데 이 '88만 원 세대'는 우리나라 여러 세대 중 처음으로 승자독식 게임을 받아들인 세대이다.

88이라는 숫자는 20여 년 전 올림픽을 의미하는 희망의 기호였지만, 지금은 절망의 기호가 되었다.

우석훈·박권일은 경제적 시각에서 '세대 내 불평등'을 비판적으로 바라보았다면, 엄기호(2010)는 인류학적 관점에서 우리 사회에서 '포획'된 20대의 시각으로 청춘에 접근한다. 엄기호는 우리 시대 20대의 성장에 대한 도덕적 비난(좌파는 20대가 정치적이지 않으며, 우파는 이들이 힘든 일을 하기 싫어하고 높은 보수만 바란다고 비판)을 재비판하면서 20대의 언어로 그들의 삶을 공유하고자 한다. 그의 관심은 청춘들에게 성찰의 공간을 제공하는 데 있다. 이런 관점에서 보면, 《이것은 왜 청춘이 아니란 말인가》는 《아프니까 청춘이다》보다 훨씬 가치 있는 공간을 제공한다. 그러나 《아프니까 청춘이다》처럼 관심의 대상이 되지는 못했다. 《아프니까 청춘이다》의 성공요인은 다양하겠지만, 적어도 우리 시대 청춘의 정서는 '개인적 위로'를 받고 싶어 한다는 것이다. 7)

---

7) 개인적 위로가 아닌 한국사회에 대한 청년의 도전은 "오늘 나는 대학을 그만둔

향수를 통한 위로는 영화 〈써니〉나 세시봉(C'est Si Bon)의 인기에서
두드러지게 나타난다. 영화 〈써니〉는 2011년 5월 개봉 이후 746만
5,665명의 관객으로 〈최종병기 활〉(747만 1,521명)에 이어 한국영화
흥행 2위를 차지했다.[8] 〈써니〉는 〈최종병기 활〉처럼 적극적으로 영
화 마케팅을 하지도 않았고, 〈도가니〉처럼 공론화되어 흥행한 영화도
아니었다. 주로 30대와 40대 여성들의 입소문을 타고 관객이 모여들었
다는 것이 일반적 평가다.

영화 〈써니〉의 배경은 1986년과 현재다.[9] 주인공 나미는 우연히 병
원에서 짱이었던 하춘화를 만나면서 고등학교 시절 기억을 되새긴다.
나미가 춘화의 부탁으로 고등학교 시절 칠공주 멤버들을 찾아 나서면서
영화가 시작된다. 나미는 전라도 벌교에서 서울 진덕여고로 전학 와서

___

다. 아니 거부한다"는 김예슬 선언(2010)에서 표현되었다. 김예슬은 대학이 자
본과 대기업에 인간 제품을 조달하는 하청업체라는 도전적 선언을 통해서 스펙
위주의 한국사회를 비판했다. 그녀의 주장은 대학과 사회에 대한 도발적인 선언
으로 조건에 대한 성찰을 제공했지만, 아쉽게도 논의가 확장되지는 못했다.

8) 2011년 영화 전체 순위는 1위 〈트렌스포머 3〉(779만 434명), 2위 〈최종병기
활〉(747만 1,521명), 3위 〈써니〉(746만 5,665명), 4위 〈완득이〉(531만
5,737명), 5위 〈쿵푸팬더 2〉(506만 5,629명), 6위 〈조선명탐정: 각시투구꽃
의 비밀〉(479만 5,460명), 7위 〈도가니〉(467만 3,409명) 등이었다.

9) 〈써니〉의 배경이 1986년이라는 것은 흥미롭다. 1986년 고등학교 1학년이었던
이들은 대학에 진학했다면 89학번이다. 89학번은 386세대의 끝부분에 해당되
지만 1987년 6월 항쟁 이후의 세대이기 때문에 386세대와 정서를 공유하지 못한
다. 또한 이들은 1992년 서태지 이후 신세대에도 속하지 않는다. 현재의 시점에
서 보면 이들은 386세대와 가깝다고 볼 수 있지만, 엄밀히 보면 386세대와 신세
대 사이에 위치한다고 할 수 있다.

사투리 탓에 놀림을 받지만, 의리짱인 춘화가 도와주면서 칠공주파에 합류한다. 쌍꺼풀에 목숨 거는 장미, 욕 배틀 대표주자 진희, 괴력의 다구발(은어로, 무기나 기타 도구를 들고 싸우는 것) 문학소녀 금옥, 미스코리아를 꿈꾸는 복희, 그리고 얼음공주 수지. 이들 칠공주파는 또 다른 칠공주파인 소녀시대와 패싸움을 하며 방황한다.

〈써니〉는 소녀들의 성장영화이며, 남편과 아이의 뒷바라지만 하던 주부가 생애 최고의 순간을 되찾는 영화이기도 하다. 영화 후반부에 나미가 춘화의 병실에 가서 대화를 나누는 장면이 있다.

"춘화야, 고마워."
"뭐가."
"나 꽤 오랫동안 엄마, 집사람으로만 살았거든. 인간 임나미, 아득한 기억
  저편이었는데 … 나도 역사가 있는, 적어도 내 인생은 주인공이더라구."
"너는 … 얼굴이 주인공 얼굴이야."

〈써니〉가 말하고자 하는 것은 단순하다. 지금은 엄마와 집사람으로 살고 있지만, 각자는 나름대로 역사가 있는 자기 인생의 주인공이었다는 것이다. 자신이 살아온 일상 속의 역사는 배경이 아니었다는 것이다. 〈써니〉 중반부에는 써니파와 소녀시대파가 거리에서 패싸움을 하는 장면이 나온다. 1986년 민주화운동으로 전경과 시위대가 싸우는 장면 속에 두 칠공주파들이 싸움을 하는 것이다. 역사는 민주화투쟁이라는 거대 청춘담론으로부터 만들어지는 것이 아니라, 개인사로부터 만들어진다는 것을 역설적으로 보여 준다. 거대역사는 배경이지만, 전경

(前景) 에는 개인사가 있다는 것이다.

영화에 따르면, 1980년대 중반 역사의 주인공은 민주화운동의 주체들만이 아니었다. 고교시절 불량소녀로 폭력을 행사하고 놀았던 시절이 왜 이들에게 생애 최고의 순간이라고 기억되는가? 학교가 그들을 구속했어도 현재 일상의 구속보다는 자유로웠기 때문일 것이다. 개인사로서의 역사는 시대 공감을 일으키고 추억을 공유하게 만든다. 기성세대는 지금 향수를 느끼며 지금보다 나았던 과거로 돌아가고 싶어 하는 것이다. 10)

세시봉 바람은 2010년 9월 20일 불기 시작했다. 송창식, 윤형주, 김세환, 조영남이 〈유재석 김원희의 놀러와〉에 나오면서 세시봉은 대중의 향수를 자극했다. 이들이 예능 프로그램에 동반 출연한 것은 40년만에 처음 있는 일이었다. 송창식과 윤형주는 '트윈폴리오' 시절 히트곡인 '하얀 손수건'과 '웨딩케이크', 조영남과 김세환은 'Don't forget to remember', '우리들의 이야기'를 불러 감동을 주었다.

---

10) 〈써니〉에서 주목되는 것은 아줌마들의 향수다. 지난 10여 년 동안 아줌마는 대중문화의 주요 소비자로 급부상했다. 〈친구〉(2001)가 IMF 이후 무너진 남성권력을 조폭영화를 통해서 비극적으로 회복시키고 있다면, 〈써니〉는 여성의 우정을 해피엔딩을 통해서 복원하고 있다.

▌〈세시봉 친구들 콘서트〉 (MBC, 2011년 1월 31일)

2011년 1월 31일과 2월 1일에 걸쳐 MBC는 〈세시봉 친구들 콘서트〉를 방영했고 대중의 폭발적인 반응을 불러일으켰다. 설날특집으로 진행된 이 콘서트는 특집 프로그램 중에서 가장 관심을 끌었다. 이들은 2011년 2월 11일 창원을 시작으로 전국 투어공연을 시작했는데 매회 매진을 기록했다. 3월 24일 음반을 새롭게 발표했고, 윤형주는 〈조선일보〉에 〈세시봉, 우리들의 이야기〉를 7월부터 연재하기 시작했다.

명동 무교동을 빨빨거리고 쏘다녔는데～～～
그때가 너무 좋았지요
세시봉 음악 들으면 가슴이 뭉클합니다
돌아가고 싶은 시절이 있다면 딱 그 시절이네요～～～　　　　(나리)

을지로입구 외환은행 앞쪽에 훈목다방, 그 위로 쪼욱 올라가서 … 세시봉 … 아이보리 랩 짧은 치마에 주황색 민소매티를 … 형부가 일본에서 사온 것이었죠. 그것입고ㅋㅋㅋㅋ 친구랑 둘이서 뽐내고 다녔어요 (…) 그때 유행은 판탈롱(넓은) 바지에 미디코드, 싸롱구두 … 송옥양장점과 OK양장점 … ㅎㅎㅎ

지난날 … 추억을 더듬어 보게 하는 글이었습니다. … 근데 왜 좀 쓸쓸해지네요. 음악 때문이라고 투정하고 싶네요. (깜이河河)

위의 인용글은 한 개인 블로그에서 '세시봉 열풍'이라는 제목으로 포스팅한 글에 달린 댓글들이다. 나리는 "돌아가고 싶은 시절이 있다면 딱 그 시절이네요~~~"라고 추억을 그리워한다. 이들의 나이를 알 수는 없지만, 청년문화세대라고 본다면 적어도 50대 중반은 넘었을 것이다. 전후(戰後) 출생했거나 베이비붐세대에 속할 것이다. 이들은 지금 직장에서 은퇴를 시작하는 시점에 서 있으며, 결혼했다면 아마도 자녀들은 대학생이거나 대학을 졸업했을 것이다. 이들이 우리 사회에서 느끼는 정서적 공허함은 세시봉의 열기로 채워지고 있다. 11)

세시봉은 1970년대 유행했던 통기타의 부활로 이어졌다. 문화센터나 통기타 학원들이 붐을 이루고, 통기타 판매량도 급속히 증가했다. 2011년 1~7월 기준으로 수입이 증가한 악기 현황에 따르면, 어쿠스틱 기타는 1,418만 달러로 154%, 전자기타는 853만 달러로 98.6% 증가

---

11) 〈콘서트 7080〉(KBS1) 은 2004년 11월 6일부터 시작되어 지금까지 꾸준히 6% 내외 시청률을 기록하고 있다. 7080은 같은 세대라고 보기 어렵지만, 대중음악의 소비라는 측면에서 보면 함께 묶여 있다.

했다(〈서울경제〉, 2011년 8월 26일). 세시봉의 열기가 직접적으로 통기타의 수입증가를 초래했다고 단언하기는 어렵지만, 최근 통기타 붐에 어느 정도 영향을 미친 것으로 추론할 수 있다.

대중은 사회와의 긴장관계 속에서 불안이나 혼란과 같은 정서적 경험을 느끼는데, 그 정서가 사회 밖으로 표출되지 못하고 개인적, 심리적 수준에서 위로라는 감정으로 해소한다. 젊은 세대는 《아프니까 청춘이다》와 같은 책을 통해서 일시적 위로를 받는다. 이런 정서는 'TV를 봤네'(장기하), '아메리카노'(10cm) 등의 노래에서 좌절의 정서로 표출되고 있다. 반면, 기성세대는 자신의 청춘은 아름다웠고, 행복했다는 퇴행을 통해서 위안을 얻는다.

4. 분노 혹은 정의감

대중이 경험하는 정서적 허기는 분노나 정의감으로 표출되기도 한다. 마이클 샌델의 저서 《정의란 무엇인가》는 2010년 5월 출간되자마자 베스트셀러 1위에 오르면서 2011년 말까지도 베스트셀러 순위 상위권을 유지했다. '정의란 무엇인가?'라는 철학적 주제를 다룸에도 대중의 관심은 뜨거웠다.

이 책은 다양한 사례를 통해서 쉽게 기술되어 있지만 끝까지 읽어 나가려면 어느 정도 인내가 필요하다. 그럼에도 마이클 샌델의 저서는 폭발적인 관심을 끌었다. 정의로운 사회는 행복을 극대화하고, 자유를 존중하며, 미덕을 추구하는 사회일 것이다. 그러나 행복, 자유, 미덕의 가치는 충돌할 수밖에 없다. 신자유주의 경제정책에서 보였던 시장의 자유와 복지라는 행복의 확대는 지난 몇 해 동안 우리 사회에서 끊임없이 충돌했던 영역이다.

공동선(共同善)이라는 미덕 추구는 정권이 보여 주었던 탐욕과 맞물리면서 분노를 만들어 내기도 했다. 더욱이 이명박 정권이 2010년 '공정사회'라는 화두를 제시했을 때, 대중은 정의란 무엇인지 고민하지 않을 수 없었다. 마이클 샌델은 정의를 말하면서 공동선이라는 미덕의 가치를 강조했는데, 대중도 그만큼 도덕적 가치와 행위, 즉 미덕에 목말라 있었는지도 모른다.

대중이 현실정치 속에서 경험하는 정서는 분노다. 분노는 자격 없는 사람이 무엇인가를 얻는다고 생각할 때 느끼는 특별한 종류의 화다. 말하자면 부당함에 대한 화라고 볼 수 있다.

탐욕이 도를 넘었다는 분노가 정의감으로 표출되기도 하고, 탐욕의 실체를 드러내는 폭로가 대중의 관심을 끌기도 한다. 〈나는 꼼수다〉는 바로 폭로를 통해서 분노를 터뜨렸다.

〈나는 꼼수다〉가 처음 방송을 시작한 때는 2011년 4월 23일이었다. 12) 김어준, 정봉주, 김용민은 BBK와 서태지·이지아의 이혼소송을 연결해서 음모론을 제기했다. 서태지·이지아의 법정소송은 BBK 사건을 은폐하기 위해서 '법무법인 바른'에서 퍼뜨렸다는 것이다. 팟캐스트(podcast)라는 독특한 형식의 〈나는 꼼수다〉는 '가카 헌정방송'이라는 풍자를 바탕으로 권력의 이면을 폭로한다.

〈나는 꼼수다〉는 방송을 시작한 지 3~4회 만에 국내 팟캐스트 1위였던 〈손석희의 시선집중〉, 〈두시 탈출 컬투쇼〉 등의 다운로드 횟수를 앞지르면서 탄력을 받기 시작했고 유저들의 입소문이 퍼져 나가면서 다운로드 1위를 기록했다. 13) 〈나는 꼼수다〉의 성공14) 이후 〈애국전

---

12) 〈시사IN〉 주진우는 8회 방송부터 합류했다. 〈나는 꼼수다〉는 〈김어준의 뉴욕타임즈〉 재탕 느낌이 강했지만, 주진우가 합류해서 성역 없는 비판(이명박 대통령, 삼성, 순복음교회)이 확대되면서 인기를 끌었다.

13) 〈나는 꼼수다〉의 성공 이후 〈나는 꼼사리다〉가 2011년 11월 19일 시작되어 경제 분야에 대한 담론을 풀어냈고, 〈나는 꼼수다〉에 대한 대항 프로그램으로 〈그래, 너는 꼼수다〉가 11월 24일 방송되었다. 〈나는 꼼사리다〉는 김미화, 김용민, 우석훈, 선대인이 참여했지만, 재미, 풍자, 폭로는 부족한 편이었고, 〈그래, 너는 꼼수다〉는 1회 방송 이후 박근혜 헌정방송이라는 비난을 받으면서 관심을 끄는 데 실패했다.

14) 〈나는 꼼수다〉는 정봉주의 구속 이후 비키니 논란으로 프레임이 바뀌면서 새로

선〉(2011년 11월 14일), 〈손바닥뉴스〉(2011년 12월 8일), 〈이슈 털어 주는 남자〉(2011월 12월 26일) 등 정치폭로 토크쇼가 연달아 등장했다.

〈나는 꼼수다〉가 바라보는 세상은 지금은 추(醜)의 세계라는 것이다. 제도권 언론이 사회 환경 감시기능을 상실하면서 말의 질서가 심하게 비틀렸기 때문이다.[15] 게다가 미네르바 사건에서 알 수 있듯, 온라인의 규제 등은 소통의 단절을 초래했다. 〈나는 꼼수다〉는 음모가 압도하는 세상에 대응하는 방법으로 폭로의 언어를 선택한다.

카를 로젠크란츠(Rosenkranz, 2008)는 추(醜)의 특징으로 형태 없음과 부정확성을 들었다. 형태가 없다는 것은 조화가 사라지고 불균형이 지배하고 있다는 것이다. 부정확성은 변형된 것(극악한 것, 불쾌한 것, 비도덕적인 것 등)이 압도한다는 것이다.

추(醜)의 시대는 불온하다. 불온하기 때문에 풍자와 폭로가 세상을 덮는다. 대중은 세상을 정의롭게 바라보지 않기 때문에 풍자를 통해서 권력을 조롱한다. 이명박 정부가 들어선 이후 "~면 어때. 경제만 살리면 그만이지"라는 풍자가 유행했다. 이것은 환경과 복지를 무시하고 시장중심주의로 나아가며 소통을 등한시하는 정책에 대한 비웃음이었다. 서울시장 선거과정에서는 나경원 놀이가 유행했다. 자신의 트위터에

운 국면으로 접어들었다.

15) 2012년에 와서 나타난 대표적인 것들로 한진중공업 희망버스, 쌍용자동차 직원과 가족들의 잇따른 자살, 구제역 원인을 둘러싼 갈등, 금미호 5만 불 설, 아랍에미리트 원전 관련 정보, 일본 원전사고 이후 방사능이 국내에 유입되지 않는다는 정부 발표, 4대강 건설과 관련된 사고사(2011년 11명), 해병대 총기사고 등을 꼽을 수 있다.

자화자찬하는 글을 올리는 놀이다. 가진 자의 허위의식을 폭로하는 트위터 놀이인 셈이다.

〈나는 꼼수다〉는 풍자와 폭로의 이중주다. 풍자의 주 대상은 '가카'다. '전지적 가카 시점'은 '가카'를 꼼수의 전경에 놓고, 우리 사회 정치 이면을 풀어낸다. 이 꼼수를 뒷받침하는 검찰, 국가정보원, 경찰 같은 국가조직은 배경으로 설정한다. 그리고 이들 사이에 다양한 정치, 경제, 종교, 언론 권력이 자리 잡고 있다. 영상시각에서 말하자면, 〈나는 꼼수다〉는 '딥 포커스'(deep focus)로 말하기다. 가카 주변에 은폐되었다고 생각되는 사건들은 하나 둘씩 폭로된다.

〈나는 꼼수다〉에서 나오는 수다들이 얼마만큼 사실이거나 진실인지는 알 수 없다. 16) 그러나 대중은 그들의 수다가 사실이나 진실에 가까울 것이라고 믿는다. 17) 4명의 '이빨'이 파노라마로 그려 내는 사건들의 인과관계가 그럴 듯하게 들리기 때문이다.

---

16) FTA 국회 날치기 통과 전후로 〈조선일보〉, 〈중앙일보〉, 〈동아일보〉는 괴담론을 제기했다. 괴담론의 진원지로 주목한 것은 〈나는 꼼수다〉와 SNS였다. SNS는 명확한 실체가 없기 때문에, 보다 분명한 〈나는 꼼수다〉의 음모론을 보수언론이 괴담론으로 대응한 것이다. 이것은 〈나는 꼼수다〉의 영향력이 커져 가고 있었다는 반증이기도 하다.

17) MBN 개국 설문조사에 따르면, 정보에 대한 신뢰도는 언론사를 통한 정보(45%)가 인터넷 정보(28%)보다 훨씬 높았다. 그러나 기존 보수 언론 '조·중·동'과 인터넷 방송 〈나는 꼼수다〉 보도 내용 중 어느 쪽을 더 신뢰하는가 하는 물음에 40%가 〈나는 꼼수다〉를 꼽아 '조·중·동'을 꼽은 응답(17.2%)의 두 배를 넘었다(〈매일경제〉, 2011년 12월 2일).

〈동아일보〉의 "2012 민주주의 대공황을 넘자/ 세대별 민심분석" 결과보도에 따르면, "〈나는 꼼수다〉는 사실이 다소 과장되기는 했지만 정치풍자로 흥미롭다"라는 응답이 69.4%, "무책임한 음모론을 확산시키고 있어 문제가 있다"가 19.8%, "모름/무응답"이 10.8%였다(〈동아일보〉, 2011년 12월 1일).

질문 자체가 〈나는 꼼수다〉의 신뢰성을 묻는 것이 아니지만, "무책임한 음모론을 확산시킨다"가 19.8%에 불과한 것을 보면 〈나는 꼼수다〉가 어느 정도 신뢰를 받고 있었다고 해석할 수 있다.

〈나는 꼼수다〉가 제기한 내곡동 사저, 서울시장 선거일 아침 선관위 디도스 공격 같은 음모론은 현실이 되기도 했다. 세상의 이해관계는 복합적으로 얽혀 있어서 '전지적 가카 시점'만으로 해명될 수 없음에도 불구하고, 대중은 그들의 수다 속에서 진정성을 찾고 위안을 얻었다.

〈나는 꼼수다〉가 풍자만 있고 폭로[18]가 없었다면, 이렇게 인기를 끌지 못했을 것이다. 풍자는 현실의 부조리를 비틀어서 웃음을 유발해도 전망을 제시하지는 못한다. 물론 폭로도 전망을 보여 주는 것은 아니지

---

18) 폭로와 관련해서 주목할 만한 영화는 〈도가니〉와 〈부러진 화살〉(2012)이다. 영화 〈도가니〉(2011년 9월 22일 개봉)는 우리 사회의 취약계층인 장애청소년이 학교에서 실제 겪은 끔찍한 사건을 다루었다. 이는 이미 MBC 〈PD수첩〉(2005년 11월 1일)에서 다루어졌지만 사회적 관심을 받지 못했다가, 공지영의 소설로 다시 쟁점이 되었고, 영화 〈도가니〉로 폭발했다. 〈부러진 화살〉은 법원의 판결에 대한 조롱과 비웃음이었다. 영화의 이야기 구조로 보면, 김 교수가 석궁을 발사했는지, 부러진 화살은 어디로 갔는지 그리고 와이셔츠에는 왜 혈흔이 묻어 있지 않은지 등 의문이 제기된다. 감독은 〈부러진 화살〉이 사실에 기초한다고 말하지만, 그것은 '선택된 사실'의 재구성임이 틀림없다.

만, 권력 내면에 자리 잡은 은밀한 세계를 펼쳐 보임으로써 대중으로
하여금 도덕적 우위를 점할 수 있게 만든다. 〈나는 꼼수다〉의 추임새
는 "씨바, 쫄지마"다. 도덕적으로 우위를 점하고 있기 때문에 움츠릴 필
요가 없다는 것이다.

"소리와 뒷담화의 문화정치학"을 우리는 '나꼼수 현상'에서 목격한다. 대
중의 신뢰성을 상당히 잃은 제도권 매체에게는 일종의 '금기사항'이라고
볼 수 있는 일련의 민감하고 다루기 어려운 주제들을 거침없이 논하는
〈나꼼수〉의 독특한 정치적인 그리고 화자로서의 역할은 미시적이지만
영향력과 파급력이 적지 않은 일종의 '난장'(wild publics)의 역할과 마당
극 혹은 저잣거리의 언어가 대중적인 공감을 대안적인 방식으로 촉발/매
개하는 역능을 새롭게 제시해 주기도 한다.
　　〈나꼼수〉가 표방/지향하는 형식성과 엄숙주의의 탈피, 그리고 거칠고
편향적이지만 통렬한 (정치) 비평과 현실 환기의 기능은, 기존의 토크쇼
나 미디어 콘텐츠 영역의 시사/비평/고발 프로그램들이 제대로 제공하
지 못하는 역능과 정서적인 반응을 활성화하고 있다(이기형, 2011).

　　〈나는 꼼수다〉가 구성하는 난장(亂場)은 기존 매체뿐만 아니라 경
찰, 검찰, 법원의 공식적인 발표에 대한 뒤집기이기도 하다. 이것은 권
력과 관련된 '사실의 위기'에서 비롯되었다. BBK 관련, 내곡동 사저,
선관위 디도스 공격, 1억 피부과에 이르기까지 어디까지가 사실이고
사실이 아닌지 혼란스럽기 때문이다. 경찰과 검찰이 수사결과를 발표
하면 의혹은 풀리는 것이 아니라 증폭된다. 법원이 판결해도 의문을 가

414

지며, 언론보도도 대중은 자신만의 시각으로 재해석한다.

사실의 위기 시대에 대중이 할 수 있는 일은 의심하는 것이다. 대중은 특정 사건에 대한 정황적 판단이나 개연성을 가지고 무엇이 사실인지 추론한다. 그리고 추론과정을 통해 도출한 결과를 진실로 믿는다. 그 진실은 개인적 진실이거나 상황적 진실이지만, 개연성이 높기 때문에 설득력을 발휘한다. 〈나는 꼼수다〉의 폭로는 바로 위장되었다고 믿는 사실관계에 대한 추론적 폭로인 셈이다.

〈나는 꼼수다〉가 만들어 내는 수다들이 바람직한 것만은 아니다. 풍자와 폭로는 정상적인 말의 질서를 보여 주는 것이 아니기 때문이다. 바로 이런 점 때문에 〈나는 꼼수다〉에 대한 대중의 환호가 찜찜하기도 하다. 그러나 조화, 통일성, 긍정 같은 미(美)의 관점에서 지금 우리 현실을 바라보는 것은 어쩌면 도피인지도 모른다. 부조리한 세상을 읽어 내는 정공법은 〈나는 꼼수다〉에서처럼 탈규범적이고 거칠게 표현하는 것이다. 이것은 추의 미학이기도 하고 부정(否定)의 정신이기도 하며 그 밑에 깔려 있는 분노와 정의감의 표출이기도 하다.

5. 연대감 혹은 공감

의례는 '공통의 경험'을 만들어 가는 행위이다. 어느 사회에서나 대중은 그들의 삶에 영향을 미치는 다양한 의례를 만들었는데, 대중은 기억할 만하거나 자신의 삶의 공간 내에서 정체성을 보여 주는 '공동체의 이야기'를 구성하곤 했다. 또한 권력도 정치적·사회적 목적을 위해서 공적 의례를 만들어 왔다. 2011년 새롭게 형성된 의례들로 '희망버스', '토크콘서트', 'SNS 의례', '잡년행진' 등을 들 수 있다. 이 의례들은 저항이나 자기표현의 형식으로 확산되었다. 2000년대 들어와서 '촛불집회' 이후, 2011년 형성된 다양한 의례들 아래 깔려 있는 정서는 연대감과 공감이었다.

'희망버스'는 2011년도에 가장 주목할 만하고 기억에 남을 의례다. 희망버스는 한진중공업 부산 영도조선소의 대규모 정리해고로 2010년 12월 20일부터 촉발된 노사대립으로 발생한 '의례를 통한 저항'[19] 이었다. 한진중공업 사태는 2011년 1월 6일 김진숙 전국민주노동자조합총연맹(민주노총) 부산본부 지도위원이 85호 크레인에 올라가서 농성을 시작한 지 309일 만에 잠정 종결되었다. 이 과정에서 희망버스라는 새

---

19) '의례를 통한 저항'은 홀과 제퍼슨(Hall, S. and T. Jefferson) (1979)이 사용한 용어지만, 이 글에서는 상징적 저항을 의미하지 않는다. 홀과 제퍼슨은 1970년 대 영국 청소년 하위문화를 분석하면서 스타일에 주목했고, 하위문화집단들이 사용하는 스타일을 저항의 상징적 형식으로 해석했다. 그러나 여기서는 상징적 저항이 아니라 노동운동으로서의 저항을 의미한다.

로운 의례가 만들어졌는데, 희망버스는 촛불집회의 성공적인 '코드변환'(transcoding)이었다.

희망버스는 송경동 시인이 처음 제안했다. 그는 김진숙 지도위원이 농성을 시작한 후, 그녀와 한진중공업 해고노동자들을 살려야 한다는 절박감으로 진보진영에 희망버스 의례를 제안했다. 희망버스는 총 6차례 — 1차 희망버스(2011년 6월 11일), 2차 희망버스(7월 9일), 3차 희망버스(7월 30일), 4차 희망버스(8월 7일), 5차 희망버스(10월 8일), 6차 희망버스(11월 26일) — 진행되었다.

1차 희망버스는 시청 앞에서 출발해서 영도조선소에 도착한 후 소규모 토론, 문화난장(노나메기팀, 김여진과 날라리 등), 워크숍으로 진행되었고, 2차 희망버스에서는 경찰의 물대포가 발사되기도 했다. 진보 교수·학술단체들은 전 지구적 운동으로 해외 석학들과 언론에 한진중공업 관련 자료를 보내 지지표명을 이끌어 냈다.

3차 희망버스를 기점으로 김진숙과 한진중공업 해고노동자만이 아니라 유사한 고통을 겪고 있는 노동자에게 희망을 주는 버스로 전선이 확대되었다. 4차 희망버스는 서울에서 토론, 기자회견, 세미나 등으로 진행되었다. 5차 희망버스 이후 한진중공업 영도조선소 사태는 해결되었으며, 6차 희망버스로 마무리되었다. 희망버스 의례에 참여했던 이도흠은 희망버스의 성과를 다음과 같이 기술했다.

(희망버스는) 신자유주의의 가장 큰 모순인 정리해고에 99%의 노동자와 시민이 저항하여 일정 정도 승리를 거두어 '신자유주의 해체의 굳건한 진지'를 구축한 것이자, 한국 노동운동이 거의 종업원 이익단체로 전락한

상황에서 '공감의 연대'를 바탕으로 민주화세력과 촛불시위세대가 하나로 어울려 21세기형 새로운 노동운동의 지평을 연 것이자, 정리해고 문제를 '너의 문제'에서 '나의 문제'로 전환시킨 성공한 대중운동이었다(이도흠, 2012).

이도흠의 주장처럼, 희망버스는 삶의 불안정성을 해소하기 위해서 공감의 연대를 바탕으로 확산된 저항적 의례였다. 희망버스는 2002년 이후 촛불집회에서의 진지전과 기동전을 노동 문제로까지 확대시켰다. 희망버스는 '눈부처 주체'라는 새로운 주체의 개념을 제시하기도 했다.

눈부처 주체는 똑바로 상대방의 눈동자를 바라보면 상대방의 눈동자 안에 비추어지는 내 모습을 말한다. 이것은 내 모습 속에 숨어 있는 부처, 곧 타자와 공존하려는 마음이 상대방의 눈동자에 비추어진 것이다. 눈부처는 내 모습이니 나이기도 하고, 상대방의 눈동자에 맺힌 상이니 너이기도 하다. 이를 바라보는 순간 상대방과 나의 구분은 사라진다. 한마디로 눈부처 주체는 불의와 세계의 부조리에 저항하여 새로운 세계를 만들면서도 타자의 고통에 공감하고 연대하는 자다.

희망버스 이후 비정규직 정리해고 문제를 해결하기 위한 행진단으로 '희망뚜벅이'가 조직되었다.

비록 대중의 관심을 끌지는 못했지만, '의례를 통한 저항'으로 나타난 또 다른 사건은 한국판 '슬럿워크'(Slut Walk)인 '잡년행진'(2011년 7월 16일)이었다. 슬럿워크는 2011년 1월 캐나다 토론토에 있는 요크대학의 '안전교육' 강연에서 마이클 생귀네티라는 경찰관이 "여자들이 성폭행 희생자가 되지 않으려면 '매춘부'(*slut*)처럼 옷을 입고 다니지 말아야 한다"고 한 발언이 발단이 된 시위다.

4월 3일 토론토에서 3천 명이 모여 성폭행 피해자의 야한 옷차림을 문제 삼는 사회를 향해 시위를 벌였다. "평소처럼 입고와도 된다"는 주최 쪽의 당부에도 많은 여자들은 속옷과 비슷한 차림으로 나타나 "내가 입은 옷은 당신을 위한 것이 아니다"라는 피켓을 들고 거리를 활보했다. 야한 시위는 국경을 넘어갔다.

7월 초까지 보스턴·시애틀 등 북미 주요 도시와 런던·시드니·멕시코시티까지 대륙을 넘나들며 세계 60여 개 도시로 시위가 이어졌고, 7월 한국에서 '잡년행진'이 등장했다. '잡년행진'은 전 세계적으로 확산된 슬럿워크의 영향을 받았지만, 한국적 맥락에서 보면 고대 의대생 성추행사건(2011년 5월 21일)과 현대차 성희롱 사건(2010년 9월)이 결정적 동인이었다. '잡년행진'은 권력에 의해서 은폐되는 성폭행에 대한 폭로와 저항이었다.

세대와 관련되어 형성된 의례로 '청춘 콘서트'를 들 수 있다. 2011년에 들어와서 주목받은 인물로 안철수, 박경철, 김난도, 김어준, 조국, 공지영, 이외수, 진중권, 김여진, 주진우, 탁현민 등이 있다. 이들은 이전에도 잘 알려진 인물들이지만, 2011년 들어와서 언론의 주목을 받았다. 안철수는 서울시장 선거를 전후로 정치적 인물로 급부상했다. 안철수와 박경철은 '청춘 콘서트'를 진행하면서 2011년 최고의 관심인물이 되었다.

정치권에 '콘서트'라는 새로운 정치문화가 확산되고 있다. 토크쇼와 인디밴드의 공연, SNS(트위터, 페이스북 같은 소셜네트워킹서비스)를 통한 실시간 대화를 섞은 콘서트에는 한 번에 수천 명의 청중이 자발적으로 몰려들고 있다. 일종의 게릴라식 문화소통방식이다. 야권을 중심으로 생겨난 이 새로운 문화는 서울시장 출마를 검토 중인 '안철수'라는 스타를 만들어 냈으며, 내년 총·대선에도 적지 않은 영향을 미칠 전망이다.

안철수 서울대 융합과학기술대학원장은 지난 5월부터 '시골의사'로 통하는 박경철 씨와 함께 전국 25개 지역을 돌며 '청춘 콘서트'를 하고 있다. 경희대에서 열린 첫 회에는 7천 명 넘는 학생들이 몰렸다(〈조선일보〉, 2011년 9월 5일).

안철수·박경철이 '청춘 콘서트'에서 했던 말은 4가지로 요약할 수 있다. 첫째, '진정한 리더론'으로, 목표지향적인 사람이 아니라 참여를 유도하는 사람, 개인의 이익을 버리고 조직을 선택하는 사람이 리더가 되어야 한다. 둘째, '인재론'으로, 함께 살아가는 사회를 인식하고 기여할 수 있는 사람이 인재이며, 셋째, '인생론'으로, 원칙을 지키고 본질에 충실하며, 장기적인 시각에서 인생을 살아야 한다. 넷째, '기업론'으로, 대기업 위주의 기업문화에서 중소기업이나 벤처기업은 살아남을 수 없다(이동우, 2011).

사실상 안철수·박경철의 강연 내용이 새로운 정보나 지식을 대학생들에게 주는 것은 아니다. 그럼에도 대학생들이 열광하는 것은 아마도 이들에게서 진정성을 발견하기 때문일 것이다.

2011년 3월부터 민주노동당 이정희 대표, 국민참여당 유시민 대표,

조국 서울대 교수는 토크 콘서트 'Change 2012'를 시작했다. 이정희 대표는 피아노 연주와 함께 '봉숭아', '행복의 나라로'를 불렀고, 유시민 대표는 '가지 않은 길' 시를 낭송했으며, 조국 교수는 '홀로 아리랑'을 열창하기도 했다. 그러나 'Change 2012'는 대중적 진보 신당이라는 정치적 목적을 알리기 위한 토크 콘서트로 '청춘 콘서트'와 같은 반향을 일으키지는 못했다.

문재인 노무현재단 이사장은 6월에는 '운명 북 콘서트'를, 12월에는 《문재인, 김인회의 검찰을 생각한다》는 책 출간을 계기로 '더(The) 위대한 검찰' 북 콘서트를 열었다. 여권에서도 토크 콘서트의 붐을 타고 젊은 세대와 공감을 위한 '드림 콘서트'를 11월에 시작했다. 그러나 '드림 콘서트'는 초기부터 연사가 불참하는 등 논란을 빚었고, 젊은 세대의 공감을 얻는 데도 실패했다. 정치권에서 시도하는 토크 콘서트들은 그렇게 성공한 것으로 보이지 않는다.

토크 콘서트를 처음 기획한 사람은 탁현민이다. 탁현민은 2010년 5월 《상상력에 권력을》 북 콘서트를 개최하면서 불씨를 지폈다. 여기에는 윤도현 밴드, 김C, 강산에 등이 출연해서 음악공연과 함께 토크를 진행했다. 2011년 1월에는 '시사 콘서트'를 열었는데 신청 5일 만에 매진되기도 했다. '시사 콘서트'는 "감성적인 음악과 야성적인 잡설이 감동의 뒤통수를 어루만져 주는 버라이어티 음악 토크쇼"를 모토로 삼았고, 초청연사 신영복 교수가 '연대'와 '자유'의 중요성을 강조했다. 탁현민은 '나꼼수 콘서트'도 기획했는데, '나꼼수 콘서트'는 11월 초 시작된 이후 '청춘 콘서트'를 능가하는 인기와 영향력을 행사했다.

'청춘 콘서트'는 주로 대학에서 진행되어 대학생 중심으로 확산되었지

▌〈나는 꼼수다 여의도 콘서트〉(2011년 11월 30일)

만, '나꼼수 콘서트'는 대학을 넘어서 광장으로 확장되었다. '나꼼수 콘
서트'의 폭발적 인기는 11월 30일 여의도 공연에서 확인할 수 있었다.
날씨도 추웠고 공연 전 비까지 내렸지만 여의도 광장에 수만 명의 청중
(경찰 추산 1만 5천 명, 주최 측 추산 5만 명) 이 모여들었다. [20]

　토크 콘서트 현상에서 주목할 만한 것은 3가지다.

　첫째, 토크 콘서트를 주도한 이들은 대체로 1960년 초중반생으로
386세대에 속하는 사람들이다. 안철수(1962년생), 공지영(1963년생),
박경철(1964년생), 조국(1965년생), 김어준(1968년생) 등은 온라인에
서뿐만 아니라 오프라인에서 토크 콘서트를 주도했다. 토크 콘서트는

---

20) 11월 30일 여의도 광장의 '나꼼수 콘서트'에 참여한 사람들이 낸 자발적 후불제
　　성금은 3억 41만 원이나 되었다.

386세대의 새로운 문화적 귀환 장소인 셈이다.

둘째, 토크 콘서트는 2002년을 주도했던 광장문화의 코드변환으로 볼 수 있다. 2002년 월드컵 거리응원은 스포츠 행사였지만 이를 계기로 동반 참여자수가 늘어나면서 함께 즐기는 퍼포먼스로서 집단행동이라는 양식이 정착되었다. 거리응원은 효순·미선 양 추모 촛불집회를 시작으로 이라크파병 반대 집회, 노무현 대통령 탄핵철회 집회, 광우병 촛불집회로 이어졌다. 이 집회들은 정치적 쟁점이 계기가 되어 촉발되었지만, 토크 콘서트는 정치적 계기보다는 세대문제가 중심이 되어 놀이의 형태로 확대되었다.

셋째, 토크 콘서트를 이끄는 주체들은 '문화 게릴라'[21]로 불릴 수 있다. 이들은 권력과 제도의 틈바구니에서 상상력과 실천력을 발휘하며, 변방에서 중심으로 이동한다. 그러면서 이들은 기성제도 밖에서 머무르는 것이 아니라 스스로 제도를 만들어 냈다.

희망버스나 잡년행진이 노동과 여성 문제와 관련된 '의례를 통한 저항'이었다면, 토크 콘서트는 세대문화와 공감을 중심으로 하는 '의례를 통한 공감'(sympathy through ritual)이었다. 왜냐하면 토크 콘서트는 공감을 확장하는 장으로 활용되었을 뿐, 분명한 저항의 대상을 설정하지는 않았기 때문이다. 반면, 서울시장 선거 전후 소셜 네트워크에서 나타나는 현상은 '공감을 통한 의례'(ritual through sympathy)였다.

대중들이 사회현실에서 공감하는 영역이나 쟁점들은 소셜 네트워크

---

21) 문화게릴라로 리더십을 발휘하는 사람들로 진중권, 이외수, 강풀, 김주하 등을 들 수 있다.

서비스(SNS; Social Network Service) 중 하나인 트위터에서 보다 적극적으로 나타난다. 트위터는 다른 SNS(싸이월드, 페이스북, 미투데이, 카카오톡)와 달리 상대방의 허락 여부와 관계없이 원하는 사람을 팔로잉하면 그 사람과 네트워크가 형성된다. 기존 SNS에서 쌍방향적 합의하에 관계를 맺는다면, 트위터는 일방향적인 네트워크를 가능하게 만든다. 트위터는 상대적으로 정보 지향적 성격이 강하고 사회적 쟁점에 대한 참여가 높은 편이다. 이런 특성으로 트위터는 사회적 쟁점에 대한 여론의 반향을 살피는 데 유용하다. 2011년 10월 26일 서울시장 보궐선거는 이런 특징을 잘 보여 주었다.

오프라인뿐만 아니라 온라인상에서도 공감을 일으키기 위한 문화게릴라들의 리더십 싸움이 SNS(특히 트위터)를 중심으로 활발하게 전개되었다. 2011년 4·27 재보선이나 이전 선거에도 SNS를 통한 지형싸움이 없었던 것은 아니지만, 그 영향력이 급속하게 부상한 것은 10·26 재보선 선거였다. SNS는 선거에서 진지전과 이동전의 역할을 수행했다. 박원순 후보 캠프에서는 SNS 멘토단(일명 박원순 일병 구하기)으로 조국, 공지영, 신경민, 이외수, 유홍준, 이창동 등 주로 문화계 인사들이 대거 참여했다. 나경원 후보 캠프에서도 20여 명으로 구성된 SNS 전담팀을 24시간 가동해서 박원순 후보의 병역 의혹, 대기업 기부금 징수와 관련된 의혹 등을 리트윗하며 공세에 맞대응했지만 역부족이었다.

선거 이틀 전인 10월 24일 21시 59분 기준 트위터 관심도 분석에 따르면, 나경원 후보의 경우, 2만 3,578 팔로잉, 5만 4,282 팔로워, 825 트윗이었고, 박원순 후보의 경우, 3만 2,902 팔로잉, 15만 6,212 팔로워, 9,666 트윗이었다. 박원순 후보 캠프 측이 팔로워와 트윗의 수에서

그림 〈11-1〉 서울시장 보궐선거 트위터 트렌드 분석

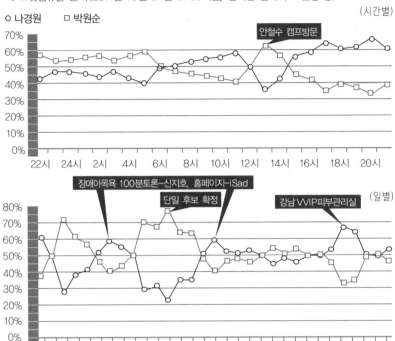

● 트윗점유율 분석(2011년 10월 24일 21:58기준, 실시간 업데이트 진행 중)

○ 나경원   □ 박원순

(시간별)

안철수 캠프방문

(일별)

장애아목욕 100분토론-신지호, 홈페이지-iSad

단일 후보 확정

강남VVIP피부관리실

● 이슈연관어(최근 1시간)

나경원		박원순	
김재호기소청탁	—	안철수	—
안철수	▲	박원순을지지하는사람	▲
자위대	—	안철수교수편지	▲
주진우고발	▼	금란교회김홍도	▼
박근혜	—	치졸한선거캠페인	—
강남VVVIP피부클리닉	—	좌파	▲
성역할론	—	태극기애국가	▲
참여도낮은의정활동	▲	아이디어	▲
거짓말	▲	유홍준일본군관사복원	▲
네거티브	▼	공공임대주택	NEW

자료: 2011년 10월 24일 http://campaign.socialmetrics.co.kr

압도적 우위를 점했다.

〈그림 11-1〉에서 보듯, 트위터들은 주요 사건이 발생하면 발 빠르게 대응했다. 트윗 점유율의 경우, 나경원 후보 측이 높았지만 강남피부과 같은 부정적 쟁점이 관심사로 부각되었기 때문이었다. 2010년 지방선거에서 인증샷 등이 선거의 의례로 떠올랐다면, 2011년에는 인증샷과 더불어 SNS 서비스를 통한 공감과 비판의 확장이 의례가 되었다. 공감의 의례는 오프라인과 온라인에서 확장되었다.

공감은 특정한 정서의 상태를 의미하는 것이 아니라, 다른 사람이 느끼는 정서를 함께 느끼는 상태를 말한다. 공감은 누가 누구와 정서를 공유하는가에 따라서 희망버스, 잡년행진, 청춘 콘서트, SNS의례 등에서 보듯, 다르게 표현되기도 한다. 또한 누구와 누구와의 긴장관계인가에 의해서 노동과 자본, 여성과 남성, 젊은 세대와 기성세대, 새로운 정치권력과 기성 정치권력 등으로 표출된다.

6. 세대/계급 수렴의 장으로 정서적 허기

한국사회에서는 불안과 좌절의 정서가 두드러지게 부상하고 있다. 나는 윌리엄즈 '정서의 구조' 개념을 비판적으로 적용해서 우리 사회가 '정서적 허기'에 빠져 있다는 점을 지적했으며, 그 정서적 허기는 위로, 분노, 정의감, 공감 등의 형태로 텍스트, 담론, 의례 등을 통해서 표현되었다는 것을 논의했다.

나는 당대 경험이나 정서들의 통합체로서 정서의 구조는 휘발성이 있기는 하지만 어느 정도 정형성을 지닌다는 점을 강조했으며, 특히 당대 유행하는 문화의 패턴 아래에 깔려 있는 정서의 구조로서 정서적 허기에 주목했다. 이 정서적 허기는 문화형식들 속에서 발견되지만, 맥락으로 보면 세대와 계급이 수렴하는 장(field) 속에서 구성된다고 할 수 있다.

2011년 한국사회에서 중요한 화두 중의 하나는 세대였다. 정치, 경제, 사회, 문화 전반에 걸쳐서 제기된 논란들의 중심에 세대가 자리 잡고 있었다. 서울시장 선거에서 화두에 오른 2040세대, 비정규직과 50대 자영업의 증가, SNS의 폭발적 영향력, 반값 등록금, 그리고 앞에서 논의했던 다양한 문화생산과 소비형태 등은 세대문화와 밀접히 관계되어 있다. 세대문화의 중심에는 20~30대가 자리한다.

〈경향신문〉(2011년 5월 12일)은 '삼포(三抛) 세대'라는 신조어를 만들었다. 삼포세대는 경제 여건상 연애, 결혼, 출산을 포기한 세대를 의미한다. 대체로 20대~30대를 지칭하는 용어다. 그동안 좌절에 빠진 20대~30대를 부르는 유행어들이 수없이 등장했다. 자발적 외톨이, 글루미 제너레이션(*gloomy generation*), 신 코쿤족(*new cocoon*), 루저문화 등이 그것이다.

희망을 잃고 허기에 빠진 이들의 행위를 가장 잘 보여 주는 유행어는 '잉여'다. 세계 경제위기의 여파로 취업난이 심화되고 청년들 사이의 좌절감이 확산되면서 좌절된 정서를 바탕으로 청년층이 인터넷에서 특정 행동양식을 공유하면서 '잉여문화', '잉여인간', '잉여짓' 등과 같은 용어가 확산되었다.[22]

〈조선일보〉(2011년 6월 25일)는 2011년 상반기 출판시장을 하면서 우리 사회의 3대 키워드 — 좌절한 청춘, 불안한 30대, 분배와 대안 — 을 제시했다. 이 기사에서 흥미로운 내용은 2011년도 상반기 출판시장의 두드러진 특징으로 제시된 자기계발서의 몰락이었다. 이것은 양극화가 심화되면서 노력해도 사다리를 올라갈 수 없다고 좌절하는 사람이 그만큼 많아졌다는 것을 의미한다.

---

22) 인터넷에서 대표적인 '잉여짓'은 네티즌 수사대이다. 잉여문화는 다양한 콘텐츠 속에서 등장하고 있다. 2011년 5월부터 포털 사이트 네이버 웹툰에서 인기리에 연재된 작가 기안84의 〈패션왕〉, 대중음악에서 6월 발매되어 하루 만에 음원사이트 상위 10위 안에 랭크된 장기하와 얼굴들의 〈TV를 봤네〉, MBC 예능 프로그램 〈웃고 또 웃고〉의 〈최국 TV〉, 온게임넷 채널의 인기 리얼 버라이어티 프로그램 〈켠 김에 왕까지〉, 2010년 9월 개봉된 저예산 SF영화 〈불청객〉, 〈하이킥3 짧은 다리의 역습〉에 등장하는 여대생 백진희 등 최근 대중문화 콘텐츠 안에 잉여인간의 모습은 갈수록 두드러지고 있다.

10월 26일 서울시장 선거 이후 '2040세대'가 핵심키워드로 부상했다. 진보와 보수언론들은 출구조사에서 20~40대의 압도적 다수가 박원순 후보를 지지했다는 점에서 세대투표 경향을 지적했다. 출구조사 기준으로 연령대별 투표율은 나경원 후보 20대 30.1%, 30대 23.8%, 40대 32.9%, 50대 56.5%, 60대 69.2%였고, 박원순 후보는 20대 69.1%, 30대 75.8%, 40대 66.8%, 50대 43.1%, 60대 30.4%였다.

그러나 20대에서 40대를 '2040세대'로 단일하게 묶일 수 있는가에 대해서는 의문이다. 한국사회에서 세대는 대체로 10년 단위로 구분되었다. 합의된 것은 아니지만 거칠게 표현하면, 한국사회의 세대단위는 전전(戰前)세대(60대 중후반 이후), 청년문화세대(50대 중반), 386세대(40대 중후반), 신세대(30대 중반, 후반), 참여세대(20대 후반에서 30대 중반), 88만 원 세대(20대 초반에서 30대 초중반)로 구분될 수 있다.

투표성향은 비슷하게 나타났을지라도 현재 20대와 40대를 같은 세대범주에 묶는 것은 적합하지 않다. 세대경험은 '집단기억'(collective memory)(Halbwachs, 1992)으로 인식된다. 집단기억의 제도화는 세대문화나 세대의식을 형성하는 요인이다. 세대는 집단기억을 통해서 자신만의 의례를 형성하고 사회적 응집력을 발휘한다. 그러나 현재 20대와 40대가 같은 세대범주에 묶이기에는 그들의 집단기억이 상이하다.

만하임(1992)은 역사변화 과정에서 계급으로만 규정하는 단선적 인과관계를 거부하면서 세대가 갖는 역사적 과정과 의식의 중요성을 강조했다. 만하임은 세대가 유사한 역사적 사건을 경험함으로써 갖는 공통의 경험을 '경험의 계층화'라고 불렀다. 경험의 계층화는 세대의식의 형성과정에서 역동성을 지니는 동력이다.

그러나 우리 사회에서 지금 나타난 현상은 당대 경험의 양분화이다. 20~40대와 50~60대로 이분화된 것이다. 김동춘(2011)은 서울시장 선거에서 나타난 현상을 '세대라는 외피로 계급양극화에 대한 불만이 표출된 것'으로 규정한다. 강남과 강북지역에서 나타난 투표성향을 보면 김동춘의 주장도 일리가 있다. 세대경험의 양분화와 계급양극화라는 두 가지 요인이 더해지면서 우리 사회의 좌절의 정서를 지배한다.

나는 2011년 문화와 정치과정에서 나타난 현상을 보면서 세대와 계급의 수렴현상이 가장 중요한 쟁점이라고 생각한다. 5060세대는 근대화, 성장, 사회적 안정이라는 기존 세대의식을 보여 주면서 동시에 은퇴를 전후로 향수라는 퇴행적 정서에 기대고 있다면, 2040세대의 경우, 2002년 월드컵 이후 형성된 세대경험과 당대 계급경험이 맞물리면서 '집단경험의 탈층화'(destratification)로 나타났다. 이들은 개인적 위로를 받고 싶어 하면서 분노와 정의감을 표출하고, 공감을 통해서 정서적 허기를 메우고자 한다. 따라서 현재 대중이 경험하는 '정서의 구조'로서의 '정서적 허기'가 우리 사회에서 보편적 현상으로 자리 잡으면서, 당대문화는 그것을 정서적으로 메우는 방식으로 생산·소비되고 있다.

참고문헌

강명구(1999). "모더니티 형성과 일상생활의 변화". 노산 이강수 교수 정년기념
　　논집간행위원회(편). 《커뮤니케이션과 현대문화》. 나남출판.

＿＿＿(2007). "시민문화와 발전주의 망탈리테". 모방푸 외(저). 《시장-국경을
　　넘나드는 정보와 경제》. 한울.

강명구·백미숙·최이숙(2007). "'문화적 냉전'과 한국 최초의 텔레비전 HLKZ".
　　〈한국언론학보〉(51권 5호). 5~33쪽.

강소연(2006). "1950년대 여성잡지에 표상된 미국문화와 여성담론". 상허학회
　　(편). 《1950년대 미디어와 미국표상》. 깊은샘.

강신항(1991). 《현대 국어 어휘사용의 양상》. 태학사.

강영희(1992). "10월 유신, 청년문화, 사회성 멜로드라마". 〈여성과 사회〉(3
　　호). 223~243쪽.

강인철(1999). "한국전쟁과 사회의식 및 문화의 변화". 정성호 외(저). 《한국전
　　쟁과 사회구조의 변화》. 백산서당.

강재원·김은지(2009). "대학생들의 동영상 UCC 이용에 관한 탐색적 연구:
　　TPB-TAM 통합 모델 적용". 〈한국언론학보〉(53권 1호). 187~208쪽.

강준만(2002). 《한국 현대사 산책 1970년대편 2》. 인물과 사상사.

＿＿＿(2004a). 《한국 현대사 산책 1940년대편 1》. 인물과 사상사.

＿＿＿(2004b). 《한국 현대사 산책 1950년대편 1》. 인물과 사상사.

＿＿＿(2004c). 《한국 현대사 산책 1960년대편 3》. 인물과 사상사.

＿＿＿(2007). 《한국대중매체사》. 인물과 사상사.

고 은(1987). "80년대 복판에 서서: 민중과 민중문화론에 대한 단상". 〈실천문

학〉(통권 8호). 62~71쪽.

공보부조사국(1961a). 《전국 전기 및 라디오 보급실태 조사보고서: 자료 제 7
집》. 공보부조사국.

_____ (1961b). 《전국 공설 라디오 앰푸촌, 전국국민학교 라디오 앰푸, 전국 트
란지스타 라디오 실태조사보고서》. 공보부조사국.

_____ (1961c). 《제2회 국민여론조사 결과보고서》. 공보부조사국.

_____ (1964). 《정부시책에 대한 전국국민여론조사 결과》. 공보부조사국.

권보드래(2004). 《연애의 시대: 1920년대 초반의 문화와 유행》. 현실문화연구.

권희영(1998). "1920~1930년대 신여성과 모더니티 문제". 〈사회와 역사〉(54집).
43~76쪽.

김경일(2003). "1950년대 일생생활과 근대성, 전통". 《한국의 근대와 근대성》.
백산서당.

_____ (2004). 《여성의 근대, 근대의 여성: 20세기 전반기 신여성과 근대성》. 푸
른역사.

김광억(1989). "정치적 담론기제로서의 민중문화운동: 사회극으로서의 마당극".
〈한국문화인류학〉(21권). 53~77쪽.

김규찬(2006). "인터넷 마녀사냥의 전개와 그 함의: 2005년 '개똥녀 사건'을 중심
으로". 서울대 언론정보학과 석사학위논문.

김 균(2000). "미국의 대외 문화정책을 통해 본 미군정 문화정책". 〈한국언론학
보〉(44권 3호). 40~75쪽.

김금녀(2000). "섹슈얼리티의 전통성과 근대성에 관한 연구". 〈언론논집〉(25
권). 164~182쪽.

김기림(1949). "새말의 이모저모". 〈학풍〉(통권 14호). 19~33쪽.

김기진(1926). 《조선문사의 연애관》. 설화서관.

김난도(2010). 《아프니까 청춘이다》. 샘앤파커스.

김남식(1989). "1948~1950년대 남한 내 빨치산 활동의 양상과 성격". 《해방전
후사의 인식 4》. 한길사.

김달현(2005). "1980년대 대학대동제의 창출과정과 연행민속의 의미". 안동대 석
사학위논문.

김덕호·원용진(2008). 《아메리카나이제이션: 해방 이후 한국에서의 미국화》.
푸른역사.

김동춘(2011). "세대인가 계급인가, 아니면 세대가 계급인가". 창비 주간논평 (2011. 11. 9).

김동환·김현식(2005).《촛불@광장 사회의 메커니즘: 티핑 포인트, 약자의 선순환, 트리거》. 북코리아.

김명환·김중식(2006).《서울의 밤문화: 낮과 다른 새로운 밤 서울로의 산책》. 생각의 나무.

김민환(1996).《한국언론사》. 나남출판.

김병익(1979).《문화와 반문화》. 문장.

김상태(1998). "지역감정은 언제부터". 한국역사연구회(저).《우리는 지난 100년 동안 어떻게 살았을까》. 역사비평사.

김상희(1956). "유행어에 대한 소고". 〈어문논집〉(1권 1호). 38~41쪽.

김성기(1987). "우리 시대의 민중문화와 문화운동". 〈현상과 인식〉(11권 3호). 111~128쪽.

김성진(1983). "삶과 노동의 놀이".《문학과 예술의 실천논리》. 실천문학사.

김세령(2006). "1950년대 기독교 신문·잡지의 미국 담론 연구". 상허학회(편). 《1950년대 미디어와 미국표상》. 깊은샘.

김소희(1994). "일제시대 영화의 수용과 전개과정". 서울대 석사학위논문.

김수진(2009).《신여성, 근대의 과잉》. 소명출판.

김양미(1994). "담론분석을 통해 본 세대문화론: 청년문화론과 신세대론의 비교". 연세대 석사학위논문.

김영근(1999). "일제하 일상생활의 변화와 그 성격에 관한 연구". 연세대학교 박사학위논문.

김영용(2007).《인터랙티브 미디어와 놀이》. 커뮤니케이션북스.

김영희(2004). "무용". 한국예술종합학교 한국예술연구소 엮음.《한국현대예술사대계 1970년대 Ⅳ》. 시공사.

_____(2009).《한국사회의 미디어 출현과 수용: 1880~1980》. 커뮤니케이션북스.

김예란(2004). "가상공간의 공동체문화탐색: 싸이월드 문화를 중심으로", 〈언론과 사회〉(12권 3호). 55~89쪽.

김옥란(2004). "1970년대 희곡과 여성 재현의 새로운 방식". 〈민족문학사연구〉(26권). 63~84쪽.

김용래·오진구(1996).《한국을 웃긴 250가지 이야기 - 유행어 반세기 1945~

1995》. 삶과 함께.

김유진·이영희(2007). "UCC 이용동기와 참여도가 UCC 활용에 미치는 영향". 〈소비자문제연구〉(32호). 78~109쪽.

김윤수(1974). "청년문화는 반문화인가". 〈월간중앙〉(4월호). 130~131쪽.

김윤식(1974). "노비와 문화". 〈대학신문〉 906호. 3면.

김은경(2006). "한국전쟁 후 재건윤리로서의 '전통론'과 여성. 〈아시아여성연구〉(45권 2호). 7~48쪽.

김재석(2003). "향토의식 초혼굿의 공연특질과 연극사적 의미". 〈한국극예술연구〉(18집). 159~190쪽.

_____(2004). "'진동아굿'과 마당극의 공유정신". 〈민족문학사연구〉(26호). 85~110쪽.

김정환 외(1986). 《문화운동론 2》. 공동체.

김지수(2004). "블로그의 사회문화적 진화와 이슈". 〈정보통신정책〉(16권 8호). 18~36쪽.

김진균(1984). 《비판과 변동의 사회학》. 한울.

_____(1997). 《한국의 사회현실과 학문의 과제》. 문화과학사.

김진량(2005). "근대 잡지 〈별건곤〉의 '취미담론'과 글쓰기의 특성". 〈어문학〉(88집). 331~352쪽.

김진송(1999). 《서울에 딴스홀을 許하라: 현대성의 형성》. 현실문화연구.

김진송·안영노·조봉진 기획(1994). 《신세대론: 혼돈과 질서》. 현실문화연구.

김창남(2003). 《대중문화의 이해》. 한울아카데미.

김하태(1959a). "인간 내부세계의 파괴와 기성윤리". 〈사상계〉(4월호). 16~23쪽.

_____(1959b). "한국에 있어서의 아메리카니즘". 〈사상계〉(7월호). 65~73쪽.

김학수(2002). 《스크린 밖의 한국영화사》. 인물과 사상사.

김한배(2003). "남촌 도시경관의 과거, 현재, 미래". 김기호 외. 《서울남촌: 시간, 장소, 사람: 20세기 서울변천사 연구 Ⅲ》. 서울시립대 서울학연구소.

김현민(1993). "1970년대 마당극 연구". 이화여대 석사학위논문.

김현섭(2001). 《서태지 담론》. 책이 있는 마을.

김현주(2003). "1970년대 대중소설 연구". 연세대 박사학위논문.

_____(2005). "3·1운동 이후 부르주아 계몽주의 세력의 수사학: '사회', '여론', '민중'을 중심으로". 〈대동문화연구〉(제52집). 63~94쪽.

김형곤(1994). "소녀들: 꿈, 환상 그리고 저항". 김진송·안영노·조봉진(기획). 《신세대론: 혼돈과 질서》. 현실문화연구.

김호기(1999). "1970년대 후반기의 사회구조와 사회정책의 변화: 노동정책과 복지정책을 중심으로". 한국정신문화연구원(편). 《1970년대 후반기의 정치사회변동》. 백산서당.

나은영·이강형·김현석(2009). "댓글읽기/쓰기를 통한 온라인 소통이 대의민주주의 사회에서 갖는 의미: 인터넷 뉴스 댓글 이용과 사회신뢰, 정치신뢰, 언론신뢰, 그리고 정치의식". 〈한국언론학보〉(53권 1호). 109~132쪽.

나절로(1956). "주부허영의 비극". 〈여원〉(4월호). 141~143쪽.

남상수(2002). "남기고 싶은 이야기들-고쟁이를 란제리로". 〈중앙일보〉 2002년 6월 25일.

노정팔(1960). "방송 프로그램의 변천". 《한국방송사료집》(1992)(2집), 109~122쪽.

_____(1995). 《한국방송과 50년》. 나남출판.

노지승(2008). "〈자유부인〉의 남성독자와 여성관객 자유부인". 《한국현대문학회 2008년 제 3차 전국학술발표대회 자료집》. 213~231쪽.

노형석(2004). 《모던의 유혹, 모던의 눈물》. 생각의 나무.

대통령기록관(1981. 4. 7). 전국대학생대축제 국풍 '81(정무1).

_____(1981. 6). 국풍 '81 결과보고(정무1).

대학문화연구회(1985). 《대학문화운동론》. 공동체.

마동훈(2003). "초기 라디오와 근대적 일상: 한 농촌지역에서의 민속지학적 연구". 〈언론과 사회〉(12권 1호). 56~91쪽.

마인섭(1999). "1970년대 후반기의 민주화운동과 유신체제의 붕괴". 한국정신문화연구원(편). 《1970년대 후반기의 정치사회변동》. 백산서당.

목수현(2003). "남촌 문화-식민지 문화의 흔적". 김기호 외. 《서울남촌: 시간, 장소, 사람: 20세기 서울변천사 연구 Ⅲ》. 서울시립대 서울학연구소.

문경연(2004). "1920~30년대 대중문화와 〈신여성〉: 활동사진과 유행가를 중심으로". 〈여성문학연구〉(12권). 303~338쪽.

문선영(2010). "1950년대 라디오 프로그램 〈KBS무대〉의 위치와 작품특성". 〈한국문학이론과 비평〉(14권 1호). 293~317쪽.

문호연(1985). "연행예술운동의 전개: 탈춤·마당극을 중심으로". 정이담 외.

《문화운동론》. 도서출판 공동체.

문화공보부(1969a). "전국 방송수신기 보급실태조사, 1969년 11월 현재". 문화
공보부.

_____(1969b). 《한국방송현황》. 문화공보부.

민조사출판부(1946). 《신어사전》. 민조사.

민중예술위원회(1985). 《삶과 멋》. 공동체.

박근서(2009). "비디오 게임의 이야기와 놀이에 관한 연구". 〈언론과학연구〉(9
권 4호). 208~243쪽.

박동일(1954). "특수 댄스・홀 탐사기". 〈신태양〉(10월호). 60~69쪽.

박수산(1949). "거리의 정보실". 〈신천지〉(8월호). 194~197쪽.

박숙자(2006). "1920년대 사생활의 공론화와 젠더화". 〈한국근대문학연구〉(7권
1호). 179~198쪽.

박영희(1927). "유산자 사회의 소위 근대녀 근대남의 특징". 〈별건곤〉(12월호).
114~116쪽.

박완서(1991). "1950년대 - '미제문화'와 '비로도'가 판치는 거리". 〈역사비평〉(제
13호). 106~112쪽.

박용규(2000). "한국 초기 방송의 국영화 과정에 관한 연구: 1945년부터 1953년
까지를 중심으로". 〈한국언론학보〉(44권 2호). 93~123쪽.

_____(2005). "미군정기 방송의 구조와 역할". 2005년 한국언론학회 학술회의
'광복과 한국 언론의 형성' 발표 논문.

박은숙(1998). "도시화의 뒤안길, 달동네 사람들". 한국역사연구회 지음. 《우리
는 지난 100년 동안 어떻게 살았을까》. 역사비평사.

박인배(1985). "문화패 문화운동의 성립과 그 향방". 《한국민족주의론 Ⅲ》. 창
작과 비평사.

_____(1993). "민중문화운동의 평가와 전망". 〈실천문학〉(통권 32호). 271~291쪽.

박종화(1959). "해방후의 한국여성". 〈여원〉(8월호). 73~76쪽.

박진규(2002). "한국 사교춤의 변형발전에 관한 연구". 경기대 석사학위논문.

박찬표(2007). 《한국의 국가형성과 민주주의: 냉전 자유주의와 보수적 민주주의
의 기원》. 후마니타스.

박현채(1983). "문학과 민중: 민중문학에 대한 사회과학적 관점". 〈실천문학〉
(통권 4호). 99~136쪽.

박형익(2005).《'신어사전'의 분석》. 한국문화사.

박홍주(2014). "1980년대 전반기 서울지역 풍물운동계열 작품에 나타난 굿성 연구: 1980~1987년 6월 항쟁 사이의 작품을 중심으로".〈실천민속학연구〉(23호). 115~163쪽.

방송통신위원회·한국인터넷진흥원(2009).《2009년 인터넷 이용실태조사》. 한국인터넷진흥원.

백미숙(2007). "라디오의 사회문화사". 유선영 외(편).《한국의 미디어 사회문화사》. 한국언론재단.

백행문(1992). "언어생활을 더럽히는 속어와 유행어".〈한국인〉(11권 1호). 142~142쪽.

서재길(2006). "한국 근대 방송문예 연구". 서울대 박사학위논문.

손정목(1996a).《일제강점기 도시화과정 연구》. 일지사.

_____ (1996b).《일제강점기 도시사회상화 연구》. 일지사.

송도영(1998). 1980년대 한국 문화운동과 민족·민중적 문화양식의 탐색.〈비교문화연구〉(제 4호). 153~180쪽.

송호근(2003).《한국 무슨 일이 일어나고 있나: 세대, 그 갈등과 조화의 미학》. 삼성경제연구소.

신기욱·마이클 로빈슨(2006). "식민지시기 한국을 다시 생각한다".《한국의 식민지 근대성》. 심인.

신남주(2003). 1920년대 신여성 연구.〈한국 여성교양학회지〉(12집). 117~162쪽.

신명직(2003).《모던 뽀이 경성을 거닐다: 만문만화로 보는 근대의 얼굴》. 현실문화연구.

신명순(1982). "한국정치에 있어 정치시위의 효율성: 정치시위의 주동세력, 요구내용, 방법, 규모 및 대상과 이에 대한 정부의 반응".〈한국정치학회보〉(16집). 25~40쪽.

신봉승(1975). "영화예술의 총화적 기능".〈영화〉(8월호). 26~30쪽.

신진화(1993). "민중문화운동의 겨울잠".〈월간 길〉(4월호). 190~195쪽.

신채호(1982). 단재 신채호선생 기념사업회(편).《개정판 단재신채호전집 하》. 형설출판사.

신하경(2009).《모던걸-일본 제국과 여성의 국민화》. 논형.

신현준(2004). "실종된 1970년대, 퇴폐 혹은 불온?"〈당대비평〉(통권 28호). 49

~68쪽.

신현준·이용우·최지선(2005a). 《한국 팝의 고고학 1960: 한국 팝의 탄생과 혁명》. 한길아트.

_____(2005b). 《한국 팝의 고고학 1970: 한국 포크와 록, 그 절정과 분화》. 한길아트.

안미영(2003). "1920년대 불량 여학생의 출현에 대한 고찰". 《한국문학이론과 비평》(18집). 293~317쪽.

안병직(2002). "포스트모더니즘 역사론을 위한 반론". 〈역사비평〉(58호). 28~40쪽.

양복천(2005). "아홉 살 아들에게 방아쇠를 당길 줄이야". KBS 광복 60주년 특별 프로젝트팀. 《8·15의 기억: 해방공간의 풍경, 40인의 역사체험》. 한길사.

양자생(2005). "똑똑한 사람들은 다 죽었어요". KBS 광복 60주년 특별 프로젝트팀. 《8·15의 기억: 해방공간의 풍경, 40인의 역사체험》. 한길사.

엄기호(2010). 《이것은 왜 청춘이 아니란 말인가》. 푸른숲.

엄효섭(1955). "한국사회 10년사". 〈사상계〉(10월호).

염상섭(1930). "현대미인관, 문학과 미인". 〈삼천리〉(4월호). 44~45쪽.

연구공간 수유+너머 근대매체연구팀(2005). 《신여성: 매체로 본 근대여성 풍속사》. 한겨레신문사.

오기영(1948/2002). 《진짜 무궁화: 해방 경성의 풍자와 기개》. 성균관대 출판부.

오숙희(1988). "한국 여성운동에 관한 연구: 1920년대를 중심으로". 이화여대 석사학위논문.

오재환(2001). "한국의 '근대화' 의례연구: 박정희 시대를 중심으로". 부산대 박사학위논문.

우석훈·박권일(2007). 《88만 원 세대: 절망의 시대에 쓰는 희망의 경제학》. 레디앙.

우수홍(1985). "안암 대동놀이의 평가와 전망". 〈고대문화〉(24집), 305~318쪽.

유선영(2001). "육체의 근대화: 아메리칸 모더니티의 육화". 〈언론과 사회〉(9권 4호). 8~48쪽.

_____(2003). "초기 영화의 문화적 수용과 관객성: 근대적 시각문화의 변조와 재배치". 〈언론과 사회〉(12권 1호). 9~55쪽.

_____(2008). "대한제국 그리고 일제 식민지배 시기 미국화". 김덕호·원용진(편저). 《아메리카나이제이션: 해방 이후 한국에서의 미국화》. 푸른역사.

유수경(1989). "한국여성 양장의 변천에 관한 연구". 이화여대 박사학위논문.

유영익(2006). "거시적으로 본 1950년대의 역사 - 남한의 변화를 중심으로". 박지향·김철·김일영·이영훈(엮음). 《해방 전후사의 재인식》. 책세상.

유해정(1985). "새로운 대동놀이를 위하여". 《문화운동론》. 공동체.

윤상길(2001). "새마을운동 관련 미디어 선전물을 통해 구성되는 근대 '국민'에 관한 연구". 서울대 석사학위논문.

_____(2010). "1960년대 초 유선라디오 방송제도의 성립과 발전". 2010년 한국방송학회 가을철 학술대회 발표논문.

윤석민(2011). 《한국사회 소통의 위기와 미디어》. 나남출판.

윤석진(2004). 《한국 멜로드라마의 근대적 상상력》. 푸른세상.

윤선자(2005). "1950년대(1953~1961) 사교댄스의 사회문화적 의미와 도의(道義) 운동". 《한국민족운동사연구 45》. 223~254쪽.

윤영옥(2005). "1920~1930년대 여성잡지에 나타난 신여성 개념의 의미변화와 사회문화적 의미". 〈국어문학〉(40권). 201~224쪽.

윤인석(2003). "남촌의 근대 건축물". 김기호 외. 《서울남촌: 시간, 장소, 사람 -20세기 서울변천사 연구 Ⅲ》. 서울시립대 서울학연구소.

윤재걸(1995). "인구에 회자 유행어로 살피는 시대의 흐름: 광복 50년의 말, 말, 말". 〈월간중앙〉(1월호), 162~191쪽.

윤정원(1989). "유신체제의 '총화' 이데올로기에 관한 연구". 서울대 박사학위논문.

윤태진 외(2008). 《게임문화연구의 키워드》. 아메바.

윤평중(2008). 《극단의 시대에 중심잡기 - 지식인과 실천》. 생각의 나무.

은정태(미발표). "박정희 시대의 성역화 사업과 국민: 현충사와 강화전적지 정화 사업을 중심으로".

이강돈(2004). " 〈별건곤〉과 근대 취미독물". 〈대동문화연구〉(46집). 249~287쪽.

이강현(1954). "몰락하는 윤리문제의 종합적 검토". 〈신태양〉(10월호). 52~54쪽.

이건호(1957). "신세대론 - 우리의 희망은 역시 신세대에 있다". 〈신태양〉(12월호). 38~44쪽.

이규목·김한배(1994). "서울 도시경관의 변모과정 연구". 《서울학연구 Ⅱ》. 1~56쪽

이기형 (2004). 《인터넷 미디어: 담론들의 '공론장'인가 '논쟁의 게토인가'》. 한국
　　언론재단.

＿＿ (2006). "담론의 정치학과 담론분석". (미발표 논문).

＿＿ (2011). "〈나꼼수〉가 그려 내는 문화정치의 명암: 언론기능의 퇴영과 한
　　국사회 일그러진 말들의 풍경 속에서 대항적인 미디어 콘텐츠의 함의를
　　맥락화하기". 2011년 한국언론학회 · 한국방송학회 송년세미나 토론문.

이길성 (2004). "1960, 70년대 상영관의 변화와 관객문화". 한국영상자료원 편.
　　《한국영화사공부 1960~1979》. 이채.

이길성 외 (2004). 《1970년대 서울의 극장산업 및 극장문화연구》. 영화진흥위원회.

이남수 (2001). "잡지 저널리즘 입장에서 본 다큐멘터리 사진 연구: 월간지 〈뿌
　　리깊은나무〉를 중심으로". 홍익대 석사학위논문.

이대근 (1987). 《한국전쟁과 1950년대 자본축적》. 까치.

＿＿ (2002). 《해방후-1950년대의 경제: 공업화의 사적 배경연구》. 삼성경제연
　　구소.

이도흠 (2012). 《자료정리: 희망버스와 민교협》(미발표 자료).

이동우 (2011). 《안철수와 박경철 깊이읽기》. 북노마드.

이동후 · 김영찬 · 이기형 (2004). "IT와 신세대 문화의 형성, 확산과정". 정보통
　　신정책연구원.

이상길 (2001). "유성기의 활용과 사적 영역의 형성". 〈언론과 사회〉 (9권 4호).
　　49~95쪽.

이상록 (2001). "위험한 여성, '전쟁미망인'의 타락을 막아라". 여성연구모임 길밖
　　세상(지음). 《20세기 여성 사건사》. 여성신문사.

이선미 (2006). "'미국'을 소비하는 대도시와 미국영화 - 1950년대 한국의 미국영
　　화 상영과 관람의 의미". 상허학회(편). 《1950년대 미디어와 미국표상》.
　　깊은샘.

이성민 · 강명구 (2007). "기독교방송의 초기 성격에 관한 연구 1954~1960: 냉전
　　시기 라디오 방송환경과 선교방송의 성격변화를 중심으로". 〈한국방송학
　　보〉 (21권 6호). 407~454쪽.

이어령 (1957). "'사랑 상실'에의 항변". 〈여원〉 (7월호). 180~182쪽.

이영미 (1995). "가요로 본 해방 50년". 〈역사비평〉 (29호). 249~255쪽.

＿＿ (1997). 《마당극 · 리얼리즘 · 민족극》. 현대미학사.

이영미 (1998). 《한국대중가요사》. 시공사.

_____ (2001). 《마당극 양식의 원리와 특성》(개정판). 시공사.

_____ (2002). 《흥남부두의 금순이는 어디로 갔을까》. 황금가지.

_____ (2008). "1950년대 대중적 극예술로서의 신파성의 재생산과 해체". 《한국 문학연구》(34집). 83~115쪽.

_____ (2011a). 《구술로 만나는 마당극 3》. 고려대민족문화연구원.

_____ (2011b). 《구술로 만나는 마당극 5》. 고려대민족문화연구원.

이오성 (2002). "사라진 민중문화: 당당한 비주류임을 노래하자". 〈월간 말〉(6월 호). 245~248쪽.

이용달 (1997). "한글 + 한자문화칼럼: 변용적 유행어와 신조어". 〈한글한자문 화〉(통권97). 58~59쪽.

이임자 (1992). "베스트셀러의 요인에 관한 연구: 한국출판 100년의 베스트셀러 를 중심으로". 중앙대 박사학위논문.

이임하 (2004). 《여성, 전쟁을 넘어 일어서다》. 서해문집.

이재현 (1997). "방송편성의 합리화와 일상생활 패턴의 동시화". 〈언론과 사회〉 (통권 18호). 54~80쪽.

이재희 (1999). "1970년대 후반기의 경제정책과 산업구조의 변화". 한국정신문화 연구원(편). 《1970년대 후반기의 정치사회변동》. 백산서당.

이정희 (2005). "전후의 성담론 연구". 〈담론 201〉(8권 2호). 193~244쪽.

이준웅 (2005). "비판적 담론공중의 등장과 언론에 대한 공정성 요구". 〈방송문화 연구〉(17권 2호). 139~172쪽.

_____ (2009). "가는 말이 험해야 오는 말이 곱다". 〈한국언론학보〉(53권 4호). 395~417쪽.

이태곤 (2004). 《박람회, 근대의 시선》. 논형.

이혜림 (2001). "1970년대 청년문화구성체의 역사적 형성과정: 대중음악의 소비 양상을 중심으로". 서강대 석사학위논문.

이호걸 (2004). "1970년대 한국영화". 한국영상자료원 편. 《한국영화사공부 196 0~1979》. 이채.

이홍탁 (1992). "한국전쟁과 출산력 수준의 변화". 한국사회학회(편). 《한국전쟁 과 한국사회변동》. 풀빛.

이희정 (2004). "음악". 한국예술종합학교 한국예술연구소 엮음. 《한국현대예술사대계 1970년대 IV》. 시공사.

임종수(2004). "한국방송의 기원: 초기 라디오 방송에서 제도, 편성, 장르의 형성과 진화". 〈한국언론학보〉(48권 6호). 370~441쪽.

_____(2003). "1970년대 한국 텔레비전의 일상화와 근대문화의 일상성: 근대적 민족국가에서의 삶의 방식과 심성체계 형성을 중심으로". 한양대 박사학위논문.

임진택(1990). 《민중연희의 창조》. 창작과 비평사.

장경학(1956). "땐쓰 시비 ― 대중오락으로 육성시켜야 한다!". 〈신태양〉(4월호). 144~148쪽.

장상환(1999). "한국전쟁과 경제구조의 변화". 한국정신문화연구원(편). 《한국전쟁과 사회구조의 변화》. 백산서당.

장유정(2004). "일제강점기 한국 대중가요연구: 유성기 음반자료를 중심으로". 서울대 박사학위논문.

장한성(1964). "〈명작극장〉 유리동물원을 중심으로". 〈방송〉(7월 11일). 7면.

전상인(2001). 《고개 숙인 수정주의》. 전통과 현대.

_____(2006). "해방공간의 사회사". 《해방전후사의 재인식》. 책세상.

전숙희(2005). "낙랑클럽이 한국을 알렸어요". KBS 광복 60주년 특별 프로젝트 팀. 《8·15의 기억: 해방공간의 풍경, 40인의 역사체험》. 한길사.

전우용(2003). "일제하 서울 남촌 상가의 형성과 변천 - 본정을 중심으로". 김기호 외. 《서울남촌: 시간, 장소, 사람-20세기 서울변천사 연구 III》. 서울시립대 서울학연구소.

전재호(1998). "민족주의와 역사의 이용: 박정희 체제의 전통문화정책". 〈사회과학연구〉(8권). 83~106쪽.

_____(2000). 《반동적 근대주의자 박정희》. 책세상.

정민우·이나영(2009). "스타를 관리하는 팬덤, 팬덤을 관리하는 산업". 〈미디어, 젠더&문화〉(통권 12호). 192~240쪽.

정비석(1954/1985). 《자유부인 1》. 고려원.

_____(1954/1985). 《자유부인 2》. 고려원.

정성호(1999). "한국전쟁과 인구사회학적 변화". 한국정신문화연구원(편). 《한국전쟁과 사회구조의 변화》. 백산서당.

정영국(1999). "유신체제 성립 전후의 국내정치". 한국정신문화연구원(편),

《1970년대 전반기의 정치 사회변동》. 백산서당.

정이담(1985). "문화운동시론". 정이담 외. 《문화운동론》. 공동체.

_____(1986). "문화운동시론 Ⅲ". 김정환 외. 《문화운동론 2》. 공동체.

정정덕(2000). "요즘 고교생들의 사이버 어휘 특징". 〈인문논총〉(7권 1호). 1~ 17쪽.

정종화(1997). 《자료로 본 한국영화사 1》. 열화당.

정지창(1985). "마당극의 성과과제". 《민족극 정립을 위한 자료집 I》. 울림.

정진석(1990). 《한국언론사》. 나남출판.

정창렬·박현채 외(1989). 《한국민중론의 현단계》. 돌베개.

정혜영(2004). "1920년대 신청년의 삶과 사랑". 《한국현대문학 학술발표회자료 집》(하계), 63~74쪽.

조동일(1996). "연극 미학의 3가지 기본 원리, 카타르시스, 라사, 신명풀이 비교 연구". 《구비문학연구 3》. 439~471쪽.

조상호(1999). 《한국언론과 출판저널리즘》. 나남출판.

조순경·이숙진(1995). 《냉전체제와 생산의 정치: 미군정기의 노동정책과 노동 운동》. 이화여대 출판부.

조은기(1994). "'그처럼 낯선 젊은 그들', 90년대 세대논의의 담화활용과 삼투- 문화연구에 대한 몇 가지 불만과 대안적 모델의 건설", 〈언론문화연구〉 (11집). 서강대 언론문화연구소.

조풍연(1959). "'해방'에서 '재개봉'까지". 〈여원〉(8월호). 77~85쪽.

조항제(1994). "1970년대 한국 텔레비전의 구조적 성격에 관한 연구". 서울대 박 사학위논문.

_____(2003). 《한국 방송의 역사와 전망》. 한울아카데미.

_____(2005). "한국방송의 근대적 드라마의 기원에 관한 연구: 〈청실홍실〉을 중 심으로". 〈언론과 사회〉(13권 1호). 6~45쪽.

조훈성(2013). "마당극의 사회의식 변화에 관한 연구". 공주대 박사학위논문.

조희연(1997). "동아시아 성장론의 검토". 〈경제와 사회〉(36호). 46~76쪽.

주용중·탁상훈 외(2006). 《대한민국 뉴리더 2029 트렌드》. 해냄.

주인석·박병철(2011). "신채호의 '민족'과 '민중'에 대한 이해". 〈민족사상〉(5권 2호). 143~183쪽.

진덕규 외(1981). 《1950년대의 인식》. 한길사

채광석(1985). "분단상황의 극복과 민족문화운동". 《문화운동론》. 공동체.

채병률(2002). "왜, 빨갱이가 사람 죽인 얘기는 안 합니까". KBS 광복 60주년 특별 프로젝트팀. 《8·15의 기억: 해방공간의 풍경, 40인의 역사체험》. 한길사.

채희완(1979). "공동체의식의 분화와 탈춤구조". 〈미학〉(6권 1호). 25~42쪽.

_____(1982). "70년대 문화운동: 민속극운동을 중심으로". 《문화와 통치》. 민음사.

채희완·임진택(1985). "마당극에서 마당굿으로". 《문화운동론》. 공동체.

최미진(2008a). "한국 라디오 서사의 갈래연구". 〈한국문학이론과 비평〉(12권 3호). 169~193쪽.

_____(2008b). "1950년대 라디오 프로그램 〈인생역마차〉의 성격과 매체 전이 양상". 〈한국문학이론과 비평〉(12권 3호). 363~388쪽.

최민재(2007). 《동영상 UCC와 저널리즘》. 한국언론재단.

최이순(1956). "여성과 가정". 〈녹원〉(창간호). 31~36쪽.

최장집(1994). "국민국가 형성과 근대화의 문제". 《한국사 17》. 한길사.

최창봉·강현두(2001). 《우리 방송 100년》. 현암사.

하세봉(2004). "식민지 권력의 두 가지 얼굴: 조선박람회(1929)와 대만박람회(1935)의 비교". 〈역사와 경계〉(51권). 111~139쪽.

한국군사혁명사편찬위원회(1963). 《한국군사혁명사 제1집(상)》. 한국군사혁명편찬위원회.

한국민중사연구회(1986). 《한국민중사 I》. 풀빛.

한국인터넷진흥원(2007). 《인터넷 멀티미디어 UCC 제작 및 이용실태조사》. 한국인터넷진흥원.

한기형(2002). "근대잡지 〈신청년〉과 경성청년구락부". 〈서지학보〉(26호). 165~206쪽.

한양명(2004). "축제 정치의 두 풍경: 국풍 81과 대학대동제". 〈비교민속학〉(26집). 469~495쪽.

_____(2009). "놀이민속의 탈맥락화와 재맥락화: 영산줄다리기의 경우". 〈한국민속학〉(49호). 85~119쪽.

한완상(1974). "현대청년문화의 제문제. 〈신동아〉(119호). 112~128쪽.

_____(1978). 《민중과 지식인》. 정우사.

허 수(2000). "1970년대 청년문화론". 역사비평 편집위원회(편). 《논쟁으로 본 한국사회 100년》. 역사비평사.

허용호(2010). "'굿놀이'의 역사기술을 위한 도론". 〈한국민속학〉(21권). 7∼37쪽.

허 은(2003). "1950년대 '주한 미공보원(USIS)의 역할과 문화전파 지향". 〈한국
사학보〉(15호). 227∼259쪽.

현영건(1956). "퇴색해 가는 육체를 기다리면서". 〈여원〉(1월호). 224∼229쪽.

황산덕(1954). "다시 자유부인 작가에게-항의에 대한 답변". 〈서울신문〉 3월 14일.

황지우(1986). 《사람과 사람 사이의 신호》. 한마당.

황혜진(2003). "1970년대 유신체제기의 한국영화 연구". 동국대 박사학위논문.

橋谷 弘(1995). "1930·40년대 조선사회성격을 둘러싸고". 《한국근대사회경제
사의 제문제》. 부산대학교 출판부.

MBC(2009). 《2010 트렌드 웨이브: MBC 컬처 리포트》. 북하우스.

Aberg, C. (2002). "When the 'wireless' become radio". In N. Brugger & S.
Kolstrup(eds.). *Media History: Theories, Methods, Analysis*. Denmark:
AArhus University Press.

Althusser, L. (1971). *Lenin and Philosophy and Other Essays*. B. Brewster
(tran.). New York and London: Monthly Review Press.

Ang, I. (1985). *Watching Dallas: Soap Opera and the Melodramatic Imagination*.
New York: Methuen.

Bell, A. (1991). *The Language of News Media*. Oxford: Blackwell.

Bennett, A. and Kahn-Harris, K. (2004). *After Subculture: Critical Studies in
Comtemporary Youth Culture*. New York: Palgrave Macmillan.

Brake, M. (1987). *Comparative Youth Culture: The Sociology of Youth Cultures
and Youth Subcultures in America, Britain and Canada*. London and New
York: Routledge.

Brown, S. and Vaughan, C. (2010). *Play: How It Shapes the Brain, Opens the
Imagination, and Investigates the Soul*. 윤미나 역(2010). 《플레이, 즐거
움의 발견》. 흐름출판.

Connell, R. W. (1987). *Gender and Power: Society, the Person, Sexual Politics*.
Stanford; Polity Press.

Demetriou, D. Z. (2001). "Connell's concept of hegemonic masculinity: Rethinking the concept". *Gender and Society.* 19(6), 337~361.

Drwone, K. & Huber, P. (2004). *American Popular Culture Through History: The 1920s.* Westport: Greenwood Press.

Edmunds, J. and Turner, B. T. (2002). *Generations, Culture and Society.* Buckingham, Philadelphia: Open University.

Fairclough, R. (1995). *Media Discourse.* London and New York: Edward Arnold.

_____(1998). "Political discourse in the media: An analytical framework". Bell, A. and Garrett, P. (eds.). *Approaches to Media Discourse.* Oxford: Blackwell.

Fernback, D. (1999). *Doing Internet Research: Critical Issues and Methods for Examining the Net.* 이재현 역(2000). 《그곳에 그곳이 있다: 사이버공동체의 개념화를 위한 소고》. 커뮤니케이션북스.

Foster, D. (1997). "Community and identity in the electronic village", In D. Foster(ed.), *Internet Culture.* London and New York: Routledge.

Foucault, M. (1984). "The order of discourse". Shapiro, M. (ed.). *Language and Politics.* Oxford: Blackwell.

Frith, S. and Goodwin, A. (1990). *On Record: Rock, Pop and the Written Word.* London: Routledge.

Gans, H. (1977). *Popular Culture and High Culture.* 강현두 역(1997). 《대중문화와 고급문화》. 나남출판.

Giddens, A. (1991). *Modernity and Self-Identity: Self and Society in the Late Modern Age.* 권기돈 역(1997). 《현대성과 자아정체성》. 새물결.

Greertz, C. (1973). *The Interpretation of Culture.* New York: Basic Books.

Halbwachs, M. (1992). *On Collective Memory.* Chicago IL: University of Chicago Press.

Hall, S. (1980). "Introduction to media studies at the centre". In S. Hall, D. Hobson, A. Lowe, and P. Willis(eds.). *Culture, Media, Language.* London: Hutchinson.

_____(1997). *Representation: Cultural Representation and Signifying Practice.*

446

London: Sage.

Hall, S. and Jefferson, T. (1976). *Resistance through Rituals: Youth Subcultures in Post-War Britain.* London: Harper Collins Academic.

Hanson, E. (1999). *A Cultural History of the United States Through the Decade the 1920s.* San Diego: Lucent Books.

Hebdige, D. (1979). *Subculture: The Meaning of Style.* London: Methuen.

Henderson, G. (1968/2000). *Korea, The Politics of the Vortex.* 박행웅 · 이종삼 역 (2013). 《소용돌이의 한국정치》. 한울아카데미.

Hobsbawm, E. J. (1992). *The Invention of Tradition.* 박지향 · 장문석 역 (2004). 《만들어진 전통》. 휴머니스트.

Huizinga, J. (1955) *Homo-Ludens: A Study of the Play Element in Culture.* 김윤수 역 (1995). 《호모루덴스: 놀이와 문화에 관한 한 연구》. 까치.

Jauert, P. (2002). "Reflections on writing radio history". In N. Brugger & S. Kolstrup (eds.). *Media History: Theories, Methods, Analysis.* Denmark: AArhus University Press.

Johnson, L. (1981). "Radio and everyday life: The early years of broadcasting in Australia 1922~1945". *Media, Culture and Society.* 3 (2), 167~178.

Kang, M. G. (1995). "Contemporary nationalist movements and the Minjung". Kenneth M. Wells. (ed.). *South Korea's Minjung Movement: The Culture and Politics of Dissidence.* University of Hawai Press.

Kellner, D. (1995). *Media Culture: Cultural Studies, Identity and Politics Between the Modern and the Postmodernism.* London: Routledge.

_____ (2006). *Alpha Girls: Understanding the New American Girl and How She Is Changing the World.* 최정숙 역 (2007). 《새로운 여자의 탄생: 알파걸》. 미래의 창.

Kyvig, D. E. (2002). *Daily Life in the United States, 1920~1940.* Chicago: Ivan R. Dee.

Mannheim, K. (1957/1992). "The problem of generation". In *Collected Works of Karl Mannheim.* Vol. 5. London: Routledge.

Marwick, A. (1998). *The Sixties, Cultural Revolution in Britain, France, Italy, and the United States 1958 ~1974.* Oxford: Oxford University Press.

Miller, R. L. (2000). *Researching Life Stories and Family Histories*. London and New Delhi: Sage Publications.

Moores, S. (2000). *Media and Everyday Life in Modern Society*. 임종수 · 김영한 역(2008). 《미디어와 일상》. 커뮤니케이션북스.

Ong, W. (1982). *Orality and Literacy: The Technologizing of the Word*. London: Methuen.

Press, P. (1999). *A Cultural History of the United States Through the Decades: The 1930s*. San Diego: Lucent Books.

Rheingld, H. (2002). *Smart Mobs*. Cambridge: Persues Publishing.

Rosenkranz, K. (2008). *Asthetik des Haßlichen*. 조경식 역(2008). 《추의 미학》. 나남출판.

Sandel, M. J. (2010). *Justice: What's the Right Thing to Do*. 이창신 역(2010). 《정의란 무엇인가》. 김영사.

Scannell, R. (1991). "Introduction: The relevance of talk". In P. Scannell (ed.). *Broadcast Talk*. London: Sage.

_____ (1996). *Radio, Television and Modern Life: A Phenomenological Approach*. Oxford: Blackwell.

Scannell, P. and Cardiff, D. (1991). *A Social History of British Broadcasting: Vol. 1, 1922~1939: Serving Nation*. Oxford: Blackwell.

Sood, S. (2002). "Audience involvement and entertainment-education". *Communication Theory*. 12(2), 153~172.

van Dijk(1988a). *News As Discourse*. Hove and London: Lawrence Erlbaum.

_____ (1988b). *News Analysis: Case Studies of International and National News in Press*. Hove and London: Lawrence Erlbaum.

Williams, R. (1958). *Culture and Society 1780~1950*. 나영균 역(1988). 《문화와 사회 1780~1950》. 이화여자대학교 출판부.

_____ (1961). *The Long Revolution*. New York: Columbia University Press.

_____ (1974). *Television: Technology and Cultural Form* (2nd ed.). London: Fontana.

_____ (1977). *Marxism and Literature*. 이일환 역(1982). 《이념과 문학》. 문학과 지성사.

Willis, P. (1978). *Profane Culture*. London: Routledge.

Wood, J. (2005). *Gendered Lives: Communication, Gender & Culture*. 한희정 역 (2006). 《젠더에 갇힌 삶: 젠더, 문화 그리고 커뮤니케이션》. 커뮤니케이션북스.

Wyatt, D. (1993). *Out of the Sixties: Storytelling and the Vietnam Generation*. Cambridge: Cambridge University Press.

〔자료〕

1. 일간신문

〈경향신문〉. "릴레이 드라마". 1962년 3월 22일.

_____. "절반이 표절영화 = 상반기의 방화계". 1963년 7월 6일.

_____. "안보영화 월 2편, 비상사태 따른 연예 시책 발표". 1971년 12월 11일.

_____. "신인 대거 진출로 판도 바뀐 가요계". 1976년 12월 16일.

_____. "크게 정화된 방송 내용". 1976년 2월 27일.

_____. "연애, 결혼, 출산 포기 삼포세대: 버거운 삶의 비용 가족도 사치다". 2011년 5월 12일.

〈국민신문〉. "공창 폐지 이후 전국에 사창 증가". 1948년 10월 18일.

〈국제신문〉. "이태원 한 매음지하굴 실상". 1948년 11월 13일.

〈동아일보〉. "영화계 1년". 1926년 1월 2일.

_____. "퇴폐기분과 시설취체문제". 1934년 9월 16일.

_____. "해방 후 서울 물가 평균 삼십 배로 폭등". 1945년 12월 22일.

_____. "민족통일은 완성된다 — 병후 이 박사 내외신기자단에 선언". 1946년 1월 16일.

_____. "국사는 다단한데 유흥가만 번창하느니". 1946년 1월 29일.

_____. "해방된 철창에 죄수는 격증". 1946년 2월 7일.

_____. "일본 레코드 사용금지 경찰이 빠 카바레 등을 단속". 1946년 3월 12일.

_____. "사복(私腹)에 걸린 국재(國財) 1억 4천만 원". 1946년 3월 20일.

_____. "출판홍수". 1946년 3월 23일.

_____, "85전 — 8·15 이후 신유행어". 1946년 4월 3일.

_____, "서리마진 환락가 카바레 댄스 금지". 1946년 5월 23일.

_____, "통일정부 수립시까지 빠, 댄스홀 등을 폐쇄". 1947년 10월 29일.

_____, "이래서야 살 수 있나. 물가는 약 8백배나 등귀 봉급은 겨우 90배 올랐을 뿐". 1949년 4월 1일.

_____, "사라지는 일어자막 영화 월말까지만 상연". 1949년 6월 25일.

_____, "무허가 '댄스홀' 시경서 엄중단속". 1950년 11월 7일자.

_____, "전국 댄스홀 폐쇄령". 1950년 11월 7일자.

_____, "전국 댄스홀에 폐쇄령!". 1954년 8월 16일.

_____, "해방10년의 특산물 1 — 자유선풍". 1955년 8월 16일.

_____, "해방10년의 특산물 2 — 사바사바". 1955년 8월 17일.

_____, "해방10년의 특산물 3 — 양공주". 1955년 8월 18일.

_____, "해방10년의 특산물 4 — 감투싸움". 1955년 8월 19일.

_____, "해방10년의 특산물 5 — 얌생이". 1955년 8월 20일.

_____, "해방10년의 특산물 6 — 부로커". 1955년 8월 21일.

_____, "해방10년의 특산물 7 — 알바이트 소년". 1955년 8월 22일.

_____, "해방10년의 특산물 8 — 가짜". 1955년 8월 23일.

_____, "해방10년의 특산물 9 — 댄스". 1955년 8월 24일.

_____, "해방10년의 특산물 10 - 사창". 1955년 8월 25일.

_____, "해방10년의 특산물 11 — 사치". 1955년 8월 26일.

_____, "5월8일로 정식결정 어머니의 날 국무회의서". 1955년 8월 31일.

_____, "유품전시 등 사임당 신씨의 451 생신기념". 1955년 12월 10일.

_____, "아내는 사치에 눈 어둡고". 1956년 1월 19일.

_____, "첫 주말연속극". 1961년 12월 15일.

_____, "레코드·드라마 출현". 1962년 1월 26일.

_____, "힛트곡 부활활기 띠는 레코드계 LP반이 보편화". 1962년 1월 29일.

_____, "오늘날의 젊은 우상들". 1974년 3월 29일

_____, "굳어지는 70년대 체질". 1974년 4월 8일

_____, "반문화와 통기타 사이". 1974년 4월 22일

_____, "70년대의 작가: 새로운 세대논쟁으로 이어지는 동질적이면서 이질적인 두 견해". 1974년 4월 22일.

_____, "대학생들에 비친 오늘의 언론·대학". 1974년 9월 13일.

_____, "정화바람에 날아갈 퇴폐 공연물". 1975년 6월 7일.

_____, "대학가에 마당극 붐", 1980년 4월 30일.

_____, "'나꼼수' 과장됐지만 흥미 69.4%, 문제 있다 19.8%". 2011년 12월 1일.

〈매일경제〉. "MBN 개국 설문조사, 국민 75%, '한국사회 꽉 닫혔다'". 2011년 12월 2일.

〈서울신문〉. "히트송은 퇴폐였다. 예륜의 2차 금지가요 45곡을 보면 … 총화저해, 퇴폐, 자학 등이 기준". 1975년 7월 14일.

〈일간스포츠〉. "가수스카웃에 새 전략 팝 계열을 잡아라." 1973년 12월 8일.

_____. "침체 속의 73 명암 연예계 결산 히트·송으로 본 가요". 1973년 12월 16일.

_____. "6·25영화 〈증언〉 영진공서 직접 상영". 1974년 12월 17일.

_____. "침체 속의 73 명암 연예계 결산 통계로 본 가요". 1973년 12월 19일.

_____. "'74 연예 결산 가요". 1974년 12월 19일.

_____. "'74 연예 결산 영화". 1974년 12월 20일.

_____. "연예 '75 부침의 안팎 부르다 못 부른 노래들". 1975년 12월 20일.

_____. "연예 '75 부침의 안팎 희비 엇갈린 히트 송". 1975년 12월 21일.

_____. "외국가요 126곡들 또 금지". 1975년 12월 24일.

_____. "'76 결산 문화예술 가요 쏟아진 신인 … 신보 홍수". 1976년 12월 8일.

_____. "'76 결산 문화예술 가요 하반기에 다듬어진 새 전열". 1976년 12월 9일.

〈조선일보〉. "모-던 뽀이의 산보". 1928년 2월 7일.

_____. "여성선전시대가 오면(3)". 1930년 1월 14일.

_____. "세태만평 1930년 여름(3)". 1930년 7월 16일.

_____. "1931년이 오면 2". 1930년 11월 20일.

_____. "우리나라는 동방예의지국 삼강오륜를 지켜 유교를 발전". 1954년 10월 3일.

_____. "영원한 선미(善美)의 모성". 1955년 12월 12일.

_____. "불티난 댄스홀 입장권". 1955년 12월 25일.

_____. "'위법행위 묵인하는 것' 시경, '캬바레'의 '댄스' 개방". 1956년 1월 14일.

_____. "댄스홀 등1 허가구신". 1956년 4월 10일.

_____. "'댄스' 유행과 부허풍". 1956년 12월 21일.

_____, "일사일언 '청년문화'". 1974년 4월 18일.

_____, "이상과 현실 사이의 유상: 한국청년 문화의 구조와 상황". 1974년 4월 20일.

_____, "기성복제품의 젊음엔 내일이 없다". 1974년 5월 2일.

_____, "통기타 청바지가 기수는 될 수 없다". 1974년 5월 14일.

_____, "일사일언 '청년문화'". 1974년 5월 15일.

_____, "청년문화 논쟁의 반성과 비판". 1974년 6월 4일.

_____, "굿과 청년문화". 1974년 7월 12일.

_____, "청바지 가수도 할 말 있다". 1974년 9월 29일.

_____, "상반기 베스트셀러로 본 한국사회의 3대 키워드". 2011년 6월 25일.

_____, "문화 게릴라 앞에 정치권 또 긴장". 2011년 9월 5일.

〈한국경제신문〉. 《아프니까 청춘이다》 최단시간 밀리언셀러 등극. 2011년 8월 19일.

2. 대학신문

〈고대신문〉. "울어라 기타야!, GO GO를 춰봤자 …". 1974년 4월 2일.

_____, "청바지와 기타". 1974년 4월 9일.

_____, "반청년문화 선언: 그는 우리의 대변자가 아니다". 1974년 4월 22일.

_____, "청년문화의 제3의식". 1974년 6월 11일.

_____, "청바지는 갈대". 1974년 8월 1일.

_____, "학생행사 전면금지 돼". 1983년 5월 10일.

〈대학신문〉. "새로운 방향 모색하는 청년문화운동". 1973년 6월 11일.

_____, "특집 청년문화 그 시비를 가린다 ① 노예와 문화". 1974년 6월 3일.

_____, "특집 청년문화 그 시비를 가린다 ② 청년문화는 반문화인가". 1974년 6월 3일.

_____, "특집 청년문화 그 시비를 가린다 ③ 한국의 청년문화에 대한 철학적 정립이 가능한가?" 1974년 6월 3일.

〈연세춘추〉. "청년문화 비판". 1974년 5월 20일.

3. 잡지

〈신동아〉. "심포지움 한국의 청년문화". 1974년 7월호(119호). 112~149쪽.

〈새가정〉. "특집 방황하는 젊은 세대". 1974년 8월호(228호). 22~42쪽.

〈새물결〉. "청년문화 논쟁". 1974년 3~4월호(63호). 37~49쪽.

〈새생명〉. "특집 젊은이와 삶의 스타일: 청년문화와 그 스타일". 1974년 6월호
    (147호). 24~28쪽.

〈신여성〉. "여학생제복과 교표문제". 1923년 11월호, 18~33쪽.

_____, "여학생계 잡유행가 시비". 1924년 6월호, 46쪽.

_____, "잘못, 죄과, 희망, 충고, 남녀공개장". 1924년 11월호, 78~84쪽.

_____, "여학생계 신유행 '혁대' 시비". 1924년 11월호, 39~41쪽.

_____, "여학생과 동성애 문제". 1924년 12월호, 20~25쪽.

_____, "여자의 단발! 1천만 여성의 심기일전을 촉함". 1925년 8월호, 34~36쪽.

_____, "단발문제의 시비!?". 1925년 8월호, 37~53쪽.

_____, "전선여학생 고등정도 총수와 그 출생도 ― 어느 도의 여학생이 제일 만
    흔가". 1925년 12월호, 24~25쪽.

〈신태양〉. "비밀 땐스홀의 생리". 1956년 1월호, 130~131쪽.

_____. "유행의 검토". 1958년 4월호, 224~232쪽.

〈여원〉. "미망인들의 형편과 동향". 1959년 6월호, 160~163쪽.

_____. "요화(妖花) 난무하는 땐스홀". 1959년 10월호, 202~207쪽.

〈월간중앙〉. "청년문화는 반문화인가". 1974년 4월호(73호), 130~137쪽.

〈방송〉. "가장 즐겨듣는 프로그램 청취자 여론조사". 1958년 2월.

_____. "KBS 라디오의 청취율". 1963년 5월.

_____. "전성시대의 방송극 실태". 1964년 2월 1일.

_____. "오후의 편성: 음악편성의 비교". 1964년 8월 21일.

_____. "여론조사: 주부 청취자". 1965년 1월 11일.

_____. "조사연구 최근의 라디오 청취경향". 1966년 12월 12일.

〈방송문화〉. "청취자여론조사 중간보고서". 1968년 3월.

〈별건곤〉. "경성 명물여 단발낭 미행기". 복면자. 1926년 1~2월호, 69~74쪽.

_____ "저율할 대악마굴 여학생 유인단 탐사기", 1927년 2~3월호, 76~89쪽.

_____, "여학생시대에 눈꼴틀니든일". 1927년 4월호, 55~57쪽.

_____, "유산자 사회의 소위 '근대녀', '근대남'의 특징". 1927년 12월호, 114~116쪽.

_____, "모-던 뽀이 촌감". 1927년 12월호, 116쪽.

_____, "데카단의 상징". 1927년 12월호, 118~120쪽.

〈주간한국〉. "트로트 퇴조, 포크의 새물결". 1972년 3월 12일.

〈뿌리깊은나무〉. "창간사 '도랑을 파기도 하고 보를 막기도 하고'". 1976년 3월.

〈혜성〉. "경성 압뒤골 풍경". 1931년 11월호, 126~129쪽.

4. 연감 및 기타

방송조사연구실(1965). 《방송연감 '65》.

조선은행조사부(1948). 《조선경제연보》.

조선은행조사부(1949). 《경제연감》.

조선총독부(1925). 《조선총독부통계연보》

조선총독부(1930). 《조선국세조사보고》

조선총독부(1935). 《조선총독부통계연보》

한국방송문화협회(1962). 《KBS 연감 1962》.

한국방송문화협회(1963). 《KBS 연감 1963》.

방송조사연구실(1965). 《방송연감 '65》.

한국방송인협회(1966). 《한국방송연감 '66》.

동아일보사(1975). 《동아연감》.

동아일보사(1990). 《동아방송사》.

문화공보부(1979). 《문화공보 30년》.

문화방송(1992). 《문화방송 30년사》.

영화진흥공사(1977). 《한국영화자료편람》.

한국방송공사(1977). 《한국방송사》.

CBS(2004). 《CBS 50년사》.

이 책의 출전

여기에 실린 11편의 글은 지난 2003년부터 2015년 사이 학술지 등에 발표한 것이다. 그러나 책의 구성에 맞도록 내용을 대폭 수정해서 다시 기술했고, 관련 사진 자료도 추가했다. 각각의 발표 지면은 다음과 같다.

1장 1920~1930년대 '모던세대'의 형성과정
　　〈한국언론학보〉(2008, 52권 5호)
2장 해방공간, 유행어로 표출된 정서의 담론
　　〈한국언론학보〉(2009, 53권 5호)
3장 1950년대 중반 댄스열풍 : 젠더와 전통의 재구성
　　〈한국언론학보〉(2009, 53권 2호)
4장 1960년대 전후 라디오 문화의 형성과정
　　〈미디어 경제와 문화〉(2011, 9권 2호)
5장 1970년대 청년문화세대 담론의 정치학
　　〈언론과 사회〉(2006, 14권 3호)
6장 1975년 전후 한국 당대문화의 지형과 형성과정
　　〈한국언론학보〉(2007, 51권 4호)
7장 1980년대 대학연행예술운동의 창의적 변용과정
　　〈한국언론학보〉(2015, 59권 1호)
8장 신세대 문화의 이중성 : 편입과 저항
　　〈문학과 경계〉(2003, 통권 9호)
9장 놀이공간으로서 인터넷 문화의 형성과정
　　〈현상과 인식〉(2010, 34권 3호)
10장 젠더 호명과 경계짓기
　　《한국사회의 소통위기》(2011, 한국언론학회)
11장 좌절한 시대의 정서적 허기
　　〈커뮤니케이션 이론〉(2012, 8권 1호)

찾아보기